Teubner – Für Köche, die es wissen wollen

DAS GROSSE BUCH VOM
Gemüse

DAS GROSSE BUCH VOM
Gemüse

Wissen, Information
und Knowhow,
Küchenpraxis
und Rezepte

Odette Teubner

Andreas Miessmer

Hans-Georg Levin

Inhalt

Warenkunde
6

8 Wertvolles Gemüse
Historisches, Wissenswertes über den kulturellen Stellenwert von Gemüse in Europa und Asien

10 Anbaumethoden
Wettstreit der Systeme, Zuchtziele früher und heute

12 Ernährungsphysiologische Daten
Infos und Tabellen zu Energie-, Vitamin- und Mineralstoffgehalt, bioaktiven Substanzen und anderen wichtigen Inhaltsstoffen

16 Saisonales
Mit Gemüse-Kalender zum schnellen Überblick: heimische Erntetermine und Hauptangebotszeiten der wichtigsten Importländer

18 Gemüse-Lexikon
Interessante Produktinformationen und Hintergrundwissen: von heimischen Gemüsearten über Exoten aus aller Welt. Ein hilfreicher Einkaufsratgeber für die einzelnen Sorten, Profitipps zum Erkennen von Qualität schon beim Einkauf und Experten-Hinweise zur Lagerung der empfindlichen Ware. Alle Produkte mit botanischen, umgangssprachlichen und fremdsprachigen Bezeichnungen.

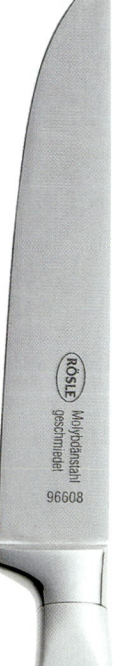

Küchenpraxis
134

136 Waschen und Schälen
Blätter, Stiele, Wurzeln und Knollen zum Zerkleinern vorbereiten

138 Schneiden, Tournieren, Hacken & Hobeln
Für viele Gerichte benötigt man eine Grundlage aus fein geschnittenem Wurzelgemüse – mit der richtigen Technik kein Problem

140 Knackige Garnituren aus Gemüse
Bunt, schnell gemacht und vitaminreich sind sie ein attraktiver Blickfang

142 Sprossen keimen
Knackige Keimlinge sind die ideale Nahrungsergänzung. Wie man an die vitamin- und nährstoffreichen Sprösslingen kommt

144 Brühen, Fonds & köstliche Saucen
Als aromatische Basis für die feine Küche unentbehrlich

150 # Rezepte

150 ## Salate, Vorspeisen und kalte Suppen

152	Vinaigrettes und Dressings	160	Antipasti
154	Salatvariationen	162	Mousse und Terrine
158	Kalte Gemüsesuppen		

164 ## Kochen, Dämpfen & Blanchieren

166	Gartechniken im Überblick	176	Klare Gemüsesuppen
168	Gemüse, raffiniert & einfach	178	Eintöpfe mit Gemüse
170	Locker & cremig: Pürees	180	Saucenvariationen
172	Feine Süppchen	182	Risotti mit Gemüse
174	Cremig: Raffinierte Suppen	184	Algen: Gemüse aus dem Meer

186 ## Dünsten und Schmoren

188	Spezialitäten aus aller Welt	194	Klassisch – Chicorée, Fenchel & Co.
190	Glasiertes Gemüse	196	Hülsenfrüchte
192	Köstliche Beilagen	198	Rot und Weiß: Kohl

200 ## Gefüllte Gemüse

202	Artischocken, köstlich gefüllt	206	Aubergine und Zucchini
204	Paprika, Zwiebel & Co.	208	In Kohl gewickelt

210 ## Braten und Frittieren

212	Mit goldbrauner Kruste	216	Kartoffeln, frittiert und aus der Pfanne
214	Knackiges Gemüse aus dem Wok	218	Knusprig ausgebacken

220 ## Backen & Gratinieren

222	Quiches mit Gemüse und Zwiebeln	228	Soufflé und Terrine
224	Minipizza – vielfältig variiert	230	Leckere Gratins
226	Strudel und Lasagne	232	Kartoffeln & Zwiebeln aus dem Ofen

234 Glossar – küchentechnische Fachbegriffe von Gratinieren bis Sautieren
236 Register – die Warenkunde von A – Z und sämtliche Rezepte auf einen Blick
240 Impressum

Wenn nicht anders angegeben, sind die Rezepte grundsätzlich für 4 Portionen berechnet

Wertvolles Gemüse

Die wissenschaftlichen Erkenntnisse der letzten Jahre haben gezeigt, Gemüse ist für unsere Gesundheit außerordentlich wichtig: Neben den vielfach enthaltenen Vitaminen, Mineralstoffen und Spurenelementen sind es vor allem die sekundären Pflanzenstoffe, die hier von sich reden gemacht haben und für ihre Wirkungen gepriesen werden.

Wertvolles Gemüse in reicher Auswahl

Aubergine, Artischocke, Kürbis, Spargel oder Küchenzwiebel: Was wäre unser täglicher Speiseplan ohne die üppige Vielfalt heimischer und südlicher Gemüse und Salate? Keine andere Lebensmittelgruppe bringt so viel geschmackvolle und farbenfrohe Abwechslung auf den Teller und sorgt darüber hinaus mit den zahlreichen wertvollen Inhaltsstoffen für gesunden Genuss. Die Dichte an Vitaminen, Mineralstoffen und bioaktiven Substanzen ist in Gemüse am höchsten. Gemüse hat sich nicht zuletzt aus diesem Grund zur Nummer eins der modernen Ernährung entwickelt. Ernährungswissenschafter empfehlen knapp 400 g Gemüse – gegart, als Rohkost oder Gemüsesaft – in den täglichen Speiseplan aufzunehmen. Diese Forderung lässt sich in heutiger Zeit leichter denn je einhalten, denn nie war das Angebot so riesig wie heute und dank moderner Konservierungstechnik kann man viele Gemüsearten das ganze Jahr über in zahlreichen Variationen genießen.

Markt und Verbrauch

Nach 1945 ist der Gemüseverbrauch in Deutschland langsam aber stetig angestiegen. Derzeit verzehrt der Bundesbürger etwa 87 kg Gemüse. Im europäischen Vergleich liegen die Deutschen mit ihrem Verbrauch jedoch im unteren Tabellendrittel. An der Spitze des Gemüseverzehrs stehen die südeuropäischen Länder, angeführt von Italien, Spanien, Frankreich, Griechenland und Portugal.

Trotz des großen Angebots (in Europa haben mehr als 60 Gemüsesorten Marktbedeutung) sind nicht alle Gemüse hier zu Lande in gleicher Weise an der Verzehrsmenge beteiligt: Tomaten, Zwiebeln, Weiß- und Rotkohl, Gurken, Möhren, Blumenkohl, Kopfsalat und Bohnen werden bei uns am häufigsten verzehrt. Deutschland produziert nur etwa 40 % der benötigten Gemüsemenge, der größere Teil wird importiert.

Geschichtliches

Viele der uns heute bekannten Gemüsearten wurden bereits in vorgeschichtlicher Zeit aus Wildformen gezüchtet und angebaut. Bohnen, Kartoffeln und Kürbis gehören nachweislich zu den ersten angebauten Nutzpflanzen. Bereits 5.000 v. Chr. wurden in Südamerika Kartoffeln und Kürbis für die menschliche Ernährung angebaut.

Durch den Anbau von Gemüse konnte man das oft knappe Fleisch ersetzen, vor allem auf dem Speisezettel der ärmeren Bevölkerungsschichten. In der Gunst der Menschen stand Fleisch trotzdem immer im Vordergrund. Nicht zuletzt deshalb fristeten viele Gemüse bis in unsere Zeit ein Schattendasein auf dem Speisezettel. Eine Ausnahme bildete

Vielfalt

Knackig frisches Gemüse einzukaufen ist heute kein Problem. Ob in Supermärkten, Spezialgeschäften, auf dem Markt oder direkt beim Erzeuger: Das Angebot ist riesig. Am besten kauft man Produkte, die gerade Saison haben. Diese haben dann genügend Sonnenlicht bekommen, um ausreichend sekundäre Pflanzenstoffe zu bilden.

hier seit jeher der Spargel: Schon die alten Ägypter schätzten ihn aufgrund seines Geschmacks und der heilkräftigen Wirkungen. Er wurde auch als Opfergabe mit ins Grab gelegt.

Von den verschiedenen Kontinenten breiteten sich viele Gemüsearten nach Europa aus. In Deutschland waren es die Römer, die insbesondere am Rhein und in Süddeutschland, neben den vielen Gewürzen auch bis dahin unbekannte Feldfrüchte wie Kürbis, Gurken, Spargel, Sellerie, Knoblauch oder Rüben bekannt machten. Neben dem feldmäßigen Anbau spielten aber auch Wildgemüsearten wie verschiedene Ampfarten, Guter Heinrich oder die blau blühende Wegwarte in der Ernährung über eine lange Zeit hin eine wichtige Rolle.

Über den deutschen Bauerngarten im Mittelalter ist wenig bekannt. In dieser Zeit waren es vor allem die Klöster, die die Garten- und Gemüsekultur bewahrt und weiterentwickelt haben. Eine herausragende Rolle spielten dabei die Orden der Benedektiner und Zisterzienser. Im späten Mittelalter wurden in den Gärten der Klöster alle Pflanzen aus der Alten und der Neuen Welt, die die Spanier von ihren Eroberungszügen im 16. und 17. Jahrhundert mitgebracht haben, kultiviert. Rund 200 Jahre später entdeckte Gregor Mendel, ein Augustinermönch, die wichtigsten Grundlagen der Vererbung im Garten seines Klosters in Brünn. Er züchtete dort Erbsen und Bohnen und erkannte, dass sich bestimmte Eigenschaften nach Gesetzmäßigkeiten vererbten und nutzte dies züchterisch aus. Seine Arbeit blieb jedoch zunächst unbeachtet. Erst Jahre nach seinem Tod erkannten Wissenschaftler die Bedeutung seiner Arbeit für die Genetik. Bis heute sind nahezu alle uns bekannten Nutzpflanzen nach den Mendelschen Gesetzen herangezüchtet worden. Bei der Züchtung spielt heute mehr und mehr die Gentechnik eine Rolle: Ob Anti-Matsch-Tomate, besonders stärkereiche Kartoffeln oder langsam reifende Bananen – die Entwicklung von Gemüse mit speziellen Eigenschaften durch die Gentechnik lässt sich nicht mehr aufhalten. Viele Verbraucher stehen dieser Entwicklung sehr skeptisch gegenüber. Nicht zuletzt deshalb feiern derzeit viele in Vergessenheit geratene Gemüsearten aus Großmutters Garten wie Pastinake, Teltower Rübchen oder die lange verschmähte Steckrübe eine Renaissance.

Kulinarisches

Schriftstücke aus der Antike beweisen, dass schon Ägypter, Griechen und Römer köstliche Gemüsegerichte kochten und auch die Heilkräfte der verschiedenen Gemüsearten schätzten. Trotzdem war der Stellenwert von Gemüse bis zum Mittelalter bei uns nicht besonders hoch. Dies liegt zum einen daran, dass Gemüse in unseren Breiten jahreszeitlich bedingt nur begrenzt zur Verfügung stand, zum anderen aber auch daran, dass Gemüse, zumindest die Hülsenfrüchte, als „Arme-Leute-Essen" galt. Der Eintopf spielte lange Zeit in der Küche eine Hauptrolle, schon aus ganz praktischen Gründen, denn auf dem Herd gab es nur Platz für einen Topf. Die meisten Gemüsearten wurden zu Mus zerkocht und als Gemüsebrei serviert. Eine solche Art der Zubereitung gehört zum Glück der Vergangenheit an. Selbst in Suppen hat Gemüse heute noch Biss und auch die Zeiten, in denen es in einer dicken Mehlschwitze versunken ist, sind heute vorbei. Spitzenköche aus aller Welt zeigen, wie aus Gemüse die herrlichsten Genüsse gezaubert werden können: Ob als Auflauf, Salat oder Suppe, der eigenen Fantasie sind in der bunten Gemüseküche keine Grenzen gesetzt. Lassen Sie sich von der Vielzahl der angebotenen Gemüsearten doch einfach inspirieren.

> **→ Der Siegeszug der Kartoffel:**
>
> Trotz mehrerer Hungersnöte konnte Friedrich der Große der bäuerlichen Bevölkerung die damals noch exotische Kartoffel nur durch eine List schmackhaft machen, berichtet eine Anekdote. Er ließ ein Kartoffelfeld nahe Berlin von seinen Soldaten so streng bewachen, als gelte es einen großen Schatz zu behüten. Sein Plan ging auf: Die Neugier der Bauern war geweckt und brachte sie dazu, die heimlich entwendeten Kartoffeln selbst anzubauen. Im Siebenjährigen Krieg wurde die Kartoffel dann endgültig zu einem Grundnahrungsmittel.

EINFÜHRUNG

Konventionell oder bio
Heutige Anbaumethoden

Dem Hobbygärtner schon lange aufgrund ihres Formen- und Farbenreichtums bekannt, feiern Gemüse wie Kürbis & Co. derzeit ihre kulinarische Wiederentdeckung.

Jahrhundertelang wurde das Wissen der Bauern von Generation zu Generation weitergegeben. Bodenfruchtbarkeit und Klima waren ebenso wie eine gute oder schlechte Ernte gottgewollt. Bis vor rund 150 Jahren die ersten neuen Erkenntnisse im Bereich der Pflanzenernährung und Technik die Situation grundlegend änderten. Forscher wie Justus Liebig, Carl Sprengel und Max Eyth revolutionierten die Landwirtschaft. Die Böden wurden fruchtbarer und die Ernten besser. Arbeitssparende Maschinen, Mineraldünger, großflächiger Anbau, Treibhäuser und chemischer Pflanzenschutz machten in den letzten 50 Jahren noch einmal eindrucksvolle Ertragssteigerungen möglich.

Doch selbst bei guten Ernten kamen die Bauern in den letzten 30 Jahren oft in finanzielle Engpässe. Sinkende Lebensmittelpreise – und damit verbundene niedrige Absatzpreise – erzwangen eine weitergehende Technisierung und vereinfachte Fruchtfolgen bis hin zur Monokultur. Der Griff zur Chemie fiel immer großzügiger aus, denn durch die Verstöße gegen alte Ackerbauprinzipien nahm die Fruchtbarkeit der Böden ab, und die Pflanzen wurden empfindlicher gegen Schädlinge.

Der chemische Eingriff in das biologische Gleichgewicht von Schädlingen und Nützlingen und die zunehmende Resistenz der Insekten, Pilze und Bakterien brachte mehr und neue Agrarchemikalien zur Anwendung. Allein in der Bundesrepublik werden heute jährlich etwa 30.000 Tonnen davon auf den Äckern verteilt.

Soweit eine kurze Geschichte der Landwirtschaft, die man bis vor einigen Jahren die »moderne« nannte und jetzt als die »konventionelle« bezeichnet. Denn im gleichen Maße, in dem sich die Landwirtschaft den extremen Rationalisierungsprozessen unterzog, wurden auch immer mehr Vorwürfe laut: Produktion von Überschüssen auf Kosten der Umwelt, so heißt der Kernpunkt der Kritik.

Ökologischer Anbau

Die so genannten »alternativen« Landwirte, egal ob sie biologisch, biologisch-dynamisch, biologisch-organisch oder naturgemäß wirtschaften, finden trotz der höheren Preise mit ihren Produkten beim Verbraucher Anklang. In Deutschland werden derzeit etwa 550.000 ha nach den EU-weiten Regelungen des ökologischen Landbaus bewirtschaftet. Für pflanzliche Erzeugnisse regelt die seit Juni 1991 so genannte Öko-Verordnung in der gesamten Europäischen Union die Mindestanforderungen an Erzeugnisse aus ökologisch orientiertem Anbau. Sie schreibt Erzeugern und Verarbeitern genau vor, wie und mit welchen Produkten sie produzieren dürfen. In Deutschland gibt es 9 Anbauverbände, jeder mit eigener Marke und eigenem Logo. Auch der Lebensmitteleinzelhandel hat eine Vielzahl von eigenen Marken und Zeichen eingeführt, so dass es bei uns mittlerweile etwa 100 Bio-Zeichen gibt. Mit der Schaffung eines einheitlichen Biosiegels in Deutschland soll mehr Markttransparenz für den Verbraucher geschaffen werden.

Unter Folien baut man Gemüse erst seit etwa 30 Jahren an, um die Wärme zu speichern, den Wind abzuhalten und um einiges früher ernten zu können.

Zur Unterdrückung von Unkraut und Schädlingen wachsen die Pflanzen unter flach ausgelegten Mulchfolien aus Polyethylen oder auch Papier.

Lollo Rossa, Romana und Kopfsalat wachsen hier in Reihen nebeneinander. Beim Verbraucher stehen die bunten Salate derzeit hoch im Kurs.

Integrierter Anbau

Die neue Methode des »integrierten Anbaus« schlägt eine Brücke zwischen Ökologie und Ökonomie. Sie versucht, umweltverträgliche Landwirtschaft mit modernen Anbaumethoden zu verbinden. Integriert, das Wort benutzte man zuerst im Zusammenhang mit dem Pflanzenschutz. Die Methode: Nützlinge schonen und gegen Schädlinge einsetzen, unempfindliche Sorten anpflanzen und neueste biologische und biotechnologische Mittel nutzen, damit der Verbrauch an Chemie so niedrig wie möglich gehalten werden kann.

Im Unterschied zum ökologischen Anbau sind hier chemische Schädlingsbekämpfungsmittel aber nicht tabu. Sie werden jedoch erst genutzt, wenn nötig und klar ist, welche Schädlinge den Gemüsepflanzen zu schaffen machen. Aus dem integrierten Pflanzenschutz entstand erst ein tragfähiges System, als man auch umweltfreundliche Anbautechniken hinzunahm. Neben anderen Maßnahmen soll eine maßgeschneiderte mineralische Düngung Umwelt und Pflanzen schützen. Erst nach Bodenuntersuchungen bringt der Landwirt die genau berechnete Menge Dünger auf sein Feld. Den drängenden ökologischen und ökonomischen Problemen versucht der System-Anbau mit wissenschaftlichen Methoden und viel Technik beizukommen. Insbesondere in den Niederlanden und Belgien haben sich Gemüsebauern zu Unternehmern mit hoch rationalisierten Betrieben entwickelt. Hier betreibt man den Anbau in großem Stil unter Glas. Computer regeln Temperatur, Bewässerung, Belichtung und Nährstoffzufuhr.

Welches ist nun das beste, das richtige System für den Gemüseanbau? Auch Experten mögen keine Prognosen stellen. Schon gar nicht pauschal für den Anbau aller Gemüsearten. Die Landwirtschaft steckt in einem Lernprozess. Gesichertes Wissen von gestern hat sich oft als falsch erwiesen und brandneue Methoden können morgen überholt sein. Auch der Verbraucher spielt hier eine große Rolle. Er entscheidet durch seinen Einkauf, ob das Pendel eher auf die Bio-Seite oder in die Hightech-Richtung schwingt. Eines ist allerdings sicher: Beim Wettstreit der landwirtschaftlichen Systeme kann die Umwelt nur profitieren, denn alle haben sich ihren Schutz aufs Panier geschrieben. Nicht aus Idealismus, sondern weil auf zerstörten Böden die Erträge sinken.

Tomatenanbau ohne Erde: In den Niederlanden werden bereits 90 % der Tomaten in steriler Steinwolle kultiviert. Die Nährstoffe erhalten sie durch ein Tropfröhrchen. Der Vorteil: hohe Erträge bei geringerem Einsatz von Chemikalien.

Nützlinge statt Chemie: Larven der Schlupfwespe werden gegen den Tomatenschädling Weiße Fliege eingesetzt. Dadurch lässt sich der Einsatz chemischer Schädlingsbekämpfungsmittel auf ein Minimum reduzieren.

Tomatenernte im Sitzen: Von einem Wägelchen aus wird gepflückt und gleich in Kisten verpackt. Um von den klimatischen Einflüssen unabhängig zu sein und das ganze Jahr über den Markt mit frischen Gemüsesorten versorgen zu können, ist man, vor allem in Deutschland, Belgien und den Niederlanden dazu übergegangen, große Gemüseanbauflächen zu Treibhausplantagen umzuwandeln. In Deutschland gibt es knapp 1.300 ha »Unter-Glas-Anbauflächen«, ein Drittel davon in Baden-Württemberg.

Was steckt im Gemüse?
Ernährungsphysiologie

Wer sich gesund ernähren möchte, kann auf Gemüse, Salate und Kartoffeln nicht verzichten. Gemüse gehört neben Obst zu der Lebensmittelgruppe mit der höchsten Nährstoffdichte. Obwohl Gemüse nur zu 1 % zu unserer Energiezufuhr beiträgt, so liefert es doch den größten Teil der benötigten Vitamine und Mineralstoffe. Zahlreiche Studien haben daüber hinaus gezeigt, dass ein hoher Gemüse- und Obstverzehr das Risiko, an Herz-Kreislauf-Störungen sowie an verschiedenen Krebsarten zu erkranken, verringern kann. Die gesundheitsfördernde Wirkung von Gemüse und Obst wird den so genannten »sekundären Pflanzeninhaltsstoffen«, die als Geschmacks- und Farbstoffe reichlich enthalten sind, zugeschrieben. Gemüse sollte deshalb auf unserem täglichen Speiseplan nicht fehlen. Um optimal versorgt zu sein, empfehlen Fachleute den Verzehr von 5 Portionen Gemüse und Obst pro Tag. Das entspricht knapp 400 g Gemüse (roh, gekocht oder als Salat) sowie 200 g frischem Obst. Bei der Vielfalt der angebotenen Gemüsesorten sollte das nicht schwer fallen.

Die wichtigsten Inhalte

Unsere Nahrung liefert dem Organismus die Stoffe, die er für sein Wachstum und die Aufrechterhaltung aller Funktionen benötigt. Dazu gehören neben den Nährstoffen Eiweiß, Fett und Kohlenhydrate, die unseren Körper unter anderem mit Energie versorgen, auch wichtige Wirkstoffe wie Vitamine, Mineralstoffe, Spurenelemente und sekundäre Pflanzenstoffe (bioaktive Substanzen).

Eiweiß, Fett und Kohlenhydrate

Eiweiß (Protein) benötigt der Organismus vor allem zum Aufbau und Erhalt von Körpersubstanz. Wichtiger als die Menge ist hier die Qualität. Nicht nur Fleisch, Fisch und Eier, auch Gemüse (vor allem Hülsenfrüchte) sind eine gute Eiweißquelle. Etwa ein Drittel des zugeführten Proteins sollte pflanzlicher Herkunft sein. Ideal ist eine Eiweißquelle für den Menschen erst dann, wenn aus den Eiweißbestandteilen (Aminosäuren) viel körpereigenes Eiweiß aufgebaut werden kann. Fachleute nennen dies die »biologische Wertigkeit«. Die biologische Wertigkeit ist zwar in der Regel bei tierischen Eiweißen höher, jedoch kann durch eine geschickte Kombination von tierischen und pflanzlichen Eiweißlieferanten die Wertigkeit erheblich gesteigert werden. Als besonders günstige Kombinationen gelten Kartoffeln und Ei, Milchprodukte, Fleisch oder Fisch und Kartoffeln sowie Hülsenfrüchte und Getreide. Auch Getreide, Kartoffeln und Hülsenfrüchte enthalten ausreichend Eiweiß, so dass Vegetarier keine Eiweißunterversorgung befürchten müssen.

Fett in der Ernährung gerät mehr und mehr in die Kritik. Heute raten fast alle Wissenschaftler zu mehr pflanzlichen und weniger tierischen Fetten. Der Grund: Das Cholesterin, als Risikostoff für

55 bis 60 % Kohlenhydrate sind ideal. Sie stecken vor allem in Kartoffeln, Gemüse, Getreide, Reis und Nudeln. Gemüse und Vollkornprodukte liefern darüber hinaus wertvolle Ballaststoffe.

Fette liefern mehr als doppelt so viel Energie wie Kohlenhydrate und Eiweiße. Sparen heißt hier die Devise.

Milchprodukte, Eier, einmal die Woche Seefisch und eine Portion Fleisch, damit erhält der Körper schon ausreichend tierisches Eiweiß. Etwa ein Drittel des Eiweißes sollte pflanzlichen Ursprungs sein.

Herz- und Gefäßkrankheiten bekannt, kommt nur in Begleitung von tierischen Fetten vor. Pflanzenfette enthalten kein Cholesterin, dafür aber viele der regulierend wirkenden ungesättigten Fettsäuren. Gesundheitlich wichtiger als die Art des Fetts ist jedoch die Menge: Unser Verzehr liegt insgesamt viel zu hoch. Statistisch gesehen konsumieren wir heute zwei- bis dreimal mehr Fett als wir sollten, nämlich 140 g anstatt 60 g.

Kohlenhydrate stecken als Einfach-, Zweifach- oder Mehrfachzucker vor allem in unseren pflanzlichen Lebensmitteln. Im Gemüse überwiegen die Mehrfachzucker, die Polysaccharide, wozu auch Stärke, die sich vor allem in Kartoffeln und Hülsenfrüchten findet, gehört. Im Gegensatz zu den Einfach- und Zweifachzuckern, die leicht ins Blut übergehen, bleiben stärkehaltige Lebensmittel länger im Magen und werden langsamer, aber kontinuierlicher vom Körper aufgenommen. Vorteil: Schwankungen des Blutzuckerspiegels bleiben aus, es gibt keine Anfälle von Heißhunger auf Süßes.

Der Bedeutung von **Ballaststoffen**, die in Gemüse reichlich vorhanden sind, sind die Ernährungsfachleute erst seit etwa zwei Jahrzehnten auf der Spur. Zu Beginn des Jahrhunderts galten sie nämlich buchstäblich als überflüssiger Ballast. Nicht zuletzt deshalb wertete man derbe Gemüsearten wie Hülsenfrüchte und Kohl als Arme-Leute-Essen ab. Erst nachdem gegen Ende der 70er Jahre Forscher einen Zusammenhang zwischen allzu verfeinerter Nahrung und Zivilisationskrankheiten belegen konnten, begannen Ernährungsfachleute in allen Industriegesellschaften, sich des Themas anzunehmen. Wissenschaftlich belegt sind folgende Vorzüge: Regelmäßiger Verzehr von Ballaststoffen sorgt für eine geregelte Verdauung, eine günstige Zusammensetzung der Darmflora und vermindert das Darmkrebsrisiko. Auch ein erhöhter Cholesterinspiegel lässt sich senken.

Vitamine und Mineralstoffe

Gemüsesorten leisten einen wertvollen Beitrag zur Versorgung mit den lebensnotwendigen Vitaminen, Mineralstoffen und Spurenelementen.

Der Stoffwechsel, die große »Chemiefabrik« unseres Körpers, baut in jeder Minute Tausende von Stoffen auf, um und ab. Die meisten wichtigsten Substanzen synthetisiert unser Körper selbst, aber einige müssen regelmäßig zugeführt werden. Vitamine und Mineralstoffe werden zwar nur in geringen Mengen benötigt, da die meisten aber nicht im Körper gespeichert werden können, sollten sie Bestandteil der täglichen Nahrung sein.

Vitamine haben vor allem steuernde Funktionen im Organismus. Am Kohlenhydrat-, Eiweiß- und Fettstoffwechsel sind sie ebenso beteiligt wie am Aufbau von Hormonen, Enzymen, Blutzellen und Knochen. Gemüse enthält vor allem Provitamin A (Möhren, Spinat, Grünkohl), Vitamin B (Pilze, Erbsen, Kresse), Vitamin C (Paprika, Grünkohl, Petersilie), Vitamin E (Schwarzwurzeln, Fenchel) und Vitamin K (Spinat, Grünkohl, Erbsen). Gemüsearten mit fettlöslichen Vitaminen wie Provitamin A, Vitamin D, E und K sollte man immer mit etwas Fett, etwa Olivenöl, zubereiten, denn nur so können die wertvollen Substanzen vom Körper gut aufgenommen und verwertet werden.

Ebenfalls unentbehrlich sind **Mineralstoffe** und **Spurenelemente**. Sie sind sowohl am Knochenaufbau beteiligt als auch an zahlreichen Auf- und Umbauvorgängen. Gemüse ist eine ausgezeichnete Quelle für Mineralstoffe und Spurenelemente. Fast ein Viertel der Kaliumaufnahme stammt beispielsweise aus verschiedenen Gemüsearten. Auch für Magnesium und Eisen ist Gemüse eine gute Quelle. Magnesium findet sich vor allem in Hülsenfrüchten, eisenreich sind Schwarzwurzeln, Spinat, Mangold, Erbsen und Feldsalat.

→ **Vitamin C:** Die Gehalte an Vitamin C liegen bei den meisten Gemüsesorten im Bereich von 10 bis 50 mg je 100 g. Höhere Konzentrationen finden sich in Brokkoli, Feldsalat, Grünkohl und Paprika. Paprika hat übrigens mehr Vitamin C als Zitrusfrüchte.

→ **Kalium:** Fenchel, Spinat, Mangold und Kartoffeln weisen die höchsten Gehalte an Kalium (etwa 200 bis 300 mg je 100 g) auf. Ernährungswissenschaftler empfehlen eine tägliche Zufuhr von mindestens 2.000 mg pro Tag. Wer öfter Kartoffeln in seinen Speiseplan einbaut, kann diese Werte leicht erreichen.

EINFÜHRUNG

Bioaktive Substanzen – Schutzstoffe aus der Natur

Mehrere Tausend biologisch aktive Stoffe stecken in unseren pflanzlichen Lebensmitteln. Viele sind in den verschiedenen Gemüsesorten zu finden. 300 dieser Substanzen sind heute bekannt, etwa 100 davon bisher näher erforscht. Von Wissenschaftlern werden diese Stoffe, die ganz unterschiedlichen chemischen Stoffklassen angehören, „sekundäre Pflanzeninhaltsstoffe" genannt – sekundär deshalb, weil sie im Sekundärstoffwechsel der Pflanzen gebildet werden. Im Primärstoffwechsel bilden Pflanzen Kohlenhydrate, Proteine und Fette, die der unmittelbaren Versorgung der Pflanze dienen. Die sekundären Inhaltsstoffe dagegen sind beispielsweise für die Abwehr von Schädlingen oder für die Regulierung des Wachstums zuständig. Meist kommen sie nur in kleinen Mengen in den Pflanzen vor. Trotz der geringen Konzentrationen können wir einige sekundäre Pflanzenstoffe jedoch riechen, sehen oder schmecken. Sekundäre Pflanzenstoffe sind zum Beispiel für die gelbe oder rote Farbe in Obst und Gemüse, den Geruch von Zwiebeln und Knoblauch, das Aroma von Pfefferminze und Zitrone oder den intensiven Geschmack von Kohl und Rettich verantwortlich.

Dass diese Stoffe auch für unsere Gesundheit eine wichtige Rolle spielen, ist erst seit knapp zwanzig Jahren bekannt. Zahlreiche Untersuchungen haben gezeigt, dass diese Substanzen unter anderem dazu beitragen, das Risiko für Herz-Kreislauf-Erkrankungen und Krebs zu senken. Zudem wirken sie günstig auf unser Immunsystem. Schon lange bekannt ist die gesundheitsfördernde Wirkung von Knoblauch: Das darin enthaltene Allicin wirkt gegen Bakterien und stärkt unser Immunsystem. Auch die Wirkung von Beta-Carotin, einer Vorstufe von Vitamin A, ist seit längerem bekannt. Beta-Carotine schützen als Antioxidantien vor aggressiven Sauerstoffteilchen, den so genannten »freien Radikalen«, die Wissenschaftler für die Entstehung von Herz-Kreislauf-Erkrankungen sowie manchen Krebsarten mit verantwortlich machen. Durchschnittlich nehmen wir, je nach Verzehrsgewohnheiten, rund 1,5 g sekundäre Pflanzenstoffe mit der Nahrung auf und damit mehr als von manchen Vitaminen und Mineralstoffen.

Neben den sekundären Pflanzenstoffen zählen auch Ballaststoffe und die Verbindungen aus milchsauer fermentierten Lebensmitteln zu den bioaktiven Substanzen. Im Folgenden werden die wichtigsten dieser Substanzen und ihre Wirkungsweise beschrieben.

Karotene

Pflanzenteile, die reich an Carotinoiden (heute als Karotene bezeichnet) sind, erkennt man sofort an ihrer gelb- bis orangeroten Farbe. Aber auch in durch Chlorophyll grün gefärbten Pflanzen wie Spinat oder Brokkoli verbergen sich Karotene – sie sind hier lediglich durch den grünen Farbstoff überdeckt. Rund 40 unterschiedliche Karotene stecken in unseren pflanzlichen Lebensmitteln. Schon lange bekannt – und daher in Bezug auf seine gesundheitsfördernde Wirkung auch sehr gut erforscht – ist das Beta-Carotin. Aus Beta-Carotin bildet der menschliche Organismus Vitamin A, das vor allem für das Sehvermögen wichtig ist. Ein hoher Gehalt an Beta-Carotin findet sich etwa in Möhren, Kürbis, Tomaten, und Paprika, aber auch in grünem Blattgemüse. Da Karotene zu den fettlöslichen Substanzen gehören, sollte man die entsprechenden Nahrungsmittel mit etwas Fett zubereiten: Die Wirkstoffe können so vom Körper wesentlich besser verwertet werden.

→ **Karotene:** Einige der gelbroten Farbstoffe in unseren Gemüsesorten besitzen Vitamin-A-Aktivität, das heißt sie können im Körper in Vitamin A umgewandelt werden. Die höchste Vitamin-A-Aktivität weist das Beta-Carotin auf, das zum Beispiel in Möhren und Kürbis vorkommt.

→ **Glucosinolate:** Sie kommen ausschließlich in der Familie der Kruziferen (Kreuzblütler) vor. Dazu gehören alle Kohlarten wie Weiß- und Rotkohl, Wirsing, Blumenkohl, Rosenkohl oder Brokkoli. Glucosinolate sind hitzeempfindlich und gehen sehr leicht ins Kochwasser über.

Fenchel wird seit alters her wegen seiner heilsamen Wirkung bei Magenbeschwerden und Blähungen geschätzt. Verantwortlich sind ätherische Öle, die dem Fenchel auch das intensive Anisaroma geben.

Keine Regel ohne Ausnahme: Lykopin, das Karoten der Tomate, wird in verarbeiteter Form (wie hier als Tomatenmark) vom Körper besser aufgenommen.

Rohkost *Roh zubereitet zeigt sich Gemüse von seiner gesündesten Seite: Empfindliche Vitamine und Mineralstoffe bleiben erhalten und dazu noch manche heilkräftige Komponente, die sonst durchs Kochen verloren ginge. Rohkost sollte deshalb auf keinem Speiseplan fehlen.*

Polyphenole

Am bekanntesten in dieser Gruppe sind die Flavonoide, die neben den Carotinoiden für die bunten Farben in Obst und Gemüse sorgen. Wichtigster Vertreter ist das Quercetin, das vor allem in Zwiebeln, Auberginen, Rot- und Grünkohl vorkommt. Die meisten der ebenfalls als Antioxidant wirksamen Flavonoide sitzen in oder direkt unter der Schale. Gemüse sollte daher so dünn wie möglich geschält werden. Der Flavonoidgehalt ist auch von der Sonneneinstrahlung und vom Reifezustand abhängig; die höchsten Konzentrationen findet man in reifem Gemüse aus Freilandanbau.

Glucosinolate

Sie kommen in Kohlsorten wie Weißkohl, Blumenkohl, Brokkoli, Kohlrabi und Rosenkohl, aber auch in Meerrettich, Rettich, Kresse oder Senf vor. Die eigentlich wirksamen Stoffe sind jedoch die Abbauprodukte der Glucosinolate, die auch „Senföle" genannt werden. Senföle bilden sich erst dann, wenn die Pflanzenzellen zerstört werden, etwa durch Schneiden oder Kochen. Glucosinolate gehören aber auch zu den hitzeempfindlichen Substanzen: Unter Hitzeeinwirkung verringert sich die Konzentration um die Hälfte. Glucosinolate wirken antimikrobiell, das heißt gegen Bakterien. Bekannt ist ihre positive Wirkung bei Harnwegsinfekten und Husten. Zudem können sie die Bildung Krebs erregender Stoffe hemmen.

Terpene

Terpene sind vor allem in Kräutern und Gewürzen enthalten und geben diesen ihr intensives Aroma. Wie die Karotene schützen Terpene vor freien Radikalen und wirken so der Krebsentstehung entgegen. Da sich Terpene rasch verflüchtigen, sollten Kräuter und Gewürze den Speisen erst kurz vor dem Servieren zugegeben werden.

Sulfide

Sulfide kommen vor allem in Zwiebelgewächsen wie Knoblauch, Lauch, Schalotten und Schnittlauch als inaktive Substanz vor. Erst bei der Zerstörung der Zellen können zelleigene Enzyme die Sulfide aktivieren. Knoblauch und Zwiebeln beispielsweise geben daher erst nach dem Zerkleinern ihr scharfes Aroma und ihre gesundheitsfördernde Wirkung frei. Aus diesem Grund verursacht auch erst die aufgeschnittene Zwiebel tränende Augen. Sulfide wirken wie Glucosinolate antimikrobiell und schützen vor freien Radikalen.

Milchsauer eingelegtes Gemüse

Milchsäurebakterien aus Milchprodukten sowie aus milchsauer eingelegten Gemüsearten wie beispielsweise Weißkraut, Rote Bete oder Sellerie werden schon seit Jahrzehnten positive, gesundheitsfördernde Wirkungen zuerkannt. Die Milchsäurebakterien wandeln die Kohlenhydrate (Milchzucker) aus dem Gemüse in Milchsäure um.

Isst man regelmäßig gesäuerte Milchprodukte oder milchsauer eingelegte Gemüse (am bekanntesten sind das Sauerkraut und milchsauer eingelegte Gurken oder Bohnen), so kann dies die Zusammensetzung der Darmflora positiv beeinflussen: Im Darm bilden sich weniger Krebs erregende Substanzen. Voraussetzung für eine gesundheitsfördernde Wirkung ist aber, dass die Produkte nicht wärmebehandelt oder erhitzt sind, da die Bakterien sonst abgetötet werden und ihre Wirkung im Darm nicht mehr entfalten können.

Saisonales ist Trumpf
Einkaufen und Lagern

Frische Erbsen sind selten auf dem Markt, denn 95 % gehen in die Verarbeitung. Frisch sind sie jedoch eine Delikatesse, das gilt vor allem für Zuckerschoten.

Spargel – das königliche Gemüse – hat in Deutschland von Mitte April bis zum Johannistag, dem 24. Juni, Saison; viel zu kurz, wie viele Spargelfans meinen.

Einkauf

Frisches Gemüse steht uns das ganze Jahr über in großer Auswahl zur Verfügung. Und dies, obwohl in Deutschland nur 40 % des benötigten Gemüses angebaut werden. Das Angebot an heimischem Gemüse ist saisonal begrenzt, dies gilt insbesondere für die Freilandware. Denn im Vergleich zu unseren europäischen Nachbarn ist die Vegetationsperiode bei uns sehr viel kürzer. Trotzdem ist der Handel bemüht, dem Verbraucher das ganze Jahr hindurch ein breites Gemüsesortiment anzubieten. Das bei uns erhältliche Gemüse kommt zu einem großen Teil von unseren europäischen Nachbarn (Italien ist in der EU der größte Produzent von Gemüse, dort wird etwa 5-mal so viel Gemüse angebaut als bei uns) und zunehmend aus Übersee.

Beim Einkauf sollte man unbedingt auf frische Ware achten. Denn Salate und Gemüse, die schon beim Händler nicht mehr frisch aussehen, haben bereits einen Teil ihrer wertvollen Inhaltsstoffe und natürlich auch an Geschmack eingebüßt. Wem es möglich ist, der sollte direkt beim Erzeuger einkaufen, das heißt bei regionalen Anbietern auf dem Wochenmarkt oder ab Hof. Dort bekommt man garantiert frische Ware. Viele Gemüsebauern, vor allem Biobauern, bieten als Service auch „Gemüse im Abo" an. In der wöchentlich gelieferten Gemüse-Kiste ist drin, was die Saison gerade zu bieten hat.

Saisonal einkaufen wird zunehmend zur Herausforderung, denn durch das ganzjährige Angebot vieler Gemüsesorten verliert der Verbraucher zunehmend den Überblick, wann welche Sorte hier zu Lande nun eigentlich angebaut wird. Doch saisonal einkaufen lohnt sich: Gemüse der Saison bringt nicht nur mehr Geschmack und bietet mehr wertvolle Inhaltsstoffe und weniger Schadstoffe, sondern ist in der Regel auch deutlich preiswerter. Durch die Vermeidung langer Transportwege verringert sich zudem der Energieeinsatz deutlich, was auch zum Schutz des Klimas beiträgt. Freilandgemüse der Saison hat unbestritten den besten Geschmack und enthält die meisten sekundären Pflanzenstoffe. Blattsalate, die im Sommer geerntet werden, enthalten zum Beispiel deutlich mehr Flavonoide als ein Kopfsalat, der im Frühjahr im Treibhaus gepflückt wird. Dies ist vermutlich auf die viel intensivere Sonneneinstrahlung zurückzuführen. Auch der Gehalt an Karotenen ist bei Gemüse aus dem Freilandanbau deutlich höher. Zudem bewirkt die intensivere Sonneneinstrahlung beim Freilandanbau eine deutliche Reduzierung von Nitrat, einem Schadstoff, der als Krebs fördernd angesehen wird. Und der saisonale Einkauf bietet Preisvorteile: Warten lohnt sich, denn am teuersten ist Gemüse außerhalb der Saison oder zu Beginn der Saison. Der erste Rhabarber, der erste Spargel, die ersten Frühkartoffeln oder die ersten Salatköpfe sind deutlich teurer als in der Mitte oder gegen Ende der Saison.

Saisonaler Einkauf bedeutet aber nicht, im Winter ganz auf Gemüse zu verzichten, denn auch in der kalten Jahreszeit gibt es genügend Arten, die den Speiseplan bereichern, wie zum Beispiel Grünkohl, Rosenkohl, Lauch, Chicorée, Feld- oder Endiviensalat. Gemüse wie Rote Bete, Möhren, Knollensellerie, Weiß- und Rotkohl lassen sich zudem hervorragend lagern. Allein mit dem jahreszeitlichen Angebot lässt sich durch fantasievolle Zubereitung Abwechslung und Vielfalt in den Speiseplan bringen. Trotzdem sollte man aber keine Scheu vor gelegentlichen Abweichungen haben und mit reinem Gewissen die bunten kulinarischen Köstlichkeiten aus aller Welt genießen.

Lagerung

Vor allem die Salate, aber auch viele andere Gemüsearten sind sehr empfindlich gegen Austrocknen. Nur wirklich frisches Gemüse sollte deshalb im Haushalt überhaupt noch gelagert werden. Die meisten Sorten büßen bei Zimmertemperatur schnell an Frische ein: Innerhalb von Stunden geht nicht nur Wasser verloren und das Gemüse wird welk oder verfärbt sich, sondern es werden auch luft- und lichtempfindliche Vitamine zerstört. Muss man Gemüse dennoch lagern, empfiehlt es sich, dabei sowohl auf die richtige Temperatur als auch auf eine ausreichende Luftfeuchtigkeit zu achten. Nur so können die Wirkstoffe wie Vitamine und sekundäre Pflanzenstoffe weitgehend erhalten und der Verderb hinausgezögert werden.

Gemüse lagert man am besten im Kühlschrank. Für den Haushalt gibt es seit einigen Jahren Kühlschränke, die getrennte Lagerbereiche mit Temperaturen von 0 bis 1 °C, 5 bis 7 °C und 10 bis 12 °C besitzen. Optimale Lagerbedingungen entstehen in diesen Kühlschränken allerdings nur, wenn die Gemüse nach Sorten getrennt in luftdurchlässiger Folie verpackt werden. Dann nämlich stellt sich innerhalb des Beutels die notwendige hohe Luftfeuchtigkeit von über 90 % ein. Ohne Verpackung trocknen empfindliche Salate und Blattgemüse schnell aus. Kälteempfindliche Gemüsearten wie Tomaten, Gurken, Paprika, Spargel und Auberginen benötigen Lagertemperaturen zwischen 5 und 14 °C. Zu kalte Lagerung führt bei diesen Gemüsearten zu braunen Flecken oder Gelbwerden.

Auch Kartoffeln sollte man nicht unter 5 °C aufbewahren. Lagert man Gemüse zu hell, können lichtempfindliche Vitamine zerstört und Verfärbungen hervorgerufen werden. Eine Alternative zu frischem Gemüse ist tiefgekühltes, vor allem im Winter, wenn es keine frische Ware gibt oder es mal schnell gehen muss.

Qualitätsnormen

Zur leichteren Beurteilung durch den Verbraucher und zur Schaffung eines überschau- und vergleichbaren Marktangebots gibt es Vorschriften zur Kennzeichnung und Klassifizierung für bestimmte Gemüsesorten auf nationaler und europäischer Ebene. Die gemeinsame europäische Marktorganisation für Obst und Gemüse schreibt für die Vermarktung von frischem Gemüse Qualitätsnormen vor, die für die in der Produktion der Europäischen Gemeinschaft bedeutenden Gemüsearten, wie zum Beispiel Auberginen, Blumenkohl, Gemüsepaprika, Möhren oder Spargel für Produzent und Händler verpflichtend sind. Neben den EU-Qualitätsnormen bestehen noch deutsche Handelsklassen für solche Gemüsearten, die bisher im internationalen Handel noch wenig Bedeutung haben, wie zum Beispiel Kohlrabi, Rettich oder Schwarzwurzeln. Im Gegensatz zu den EU-Qualitätsnormen ist die Anwendung deutscher Handelsklassen freiwillig. Produkte, die vom Erzeuger direkt ab Hof an den Endverbraucher abgegeben werden, müssen nicht klassifiziert werden.

Alle Gemüsearten, die den Qualitätsnormen unterliegen, müssen bestimmte Mindestanforderungen erfüllen: Das angebotene Gemüse muss grundsätzlich gesund, sauber, fest, von frischem Aussehen, frei von fremdem Geruch und Geschmack und frei von übermäßiger äußerer Feuchtigkeit sein. Je nach Qualität wird es dann in die Klassen »Extra« – hervorragende Qualität (keinerlei Mängel); »I« – gute Qualität (kleinste Fehler) oder in »II« – marktfähige Qualität (kleinere Fehler in Farbe und Form) eingestuft.

Jedoch geben die Qualitätsnormen und Handelsklassen keine Auskunft über den Geschmack, den Nährstoff- sowie Schadstoffgehalt oder die Haltbarkeit. Die Angaben beziehen sich lediglich auf die äußerlich erkennbaren Werte. Nicht immer schmeckt makellos aussehendes Gemüse automatisch gut, wie sicher jeder schon festgestellt hat.

Romanesco Die attraktive Variante des Blumenkohls wird auch liebevoll „Türmchenkohl" genannt.

Die ersten Kartoffeln, die ab Mai vor allem in Baden und in der Pfalz geerntet werden, sind sehr delikat und nicht nur von Spargelliebhabern geschätzt.

In weiten Teilen der Welt werden Kürbisse in ausgezeichneter Qualität auf dem Markt angeboten; in Asien und Afrika ebenso wie in Europa. Lagern kann man sie je nach Sorte unterschiedlich lange.

Warenkunde
Lexikon

Alle kulinarisch wichtigen Gemüsearten und -sorten, nach botanischen Familien von A bis Z geordnet. Spüren Sie interessanten Verwandtschaftsverhältnissen nach, bestimmen Sie selbst unbekannte Gemüsearten auf dem Markt. Mit diesem Lexikon kein Problem, mit ihm haben Sie einen wertvollen Berater für Einkauf und Lagerung.

Wertvolle Blätter
Stärkehaltige Knollen

Amarant ist in Westafrika, der Karibik sowie auf Java ein weit verbreitetes Gemüse.

→ **Gemüseamarant** ist hier zu Lande wenig bekannt, da er wegen seiner geringen Haltbarkeit nicht exportiert wird. Lediglich in den Niederlanden erscheint Amaranthus dubius auf dem Markt. Dennoch zählt Amarant, der wie Spinat zubereitet wird, zu den wertvollen Gemüsepflanzen, da seine Blätter reich an Eiweiß, Calcium, Kalium, Eisen, Provitamin A und Vitamin C (120 mg %) sind.

Aizoaceae (Eiskrautgewächse). Diese Familie umfasst etwa 2.500 Arten. Der Name leitet sich von griechisch »aizoon« (= ewig leben) ab und wurde wohl gewählt, weil viele dieser Pflanzen auch unter ungünstigsten Klimabedingungen in Steppen und Wüsten gedeihen. Um der Trockenheit zu trotzen, haben sie dickfleischige (sukkulente), feuchtigkeitsspendende Blätter ausgebildet. **Neuseelandspinat, Neuseeländer Spinat,** Sommerspinat, Pflückspinat *(Tetragonia tetragonioides)*, engl. New Zealand spinach, frz. tetragone cornue, épinard de la Nouvelle Zélande, stammt tatsächlich aus Neuseeland. Im 18. Jahrhundert gelangte er nach Europa und war früher im Sommer ein guter Ersatz für den schnell aufschossenden heimischen Spinat. Das **Eiskraut, Kristallkraut,** Eispflanze, Eisblume *(Mesembryanthemum cristallinum)*, engl. ice plant, crystalline, frz. ficoide cristalline, ficoide glaciale, wächst wild an den Küsten Südafrikas. Angebaut wird es in Mittel- und Südeuropa, Indien, Kalifornien und Australien. Bei uns gedeiht das Wärme liebende, kriechende Gewächs mit dem würzig-bitteren, säuerlich-pikanten Geschmack im Gewächshaus. Verwendung roh als Salat oder auch gekocht wie Spinat.

Amaranthaceae (Fuchsschwanzgewächse) werden ihrer Nutzung nach in Gemüse- und Körner-Amaranten unterschieden. **Amarant** *(Amaranthus dubius)*, engl. amaranth, frz. amarante, zählt heute zu den bedeutendsten Blattgemüsen der südamerikanischen, afrikanischen und asiatischen Tropen- und Subtropengebiete.

Araceae (Aronstabgewächse). Die Familie der Aronstabgewächse mit über 100 Gattungen und 1.500 Arten gedeiht vorwiegend in den Tropen. Hierzu zählen **Taro, Wasserbrotwurzel** *(Colocasia esculenta)*, engl. taro, cocoyam, frz. taro, chou de chine, und **Tannia, Tania** *(Xanthosoma sagittifolium)*, engl. tan(n)ia, (yellow) yautia, cocoyam, frz. chou caraibe. Gegessen werden nicht nur die Knollen, sondern auch Blätter und Triebe der Pflanzen.

Neuseelandspinat zählt zu den vergessenen Gemüsen. Botanisch ist er nicht mit »normalem« Spinat verwandt, kann aber wie dieser verwendet werden.

Eiskraut ist eine Wüstenpflanze. Durch Verdunstung entstehen an Stielen und Blättern Salzkristalle, die wie gefrorene Tautropfen aussehen – daher der Name.

Taro-Knollen, hier der Varietät 'Eddoe', sind vielseitig, sättigend und preiswert. Wichtig sind jedoch lange Garzeiten und das Wegschütten des Kochwassers.

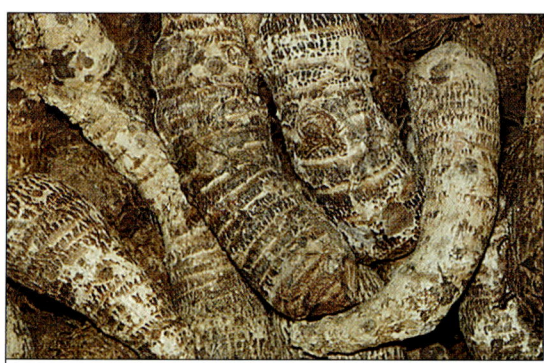

Tannia-Knollen gehören – wie auch Taro – zu den Grundnahrungsmitteln in tropischen Feuchtgebieten. Ihr Stärkegehalt ist etwas höher als bei Taro.

Taro und Tannia

Zum Verwechseln ähnlich sind sich diese beiden Knollen. Kein Wunder, die botanische Verwandtschaft ist sehr eng. Wer sie unterscheiden will, muss tatsächlich genau hinsehen: Die Blätter, genauer gesagt, der Stängelansatz, sind das sicherste Unterscheidungsmerkmal. Bei der Tannia setzt der Blattstiel am Grund der Spreite an, bei der Taro mehr zur Blattmitte hin. Wesentlicher sind jedoch die Unterschiede im Anbau: Beide Pflanzen benötigen tropische Wärme, doch kommt Tannia mit weniger Wasser aus und wird deshalb dort angebaut, wo die Feuchtigkeit für Taro nicht ausreicht.
Als ausgesprochene Sumpfpflanze benötigt Taro dagegen viel Wasser. Auf der Hawaii-Insel Kauai baut man – wie rechts gut zu sehen – Taro auf großen, überfluteten Feldern an. Geerntet wird übrigens noch immer von Hand. Die wichtigsten Varietäten sind Eddoe und Dasheen. Erstere bilden eine relativ kleine Hauptknolle mit zahlreichen ovalen Knöllchen am Stamm. Die Varietät Dasheen besitzt eine große Hauptknolle mit nur wenigen Nebenknollen. Sie enthält im Vergleich zu Eddoe weniger der nadelfeinen Kristalle aus Calciumoxalat, die die Schleimhäute reizen, ein Kratzen im Hals und sogar Verdauungsbeschwerden hervorrufen können.
Taro und Tannia werden geschält und wie Kartoffeln in Salzwasser gekocht, doch sollte das Kochwasser gewechselt werden. Das Calciumoxalat wird durch längeres Kochen zerstört. Die Knollen können zudem geröstet, frittiert oder gebacken werden. Gekocht schmecken sie – die große Hauptknolle der Tannia wird übrigens nicht verzehrt, sie dient als Viehfutter – mild bis scharf, aber durchaus angenehm.

Malabar-Spinat stammt aus Südostasien, ist heute jedoch über den ganzen Tropengürtel verbreitet.

Ceylon-Spinat aus Ostasien, eine rotstielige Varietät des Malabar-Spinats. Importe gibt es aufgrund der geringen Haltbarkeit kaum, in geringem Maß wird Malabar-Spinat aber in den Niederlanden kultiviert.

→ **Mango und Papaya** isst man fast überall auf der Welt als Obst. Beide können jedoch auch unreif als Gemüse verwendet werden. Grüne Mangos lassen sich zudem roh wie ein Apfel verzehren. Auf Java und den Philippinen dünstet man auch die jungen zarten Blätter des Mangobaumes. Grüne Papayas hingegen werden immer geschält, entkernt und wie andere helle Gemüse gedünstet.

Anacardiaceae (Sumachgewächse). Aus dieser Familie findet unter anderem die grüne, unreife **Mango** (*Mangifera indica*), engl. mango, frz. mangue, als Gemüse Verwendung. Zum Export gelangen allerdings meist nur Früchte, die als Obst gegessen werden können. Hin und wieder kommen jedoch auch Importe von Gemüsemangos – meist die länglichen, kleineren Sorten – speziell für die hier lebenden Asiaten auf unsere Märkte; am ehesten findet man also grüne Mangos in Spezialgeschäften für asiatische Lebensmittel.

Basellaceae. Eine Familie, die nur wenige Gattungen und Arten umfasst. Heimisch sind sie in Asien und im tropischen Amerika. Alle Pflanzen dieser Familie sind krautartige, rankende oder kletternde Gewächse mit fleischigen Stielen und Blättern. Als Gemüse werden nur die Arten folgender drei Gattungen angebaut. *Ullucus tuberosus*, engl. ulluco. Die in den Anden beheimatete kartoffelähnliche Knollenart wird gekocht oder getrocknet gegessen, die Blätter manchmal auch als Gemüse. *Boussingaultia cordifolia*, engl. Madeira vine. Diese Gattung liefert die Basell-Kartoffeln; ihre Blätter werden zuweilen wie Spinat verzehrt. Sie hat sich auch in Süd- und Südosteuropa eingebürgert. Anders dagegen der **Malabar-Spinat, Indischer Spinat** (*Basella alba*), engl. Malabar spinach, vine spinach, slippery vegetable, frz. épinard de Malabar: Diese Gattung ist von größerer Bedeutung, da die dickfleischigen Triebe und Blätter der Pflanze reich an Eiweiß, Vitaminen und Mineralstoffen sind. Blätter und Triebe werden wie Spinat gewaschen, geputzt und kurz gekocht. Ihr Geschmack ist mild und angenehm, Europäer empfinden die schleimige Beschaffenheit des gekochten Gemüses jedoch oft als befremdlich. Eine industrielle Verarbeitung findet nicht statt.

Caricaceae (Melonenbaumgewächse). Zu dieser im tropischen Afrika und Südamerika beheimateten Familie gehört auch die **Papaya** oder **Baummelone** (*Carica papaya*), engl. papaya, pawpaw, frz. papaye, melon des Tropiques ebenso wie die **Babaco** (*Carica pentagona*), engl. babaco, frz. babaco. Sowohl Papaya als auch Babaco sind hier zu Lande in der Regel nur ausgereift als aromatische Früchte im Angebot, werden jedoch in ihren Herkunftsländern auch gern als Gemüse gegessen, solange die Haut noch grün und das Fruchtfleisch weiß ist. In diesem Reifestadium ist ihr Gehalt an dem verdauungsfördernden Enzym Papain besonders hoch, der Vitamingehalt jedoch deutlich niedriger als bei reifen Früchten. Als Garmethode empfiehlt sich Dünsten, vorher werden Papayas wie Babacos geschält und entkernt.

Grüne Mangos sind keine eigene Art, sondern die unreifen Früchte des Mangobaumes, die in ihrer tropischen Heimat als Gemüse zubereitet werden.

Gemüsepapaya erkennt man an der grünen Schale, dem hellen Fruchtfleisch und den noch weißen Samenkernen. Verzehren kann man sie nur gegart.

Unscheinbar, doch reich an Inhalt

Chenopodiaceae (Gänsefußgewächse). Die meisten Pflanzen dieser Familie sind ein- oder mehrjährige Kräuter mit gegenständigen, oft fleischigen, manchmal bereiften Blättern. Dank tiefreichender Pfahlwurzeln sind viele Gänsefußgewächse gut an salzreiche Standorten angepasst. Die größte Bedeutung innerhalb der Familie besitzt die Gattung *Beta*, die als Gemüse die Rote Rübe und den Mangold sowie als landwirtschaftliche Nutzpflanzen die Zucker- und die Futterrübe hervorgebracht hat.

Rote Rübe, Rote Bete, Salatbete, Salatrübe (*Beta vulgaris* ssp. *vulgaris* var. *conditiva*), engl. beetroot, frz. betterave rouge. Die zweijährige, tief wurzelnde Pflanze wird heute in Ländern mit gemäßigtem Klima kultiviert. Die rote Farbe der 100 bis 600 g schweren Knollen beruht auf der hohen Konzentration an Betanin sowie einem geringen Gehalt an Anthocyan. Es gibt jedoch auch weiße und – sehr selten – gelbe Sorten. Galten Rote Bete früher wegen ihres hohen Eisengehaltes als wichtiges Nahrungsmittel, so ist sie heute vor allem aufgrund ihres angenehm säuerlichen Aromas und ihres hohen Nährwertes geschätzt. Neben Zucker, Eiweiß, Fett und organischen Säuren enthalten die Knollen Calcium, Kalium, Magnesium, Phosphor, Natrium, Schwefel, Jod und eine Reihe von Vitaminen der B-Gruppe. Auch ist ihr Vitamin-C-Gehalt mit etwa 10 % relativ hoch. Leider ist die Rote Rübe auch das Gemüse mit den höchsten Nitratwerten, sie ist als »Stickstoffsammler« bekannt. Da der Verzehr von Roten Beten jedoch nicht besonders hoch ist, fällt dies nicht so sehr ins Gewicht.

Frische Rote Rüben sind das ganze Jahr über auf dem Markt, wenngleich sie vorwiegend im Winter in größeren Mengen gehandelt werden. Die Zubereitung dieses Gemüses ist etwas aufwändiger, aber keinesfalls schwierig. Zu beachten gilt es lediglich, dass die vorsichtig gewaschenen Knollen vor dem Garen nicht verletzt werden, damit sie während der etwa 1-stündigen Kochzeit nicht ausbluten. Zudem lassen sich Rote Bete im gegarten Zustand leichter schälen als roh. Einmal gekocht und geschält, erweisen sich die roten Knollen aber als durchaus vielseitig. So schmeckt etwa ein Salat aus Roter Bete oder ein mit Rotwein, Zwiebeln, Salz und Zucker gewürztes Gemüse gut zu Kurzgebratenem. Weitaus bekannter sind die dunkelroten Rüben jedoch als Sauerkonserven. Es gibt sie in den verschiedensten Angebotsformen; besonders beliebt sind die so genannten »baby-beets«, die sich mit ihren maximal 4 cm Durchmesser als Garnitur eignen. In Italien verwendet man den intensiv roten Gemüsesaft gerne zum Färben von Pasta – einige Tropfen genügen bereits.

Ein weiteres Gewächs aus der Familie der Gänsefußgewächse ist die **Gartenmelde, Melde** (*Atriplex hortensis*), engl. orache, garden orache, frz. arroche, arroche épinard. Vom Mittelalter bis zum Beginn des 19. Jahrhunderts war dieses robuste Kraut als »Spinatpflanze« in Mittel- und Südeuropa weit verbreitet. Heute spielt der Anbau nur noch eine untergeordnete Rolle, entsprechend gering ist ihre Marktbedeutung. Aus botanischer Sicht ist die Gartenmelde dem Spinat eng verwandt, enthält jedoch 3-mal so viel Vitamin C als dieser.

Formanova, eine späte Sorte, gehört zu den halblangen, zylindrisch gewachsenen Rote-Bete-Typen und ist vor allem in Skandinavien gefragt.

→ Bunte Sorten wie die vorwiegend in Italien angebaute, im Anschnitt rot-weiß gestreifte 'Chioggia' oder die leuchtend gelbe englische 'Burpees Golden' sind selten anzutreffende Rote-Bete-Sorten. Letztere werden fast nur in Hausgärten gezogen. Im Geschmack unterscheiden sich die bunten Sorten aber trotz des fehlenden roten Farbstoffs nicht von normaler Roter Bete.

Rote Bete kennen die meisten als Sauerkonserve. Sie lässt sich jedoch auch nach der Devise »erst kochen, dann schälen« leicht selbst zubereiten.

Im Bund und mit Blättern kommen Rote Bete hier zu Lande im Frühjahr und Sommer auf den Markt. Das Laub kann als Blattgemüse zubereitet werden.

Grün und gesund
Spinat, Mangold & Co

Auch der attraktive rotstielige Schnittmangold gehört zur Familie der Gänsefußgewächse; kennzeichnend sind seine schmalen Stiele. Aus kulinarischer Sicht unterscheiden sich hell- und rotstielige Varietäten nicht, zumal die rote Signalfarbe beim Erhitzen wieder grau wird.

Guter Heinrich, Großer Gänsefuß, Bergspinat, Hundsmelde *(Chenopodium bonus-henricus)*, engl. Good King Henry, wild spinach, frz. Bon Henri, épinard sauvage. In Europa beheimatet, war der Gute Heinrich früher ein bedeutendes Blattgemüse. Zudem schätzte man ihn aufgrund seiner Blut reinigenden und abführenden Wirkung als Heilpflanze. Heute jedoch ist er im Anbau vom Spinat gänzlich verdrängt, obwohl er im Vergleich zu verwandten Kulturgemüsen wesentlich mehr Inhaltsstoffe zu bieten hat. Guter Heinrich wird lediglich noch als Wildgemüse gesammelt oder vereinzelt in Kleingärten angebaut. Verzehren kann man ihn wie Spinat gedünstet oder roh.

Quinoa, Reismelde *(Chenopodium quinoa)*, engl. pigweed, frz. quinoa, gehört wie schon der Amarant zu den Pseudocerealien. Hierunter versteht man stärkehaltige Samen, die nicht zu den Getreiden zählen. Quinoa gedeiht noch in großen Höhen, selbst dort, wo Getreide nicht mehr reift, und ist daher wegen seines hohen Eiweiß-, Fett- und Mineralstoffgehalts im Andengebiet ein wichtiges Nahrungsmittel. Dort isst man auch die Blätter der Pflanzen – ähnlich wie Spinat. In Europa, vor allem in der Naturkostküche, hat Quinoa in den letzten Jahren eine größere Bedeutung erlangt.

Spinat *(Spinacia oleracea)*, engl. spinach, frz. épinard, ist ursprünglich in Mittelasien beheimatet. Kultiviert wird er heute weltweit, mit Ausnahme der Tropen. Hauptanbauländer in Europa sind Italien, Frankreich und die Bundesrepublik. Unterscheidungskriterien im Handel sind weniger die Sorten als vielmehr der Aussaattermin – es gibt Frühlings-, Sommer- und Winterspinat. Zudem differenziert man verschiedene Ernteverfahren. Blattspinat erfordert Handarbeit, für Wurzelspinat kommen Spezialmaschinen zum Einsatz. Der Eisengehalt von Spinat ist mit 3 mg/100 g zwar bei weitem nicht so hoch, wie früher angenommen; dennoch ist er reich an wichtigen Mineralstoffen, Eiweiß und Vitaminen. **Horenso** ist eine in Europa selten gehandelte Varietät aus Japan. Süßer und milder als heimischer Spinat. Empfehlenswert ist bei allen Spinatsorten das Blanchieren, reduziert es den oft hohen Nitratgehalt doch um bis zu 70 %.

In der Verwendung spinatähnlich, botanisch aber näher der Roten Bete, zählen **Blatt-** oder **Schnittmangold** *(Beta vulgaris* var. *vulgaris)* und **Stiel-** oder **Rippenmangold,** Stängelmangold *(Beta vulgaris* var. *flavescens)*, engl. chard, spinach beet, frz. poirée, cote de bettes, in Deutschland zu den bis vor kurzem fast vergessenen Gemüsen. Lange Zeit spielte das Gemüse nämlich nur noch eine regional eng begrenzte Rolle. Erst im Zuge von Antipasti & Co. ist Mangold auch hier zu Lande wieder im Kommen. In Frankreich, Spanien, Holland, der Schweiz sowie in Südeuropa war er seit jeher beliebt und wurde kultiviert. Wild wächst die 2-jährige Pflanze in allen Küstengebieten des Mittelmeeres. Bei den kultivierten Sorten unterscheidet man Blattmangold mit relativ kleinen, breiten Blättern und schmalen Stielen und Stielmangold, der große Blätter und dicke, fleischige Stiele hat. Diese gart man am besten – in Stücke geschnitten – separat und einige Minuten länger. Die Hauptangebotszeit des eiweiß- und mineralstoffreichen Gemüses ist vom Frühjahr bis in den Herbst, die meisten Importe stammen aus Italien.

← **Die grüne Gartenmelde** liefert in den Monaten Mai bis Oktober ein schmackhaftes Blattgemüse, das wie Spinat zubereitet wird. Im Hausgarten ist die relativ anspruchslose Pflanze einfach zu kultivieren.

← **Der Winterspinat** hat die kräftigsten Blätter. Er beherrscht den Markt vom Spätherbst bis in das Frühjahr hinein. Charakteristisch ist für ihn neben der derberen Struktur auch die gewellte Form der Blätter.

Quinoa oder **Reismelde** → ist in ihrer südamerikanischen Heimat ein Grundnahrungsmittel. Bei ihr ist eine Nutzung als Blattgemüse möglich, tritt aber gegenüber der Nutzung der Samen in den Hintergrund.

Horenso heißt die bei uns → selten gehandelte Spinatvarietät aus Japan. Die spitzovalen Blätter schmecken leicht süßlich. Wie jungen Spinat verwenden, kurze Garzeiten erhalten Aroma und die zarte Blattstruktur.

← **Frühlingsspinat** oder **junger Spinat** hat besonders feine, zarte Blätter. Er muss nicht unbedingt gekocht werden und eignet sich daher auch zum Rohverzehr. Gut waschen sollte man ihn aber in jedem Fall.

← **Schnittmangold** wird oft wie Spinat verzehrt, etwa in Italien. Aufgrund der geringen Haltbarkeit schlecht exportierbar. Beim Einkauf darauf achten, dass die Blätter nicht zu groß sind, sie schmecken sonst bitter.

Auch **Sommerspinat** kann → man roh essen, doch sind seine Blätter bereits deutlich kräftiger als diejenigen des Frühlingsspinats. Gehandelt wird Spinat meist nicht nach Sorten, sondern nach dem Aussaat-Termin.

Stielmangold ist die in → Mitteleuropa am häufigsten angebotene Mangoldart. Er kommt meist aus Italien auf den Markt. In Südeuropa seit jeher beliebt, schätzt man das Gemüse auch bei uns wieder zunehmend.

Glasschmalz, irrtümlich oft als Alge gehandelt, ist eine reine Gemüsepflanze, die an den Küsten Nordwesteuropas heimisch ist. Nur jung verwenden.

Die Strandaster ist eine wild wachsende, typische Küstenpflanze. Gesammelt werden nur die jungen Blätter vor der Blüte in der Zeit von April bis Juni.

Salat-Chrysantheme, in Ost- und Südostasien ein beliebtes Gemüse. Gegessen werden die jungen Blätter und Triebe, in Japan auch die Blüten.

Glasschmalz, Queller, Salzkraut *(Salicornia europaea)*, engl. glaswort(h), samphire, sea asparagus. Die blattlose Pflanze mit ihren dunkelgrünen oder rötlichen, vielgliedrigen Stängeln ähnelt in Form und Geschmack einem Meeresgemüse, ist aber ein Landgewächs. In den Handel kommt es nur gelegentlich, da Glasschmalz kaum kultiviert, sondern meist gesammelt wird. Zum Verzehr eignen sich nur junge Pflanzen, die man roh als Salat essen, aber auch dünsten kann. Im Geschmack sind die Pflanzen salzig und erinnern leicht an Fisch.

Compositae (Korbblütler). Mit mehr als 1.000 Gattungen und 20.000 Arten ist die weltweit verbreitete Familie der Korbblütler die umfangreichste der zweikeimblättrigen Pflanzen. Sie besitzen als Charakteristikum korbartige Blütenstände, die sich aus Röhren- und Zungenblüten zusammensetzen. Zu den Korbblütlern zählen auch viele bekannte Gemüsearten, viele Salate, etwa Artischocken, Kardy, Schwarzwurzel, Topinambur oder Chicorée. Neben den als Gemüse beliebten Arten werden viele Korbblütler auch als Arzneipflanzen angebaut oder gesammelt, wie die Echte Kamille, Wermut oder Arnika.

Die **Strand-** oder **Salzaster** *(Aster tripolium)*, engl. sea aster. Die mehrjährige Pflanze wird zwischen 20 und 100 cm hoch und wächst wild in den Küstengebieten von Europa über Nordafrika bis Mittelasien und Japan. Ihre schmalen fleischigen Blätter werden bei uns an der Nordsee zwischen April und Juni gesammelt und als Blattgemüse vor allem zu Muscheln und Austern serviert. Die Wurzeln der Strandaster wurden früher auch zur Behandlung von Augenkrankheiten genutzt.

Die **Salat-Chrysantheme,** Kronen-Wucherblume *(Chrysanthemum coronarium)*, engl. garland chrysanthemum, frz. chrysanthème des jardins, zählt in Ost- und Südostasien zu den besonders beliebten Gemüsearten. Die Blätter und Triebe der aromatischen, schnell wachsenden Pflanze werden in Suppen gekocht oder als Beilage gedünstet. Roh in Salaten kommt ihr ausgeprägter scharfer, dabei blumiger Geschmack besonders gut zur Geltung.

Kopfsalat, Grüner Salat, Buttersalat, Lattich *(Lactuca sativa* var. *capitata)*, engl. head lettuce, cabbage lettuce, frz. laitue pommée. Kopfsalat stammt wahrscheinlich vom wilden Lattich *(Lactuca serriola)* ab – einer Steppenpflanze in Südeuropa – und war schon in der Antike aufgrund der leicht

Blätter & Köpfe
Inbegriff von Frische

Roter Kopfsalat wird immer beliebter. Seine Blätter haben im Vergleich zu den grünen Sorten eine zartere Konsistenz. Für die Rotfärbung ist der wasserlösliche Pflanzenfarbstoff Anthocyan verantwortlich.

Mangelnde Kopfbildung ist im Winter ein typisches Phänomen. Treibhaussalat bildet wegen Licht- oder Wärmemangel häufig keine festen Köpfe; zusammengehalten wird er dann oft nur vom Folienbeutel.

Kopfsalat ist eines der am meisten kultivierten Gemüse. Gute Qualitäten erkennt man am festen Kopf und den kräftig-grünen Außenblättern. Angebaut wird er das ganze Jahr über in verschiedenen, an die jeweiligen Lichtverhältnisse angepassten Sorten.

beruhigenden Wirkung des in ihm enthaltenen Milchsaftes bekannt. Zu den Hauptanbauländern in Europa gehören Italien, Frankreich, Spanien, die Beneluxländer und Deutschland. Auf der Beliebtheitsskala für Salatsorten steht er ganz oben, vermutlich weil er genau für eine Familienmahlzeit reicht, preiswert und schnell zu putzen ist. Freilandsalat ist robuster und schmeckt etwas kräftiger als Treibhausware. Ausgewachsene Freilandexemplare bringen es auf 500 g und mehr pro Kopf, während man bei Unterglasanbau schon Köpfe ab 100 g verkauft.

Salatherzen sind hellgelb und mild-saftig. Bei Freilandköpfen sind sie manchmal schwer zu zerpflücken; in diesem Fall vierteln, vom Strunk befreien und in Streifen schneiden.

Glatt oder kraus
Salatvariationen

Lichtmangel und zu wenig Wärme verhindern bei Treibhaussalat im Winter häufig eine vollständige Kopfbildung. Der Kopfsalat besteht dann aus mehr oder weniger losen Blättern, die am Stiel zusammenhängen, auch welkt er schneller. Deshalb wird Unterglasware in der Regel im Folienbeutel verpackt angeboten, um eine übermäßige Verdunstung zu vermeiden. Ein weiterer Nachteil der Treibhauskulturen: Kopfsalat enthält im Winter oft unerwünscht hohe Mengen an Nitrat, das sich besonders dann in der Pflanze anreichert, wenn beim Wachstum zu wenig Licht vorhanden ist. Bekanntlich verliert Kopfsalat schnell an Frische, insbesondere, wenn er unverpackt und zu warm lagert. Weniger bekannt ist, dass Salat sehr empfindlich gegen Ethylen ist, ein beim Obst durch die Reife entstehendes Gas, das viele Früchte auch während der Lagerung noch abgeben. Deshalb sollte man Salatköpfe nicht in der Nähe von Obst lagern, denn das Ethylen verursacht unschöne braunrote Flecken auf den Blattrippen und verkürzt die Lagerfähigkeit.

Neben grünem Kopfsalat gewinnen zunehmend auch rotblättrige Sorten an Marktbedeutung. Sie sind zarter, aber auch empfindlicher als die grünblättrigen Sorten und müssen, um frisch auf den Tisch zu kommen, besonders schnell und kühl transportiert werden. Bekannte Sorten sind beispielsweise 'Rotkäppchen', 'Inka' und 'Pirat' oder auch 'Rougette de Montpellier' aus Frankreich.

Zur gleichen botanischen Familie wie Kopfsalat gehört auch der **Batavia- Salat,** engl. crisphead lettuce, frz. laitue batavia. Bei ihm handelt es sich um einen neueren Eissalat-Typ aus Frankreich, der warmes Klima bevorzugt. Mittlerweile wird er im Freiland auch in Italien und in der Westschweiz angebaut. In den Niederlanden und in Deutschland kommt er dagegen überwiegend aus dem Treibhaus. Eine neue niederländische Kreuzung aus Batavia und Kopfsalat wird unter dem Namen **Kraussalat,** niederl. krulsla, gehandelt.

Eissalat, Eisbergsalat, Krachsalat, engl. iceberg lettuce, crisphead lettuce, frz. laitue iceberg, bildet dicht geschlossene, große Köpfe und wiegt bis zu dreimal so viel wie ein Kopfsalat. Die Blätter sind hart, fleischig, glänzend und grobaderig. Auch sind sie im Vergleich zum Kopfsalat fester und erheblich knackiger. Die Blattfarbe kann je nach Sorte von hell- bis dunkelgrün variieren; es gibt aber auch rote Sorten. Seine Haltbarkeit ist wesentlich besser als die von Kopfsalat. Man kann Eissalat in Folie verpackt bis zu 2 Wochen im Kühlschrank lagern; sogar geschnitten hält er sich noch einige Tage frisch. Eissalat lässt sich zwar auch als warmes Gemüse zubereiten, wird aber in der Hauptsache wie Kopfsalat roh verzehrt.

Die schon lange bekannte, jedoch erst in jüngster Zeit wieder vermehrt gefragte Sorte **Little Gem,** in Frankreich auch als »sucrine« bekannt, ist vor allem in Großbritannien beliebt. Die kleinen, nur 70 bis bis 110 g schweren Köpfe werden meist ohne Umblätter angeboten und halten sich im Kühlschrank etwa 1 Woche. Sie kommen von Mai bis Oktober aus Frankreich, im Winterhalbjahr aus Israel und Spanien auf den Markt.

→ **Salat vorbereiten:** Man sollte ihn nach Möglichkeit erst kurz vor dem Essen zubereiten, um Frische und Vitamine zu erhalten. Im Gegensatz zur Treibhausware müssen vom Freilandsalat die Außenblätter entfernt werden, da sie eventuell unerwünschten Umwelteinflüssen ausgesetzt waren. Kopf- oder Pflücksalat in Blätter teilen, kurz und gründlich unter fließendem kaltem Wasser waschen und trockenschleudern. Eissalat von den Umblättern befreien und nach Belieben klein schneiden. Waschen muss man ihn nicht unbedingt, da der fest geschlossene Kopf »natursauber« ist.

'Rougette de Montpellier' ist eine extrem kleine, rotblättrige Kopfsalatsorte aus Frankreich, deren Rotfärbung ins Rotbraune geht. Das Herz ist aber grün.

Little Gem, eine kleine, dem Romana-Salat ähnliche Sorte mit kompakten, leicht süßlich schmeckenden Herzen, die meist ohne Umblätter verkauft werden.

← **Batavia-Salat** gehört zu den Kopf bildenden Sorten und liegt in der Beschaffenheit zwischen Kopf- und Eissalat. Die Farbe kann von einem dunklen Rotbraun bis zu hellgrün mit rotem Rand reichen.

← **Grüner Batavia-Salat** schmeckt ähnlich wie Eissalat, ist aber weniger knackig. Auf dem Markt ist er ganzjährig. Bei 0 °C und 95 % relativer Luftfeuchtigkeit hält er einige Tage.

Kraussalat bildet große → lockere Köpfe. Die Kreuzung aus Kopfsalat und Batavia-Salat ist im Geschmack eher mild und leicht süßlich.

Crispsalat ist ein krauser → Eissalat mit 3 oder mehr Umblättern und einem kugelförmigen Herz. Angeboten wird er von November bis März mit einem Mindestgewicht von 300 g.

← **Eissalat,** wie er meist auf dem Markt anzutreffen ist: Als fester grüner Kopf mit kräftigen Umblättern. In der Schweiz wird er auch Krachsalat genannt.

← **Roter Eissalat** hat im Vergleich zum grünen noch immer eine geringere Marktbedeutung. Hier ein Prachtexemplar mit Umblättern.

Eissalat, wie man ihn aus → dem Supermarkt kennt. Als festen Kopf, ohne Umblätter und zudem noch in Folie verpackt. Gut zu erkennen: das gelbgrüne Innere mit gekrümmten Mittelrippen.

Romana, Römischer Salat, → ist eine aufrecht wachsende Art mit dunklen Außenblättern. Er ist etwas derber als Kopfsalat und hält sich deshalb länger frisch.

← **Vom Romana** gibt es nicht nur runde, sondern auch längliche, bis zu 40 cm hohe Sorten. Gekühlt und in Folie verpackt mindestens 3 Tage haltbar.

← **Romana.** Die gewollte hellere Färbung im Innern entsteht durch Lichtentzug. Früher mussten die Hüllblätter noch zusammengebunden werden, heute ist dies nicht mehr nötig.

Lollo Rossa stammt aus → Italien und zählt – wie auch die grüne Variante – eigentlich zu den Pflücksalaten. Jedoch bilden beide eine kompakte Rosette.

Auch beim **Lollo Bionda** → entsteht durch die gekrausten, halbkugelförmig angeordneten Blätter der Eindruck eines Kopfes. Im Geschmack unterscheiden sich die beiden nicht.

Von zart bis robust
Pflücksalat & Endivie

COMPOSITAE

Spargelsalat. Aus der fleischig verdickten Sprossachse kann ein spargelartiges Gemüse gekocht werden.

Pflücksalat, Schnittsalat wird gelegentlich auch im Topf angeboten, hier etwa die Sorte 'Grand Rapids'. So hält er sich bis zu 10 Tagen frisch.

Chinesischer Salat stammt ursprünglich aus China, wird heute auch in Japan und Südostasien angebaut. In Europa ist diese Sorte unbekannt.

Roter Eichblattsalat ist ein viel kultivierter Blattsalat. Aufgrund seiner zarten Blattstruktur ist er nicht lange haltbar.

→ **Salat ist nicht Salat**
Die meisten Salate lassen sich zwei großen Gruppen zuordnen: Einmal der Lattichfamilie, zu ihr gehören Kopfsalat, Eichblattsalat und andere Pflücksalate. Aber auch knackiger Eissalat oder Romana zählen zu dieser Gattung.
Die zweite große Gruppe umfasst die Endivien. Zu ihnen rechnet man auch den Frisée. Alle Mitglieder dieser Gruppe haben eine typische, leicht bittere Note.

Römischer Salat, Römer Salat, Romana-Salat, Binde- oder Kochsalat, Sommerendivie (*Lactuca sativa* var. *longifolia*), engl. cos lettuce, romaine lettuce, frz. laitue romaine, ist eine einjährige Blattpflanze. Er wächst überall dort, wo auch Kopfsalat gedeiht. Angebaut wird er überwiegend in Italien, Frankreich, Spanien, Österreich und in den Niederlanden. In Deutschland findet man in der Nähe von Kassel größere Anbauflächen. Seine Blätter schließen sich mehr oder weniger freiwillig zu einem Kopf zusammen. Bei älteren Sorten musste man früher nachhelfen und die Blätter mit einem Band oder Gummi zusammenbinden, neuere Sorten sind selbstschließend. Romana-Salat wird hier zu Lande mit einem Gewicht von etwa 300 g im September und Oktober geerntet. Importe kommen von November bis Mai meistens aus Italien und Frankreich. Er hält sich wegen der etwas derberen Blätter besser als Kopfsalat, kühl und in Folie verpackt zwischen 2 und 3 Tagen. Im Gegensatz zu anderen Kopf- und Pflücksalaten wird Romana traditionell nicht nur roh gegessen, sondern auch als Gemüse gedünstet. So erinnern die Stiele ein bisschen an Spargel und sind dann auch unter dem Namen 'Kasseler Strünkchen' bekannt.

Blatt-, Pflück- oder Schnittsalate (*Lactuca sativa* var. *crispa*), engl. loose-leaf lettuce, cutting lettuce, curled lettuce, frz. laitue à couper. In dieser Gruppe werden alle nicht Kopf bildenden Salate zusammengefasst, hier herrscht eine große Farben- und Formenvielfalt. Die Blätter können rund oder länglich sein, ganzrandig oder gebuchtet, die Wuchsform variiert von niedrig buschig bis aufrecht wachsend. Geschnitten oder gepflückt werden die ausgewachsenen Blätter (Mehrfachernte), oder aber man schneidet die Pflanze ganz ab, wie es im Erwerbsanbau in der Regel der Fall ist.

Pflücksalate mit Wurzelballen, im Topf angeboten, haben für den Verbraucher den Vorteil, dass sie bei entsprechend kühler Lagerung, etwa im Kühlschrank, wesentlich länger frisch bleiben.

Auch die aus Italien stammenden Sorten **Lollo Rossa** und **Lollo Bionda** kann man von Mai bis Oktober mehrfach ernten. Wenn man die Blätter einzeln abpflückt, wächst der Salat immer wieder nach. Oder aber man schneidet die ganze Pflanze, so dass jeweils nur eine Ernte möglich ist. Importe aus Frankreich, Italien und den Niederlanden versorgen unseren Markt auch in den Wintermonaten. Beide Salate schmecken angenehm kräftig und haben eine ganz leicht bittere Note.

Eichblatt- oder Eichenlaubsalat wird überwiegend im Freiland angebaut und bei uns von Mai bis Oktober geerntet. Hauptimporte kommen aus Frankreich, Italien und den Beneluxländern. Der Eichblattsalat besticht nicht nur durch die attraktiven, eichenlaubähnlichen Blätter, sondern auch durch seinen nussähnlichen Geschmack. Seine Haltbarkeit ist besonders kurz, er sollte schnellstmöglich

Harlekin, auch Schnabelsalat genannt, zählt zu den Eichblattsalaten. Ihn gibt es in Rot und Grün.

Grüner Eichblattsalat, hier der Sorte 'Salad Bowl', wird überwiegend im Freiland angebaut. Im Kühlschrank hält er sich höchstens einen Tag.

Glatte Endivie, Winterendivie. Ihre Blätter sind ungeteilt, robust und haben dicke Rippen. Im Geschmack leicht bitter. Gute Haltbarkeit.

Grüner Frisée hat wie alle Frisée-Typen gezackte, stark geschlitzte Blätter. Hier durchgängig grün, ohne gelbes Herz.

verbraucht werden. Im Kühlschrank hält er sich höchstens einen Tag frisch. Vermehrt wird auch **Harlekin-** oder **Schnabelsalat** angeboten, der ebenfalls zur Varietät crispa gehört und eine Variante des Eichblattsalates ist.

Spargelsalat (*Lactuca sativa* var. *angustana*), engl. stem lettuce, asparagus lettuce, frz. laitue asperge. Botanisch steht Spargelsalat dem wilden Lattich (*Lactuca serriola*) sehr nahe, hat seinen Ursprung in China und wird auch hauptsächlich dort angebaut. Eine amerikanische Saatgutfirma brachte diese Varietät 1942 unter dem Namen 'Celtuce' (eine Wortzusammensetzung aus »celery« und »lettuce«) in den Westen. In Europa ist dieser Salat noch immer eine wenig bekannte Spezialität, die überwiegend in Hausgärten gezogen wird. In erster Linie wegen der fleischig verdickten Sprossachsen, die 2 bis 3 cm dick und bis zu 1,20 m hoch werden. Ernten kann man sie im Frühjahr oder Spätherbst. Die Sprossachsen schmecken roh oder gedünstet, die jungen, zarten Blätter als Salat.

Chinesischer Salat (*Lactuca indica*), engl. Indian lettuce, stammt ebenfalls aus China. Die aufrecht wachsende, mehrjährige Pflanze wird bis zu 1,30 m hoch und wegen der Blätter angebaut, die einzeln gepflückt als Gemüse gekocht werden.

Wesentlich robuster und so auch länger haltbar ist die **Endivie** (*Cichorium endivia*). Ihre Urform wurde schon von den Ägyptern als Gemüse genutzt.

Ins mittlere und nördliche Europa gelangte die Endivie jedoch erst im 13. Jahrhundert; in Nordamerika wurde sie erstmals im Jahre 1803 erwähnt. Heute sind die Hauptanbauländer Italien, Frankreich und die Niederlande. In Westeuropa ist sie ähnlich beliebt wie bei uns der Kopfsalat. Aus botanischer Sicht ist die Endivie mit dem Chicorée, nicht aber mit dem Kopfsalat und anderen Salaten der Gattung *Lactuca* verwandt.

Glatte Endivie, Winterendivie, Escariol, Escarol (*Cichorium endivia* var. *latifolium*), engl. broad-leaved endive, frz. chicorée scarole.

Friséesalat, Krause Endivie, bildet eine kompakte, halbkugelige Blattrosette. Das gelbe Herz ist – wie bei anderen Salaten auch – am zartesten; es sollte ein Drittel des Kopfes ausmachen.

Kleinköpfiger Frisée kommt mit dem Herz nach oben in den Handel. Andere Sorten verpackt man mit dem Inneren nach unten.

Der 'Trevigiano' ist eine Radicchiosorte, die keine Köpfe, sondern nur lockere Rosetten ausbildet. Typisch sind die nach innen gebogenen Blätter und die dicken weißen Blattrippen.

Jahren wurde sie bei uns kaum angepflanzt, denn den Bauern war diese Endiviensorte zu schwierig und zu kälteempfindlich. Die klassischen Anbaugebiete liegen in Südeuropa. Weil Frisée inzwischen bei uns so beliebt ist, etwa als pikant angemachter Salat mit Croûtons und gebratenem Speck, lohnen sich nun aber auch Unterglaskulturen im kühleren Norden.

Die Stammpflanze der **Zichorien-Familie** ist die leuchtend blau blühende Wilde Wegwarte *(Cichorium intybus)*, die es noch heute als Wildpflanze in Europa, in Nordafrika und vom Orient bis nach Sibirien gibt. Schon den Griechen und Römern waren Zichorien als Heil- und Gemüsepflanzen bekannt. Die beiden wichtigen, aus der Wilden Wegwarte entstandenen Kulturformen sind einmal die weniger wichtige Wurzelzichorie *(Cichorium intybus* var. *sativum)* sodann aber vor allem die Salatzichorie *(Cichorium intybus* var. *foliosum)* – beide sind bei uns seit dem Mittelalter bekannt.

'Radicchio di Chioggia' – der universellste und bekannteste aus der Radicchio-Familie – mit runden, kompakten Köpfen. Erhältlich ist er ganzjährig.

Die Heimat der Endivie ist das Mittelmeergebiet bis nach Zentralasien hinein und Indien. Angebaut wird sie viel in den USA und in Westeuropa. Die glatte Endivie bildet eine große, platte Rosette aus breiten, am Rande ungleichmäßig gezahnten, derben Blätter mit breiten und dicken Rippen. Durch den im milchigen Saft der Blätter enthaltenen Bitterstoff Intybin wirken Endivien appetitanregend und verdauungsfördernd. Endiviensorten sind deshalb besonders für Vorspeisensalate interessant. Hauptangebotszeit ist das Winterhalbjahr. Jedoch wird Endivie mittlerweile in geringerem Umfang auch in den Sommermonaten gehandelt. Endivien besitzen neben Kohlenhydraten und Eiweiß einen verhältnismäßig hohen Gehalt an Kalium, Phosphor, Calcium, Natrium und Eisen sowie an Provitamin A, Vitaminen der B-Gruppe und Vitamin C.

Krause Endivie, Frisée *(Cichorium endivia* var. *crispum)*, engl. curled-leaved endive, frz. chicorée frisée. Ein Salat-Typ mit mehr oder weniger krausen, stark geschlitzten Blättern. Noch vor einigen

Gelbgrüner 'Radicchio di Chioggia' kommt seltener in den Handel als die rote Sorte. Helle, gelbgrüne Varietäten werden in der Regel nur roh verzehrt.

Angenehm bitter
Zichoriengewächse

Radicchio, Rote Endivie, Roter Chicorée (*Cichorium intybus* var. *foliosum*), engl. radicchio, red (leaved) chicory, frz. chicorée rouge. Die dunkel- bis weinrote, mittlerweile auch grünlich gelbe Salatpflanze mit den leuchtend weißen Blattrippen wird in Europa vorwiegend in Italien, und dort vor allem in der Provinz Venetien, angebaut.

Das größte Anbau- und Vermarktungszentrum liegt direkt an der Adria, genauer gesagt in Chioggia nahe Venedig. Schon seit mehr als zwei Jahrzehnten ist italienischer Radicchio auf dem deutschen Markt fast ganzjährig zu finden. Zunehmend wird er nun auch bei uns angebaut. Hauptangebotszeit sind bei uns die Monate von Oktober bis Mai. Grundsätzlich unterscheidet man zwei Arten: zum einen den Sommerradicchio, zu dem die Chioggia-Sorten zählen, bei denen Aussaat oder Pflanzung im Frühjahr erfolgen und die Ernte im Herbst. Zum andern gibt es den Winterradicchio, der im Sommer gesät wird und bei dem im Herbst die grünen Blätter absterben. Erst mit dem Einsetzen wärmerer Temperaturen treiben die Pflanzen dann erneut aus.

Geerntet wird Radicchio in aller Regel mit einem kurzen Wurzelstummel, damit die Blätter oder Köpfe besser zusammenhalten. Je nach Sorte bildet er kleine Köpfe (Kopfzichorie) oder auch »nur« offene Blattrosetten (Blattzichorie). In Deutschland kommt am häufigsten der kleine, rundköpfige, rote Radicchio auf den Markt; vermehrt aber auch Sorten mit offener Blattrosette. Den herben Geschmack verdankt der Radicchio, wie alle Zichorien übrigens, vor allem dem in den Blattrippen enthaltenen Stoffwechsel fördernden Bitterstoff Intybin. Da sich die Bitterstoffe in Folge des Frosts abbauen, sind Wintersorten, wie etwa der 'Radicchio di Treviso', etwas milder im Geschmack. Im Sommer ist die bittere Note dagegen aufgrund einer ungleichmäßigeren Wasserversorgung sehr viel stärker ausgeprägt.

a | **Radicchio vorbereiten:** Kompakte Radicchioköpfe am besten in der Mitte durchschneiden.

b | **Strunk kegelförmig** herausschneiden, sofern dessen bittere Note nicht erwünscht ist.

Den 'Radicchio di Chioggia' gibt es in verschiedenen Züchtungen: Rot, gelb oder wie hier, grünlich gelb mit roten Einsprengseln und weißen Blattrippen.

'Radicchio di Treviso' hat lange, schmale, dunkelrote Blätter mit dicken weißen Blattrippen. Er bildet keinen Kopf, sondern nur eine längliche Blattrosette aus.

'Radicchio Lucia' ist eine Neuzüchtung mit einem kegelförmigen, an Spitzkohl erinnernden, festen Kopf und rotweiß gesprenkelten Blättern.

Der dunkelrote **'Rossa di Verona'** bildet längliche kleine Köpfe und ist im Geschmack eher mild. Auch bei ihm verweist der Name auf das Herkunftsgebiet.

→ **In der Küche** ist Radicchio überaus vielseitig: Er wird gern roh verzehrt, etwa mit milden Salatsorten. Die Wurzel kann man übrigens mitessen, wenn man sie schält und blättrig schneidet oder fein würfelt. Daneben eignet sich Radicchio auch gut zum Braten in Olivenöl, zum Schmoren, Grillen oder auch zum Überbacken mit Mozzarella.

Grüner Cicorino, hier die Sorte 'A grumolo verde', ist eine leicht bittere, wohlschmeckende Rosettenzichorie aus Italien. Sie kommt in Italien als Winterzichorie sehr zeitig im Frühjahr auf den Markt. In Folie verpackt oder in angefeuchtetem Küchenpapier hält sie sich bis zu mehreren Tagen im Kühlschrank.

Auch **roter Cicorino** wird wie der grüne vorwiegend in Italien angebaut. Beliebt ist diese schön gefärbte Blattzichorie vor allem aufgrund ihres relativ großen Anteils an Bitterstoffen, der viel höher ist als etwa bei Chicorée. Auch der rote Cicorino hält sich bei entsprechender Lagerung einige Tage frisch.

Blattzichorie oder **Catalogna,** wie sie die Italiener nennen. Hier eine Selektion mit besonders stark eingekerbten Blättern.

Catalogna mit weniger stark eingekerbten Blättern, erinnert aufgrund Farbe und Form stark an Löwenzahn.

Zuckerhut ist die wichtigste Sorte der Herbstzichorie. Bei entsprechender Kühlung hält er sich viele Wochen frisch.

Weniger bekannt
Cicorino & Catalogna

Die hier vorgestellten Gemüse stellen botanisch keine eigene Art dar, sondern zählen alle zur Kulturform der **Salatzichorie** (*Cichorium intybus* var. *foliosum*), die sich wiederum in 5 Untergruppen einteilen lässt. Das sind neben den Kopf- oder Rosettenzichorien (Radicchio) einmal die Herbstzichorien, die Blattzichorien, die Schnittzichorien und, um keine zu vergessen, die Salat-, Treib- oder Bleichzichorie. Sie alle zählen zur selben botanischen Untergruppe und haben daher alle dieselbe lateinische Bezeichnung, die im Folgenden aus diesem Grund nicht jeweils einzeln aufgeführt ist.

Herbstzichorie, Zuckerhut, auch Fleischkraut, oder Herbstchicorée genannt, engl. sugar loaf, frz. pain de sucre, chicorée sauvage améliorée. Ihren Ursprung hat die Herbstzichorie in Südfrankreich, Italien und der Südschweiz. Bei uns wird sie nur in Süddeutschland lokal angebaut; bei Kleingärtnern erfreut sie sich einer gewissen Beliebtheit. Geerntet werden kann Zuckerhut von September bis Ende November, leichtere Fröste kann die Herbstzichorie durchaus vertragen. Die bittern Blätter kommen kaum in den Handel, obwohl die Herbstzichorie ein sehr wertvoller und lang lagerbarer Salat für die Wintermonate ist. Trotz der botanischen Zugehörigkeit zu den Gemüsezichorien ähnelt die Herbstzichorie im Aussehen eher Römischem Salat oder Chinakohl. Sie bildet große, feste, gelbgrüne, hoch geschlossene Köpfe, die bis zu 2 kg schwer werden können. Die wichtigste Sorte heißt 'Zuckerhut', das allerdings nur wegen der Form, nicht wegen des Geschmacks. Die Herbstzichorie schmeckt nussartig mit dem typischen Bittergeschmack der Zichorien. Wer die bittere Note nicht schätzt, muss dennoch auf das wertvolle Wintergemüse nicht verzichten: Der Bittergeschmack mildert sich mit zunehmender Reife (vor allem durch Frosteinfluss). Abhilfe schafft auch das Einlegen in lauwarmes Wasser. Ideal ist Zuckerhut als Salat. Auch gut schmecken die Herbstzichorien überbacken oder gedünstet.

Blattzichorie, Catalogna, engl. large leaved chicory, frz. chicorée a feuilles, chicorée italienne. Die Blattzichorie stammt aus Italien, wo sie auch nach wie vor am meisten angebaut wird. Inzwischen kultiviert man sie aber auch in Spanien und Frankreich. Die Blattzichorie bildet bis zu 60 cm lange, löwenzahnähnliche, dunkelgrüne Blätter, die durch einen kurzen Strunk zu einem dichten Blattbüschel zusammengehalten werden und keinen Kopf bilden. Sie ähnelt einer aufrecht wachsenden Löwenzahnpflanze. Die Blattzichorie enthält mehr Bitterstoffe als die anderen Zichorienarten; Kenner schätzen jedoch gerade diesen hohen Bitterstoffgehalt, der günstig auf die Verdauung und Blutgefäße wirkt. Außerdem enthält die Blattzichorie nicht unerhebliche Mengen an Vitaminen und Mineralstoffen.

Die Pflanze ist zwar nicht winterhart, aber sehr widerstandsfähig gegen Krankheiten. Die Ernte erfolgt etwa drei Monate nach der Aussaat. In den Handel kommt sie bei uns von Juni bis Oktober, teilweise auch später. Die Sorten unterscheiden sich hauptsächlich in ihrer Blattform, die mehr oder weniger geschlitzt oder gezahnt sein kann. Die wichtigste Sorte ist 'Catalogna' mit ihren diversen Selektionen: eine italienische Sorte mit langen, schmalen und oft stark geschlitzten Blättern. Ideal sind die zarten Herzblätter als Salat, doch auch mit Knoblauch in Öl gedünstet schmecken sie gut.

Eine Besonderheit unter den Blattzichorien ist der **Catalogna di Galatina**. Bei dieser Sorte wachsen im Laufe des Winters bizarr aussehende, knackige Sprosse aus dem Innern. Diese schmecken roh oder gekocht, entweder man serviert die hellgrünen Sprossen mit den dunklen Blättern als Salat oder man schwitzt erstere einfach nur kurz mit etwas Knoblauch in Olivenöl an.

Catalogna di Galatina ist eine Catalogna-Spezialität aus Italien, bei der im Laufe des Winters aus dem Innern der Pflanze knackige Sprosse heranwachsen.

Di Soncino heißt diese italienische Wurzelzichorie, die je nach Bedarf von Herbst bis Frühjahr aus dem Boden genommen und auf verschiedene Weise zubereitet wird.

Radice amare, bittere Wurzeln, werden die bis zu 60 cm langen Exemplare dieser Wurzelzichorie auch genannt.

COMPOSITAE

Zarter Chicorée
Treib- oder Bleichzichorie

Treibzichorie nennt man Chicorée auch, und seine Produktion ist mit einigem Aufwand verbunden. Im Mai ausgesät, wachsen die Zichorien den Sommer über heran. Im Spätherbst werden dann die Wurzeln gerodet und in die Treiberei gebracht. Dort stehen die Treibrüben etwa 3 Wochen dicht an dicht in bis zu 18 °C warmem Wasser. Oben links: ein frisch angetriebener Spross, dann die weitere Sprossentwicklung nach jeweils 1 Woche. Oben rechs: Die Sprosse wachsen in völliger Dunkelheit heran – hier im Licht der Lampe leuchten sie allerdings rot.

Chicorée, Salatzichorie, Bleich-, Treibzichorie, Brüsseler Salat, - Endivie (*Cichorium intybus* var. *foliosum*), engl. witloof chicory, Brussels chicory, French endive, frz. chicorée witloof, chicorée de Bruxelles. Chicorée hat im letzten Jahrhundert in ganz Europa an Bedeutung gewonnen. Hauptanbauländer sind Belgien, Frankreich, die Niederlande sowie die Bundesrepublik. Die Chicoréekultur lässt sich in 2 Phasen einteilen: die Anzucht der Treibrüben und die Treiberei der Sprosse selbst. Der Rübenanbau liegt meist in den Händen landwirtschaftlicher Betriebe, die die Blätter als Viehfutter nutzen. Die Wurzeln der Pflanze werden nach ihrer Ernte ab September vorübergehend eingelagert, die Vorkühlung erhöht die Treibwilligkeit. Für die Anzucht gibt es drei Verfahren: die Treiberei in Erde mit Deckerde (Einschlämmen der Wurzeln in feuchtem Sand oder Torf, Abdecken mit lockerer Erde); die Treiberei in Erde ohne Deckerde (die eingeschlämmten Wurzeln werden mit lichtundurchlässiger Folie abgedeckt) und die Treiberei in Wasser ohne Abdeckung. Letztere setzt sich wegen des geringeren Aufwands immer mehr durch. Geerntet wird Chicorée von Hand, die Sprosse werden abgebrochen oder kurz über der Wurzel abgeschnitten und nach dem Waschen und Putzen in lichtdichte Kartons verpackt. Sie dürfen dem Licht nur kurzfristig ausgesetzt sein, denn schon geringe Lichtmengen führen zu Vergilben oder Vergrünen der äußeren Blätter, was Bitterwerden und damit Qualitätseinbußen nach sich zieht. Auch zu Hause muss Chicorée lichtgeschützt aufbewahrt werden, am besten im Gemüsefach des Kühlschranks, wo er sich mehrere Tage frisch hält.

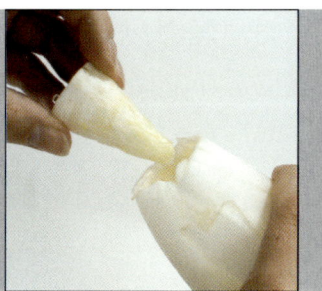

Chicorée zerteilen geht einfach: Den gewaschenen Chicorée am Strunk kegelförmig einschneiden. Nun lässt sich der Kegel, in dem die meisten Bitterstoffe stecken, leicht herausziehen. So lässt er sich leicht zerpflücken.

Das gilt auch für den Roten Chicorée, der beim Erhitzen seine attraktive Farbe verliert. Chicorée wird nicht nach Sorten gehandelt, es gibt vielmehr für jede Treibmethode sehr frühe, frühe, mittelfrühe und späte Sorten. Gut kommt er in gemischten, auch süßen Salaten zur Geltung. Gedünstet oder mit Schinken, Parmesan oder Béchamelsauce überbacken, schmeckt er ebenfalls ausgezeichnet.

Löwenzahn, Butterblume, Puste-, Milchblume *(Taraxacum officinale)*, engl. dandelion, lion's tooth, frz. pissenlit, dent de lion, war schon im Mittelalter als Heilpflanze bekannt. Kultiviert wird er vor allem in Frankreich. Die Harn treibenden grünen, teils auch rötlichen Blätter schmecken würzig-bitter. Ideal sind sie als Salat. Man kann Löwenzahn aber auch dünsten wie Spinat oder in Suppen kochen.

Wilder Löwenzahn schmeckt aromatisch. Gepflückt wird er grundsätzlich vor der Blüte, allerdings nicht in der Nähe von Straßen oder Industrieanlagen.

Weißer Chicorée mit festem Kopf. Je mehr er sich ins Grüne verfärbt, desto bitterer schmeckt er. Daher dürfen die Sprosse dem Licht nur kurz ausgesetzt sein.

Kultur-Löwenzahn. Typisches Merkmal der heutigen Kultursorten sind die spitz zulaufenden, aufrecht wachsenden und nur mäßig gezahnten Blätter.

Roter Chicorée, hier die Sorte 'Carla', ist eine Kreuzung aus Chicorée und Radicchio rosso und erst seit einem guten Jahrzehnt auf dem Markt.

Gebleichter Löwenzahn wird in dunklen Räumen gezogen. Typisch ist die Farbe und die verringerte Blattfläche. Weit weniger bitter als die Wildpflanze.

→ **Warum gebleicht?**
Tatsächlich besteht ein Zusammenhang zwischen der Farbe der Zichoriengewächse und den darin enthaltenen Bitterstoffen. Grüne Pflanzen – also auch die Wildformen – sind wesentlich bitterer als hellgelbe Sprosse. Dies gilt auch für Chicorée und Löwenzahn. Wer es weniger bitter mag, sollte also zu gebleichten Zichorien greifen. Will man etwa Chicorée roh verzehren und sind die Blätter unangenehm bitter, kann man den Bittergeschmack mildern, indem man ihn kurz in Milch legt. Beim Kochen verliert sich der strenge Bittergeschmack.

COMPOSITAE

Artischocken
Stachelige Gewächse

Artischocke *(Cynara scolymus)*, engl. globe artichoke, frz. artichaut. Im Gegensatz zu vielen anderen Gemüsearten, die entweder Früchte, Knollen oder Wurzeln ausbilden, handelt es sich bei der Artischocke nicht um eine Frucht, sondern um die noch geschlossene Knospe eines Distelgewächses aus der Familie der Korbblütler (Compositae).

Die Stammform der Pflanze stammt ursprünglich wohl, wie auch ihr Name, arabisch »al-charschof«, aus Nordafrika oder dem Mittleren Osten. Schon um 500 vor Christus kannte man die Artischocke in Ägypten und Rom als teure Spezialität, und noch im Frankreich des 18. Jahrhunderts stellte sie ein kulinarisches Privileg des Adels dar, nicht zuletzt deshalb, weil ihr eine gewisse aphrodisische Wirkung zugesprochen wurde. Heute hingegen sind Artischocken in den Anbauländern auch für weniger Begüterte ein alltägliches und durchaus erschwingliches Gemüse.

Angebaut wird die sehr frostempfindliche Pflanze in den gemäßigten und südlichen Breiten, vor allem in den Ländern rund ums Mittelmeer. Bedeutende Erzeugerländer sind Frankreich, Italien, Spanien, Ägypten, Israel, Algerien, Marokko und die Türkei. Dank der unterschiedlichen Erntezeiten in diesen Ländern sind Artischocken heutzutage praktisch ganzjährig auf dem Markt erhältlich. Angebotsschwerpunkte - und damit auch etwas günstigere Preise - gibt es zweimal im Jahr, nämlich im Spätherbst und im Frühsommer.

Artischocken. Balancierend auf langen Stielen, überragen die noch ungeöffneten, erntereifen Blütenköpfe die Distelpflanzen auf dem Feld.

← **'Camus de Bretagne'** – »Stupsnase« heißt diese große, wichtigste Sorte aus Frankreich aufgrund ihrer stumpfkugeligen Form.

← **Groß, rundköpfig und viole**[tt] ist diese ebenfalls aus der Bretagne stammende Artischocke, die zu den relativ neuen Züchtungen zählt.

'Tudela', eine kleinköpfige → grüne, längliche Artischocke. Sie wird vorwiegend in Spanien angebaut. Kann im Ganzen zubereitet werden.

Kleinköpfige Artischocken → sind sehr zart, so auch diese schmale, dunkelviolette Sorte. Bei ihnen braucht man kein Heu zu entfernen.

Verkauft werden die Knospen der bis zu 2 m hohen Staude in aller Regel stückweise; nur sehr kleine Exemplare handelt man gelegentlich auch nach Gewicht. Je nach Sorte können die rund oder zylindrisch geformten Artischocken zwischen 5 und 15 cm groß sein und zwischen 150 und 500 g wiegen. Geerntet werden sie immer vor dem Aufblühen, um den feinen Geschmack zu gewährleisten. Bereits geöffnete Blütenknospen schmecken streng und faserig.

Der essbare Teil der Pflanze ist gering: Verzehrt werden nur der Blütenboden oder das »Herz« sowie die fleischigen Verdickungen der Hüllblätter. Diese entwickeln sich im Laufe des Sommers aus den Blattrosetten und erinnern im Aussehen an Kiefernzapfen. Ihr feinherbes, leicht bitteres Aroma verdankt die Artischocke dem Bitterstoff Cynarin. Weitere wesentliche Inhaltsstoffe sind das Kohlenhydrat Inulin, Calcium, Eiweiß, Eisen, das Provitamin A sowie Vitamin B1.

In den Anbauländern rund ums Mittelmeer gibt es zahlreiche Artischocken-Sorten, die in Form, Größe und Farbe variieren können. In Frankreich unterscheidet man drei große Sortengruppen: Einmal die Bretagne-Artischocken mit ihren großen, grünen Köpfen – hierzu zählen etwa 'Camus de Bretagne', 'Camerys' und 'Caribou'. Im Gegensatz dazu haben die Midi-Artischocken meist violette Blätter, so zum Beispiel die 'Violet de Provence', die 'Violet d'Hyeres' und die 'Violet du Gapeau'.

Die dritte Gruppe der französischen Artischocken machen die sekundären Sorten aus, die in Form und Farbe zwischen 'Camus' und den violetten Sorten stehen, so etwa die 'Blanc Hyerois'.

Italienische Artischocken kommen vorwiegend aus den Provinzen Puglia, Sizilien, Sardinien sowie aus der Toskana. Die vier Hauptsorten sind einmal die mittelgroße 'Catanese' mit zylindrischem Kopf und geschlossenen, grünen Hüllblättern mit violetter Tönung, dann die 'Romanesco' mit großem, kugelförmig geschlossenem Kopf und einer charakteristischen Öffnung am Kopfende. Sie hat grüne Blätter mit rotvioletter Deckfarbe. Die 'Spinoso sardo' ist eine mittelgroße, grünviolette Sorte, die vornehmlich in Sardinien kultiviert wird. Sie ist konisch zulaufend, dabei geschlossen, charakteristisch für diese Sorte sind die spitz auslaufenden Blätter mit großem Stachel. Die vierte Sorte ist schließlich die mittelgroße 'Violetto di Toscana' mit elliptischem, geschlossenem Kopf und violetten Blättern mit dunkelgrüner Tönung.

Zudem gibt es in den verschiedenen Anbauregionen Italiens unzählige Lokalformen, die jedoch nur selten exportiert werden. In Spanien beschränkt sich der Artischocken-Anbau für den Export hauptsächlich auf die Provinz Valencia; die Hauptsorte ist dort die grüne 'Tudela'.

Kleine Artischocken, wie sie im Süden oft verkauft werden, sind hier zu Lande selten anzutreffen. Je kleiner, desto besser!

Mit Stumpf und Stiel genießen kann man sehr junge Artischocken. In Italien und Frankreich sind sie bereits gekocht erhältlich.

← **'Romanesco'**, eine mittelgroße, viel exportierte, italienische Sorte. Hier zu Lande kommt sie von März bis Juni auf den Markt.

← **'Violetto di Toscana'** sind außen violett und innen gelbgrün gefärbt. Diese mittelgroße Sorte ist in Italien sehr begehrt.

Die dornige 'Spinosa sardo' → mit der konisch geschlossenen Form wird vorwiegend auf Sardinien, aber auch in Ligurien kultiviert.

Die 'Catanese' aus Italien → zählt mit ihren langen, an den Spitzen violett eingefärbten Spitzen zu den mittelgroßen Sorten.

COMPOSITAE (ASTERACEAE)

Artischockenböden auslösen: Den Stiel abschneiden, dabei lösen sich die harten Fasern aus dem Blütenboden.

Blütenboden sofort mit Zitrone einreiben, damit er sich durch Oxidation an der Luft nicht braun verfärbt.

Zwei Drittel der Hüllblätter mit einem scharfen, schweren Messer abschneiden, sofern man nur die Böden will.

Die verbliebenen Hüllblätter lassen sich nun leicht mit dem Messer entfernen, das Heu kommt zum Vorschein.

Die Böden »parieren«, das heißt, noch verbliebene Blattansätze mit einem kleinen Gemüsemesser entfernen.

Das »Heu«, ein faseriger, ungenießbarer Flaum, lässt sich am besten mit einem Kugelausstecher entfernen.

Die vorbereiteten Böden in Zitronen- oder Essigwasser 5 bis 10 Minuten kochen und gut abtropfen lassen.

Feine Artischockenböden eignen sich – so vorbereitet – hervorragend zum Füllen und/oder zum Überbacken.

Junge Artischocken im Ganzen kochen: Mit der Schere die stacheligen Blätter am Stiel abschneiden.

Lange Stiele mit einem Säge- oder Brotmesser auf etwa ein Drittel ihrer Länge – etwa 5 bis 7 cm – kürzen.

Von stacheligen Sorten die spitzen Stacheln der Blätter entfernen, das geht am besten mit der Küchenschere.

Die äußeren Hüllblätter sind meistens zäh. Deshalb großzügig abzupfen, bis die hellen Innenblätter zu sehen sind.

Das obere Drittel der Knospe mit einem scharfen Messer abschneiden, diese Blätter sind ebenfalls recht zäh.

Den verbliebenen Stiel mit einem scharfen Küchenmesser großzügig schälen, dann ist er zart und aromatisch.

Die vorbereiteten Artischocken in Essig- oder Zitronenwasser je nach Größe 10 bis 15 Minuten garen.

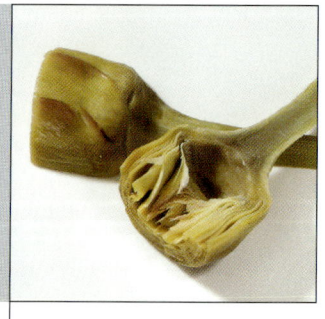

Abschrecken, die Artischocken sollen nicht zu weich sein, halbieren und mit einem Löffel das Heu entfernen.

Artischocken vorbereiten & kochen

Um an das zarte Herz beziehungsweise den feinen Blütenboden der Distelverwandten zu kommen, braucht es einiges an Geduld und Arbeit. Doch die Mühe der frischen Zubereitung lohnt, denn die unter zahlreichen Blättern und dem so genannten Heu versteckten Artischockenherzen und -böden zeichnen sich durch ein besonders feines Aroma aus, welches durch Saucen wie etwa eine Vinaigrette, eine Sauce Hollandaise oder auch durch eine Zitronenmayonnaise ganz ausgezeichnet zur Geltung kommt. Da Artischocken als besonders appetitanregend gelten, werden sie meist als Vorspeise gereicht. Aufgrund des in ihnen enthaltenen Bitterstoffs Cynarin wird jedoch ein Großteil der jährlichen Ernte für Spirituosen wie Apéritifs und Magenbitter benötigt.

Ideal sind Artischocken gekocht in Begleitung von warmen oder kalten Saucen. Die zarten Böden schmecken auch gefüllt mit Käse, Fleisch oder Schinken sehr gut. Auch gut sind sie als Beilage zu Geflügel und Kurzgebratenem, als Pizzabelag oder auch als Garnierung für kalte Platten, in Kombination mit anderen Feingemüsen. Zum Rohessen allerdings sind sie ungeeignet, mit Ausnahme der ganz, ganz jungen Exemplare.

Schwarzwurzel, Winterspargel, Schötzenmiere, Skorzoner Wurzel (*Scorzonera hispanica*), engl. scorzonera, black salsify, frz. scorsonère. Gemüsebaulich wird die Schwarzwurzel erst seit dem 17. Jahrhundert genutzt, davor nur als Heilpflanze. Nach und nach verdrängte sie die weiß berindete Haferwurzel. Wichtigster Produzent und Exporteur ist Belgien noch vor Frankreich und den Niederlanden. Die Schwarzwurzel ist eine ausdauernde, winterharte Pflanze; ihre lanzettförmigen, ganzrandigen Blätter erreichen eine Höhe von 60 bis 125 cm. In den Handel kommen zwar nur die Wurzeln, es können aber auch die Blattstiele, Knospen und Blüten in Salaten verwendet werden. Im erwerbsmäßigen Anbau erfolgt die Ernte im Oktober, sobald die Blätter welken oder absterben. Die brüchigen Wurzeln müssen vorsichtig mit einer Grabgabel aus dem Boden genommen werden. Auf den Markt kommt die Schwarzwurzel von Oktober bis April. Die Sortierung der Schwarzwurzel nach deutschen Handelsklassen erfolgt nach Mindestlänge (22 cm) und nach Mindestdurchmesser (15 mm). Die Wurzeln sollten gerade, möglichst dick, unverletzt und ohne Vergabelung oder Nebenwurzeln, außerdem weißfleischig und nicht faserig oder holzig sein. Der hohe Gesamtnährwert, nur übertroffen von Erbsen und Bohnen, macht die Schwarzwurzel zu einem hochwertigen Wintergemüse. Zubereitet wird sie fast ausschließlich als Kochgemüse.

Klettenwurzel, Essbare Klettenwurzel, Japanische Klettenwurzel (*Arctium lappa* var. *edule*), engl. edible burdock, jap. gobo. Während die Große Klette (*Arctium lappa*) bei uns nur wild vorkommt und nicht gegessen wird, wird die Japanische Klettenwurzel vor allem in Japan, Taiwan und auch in Kalifornien als Gemüse kultiviert. Die Japanische Klettenwurzel gelangte vor über 1.000 Jahren von China aus nach Japan, wo sie noch heute ein traditionelles, wegen ihres Faserreichtums geschätztes, kalorienarmes Nahrungsmittel ist. Daneben hat sie eine abführende, harntreibende und ausschlaghemmende medizinische Wirkung. Auf dem deutschen Markt ist sie ein wenig bekanntes Gemüse und nur gelegentlich bei einem asiatischen Gemüsehändler zu finden. Während die Wurzel der Großen Klette bei uns nur etwa 40 cm lang wird, erreichen die japanischen Kultursorten Längen von bis zu 1 m. Die Klettenwurzel ist eine krautartige, kräftige, reich verzweigte Pflanze, deren große, breite, meist eiförmige und ungeteilte Blätter auf kahlen Stielen stehen.

Die jungen Blattstiele können zwar gegessen werden, der als Nahrungsmittel in erster Linie interessante Pflanzenteil ist jedoch die lange, fleischige Wurzel, die der Schwarzwurzel ähnelt. Darüber hinaus kann aus der Klettenwurzel ein Öl für die Kosmetikindustrie (»Klettenwurzelhaaröl«) gewonnen werden. Die Zubereitungsmöglichkeiten sind dieselben wie bei der Schwarzwurzel.

Die Klettenwurzel erreicht die stolze Länge von bis zu 1 m – und das bei einer Stärke von nur 2 bis 4 cm. Die Wildform dagegen wird nur etwa 40 cm lang.

Die Schwarzwurzel erreicht bei einem Durchmesser von 2 bis 4 cm eine Länge von 30 bis 50 cm. Im Inneren ist sie fleischig, weich, weiß und nährstoffreich.

Die Haferwurzel – eine alte Gemüsepflanze – wurde fast vollständig von der Schwarzwurzel verdrängt. Von ihr unterscheidet sie sich durch die helle, viel kürzere Wurzel und die porreeähnlichen Blätter.

Die Cardy oder Karde gilt als Stammform der Artischocke. In den Handel kommen die gebleichten, auf 40 bis 50 cm gestutzten Stauden im Herbst, meist als Importware aus Italien.

Cardy vorbereiten: Man schneidet zunächst mit einem scharfen Messer das untere Ende ab.

Die Blattreste mit einem Messer abschneiden. Auch die stacheligen Ränder müssen alle sorgfältig entfernt werden.

Das Abziehen der Fäden ist der dritte Schritt. Auch hier sorgfältig arbeiten, denn die Fäden sind zäh und ungenießbar.

Blattstiele mit einem Messer in etwa fingerlange Stücke schneiden. Sofort in Essigwasser legen.

Die Cardystücke in kochendem Salzwasser in 25 bis 30 Minuten nicht zu weich garen. Herausheben und abtropfen lassen.

Nach dem Kochen erneut die Fäden von den Cardystücken abziehen, dann nach dem jeweiligen Rezept weiterarbeiten.

Haferwurzel, Bocksbart, Weiße Schwarzwurzel, Weißwurzel (*Tragopogon porrifolium* ssp. *porrifolium*), engl. salsify, oyster plant, vegetable oyster, frz. salsifis (blanc). Schon in der Antike war die in Südeuropa beheimatete Haferwurzel als Gemüsepflanze bekannt und bis zum Ende des 16. Jahrhunderts in Mitteleuropa auch sehr geschätzt. Sie wurde inzwischen jedoch beinahe vollständig von der Schwarzwurzel verdrängt, da die Haferwurzel oft einen holzigen Kern aufweist. Die Haferwurzel ist der Schwarzwurzel sehr ähnlich: Oberirdisch unterscheidet sie sich durch die schmaleren Blätter und die rotviolette Blüte von der Schwarzwurzel, die gelb blüht. Auch ist die Haferwurzel gelblich weiß, wesentlich kürzer als die Schwarzwurzel und trägt zahlreiche Nebenwurzeln.

Mit ein Grund für ihr allmähliches Verschwinden dürfte sein, dass sie manchmal bereits im ersten Jahr blüht, was die Wurzel hart und holzig – und damit wertlos macht. Die Schwarzwurzel dagegen ist zweijährig verwendbar. Einzig in Großbritannien, Frankreich, Südeuropa und Süddeutschland hat die Haferwurzel heute noch geringe Bedeutung als Zier- und Nutzpflanze. Geerntet wird die Haferwurzel im Herbst, da die Wurzeln winterhart sind, können sie im Boden bleiben. Sie halten sich jedoch auch in Sand gebettet gut. Geschmacklich erinnert die Haferwurzel entfernt an die Schwarzwurzel und kann auch wie diese zubereitet werden.

Cardy, Kardy, Karde, Kardone, Kardonenartischocke, Gemüseartischocke, Spanische Artischocke *(Cynara cardunculus)*, engl. cardoon, prickly artichoke, frz. cardon. Die Karde, ein im Mittelmeerraum und in Nordafrika beheimatetes Distelgewächs, war noch im 19. Jahrhundert auch in Deutschland als Gemüse recht beliebt. Heute hingegen gilt die Karde fast als ein »Exote« und hat allenfalls noch in Spanien, Südfrankreich und Italien regionale Bedeutung. Aus Italien stammen die geringen, aber regelmäßigen Importe des als Stammform der Artischocke geltenden Gewächses, das hier zu Lande im Herbst auf den Markt kommt. Die Blattstiele, geschmacklich artischockenähnlich, erinnern äußerlich an Stangensellerie und werden auch so zubereitet. Die Blütenköpfe isst man im Gegensatz zur Artischocke nicht mit. Zwar gibt es Cardy ganzjährig als Konserven, doch sollte man die geringe Mühe nicht scheuen und das

Topinamburknollen wie diese der spindelförmigen, rosaschaligen Sorte 'Violettes Rennes' aus Frankreich können Bataten ähneln.

Topinambur der Sorte 'Rote Zonenkugel' sind klein, am Ende spitz zulaufend und fast violett. Doch wie weit sie sich äußerlich auch unterscheiden, innen sind Topinambur immer weiß bis cremefarben.

'Gute Gelbe' sind häufig sehr verwachsen, was das Schälen etwas mühsam machen kann. Wer will, kann die Schale aber auch mitessen, gründliches Waschen ist dann aber ein Muss.

selten gewordene Gemüse selbst zubereiten. Dann kommt ihr herber, manchmal auch leicht bitterer Geschmack entsprechend zur Geltung. So vorbereitet wie links gezeigt, können die inneren Blattstiele der Karde entweder zu Gemüse oder zu Salat verarbeitet werden. Wem der Geschmack zu streng ist, der kann ihn vermindern, indem man die Stiele mit frischem Salat vermischt. Wie auch schon die Artischocke, werden auch die Blattstiele der Karde zur Herstellung von Bitterlikören oder von Konserven verarbeitet. Lagern sollte man Karden dunkel und kühl, dann halten sie ungefähr 1 Woche. Länger gelagerte Stauden trocknen aus und werden fleckig.

Topinambur, Erdartischocke, -apfel, -birne, Jerusalemartischocke, Zuckerkartoffel (*Helianthus tuberosus*), engl. Jerusalem artichoke, frz. topinambour, artichaut de Jerusalem. Die in Nordamerika beheimatete Knolle und von den Indianern als Gemüse und Viehfutter verwendete Pflanze wurde zu Beginn des 17. Jahrhunderts von Seefahrern nach Frankreich gebracht und dort nach dem indianischen Stamm »Topinambus« benannt. Von Frankreich aus gelangt die Topinambur auch in andere europäische Länder. In Deutschland etwa waren die kohlenhydratreichen Knollen bis zum Siegeszug der Kartoffel Mitte des 18. Jahrhunderts ein wichtiges Nahrungsmittel. Heute hat der Topinamburanbau jedoch nur noch regionale Bedeutung. Allerdings wird das Fruchtgemüse in jüngster Zeit wieder vermehrt nachgefragt.

Die frostharte, im Herbst gelb blühende Pflanze ähnelt der verwandten Sonnenblume. An den Wurzeln der Topinambur bilden sich wie bei der Kartoffel jeweils zwei bis drei Dutzend kleiner bis mittelgroßer Knollen, die in der Form von spindel- über birnen- bis apfelartig je nach Sorte stark variieren können. Ebenfalls sortenabhängig ist die Farbe der Schale; die Palette reicht hier von hellbraun bis violett; im Innern sind jedoch alle Knollen, gleich welcher Sorte, hellfleischig. Obwohl alle Topinambur-Sorten essbar sind, gibt es speziell für Speisezwecke empfohlene Sorten. In Deutschland sind dies etwa 'Bianka' und 'Gute Gelbe'.

Auf den Markt gelangt das zeitweilig fast vergessene Gemüse regional begrenzt von Oktober bis Mai; deutsche Anbauschwerpunkte sind in Baden und in Brandenburg. Verkauft werden die Knollen meist nur beim Gemüse-Spezialisten. Ein Großteil der Ernte wandert in die verarbeitende Industrie. Grund dafür ist der hohe Zuckeranteil der Knollen. Damit sind sie ein idealer Grundstoff für die Fructose-, Sirup-, Alkohol- und Branntweinherstellung. Bekannt ist die Topinambur auch geröstet als Kaffee-Ersatz. Dabei lohnt die Knolle mit dem leicht süßlichen Geschmack kulinarisch die Entdeckung: Topinambur können roh wie ein Apfel verzehrt werden oder – fein geraspelt und mit Zitronensaft beträufelt – als Salat. Topinambur lassen sich nach dem Blanchieren aber auch leicht schälen und schmecken dann gedünstet oder gebraten gut als leichte Gemüsebeilage. Auch gut: püriert, entsaftet, paniert und ausgebacken. Im Badischen genießt man »Topi« auch gerne nach dem Essen, als Digestif!

Topinamburknollen vorbereiten: Die Knollen zunächst unter fließendem kaltem Wasser waschen, dann mit einer Bürste alle Erd- und Sandreste abschrubben.

Zum Schälen blanchiert man die Knollen wenige Minuten in sprudelnd kochendem Wasser und schreckt sie dann wie Pellkartoffeln kalt ab.

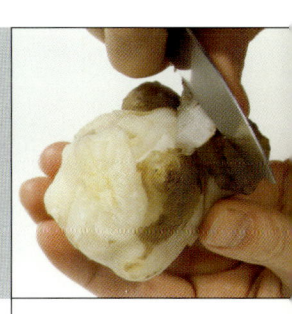

Die Haut lässt sich jetzt gut mit dem Küchenmesser abziehen. Die Knollen nun je nach Rezept weiterverarbeiten.

CONVOLVULACEAE

Nährstoffreich
Bataten & Kohl

Auf dem Markt werden verschiedene Bataten-Sorten angeboten – hier an einem Stand in Phuket in Thailand. Geschmacklich bestehen zwischen rot- und braunschaligen Sorten keine großen Unterschiede, diese ergeben sich vielmehr aus dem Zuckergehalt – bei allen in den Tropen kultivierten Arten übersteigt er den an Stärke beträchtlich.

Bataten mit roter bis violetter Schale und weißem Fleisch werden weltweit am häufigsten angebaut. Ihre Form variiert von rund-oval bis länglich-spindelförmig.

Hellbraunschalige Bataten mit weißem Fleisch sind vor allem in Italien beliebt. In der Zubereitung ähnlich wie Kartoffeln, doch botanisch sind sie nicht verwandt.

Lachsfarbene Bataten wie diese rotschalige, spindelförmige Knolle, enthalten – wie die gelbfleischigen Sorten – viel Carotin und sind besonders wertvoll.

44

Convolvulaceae (Windengewächse). Zu dieser Familie gehören rund 1.600 meist in den Tropen und Subtropen heimische Arten. Einige davon kommen auch in unseren Breiten vor; am bekanntesten sind die Acker- und Zaunwinde (*Calystegia* sp.). Ihren Namen erhielten die Windengewächse, weil sie nur selten aufrecht wachsen, sondern sich krautartig »am Erdboden winden«.

Batate, Süßkartoffel, Weiße Kartoffel, Knollenwinde *(Ipomoea batatas)*, engl. sweet potato, Spanish potato, frz. patate douce, artichaut des Indes. In Mittel- und Südamerika beheimatet, wird die Batate inzwischen in den Tropen und Subtropen sowie in den wärmeren Ländern der gemäßigten Breiten angebaut. Sie bilden spindelförmige, fleischige Wurzelstöcke aus, die sich zu kartoffelartigen Knollen verdicken; mit der Kartoffel sind Bataten aber botanisch nicht verwandt. In der Rangliste der wichtigsten Nahrungsmittel steht sie nach Reis, Weizen, Mais und Maniok an fünfter Stelle, denn sie stellt eine wesentliche Kohlenhydrat- und Carotinquelle dar. Rot- und gelbfleischige Sorten enthalten mehr Carotin und sind daher wertvoller als weißfleischige Knollen.

In Mitteleuropa sind Bataten weniger verbreitet und gelten eher als exotisches Luxusgemüse. In Europa kultiviert werden sie in Spanien und Portugal, der größte Produzent weltweit ist China. Insgesamt beläuft sich die Produktion auf etwa ein Drittel der Welterzeugung von Kartoffeln. Angebaut werden die Wärme liebenden Bataten ganzjährig, sind aber aufgrund ihres hohen Wassergehalts nur begrenzt lagerfähig. Auf den deutschen Markt gelangen sie in der warmen Jahreszeit, Importe kommen vorwiegend aus Brasilien und Israel. Bataten können wie Kartoffeln gekocht, geröstet oder gebraten werden. Sie schmecken auch in Begleitung würziger Saucen. Mancherorts verzehrt man die Blätter auch als Gemüse.

Wasserspinat *(Ipomoea aquatica)*, engl. water spinach, swamp cabbage, frz. patate aquatique. Wasserspinat gibt es in zwei verschiedenen Varietäten, in einer Wasser- und in einer Landform. Angebaut werden beide in den Tropen Asiens.

Cruciferae (Brassicaceae) (Kreuzblütler). Zu dieser Familie gehören 380 Gattungen mit rund 3.000 Arten ein- oder mehrjähriger, krautartiger Pflanzen. Am weitesten verbreitet sind Kreuzblütler in den nördlichen gemäßigten Zonen.

← **Wasserspinat,** hier der im oder am Wasser wachsende Typ (var. *aquatica*) mit hohlen Stängeln und großen Blättern. Mild im Geschmack, verwendet werden Triebe und Blätter.

Wasserspinat der zweiten Varietät (var. *reptans*) bezeichnet man als »Landform«, doch benötigt auch sie viel Wasser. Ihre Blätter sind dunkler und schmaler. Wird wie Spinat verwendet. →

← **Cima di rapa, Stängelkohl,** ähnelt im Aussehen sowohl der Speiserübe als auch dem Brokkoli. Die kleinen Blütenstände werden mitgegessen. Gut schmeckt er kurz gedünstet.

Stielmus zählt botanisch → zu den Speiserüben, denn es handelt sich dabei um die abgeschnittenen Blätter verschiedener Rübensorten. Diese hier stammen von der 'Weißen Mairübe'.

← **Stielmus der Sorte 'Namenia'** besitzt sortentypisch geschlitzte Blätter. Verwendung findet das Blattstiel-Kohlgemüse entweder gehackt als Salat oder kurz gedünstet als Beilage.

Schnittkohl, heute kaum → mehr angebaut, gilt in Ostfriesland als Spezialität (»Bremer Scherkohl«). Geerntet werden junge Blätter und Stiele vor der Blüte. Zubereitung wie Spinat.

CRUCIFERAE

Eine runde Sache
Rüben & Kohlrabi

Senfkohl wird vorwiegend in Südostasien kultiviert. Zart in der Konsistenz, herb-bitter im Geschmack.

Kohl- oder Steckrübe, hier eine gelbfleischige Sorte, ist kalorienarm und ernährungsphysiologisch wertvoll. In der Zubereitung wie die Herbstrübe.

Herbstrüben, hier die Sorte 'Runde Weiße Rotköpfige', erntet man im Oktober/November. Gekocht oder gedünstet schmecken sie am besten.

Mairüben sind kleiner, kugelig und ebenfalls weißfleischig, aber zarter im Geschmack als Herbstrüben.

Wichtig sind bei den Kreuzblütlern neben Raps, Rüben und Senf vor allem die vielen Kohlarten (*Brassica*), Radieschen sowie Rettiche (*Raphanus*), Meerrettich (*Armoracia*), Gartenkresse (*Lepidium*) und Brunnenkresse (*Nasturtium*).

Cima di rapa, Stängelkohl (*Brassica rapa* var. *cymosa*), frz./ital. cima di rapa. Entstanden ist er aus einem im Mittelmeerraum vorkommenden Wildkraut. Die kleinen Blütenstände schmecken mild, Blätter und Stängel haben einen kräftigen Kohlgeschmack mit leicht bitterer Note. Sehr jung können die Blätter auch roh verzehrt werden. In der Regel aber verwendet man die ganze Pflanze gegart, meist kurz gedünstet.

Stielmus, Rübstiel (*Brassica rapa* var. *rapa*), engl. turnip tops, frz. brocolis de raves. Als Stielmus bezeichnet man – wie der Name schon sagt – ein Blattstiel-Kohlgemüse, das von allen Mai- oder Herbstrübensorten gewonnen werden kann. Kulinarisch hat es nur regionale Bedeutung. Ideal: gehackt im Salat oder kurz gedünstet als Beilage.

Senfkohl, Blattsenf (*Brassica juncea* ssp. *integrifolia*), engl. leaf mustard, Indian mustard, Chinese mustard, mustard greens, frz. moutarde de Chine. Der Verwandte des Sarepta-Senfs (*Brassica juncea* ssp. *juncea*) wird überwiegend in Südostasien kultiviert. Es gibt unterschiedlichste Blattvarianten und auch regelrecht Kopf bildende Formen mit stark verdickten Blattstielen. Wegen seines würzig-bitteren Geschmacks sollte der an Vitamin C und Calcium reiche Senfkohl grundsätzlich kurz gedünstet oder gekocht werden.

Speiserübe (*Brassica rapa* var. *rapa*), engl. turnip, frz. navet. Diese Kulturpflanzen waren bereits im Altertum bekannt. Vor der Verbreitung der Kartoffel gehörten Speiserüben aufgrund ihres hohen Nährwerts zu den wichtigsten Nahrungsmitteln. Heute hingegen haben sie nur noch geringe Bedeutung. In Deutschland werden die winterharten, 2-jährigen Pflanzen lediglich regional begrenzt in kleinen Mengen angebaut; größere Anbauflächen gibt es in Südeuropa, Asien und den USA.

Teltower Rübchen (*Brassica rapa* subvar. *pygmaea*) und **Mairüben** (*Brassica rapa* subvar. *majalis*) sind die feinsten Speiserüben. Teltower Rübchen gedeihen auf sandigem Boden und kommen je nach Aussaat von Mai bis August sowie von Oktober bis Dezember/Januar auf den Markt. Die feinen, weißen Mairüben sind, wie ihr Name schon verrät, nur von Mai bis Juni im Handel. Gut sind sie gedünstet, glasiert oder als Zutat in Gemüseeintöpfen. Mairüben schmecken auch roh im Salat.

Die **Herbstrübe** (*Brassica rapa* subvar. *rapifera*) wird im Sommer oft in die Stoppeln gesät (»Stoppelrübe«) und im Oktober und November geerntet. Wichtige Sorten sind »Goldrubin« und »Goldwalze«. Ideal: gekocht und püriert. Auch gut: im Auflauf oder im Eintopf. Ungeeignet zum Rohessen.

Milchsauer eingelegt schätzen die Chinesen Senfkohl besonders. Die Milchsäure mildert einerseits die Bitterstoffe, zum andern verleiht sie ihm zusätzliche Würze.

Teltower Rübchen, eine Zwergform der weißen Rübe, gedeihen auf sandigem Boden. Mild-süßlich.

Kabu, Japanische Rübe nennt man diese Sorte. Äußerlich von der Mairübe kaum zu unterscheiden, ist die Kabu aber schärfer als diese.

Rotviolette Kohlrabi werden beim Kauf oft bevorzugt, allerdings unterscheiden sie sich nach dem Schälen nicht mehr von grünen Sorten.

Grüne Kohlrabi. Kohlrabi sind mild und leicht süßlich. Sie eignen sich zum Dämpfen oder Dünsten, jung auch als Rohkost.

Schnittkohl, Bremer Scherkohl (*Brassica napus* var. *pabularia*), engl. leaf rape, frz. chou a faucher. Botanisch näher der Kohlrübe oder dem Raps als anderen Kohlarten. Von der Form her erinnert Schnittkohl mit seinen mehr oder weniger krausen Blättern an Spinat, im Geschmack an Wirsing.

Kohlrübe, Steckrübe, Wruke, Boden-, Unterkohlrabi (*Brassica napus* var. *napobrassica*), engl. swede, turnip, frz. chou-rave, chou-navet, rutabaga. Die Kohlrübe gilt als Kreuzung von Herbstrübe und Kohlrabi. Angebaut wird sie weltweit in allen gemäßigten Klimazonen, die Haupterntezeit ist Oktober und November.

Als anspruchloseste Rübe liefern weißfleischige Sorten in der Regel Viehfutter, die gelbfleischigen ein sehr gesundes, nährstoffreiches und kalorienarmes Gemüse. Die Kohlrübe wächst größtenteils über der Erde und wird bis zu 1,5 kg schwer. Die Blätter sind stets blaugrün, im Unterschied zu den grasgrünen Blättern der sehr ähnlichen Speiserübe. In der Zubereitung wie Herbstrübe.

Kohlrabi, Oberkohlrabi, Oberrübe, Rübkohl (*Brassica oleracea* convar. *acephala* var. *gongylodes*), engl. kohlrabi, turnip cabbage, frz. chou-rave, col-rave. Die Herkunft der Knollen ist umstritten. Erwähnt wurde der Kohlrabi in Deutschland zum ersten Mal im Jahr 1558. Heute ist Deutschland der weltweit größte Erzeuger und gleichzeitig auch größter Verbraucher. Kohlrabi gehört botanisch zwar zu den Kohlgewächsen, wird aber auch zu den Stängelgemüsen gerechnet: Kohlrabi entwickeln sich weder aus den Blättern noch aus den Blüten, sondern aus dem unteren Teil der oberirdischen Sprossachse. Die Knollen sind plattrund und können einen Durchmesser von bis zu 20 cm erreichen. Farblich variieren sie, je nach Anthocyangehalt, von weißlich bis grün, rötlich bis tiefviolett. Kohlrabiblätter sind reich an Carotin, Eiweiß und Mineralien, speziell auch an Vitamin C, weshalb man mindestens die Herzblättchen mitessen sollte.

Senfkohl vorbereiten: Die dunkleren Blätter von den hellgrünen dicken Stielen trennen, weil Letztere länger garen müssen. Den unteren Teil mit einem großen Messer halbieren und den Strunk kegelförmig herausschneiden; er wird nicht mitgegessen. Die beide Hälften nun nach Belieben zerkleinern; die Blätter am besten separat garen.

CRUCIFERAE

Pak-Choi, Paksoi. Der weißstielige Kohl mit den dunkelgrünen Blättern schmeckt frischer als Chinakohl.

Senfspinat, hier die Sorte 'Komatsuna', ist vermutlich aus der Kreuzung von Chinakohl und Pak-Choi mit der Speiserübe entstanden.

Chinesischer Brokkoli wird in vor allem wegen der fleischigen Stiele angebaut. Essbar sind auch die jungen Blätter und die ungeöffneten Blüten.

Choisum ist ein Blattkohl mit ovalen Blättern und kleinen gelben Blüten. Essbar ist die ganze Pflanze.

Chinakohl hat je nach Sorte gelbe bis grüne Außenblätter mit breiten weißen Blattrippen. Die Innenblätter sind gelb bis goldgelb. Auf den Markt kommt er in drei Varianten: oval, hochoval und lang. Je nach Form und Größe können die Köpfe bis zu 4 Pfund wiegen. Von den übrigen Kohlarten unterscheidet sich der Chinakohl durch seinen gänzlich fehlenden Strunk.

Pak-Choi, Paksoi, Chinesischer Senfkohl *(Brassica chinensis)*, engl. pak-choi, spoon cabbage, frz. pak-choi, pak-choy, holl. paksoi. Hauptanbauländer dieses zarten Blattstielgemüses sind China, Korea und Japan. Auch in Mitteleuropa, ausgehend von den Niederlanden, wird Pak-Choi seit einiger Zeit in geringen Mengen kultiviert.

Die 40 bis 50 cm hohen Pflanzen sind bereits nach nur zwei Monaten erntereif. Pak-Choi bildet keinen geschlossenen Kopf. Im Geschmack erinnert er an Chinakohl, ist jedoch saftiger, aromatischer und milder als dieser. Der Nährwert von Pak-Choi ist doppelt so hoch wie der von Weißkohl, am wertvollsten sind die dicken Blattrippen. Ideal ist das Gemüse kurz gedünstet. Will man Pak-Choi als Salat servieren, empfiehlt es sich, ihn vorher zu blanchieren. Gut schmeckt er auch mit Käse überbacken. Für Gerichte mit langer Garzeit ist er allerdings ungeeignet, da er schnell zerkocht.

Chinakohl, Japankohl, Chinesischer Kohl *(Brassica pekinensis)*, engl. Chinese cabbage, Chinese leaf, frz. chou chinois. Nach Meinung der Botaniker handelt es sich bei Chinakohl um eine Kreuzung aus Speiserübe und Pak-Choi. Im Gegensatz zu letzterem bildet der Chinakohl jedoch große, lockere Köpfe. Im Gegensatz zu anderen Kohlarten ist Chinakohl leicht verdaulich. Den Japanern ist die Züchtung neuer Hybridsorten gelungen: ein Kohl mit schnellerem Wachstum, besserem Geschmack und regelmäßigerem Wuchs.

Vermarktet wird dieser »Japankohl« jedoch beinahe ausschließlich als Chinakohl. Gut schmeckt er in süßen und pikanten Salaten; Chinakohl eignet sich aber auch zum kurzen Braten, etwa im Wok, oder auch zum Dünsten. Man kann seine zarten Blätter auch für Kohlrouladen verwenden oder überbacken. Ungeeignet für alle Gerichte mit langer Garzeit.

Chinesischer Brokkoli (*Brassica alboglabra*), engl. Chinese kale, Chinese broccoli, early kailaan. Diese bis zu 1 m hohe Kohlpflanze bildet keine Köpfe, sondern wie der Brokkoli kräftige Stängel und Blüten. Die Blätter sind derb, blaugrün und bereift, die Blüten weiß. In Deutschland ist er selten zu finden, doch in ganz Asien gehört diese chinesische Kohlsorte zu den Alltagsgemüsen und wird dort auch in großem Umfang angebaut. Geerntet wird entweder die ganze Pflanze oder man lässt sie wachsen und schneidet nur die Seitentriebe ab.

Choisum (*Brassica chinensis* var. *parachinensis*), engl. Chinese flowering cabbage, choy sum, chin. choi sum. Beheimatet ist dieser tropische Blattkohl in Ost- und Südostasien, wird aber auch in Westafrika und Südamerika angebaut. In Westeuropa ist er nur von sehr geringer Marktbedeutung. Geerntet werden entweder die Triebspitzen oder die ganzen Pflanzen. In der Zubereitung wie Brokkoli.

Senfspinat, Mosterdspinat (*Brassica perviridis*), engl. tendergreen, mustard spinach (USA), frz. moutarde épinard. Ursprungs- und Hauptanbauländer sind Nordchina, Japan und Korea; in geringem Umfang wird dieser Blattkohl seit etwa 50 Jahren auch im Südosten der USA angebaut. Seine Blätter sind glatt, ganzrandig und graugrün. Senfspinat lässt sich wie »echter« Spinat dünsten, roh essen oder gratinieren. In Japan werden auch die rüben- bis knollenförmigen Wurzeln gesalzen oder gekocht mitgegessen. Importe gibt es wegen der sehr begrenzten Haltbarkeit jedoch kaum.

Grün-, Braun- oder **Krauskohl** (*Brassica oleracea* convar. *acephala* var. *sabellica*), engl. (curly) kale, green cabbage, frz. chou frisé, chou vert. Diese Kohlart besitzt den höchsten Kohlenhydrat- und Eiweißgehalt aller Kohlarten überhaupt. Es gibt auffallende Unterschiede in Strunkhöhe (niedrig, halbhoch und hoch wachsende Sorten) sowie in Form, Farbe und Kräuselung der Blätter. Geschmacklich unterscheiden sich die einzelnen Sorten jedoch nicht.

Cavolo nero, Schwarzkohl ist ein enger Verwandter des Grünkohls. Die Zubereitung der langen, dunklen herzhaft-würzigen Blätter ist dieselbe.

Grünkohl ist vor allem in Mittel- und Nordeuropa ein beliebtes Wintergemüse. Am besten schmeckt er nach den ersten Nachtfrösten.

Grünkohl ist vor allem im Norden Europas beliebt, dort isst man ihn im Winter gern und häufig. Der Bedarf wird beinahe vollständig aus heimischem Anbau gedeckt, weltweit ist er relativ unbedeutend. Nach den ersten Frösten wandelt sich die Stärke in Zucker um, dann schmeckt er am besten und ist auch besser verdaulich. Grünkohl eignet sich vor allem für deftige Zubereitungsarten.

Schwarzkohl (*Brassica oleracea* convar. *acephala* var. *viridis*), engl. kale, borecole, frz. chou cavalie. Diese Grünkohlvarietät wird wie Grünkohl zubereitet, gut schmecken die dunklen Blätter in Fett angeschwitzt und in etwas Brühe weich gedünstet.

Schwarzkohl vorbereiten: Zuerst mit einem scharfen Messer den Strunk entfernen und die Blätter abtrennen. Dann die dicken Mittelrippen herausschneiden. Die Blätter waschen und quer in Streifen schneiden.

CRUCIFERAE (BRASSICACEAE)

Blumenkohl
Weiß, Grün & Violett

Blumenkohl, Karfiol, Brüsseler Kohl (*Brassica oleracea* convar. *botrytis* var. *botrytis*), engl. cauliflower, frz. chou-fleur. Blumenkohl stammt, wie auch die anderen Kohlarten, von der Wildform Brassica oleracea var. silvestris ab, die am Mittelmeer und an den Westküsten Europas heimisch ist. Kultiviert wird Blumenkohl weltweit. Besonders beliebt ist er wohl wegen seines vergleichsweise zurückhaltenden Kohlgeschmacks. In Deutschland liegt der Verbrauch bei etwa 7 kg pro Kopf und Jahr. Mehr als die Hälfte davon stammt aus Importen, die vorwiegend aus Italien und Frankreich zu uns gelangen. Die größten Erzeugerländer sind China und Indien, doch sie verbrauchen ihre Rekordernten im eigenen Land.

Seinen Namen verdankt der Blumenkohl einer botanischen Eigenart: Der Kohlkopf ist der noch nicht voll entwickelte Blütenstand der Pflanze. Bei guten Qualitäten sind die Köpfe möglichst weiß, fest und geschlossen. Zum optimalen Zeitpunkt geerntet, sind sie noch knospenlos, fest und geschlossen – die Blütenknospenanlagen haben sich noch nicht entwickelt. Wird dieser Zeitpunkt aber auch nur um einige Tage verpasst, strecken sich die Blütenstandästchen und treten, mehr oder weniger deutlich sichtbar, als kleine Buckel hervor. Seine hier zu Lande so geschätzte schneeweiße Färbung behält der Blumenkohl durch einen einfachen Trick: Die großen, grünen Hüllblätter werden entweder über dem Kopf eingeknickt oder zusammengebunden. Weil sich auf diese Art und Weise aufgrund des Lichtmangels kein Chlorophyll bilden kann, bleibt der Blumenkohl weiß.

In Italien und Frankreich hingegen schätzt man Blumenkohl auch bunt und setzt ihn darum absichtlich der Sonne aus. Dabei gilt: Je mehr Licht, desto stärker die Verfärbung. Zu den mittlerweile auch in Deutschland geschätzten grünen Sorten zählt der »Romanesco«, auch »Türmchen-« oder »Minarettkohl« genannt. Grüner Blumenkohl macht nicht nur optisch Eindruck, er ist auch erheblich reicher an Vitamin C, Eiweiß und Mineralstoffen als der weiße. Für die Rotverfärbung der violetten Sorten sind Anthocyane verantwortlich, wobei direkte Lichteinwirkung und kühle Temperaturen die Färbung fördern. Grundsätzlich muss unterschieden werden zwischen sortenbedingter Gelb- (Carotinoide) oder Violettfärbung (Anthocyane), die keinen Qualitätsmangel darstellt und einem Gelb- bis Braunwerden weißer Sorten nach der Ernte durch UV-Einstrahlung, was eine erhebliche Qualitätbeeinträchtigung darstellt. Eine rare und teure Spezialität sind die überwiegend in Frankreich für die Top-Gastronomie angebauten dekorativen Mini-Blumenkohlköpfe. Es gibt sie wie normal großen Blumenkohl auch in den Farben Weiß, Grün und Violett.

Will man Sommer-Blumenkohl im Ganzen zubereiten, sollte man ihn 15 Minuten mit dem Kopf nach unten in kaltes Essigwasser legen, um Käfer und Insekten zu entfernen. Blumenkohl zählt zu den vielseitigsten Gemüsen überhaupt. Ideal ist er gekocht, mit Käse oder Béchamelsauce gratiniert, als Auflauf, in Gemüsesuppen oder – bissfest – in Salaten. Die indische Küche kennt ihn in Teig gebacken oder in Curries mitgeschmort.

Blumenkohl vorbereiten: Das untere Ende des Kopfes mit einem großen, scharfen Messer abschneiden.

Die Hüllblätter liegen bei frischem Blumenkohl sehr fest und eng an. Nach dem ersten Schnitt lassen sie sich aber leicht ablösen. Auch die kleinen Blättchen entfernen.

Soll der Kopf im Ganzen gegart werden, den Strunk kreuzweise einschneiden. Ansonsten trennt man ihn am Ansatz ab, damit sich die Röschen besser lösen.

Die Röschen abbrechen. Blumenkohl aus Unterglas-Anbau nur kurz, aus Freiland-Anbau gründlich waschen. Die Röschen je nach Rezept weiterverwenden.

Blumenkohl, wie man ihn kennt: In den Handel gelangt Blumenkohl mit gestutzten Blättern. Bei dem weißen Kopf handelt es sich um den fleischig verdickten, noch nicht voll entwickelten Blütenstand. Optimal geerntet, sind bei der »Blume« oder »Rose« noch keine Blütenknospenanlagen zu entdecken.

Weißer Blumenkohl vor der Ernte: Weiß bleibt er deshalb, weil die großen, nach innen gedrehten Herzblätter die Sonne abhalten. Früher musste man die Blätter über dem Kopf entweder einknicken oder zusammenbinden. Bei neueren Züchtungen übernehmen die Hüllblätter automatisch den Sonnenschutz.

Romanesco nennt man die gelbgrünen Blumenkohlsorten, deren Struktur an Minarett-Türmchen erinnert.

Violetter Blumenkohl ist eine Spezialiät aus Süditalien. In der Farbe kann er von rötlich bis dunkelviolett variieren.

Grüner Blumenkohl ist aromatischer als weißer und enthält mehr Nährstoffe und weniger Nitrat. Hier die Sorte 'Alverda'.

CRUCIFERAE

Von fein bis deftig
Kohl in allen Arten

Brokkoli besteht hauptsächlich aus Blütenstielen und -knospen, die Blätter spielen nur eine Nebenrolle.

Violetter Brokkoli ist in Italien sehr beliebt. Wegen der geschlossenen Köpfe ist er leicht mit violettem Blumenkohl zu verwechseln.

Rosenkohl gelangt meist geputzt in den Handel. Beim Einkauf auf glatte, makellose Köpfchen achten; Flecken sind ein Zeichen von Überlagerung.

Sommer-Wirsing in seiner typischen Form: mit lockerem Kopf und großen zarten, nur mäßig krausen Blättern.

Brokkoli, Broccoli, Spargelkohl (*Brassica oleracea* convar. *botrytis* var. *italica*), engl. sprouting broccoli, Calabrese, frz. brocoli. Brokkoli hat als eines der wenigen Gemüse, speziell der Kohlarten, in den vergangenen Jahren eine rasante Entwicklung hin zu einem immer beliebteren Feingemüse vollzogen. Heute wird er in ganz Europa (vor allem in Italien und Spanien) sowie in den USA kultiviert. Auch in Deutschland hat sich die Größe der Anbaufläche der wachsenden Nachfrage angepasst. Diese Marktausweitung erfolgte allerdings auf Kosten anderer Kohlgemüse, vor allem des Blumenkohls.

Wie der botanisch nah verwandte Blumenkohl besteht auch Brokkoli hauptsächlich aus Blütenstielen und -knospen; die Blätter spielen nur eine untergeordnete Rolle. Doch im Gegensatz zu diesem bildet Brokkoli keine geschlossene Blume aus; seine Köpfe bestehen aus deutlich differenzierten, grün bis bläulich schimmernden Blütenknospen, die auf den fleischigen Stielen und zahlreichen Seitentrieben sitzen.

Wie beim Blumenkohl gibt es auch beim Brokkoli bunte Sorten, wenngleich auch seltener. Es werden violette, gelbe und sogar weiße Brokkolisorten angebaut. Brokkoli ist in seinen Inhaltsstoffen dem Blumenkohl weit überlegen, so besitzt er einen 60-prozentig höheren Vitamin-C-Gehalt und das Sechzigfache an Carotin als Blumenkohl.

Im Geschmack ist Brokkoli blumenkohlähnlich, jedoch kräftiger. Besonders gut lässt er sich dämpfen oder dünsten, am besten jedoch nicht am Stück, sondern in Stängel und Röschen geteilt, da letztere eine wesentlich kürzere Garzeit haben und sonst gerne zu weich werden. Verwendung findet Brokkoli in Aufläufen, Suppen, Eintöpfen oder auch auch als Beilage. Lagern sollte man ihn nicht länger als 1 bis 2 Tage, sonst gehen wertvolle Vitamin- und Mineralstoffe verloren.

Rosenkohl, Sprossenkohl, Brüsseler Kohl (*Brassica oleracea* convar. *fruticosa* var. *gemmifera*), engl. brussels sprouts, frz. chou de bruxelles. Erstmals angebaut wurde Rosenkohl vor rund 100 Jahren in der Gegend um Brüssel, daher kommt auch der sich durch alle Sprachen ziehende Name.

> → **Appetitlich grün** bleiben Brokkoli, Rosenkohl & Co., wenn man sie entsprechend kocht. Lässt man grünes Gemüse nämlich zu lange im heißen Wasser liegen, wird es unweigerlich unansehnlich und graubraun. Grund dafür ist, dass beim Erhitzen einige Zellen platzen und organische Säuren freisetzen. Die Wasserstoffionen dieser Säuren reagieren mit den Chlorophyllmolekülen, dem grünen Farbstoff der Pflanzen. Grünes Gemüse sollte also bei großer Hitze, aber nicht zu lange gekocht werden, vor allem jedoch ohne Deckel. So können sich die Säuren mit dem Wasserdampf verflüchtigen – und Grün bleibt Grün!

Gekrauster Frühwirsing, mit kleinerem, fast blütenförmig geöffnetem Kopf und zarten Blättern.

Grünvioletter Wirsing, eine seltenere Variante des Frühwirsings. Die attraktiv gefärbte Sorte wird vor allem in der Gegend um Verona/Italien angebaut.

Herbstwirsing ist gut an dem geschlossenen großen Kopf, den dicken, stark gewellten Blättern und den großen Umblättern zu erkennen.

Spitzkohl hat im Gegensatz zu rundem Weißkohl wesentlich lockerere Köpfe und eine besonders zarte Blattstruktur.

Heute gibt es Rosenkohlkulturen vor allem in den europäischen Küstengebieten, in Großbritannien, Frankreich sowie in den Niederlanden. Geringere Mengen kommen aus Italien zu uns. Kleinere Anbaugebiete liegen hier zu Lande in Nord- und Westdeutschland. Die Ernte dauert von Ende August bis in den Dezember hinein. Die »Rosen« sind im Grunde genommen lauter Mini-Kohlköpfe, die aus den, in den Achseln der Stängelblätter wachsenden, Triebknospen bestehen. Je nach Sorte können die Röschen bis zu 4 cm Durchmesser und darüber erreichen. Es gibt auch rot-violetten Rosenkohl, »Rosenkohl Rubine« genannt, innen ist aber auch er grün. Auf dem Markt findet man ihn jedoch selten, denn zum einen geht die attraktive Farbe beim Kochen verloren; zum andern liefert er nur 30 % des Ertrages der grünen Sorten.

Vor der Zubereitung sollte man die Hüllblätter der gewaschenen Röschen entfernen. Will man diese im Ganzen garen, den Strunk zuvor kreuzförmig einschneiden. Gut schmeckt Rosenkohl gedünstet oder auch – nicht zu weich – gekocht; ebenso mit Béchamelsauce oder Käse überbacken. Als Beilage kann er auch in seine Blättchen zerpflückt gereicht werden. Ungeeignet zum Rohessen.

Wirsing, Wirsingkraut, Wirsching, Savoyer Kohl (*Brassica oleracea* convar. *capitata* var. *sabauda*), engl. Savoy cabbage, frz. chou de Milan. Wirsing ist in Deutschland, nach Weiß- und Rotkohl, die drittwichtigste Kopfkohlart. Je nach Sorte bilden die mehr oder minder stark gekrausten Blätter lockere, runde, ovale oder spitz zulaufende Köpfe. Man unterscheidet frühe, mittelfrühe, Herbst- und Wintersorten. Frühwirsing, ab Mai im Handel, hat ein helles, zartes »Herz« und benötigt nur kurze Garzeiten. Späte Sorten haben dunkelgrüne, kräftige Blätter und einen ausgeprägten Kohlgeschmack. Ideal: frühe Sorten geviertelt und gedünstet, späte Sorten in Gemüsesuppen oder Eintöpfen. Als Rohkost ist Wirsing weniger geeignet.

Brokkoli vorbereiten: Erst das untere Strunkende entfernen, dann die Seitentriebe abschneiden. Stängel schälen und mit den Blättern in Stücke hacken. Stängel kurz vorgaren, die Röschen zufügen und zuletzt die Blättchen mitgaren.

CRUCIFERAE (BRASSICACEAE)

Gemüse-Favoriten
Rot- und Weißkohl

Weißkohl gibt es in vielen Variationen. Je nach Sorte können Köpfe spitz bis rund sein. Hier eine plattrunde Sorte.

Rotkohl ist im Geschmack leicht süßlich. Gut zu erkennen sind die bizarr gefalteten, eng liegenden Blattlagen.

Rot- und Weißkohl zählen hier zu Lande nach wie vor zu den Gemüsefavoriten. Kein Wunder, denn Kohl ist ausgesprochen vielseitig, reich an Vitamin C und Mineralstoffen und außerdem sehr preisgünstig. Gerade in der kalten Jahreszeit schätzt man die beiden sehr. Weißkohl für deftige Eintöpfe, als Bayerisch Kraut oder, klassisch, als Sauerkraut, Rotkohl als bunte Beilage zu Geflügel oder Wild.

Zwar ist die Anbaufläche für Weiß- und Rotkohl in den vergangenen Jahren in Deutschland um etwa ein Viertel zurückgegangen, dennoch zählen die runden oder spitzen Kohlköpfe – ob weiß oder rot – in Deutschland noch immer zu den beliebtesten Gemüsearten. Das muss nicht verwundern, zum einen ist Kohl in den Zubereitungsmöglichkeiten ausgesprochen vielseitig, zum andern enthält er viel Vitamin C und Mineralstoffe. Und darüber hinaus sind die gewichtigen Köpfe auch noch konkurrenzlos günstig und das ganze Jahr über erhältlich.

Weißkohl, Weißkraut, Kappes, Kabis (*Brassica oleracea* convar. *capitata* var. *capitata* f. *alba*), engl. white cabbage, frz. chou blanc. Schon die Römer der Antike kannten die heute wichtigste aller Kopfkohlarten. Dennoch gilt gerade der Weißkohl als »urdeutsch«. Und tatsächlich gehört Deutschland noch immer vor zu den führenden Anbauländern, ebenso wie auch die Niederlande, Russland, Frankreich, Polen, Dänemark, China sowie viele andere Länder.

Der runde, abgeplattete, hochrunde oder zugespitzte Kopf des Weißkohls ist botanisch gesehen der gestauchte Spross der Pflanze. Er wird von mit einer Wachsschicht überzogenen, glatten und glänzenden Blättern gebildet und ist von weißlich grüner bis grüner Farbe. Als besondere Delikatesse gilt der »Spitzkohl«, die früheste aller Weißkohlsorten, der ab Ende März im Handel ist. Zarte Blätter, ein sehr dezentes Kohlaroma und die für den Namen verantwortliche spitze Kopfform mit nach oben wachsenden Blättern zeichnen ihn aus. Man unterscheidet je nach Erntezeitpunkt zwischen frühem und Sommerspitzkohl. Zu Letzterem zählt auch das »Filderkraut«. Es ist weniger zart und wird vorwiegend für die Sauerkrautproduktion angepflanzt. Allerdings schrumpft das Anbaugebiet, denn für Sauerkraut nimmt man

Erntefrisch vom Feld: Weißkohl erntet man bis heute noch oft von Hand. Der Kopf wird geschnitten, geputzt und in Verkaufsgebinde oder auch in Großkisten gelegt. Vollerntemaschinen sind bei Frischware weniger im Einsatz, da es dabei oft zu Beschädigungen des Kohlkopfes kommt.

zunehmend die runden Köpfe, die Spitzkohlproduktion allein reicht für die Sauerkonserven-Industrie schon lange nicht mehr aus.

Auch in den Tropen wird Weißkohl angebaut und als so genannte »White cabbage sprouts« vermarktet. Allerdings erreicht dieser Weißkohl selten die bei uns üblichen Kopfgewichte oder überhaupt eine ausreichende Kopfbildung. Das hängt in erster Linie mit den zu hohen Temperaturen zusammen, die den Kohl zu schnell reifen lassen. Außerdem ist die Tag-Nacht-Temperaturdifferenz von mindestens 5 °C oft nicht gegeben. Saatgut muss in der Regel importiert werden, da beim Kohl nur durch Kältereiz die Blütenbildung ausgelöst wird. So ist es für die tropischen Länder schwierig, durch eigene Züchtung zu neuen, ertragreicheren Sorten zu kommen.

Rotkohl, Rotkraut, Blaukraut, Roter Kappes, Rotkabis (*Brassica oleracea* convar. *capitata* var. *capitata* f. *rubra*), engl. red cabbage, frz. chou rouge. Beim Rotkohl handelt es sich aus botanischer Sicht nicht um eine eigenständige Kohlart, sondern lediglich um eine andere Form, denn Rotkohl hat sehr viel mit Weißkohl gemeinsam.

Hauptunterscheidungsmerkmale sind neben der durch Anthocyan entstehenden lila- bis rotvioletten Färbung einmal die etwas kleineren und in der Regel sehr festen Köpfe sowie der leicht süßliche Geschmack.

Bei den Kopfformen kann Rotkohl wie der Weißkohl von flach- über hochrund bis zu ballon- und eiförmig variieren. Auch was die Anbauregionen betrifft, unterscheiden sich die beiden kaum. Mit Ausnahme von China sind die Hauptanbaugebiete identisch mit den Weißkohl-Erzeugerländern, wobei Deutschland Spitzenreiter ist. Beim Rotkohl wird im Handel, wie beim Weißkohl auch, zwischen frühen, mittelfrühen sowie Herbst- und Dauersorten unterschieden. Doch was die Inhaltsstoffe anbelangt, gibt es allerdings einen Unterschied: Rotkohl hat im Vergleich zu Weißkohl und Wirsing den geringsten Carotingehalt, enthält aber am meisten Vitamin C.

In der Vorbereitung für die Küche sind sich die beiden wieder ähnlich: Man halbiert den Kohlkopf mit einem schweren Messer und schneidet von beiden Hälften den harten Strunk heraus. Nach dem Waschen schneidet man ihn je nach Rezept entweder in grobe Streifen, oder er wird fein geraspelt oder gehobelt.

Eine Ausnahme machen die Kohlrouladen – und zum Einwickeln sind die großen Blätter ja wie geschaffen. Hierfür löst man nur die großen Außenblätter ab, blanchiert sie in Salzwasser und schneidet dann die dicke Mittelrippe mit einem scharfen Messer glatt.

Zwar gehört sein kräftiger Geschmack traditionell zur kalten Jahreszeit, doch kann Kohl eigentlich immer überzeugen, ob gedünstet oder in Suppen und Eintöpfen mitgekocht. Gut schmeckt er auch in asiatischen Gerichten, etwa als Curry zubereitet. Roh geraspelt und als Salat angemacht, ist Kraut, wie es im Süddeutschen heißt, nicht eben Schonkost, dafür aber wunderbar knackig und würzig. Zudem sorgen die reichlich enthaltenen Ballaststoffe für ein angenehmes Sättigungsgefühl.

White cabbage sprouts mit gerade beginnender Kopfbildung. Weißkohl aus den Tropen wird nur so groß wie europäischer Rosenkohl und kann wie dieser auch im Ganzen zubereitet werden.

Meerrettich unscheinbar von außen, doch die gelblich braune Wurzel hat es in sich. Die in hoher Konzentration enthaltenen schwefeligen Senföle bringen die Schärfe und das charakteristische Aroma. Frisch gerieben schmeckt er am intensivsten, denn nach kurzer Zeit verfliegen die ätherischen Öle und das Aroma verflacht.

Rauke, Ölrauke, Rucola, Raukenkohl, Ruke (*Eruca vesicaria* ssp. *sativa*), engl. rocket, salad rocket, Roman rocket, frz. roquette, ital. rucola. Beheimatet ist das 1-jährige Kraut mit radieschenähnlichen Blättern und roten oder weißen Blüten im südlichen Mitteleuropa, den Mittelmeerländern bis hin nach Afghanistan und Turkistan. Heute wird die Rauke im Mittelmeerraum, in Vorder- und Mittelasien, dem nördlichen und zentralen Indien (zur Speise- und Brennölgewinnung sowie für medizinische Zwecke) und in Brasilien angebaut. Schon im Mittelalter war die Pflanze als harntreibendes und verdauungsförderndes Kraut bekannt oder auch als Würzkraut sehr geschätzt. Ideal ist frischer Rucola als Salat, pur mit Balsamico und frisch gehobeltem Parmesan, wie auch in Mischsalaten. Gut schmeckt er jedoch auch kurz gedünstet.

Meerkohl, Strandkohl, Weißer Meerkohl, Seekohl (*Crambe maritima*), engl. sea kale, silver kale, frz. crambé, crambé maritime, chou marin. Der robuste, offene Blattkohl kommt wild an den Küsten Nord- und Westeuropas vor. In Deutschland fällt er wild wachsend unter die Bundesartenschutzverordnung, ist jedoch nicht vom Aussterben bedroht. In den Handel kommen die Vitamin-C-reichen, gebleichten Sprosse nur aus Kultur von Dezember bis April. Importe gibt es kaum.

Gartenkresse, Kresse (*Lepidium sativum* ssp. *sativum*), engl. garden cress, frz. cresson alénois wird in Dänemark, Belgien, den Niederlanden, Frankreich und England in spezialisierten Gartenbaugroßbetrieben ganzjährig kultiviert. Man lässt die schnell wachsenden Pflanzen, die 30 bis 60 cm hoch werden, nie auswachsen, sondern schneidet sie stets 2 bis 3 Tage nach der Keimung.

Brunnenkresse, Wasserkresse (*Nasturtium officinale*), engl. watercress, frz. cresson de fontaine. Heute ist die in Europa beheimatete Brunnenkresse weltweit verbreitet. Die krautige Wasserpflanze kriecht mit ihren Sprossen am Grund von Teichen und Quellwässern entlang. Ihre hohlen Stängel wachsen über die Wasseroberfläche hinaus und tragen kräftig grüne, sehr nährstoffreiche Blätter. Brunnenkresse wird wenig kultiviert, daher ist das Angebot beschränkt. Ideal ist sie als Salat oder Würzkraut für Salate, Eier- und Quarkspeisen.

Löffelkraut, Löffelkresse, Skorbutkraut (*Cochlearia officinalis*), engl. spoonwort, scurvy grass, scorbute grass, frz. cochléaire, cranson, herbe au scorbut. Das Löffelkraut ist eine an nord- und westeuropäischen Küsten häufig wild wachsende Salatpflanze. Verwendung wie Brunnenkresse.

Winterkresse, Barbarakraut, Barbenkraut, Barbelkraut (*Barbarea vulgaris*), engl. wintercress, common wintercress, yellow rocket, frz. barbarée, cresson de jardin. Winterkresse ist eine winterharte Wildpflanze mit schlichten oder leicht gefiederten Blättern. Wächst in Südwesteuropa, Asien und Nordafrika an Wegrändern oder auf feuchten Lehmböden. Kultiviert hat man sie nur in Frankreich und Nordamerika.

Meerrettich, Kren, Meerrettig, (*Armoracia rusticana*), engl. horse-radish, frz. raifort, cran, méredic. Heimat der scharfen Wurzeln ist Ost- und Südosteuropa, wo sie noch heute große Bedeutung haben. In Deutschland ist der Anbau sehr zurückgegangen; 2/3 des Verbrauchs werden durch Importe gedeckt. Sie sind in erster Linie für die verarbeitende Industrie bestimmt, nur geringe Mengen gelangen auf den Frischmarkt. Woher die weißfleischige Wurzel ihren Namen hat, ist umstritten. Die einen meinen, er stamme von »mehr« im Sinne von »größerem Rettich« ab. Andere vertreten die Ansicht, er leite sich von »Mähre« (Pferd) ab, wofür auch die englische Bezeichnung ein Indiz sein könnte. Fest steht, dass Meerrettich seit dem 12. Jahrhundert wegen seines hohen Gehalts an ätherischen Ölen sowie an antibiotisch wirkenden Stoffen als Heil- und Gewürzpflanze bekannt ist.

← **Die Ölrauke** erhielt ihren Namen aus gutem Grund: Die Samen werden – vor allem in Indien – zur Ölgewinnung genutzt. Die glatten oder gezackten Blätter sind angenehm scharf.

↑ **Rucola, Wilde Rauke.** Sie ist rarer als die Kulturrauke. Erkennen kann man die Wilde Rauke an den noch stärker gezahnten Blättern und dem intensiven, bitterscharfen Aroma.

Meerkohl-Sprosse werden → wie Chicorée gezogen. Ernten kann man die 20 cm langen Sprosse mit kaum entwickelten Blättern im 3. Jahr nach der Pflanzung. Schmeckt kohlrabiähnlich.

← **Gartenkresse, Kresse** ist die bedeutendste unter den rund 80 *Lepidium*-Arten. Man lässt die Pflanzen nicht auswachsen, sondern erntet die jungen Pflänzchen stets 2 bis 3 Tage nach der Keimung.

Brunnenkresse kommt → hier zu Lande nur selten mit ihrem Wurzelsystem auf den Markt. In Asien verzehrt man dagegen die ganze krautige Wasserpflanze als Gemüse.

↑ **Brunnenkresse,** wie sie hier zu Lande im Handel ist: Angeboten werden lediglich die mineralstoffreichen, aromatischen Blätter. Im Geschmack herb-pikant, rettichartig. Gut als Ergänzung in Salaten.

← **Löffelkraut** hat fleischige, dunkelgrüne Blätter. Wird in manchen Gegenden Europas auch als Skorbutkraut bezeichnet. Es wächst an den Küsten Nord- und Westeuropas häufig wild.

↑ **Winterkresse** ist im Geschmack etwas streng. Sehr gut kann man sie jedoch in anderen Salaten mitverwenden, da sie einen außerordentlich hohen Vitamin-C-Gehalt besitzt.

Wasabi, ein Rettichver- → wandter aus Japan. Seine Rhizome liefern ein dem Meerrettich sehr ähnliches Gewürz. Wasabi verwendet man roh gerieben oder getrocknet als Pulver.

CRUCIFERAE

Scharfe Wurzeln
Bunte Rettichvielfalt

Halblange rote oder weiße Rettiche kommen bereits im Mai als so genannte Bündelrettiche mit Laub auf den Markt. Sie brauchen nicht geschält, sondern nur gewaschen und geputzt zu werden. Die Farbpalette der Schale reicht von Weiß über Rosa bis Rot, Braun, Violett oder gar Schwarz; die Farbe hat jedoch auf den Geschmack keinen Einfluss.

Japanische Hybridrettiche werden im Spätsommer und Herbst, hier auf dem Münchner Viktualienmarkt, angeboten. Die bis zu 50 cm langen Rettiche sind wegen ihres milden, angenehmen Geschmacks sehr gefragt. Im Vergleich zu Japan oder Korea ist der Rettichverbrauch in Deutschland bisher verschwindend gering, nur im Süden erfreut er sich größerer Beliebtheit.

Rote Radieschen sind die beim Verbraucher bekannteste und beliebteste Sorte. Runde weiße Radieschen sind weniger gefragt und auch seltener im Angebot.

Weißpunktradieschen, so werden die roten Radieschenknollen mit weißer Spitze genannt, sind in Frankreich besonders beliebt.

Bei der Sorte 'Eiszapfen', auch 'Blanche Transparente', handelt es sich um lange, weiße Radieschen. Sie ähneln jedoch in Aussehen und Geschmack dem Rettich.

Verwendet wird von der bis zu 1 m hoch wachsenden Staudenpflanze lediglich ihre tief in den Erdboden reichende Wurzel. Meerrettich gibt es in verschiedenen Sorten, der Handel unterscheidet jedoch lediglich nach der Herkunft (»Badischer«, »Bayerischer«, »Spreewälder« etc.). Meerrettich ist frosthart und sehr gut lagerfähig. Man erntet ihn im Herbst, Winter und Frühjahr. Frisch gerieben schmeckt er vortrefflich zu gekochtem Rindfleisch, mit Sahne verfeinert passt er auch ausgezeichnet zu Fisch. Auch gut: in warmen und kalten Soßen und zu hart gekochten Eiern.

Wasabi, Japanischer Meerrettich (*Eutrema wasabi*), engl. Japanese horse-radish. Der Anbau des Japanischen Meerrettichs ist seit über 1.000 Jahren belegt. Er kommt wild auf den japanischen Inseln vor, fehlt allerdings auf Hokkaido. Kultiviert wird er in Japan fast nur auf Honshu, im Allgemeinen nur auf kleinen Flächen und meist entlang oder in den oft terrassierten Wasserläufen der Gebirge.

Rettich, Radi (*Raphanus sativus* var. *niger*), engl. radish, winter radish, black radish, franz. radis rave. Der Rettich, ursprünglich in Vorderasien beheimatet, gehört zu den ältesten Kulturpflanzen überhaupt. Schon die Ägypter stärkten sich damit. In Deutschland ist er seit dem 13. Jahrhundert als Gemüse- und Heilpflanze bekannt. Hauptanbaugebiete sind heute Ostasien, China, Japan und Korea. Der Verbrauch in Europa ist mit etwa 250 g pro Kopf und Jahr vergleichsweise gering, während in Japan 13 kg gegessen werden und in Korea sogar 30 kg! Die Rübe der 2-jährigen Rettichpflanze bildet sich aus dem basalen Teil des Hauptsprosses und einem Teil der Wurzel. Je nach Sorte kann sie rund, zapfen-, spindel- oder walzenförmig, zylindrisch oder oval sein. Die Länge variiert von 10 bis 30 cm, sie kann auch noch länger sein. Die Farbe der Schale reicht von Weiß über Rosa, Rot, Braun, Violett bis Schwarz. Das Fleisch der europäischen Rettiche ist weiß; asiatische Sorten können rosafleischig sein. Neben vielen Nährstoffen enthält Rettich vor allem Senföle, die ihm seine intensive Schärfe geben. Frühjahrsrettich ist milder, schwarzer Herbst- und Winterrettich kann dagegen beißend scharf sein. Durch Bestreuen mit Salz oder durch Erhitzen lässt sich die Schärfe etwas mildern. Rettich schmeckt roh auf einem Butterbrot oder in Salaten aller Art, passt zu Wurstplatten oder – als Radi – zu einem Bier. Gedünstet ist er eine raffinierte Beilage zu Kurzgebratenem.

← **Mittellanger weißer Rettich** wird nicht so leicht holzig wie sehr lange Sorten. Man braucht ihn meist nicht zu schälen, gründliches Waschen genügt. In Spiralen geschnitten und gesalzen ist er zum Bier sehr beliebt.

Schwarzer Rettich oder → Winterrettich, hier 'Runder Schwarzer Winter', eignet sich zum Lagern und übersteht auf dem Feld Temperaturen von bis zu -10 °C. Sehr festfleischig, neigt weniger zum »Pelzigwerden«.

← **Roter Rettich** wird oft seiner Farbe wegen bevorzugt, unterscheidet sich in den Inhaltsstoffen nicht von anderen Sorten. Rettiche sind sehr gesund aufgrund der vielen Mineralstoffe und des Senfölgehalts.

Münchner weißer Treib → **und Setz** eignet sich gut für den Unterglas- oder frühen Freilandanbau. Diese Sorte zeichnet sich vor allem durch die kurze, gedrungene Form und das ausgeprägte Aroma aus. In Bayern sehr beliebt.

← **Chinesischer Rettich** in seiner Ursprungsform: eine etwa 30 cm lange Rübe mit stumpf auslaufendem Ende und einem sich zum Blattansatz verjüngenden Körper. In China überwiegend als Kochgemüse verwendet.

Daikon-Kresse zählt nicht → zur selben Art wie Gartenkresse, sondern wird vielmehr aus den Samen des Daikon-Rettiches (japanischer Hybridrettich) gezogen. Im Geschmack ist sie aber durchaus ähnlich.

CUCURBITACEAE

Von mild bis bitter
Kürbisgewächse

Flaschenkürbisse können eine Länge von bis zu 1 m erreichen, hier in Sizilien.

Dudhi heißen die schlanken, hellgrünen Flaschenkürbisse. Hier eine aus Indien importierte Sorte, die wie Zucchini mit der Schale zubereitet werden kann.

Stark gefurchte Bittergurke. Sie ist die zweite, häufigere Form der Bittergurke. Die Früchte sind relativ kurz (etwa 10 cm lang) und spindelförmig.

Längliche Bittergurke. Die Gelbfärbung ist ein Zeichen fortgeschrittener Reife; gegessen wird sie so kaum mehr, da der bittere Geschmack sich verstärkt.

Chinesischer Rettich, Japanischer oder **Daikon-Rettich** (*Raphanus sativus* var. *longipinnatus*), engl. Chinese -, Japanese -, Oriental radish, mooli, frz. radis japonais. In Ostasien sind diese japanischen Hybridrettiche eine der wichtigsten Gemüsearten überhaupt. Sie können bis zu 1 m lang werden und an die 20 kg wiegen. In der Regel erreichen sie jedoch »nur« ein Gewicht von 2 kg. Im Aroma sind sie milder als bei uns angebaute Sorten.

Daikon-Kresse, engl. Daikon cress, frz. cresson Daikon, wird aus den Samen des Daikon-Rettichs gezogen, schmeckt ähnlich wie Gartenkresse und wird auch so zubereitet; daher der etwas willkürliche Name »Kresse«. Im Angebot ist Daikon-Kresse selten. Zum Rohverzehr, kochen sollte man sie nicht, da der Geschmack dabei verloren geht.

Radieschen, Radies, Monatsrettich (*Raphanus sativus* var. *sativus*), engl. small radish, radish, franz. radis de tous les mois, petit radis. Woher das Radieschen ursprünglich stammt, ist nicht genau erwiesen, denn wilde Formen wurden sowohl in China als auch in Vorderasien gefunden.

Im Altertum wurden Radieschen in japanischen und chinesischen Gärten als Zierpflanzen angebaut, in Europa gibt es die mild-scharfen Knöllchen jedoch erst seit etwa 400 Jahren. Heute werden Radieschen weltweit angebaut, und zwar sowohl unter Glas als auch im Freiland. Wegen ihrer geringen Ansprüche an Klima und Boden können Radieschen rund ums Jahr kultiviert und geerntet werden; Hauptlieferant für Deutschland sind die Niederländer. Man könnte, wie es die internationalen Bezeichnungen nahe legen, das Radieschen für eine Zwergform des Rettichs halten. Tatsächlich handelt es sich dabei jedoch um verschiedene Varietäten derselben Art. Die Radieschenknolle entwickelt sich aus dem Hypokotyl, der Zone zwischen Wurzel und Keimblatt. Sie ist in aller Regel rund, kann jedoch auch langoval, zylindrisch oder rübenähnlich geformt sein.

Neben den bekannten roten Radieschen gibt es weiße oder rosafarbene, violette sowie weißrote Sorten. Das Fleisch ist stets weiß. Für den Geschmack zeichnen auch beim Radieschen Senf-Öle verantwortlich, wobei Freilandsorten davon reichlicher aufweisen als Treibhausware. Ideal sind Radieschen im Salat oder als Brotbelag, ebenso zum Garnieren von kalten Platten. Sie schmecken aber auch gedünstet und in einer hellen Soße serviert.

Topfrisch *kommt auf den Märkten Asiens Gemüse zum Verkauf – hier an einem Stand auf dem Markt in Singapur. Erhältlich sind etwa tropische Vertreter der Kürbisgewächse in allen denkbaren Formen und Farben, die auch in Asiens Küchen als Fruchtgemüse sehr geschätzt sind.*

Die Bittergurke wird an Rankgerüsten oder Stellagen gezogen.

Cucurbitaceae (Kürbisgewächse). Der großen Familie gehören rund 100 Gattungen mit etwa 850 Arten an. Die meist rankenden Kräuter und Halbsträucher sind überwiegend in den Tropen, Subtropen sowie in den gemäßigt warmen Breiten beheimatet. In Europa kommen wild wachsend von den Kürbisgewächsen lediglich die Zaunrübe *(Bryonia)* und die Spritzgurke *(Ecballium)* vor. Der große Formenreichtum kommt erst bei den tropischen und subtropischen Gattungen und Arten zum Ausdruck. Die Früchte der bei uns als Gemüse oder Obst bekannten Arten stammen zumeist aus den Gattungen Cucumis, Cucurbita und Citrullus. In den Tropen werden außerdem Früchte der Gattungen Lagenaria, Luffa, Momordica, Sechium und Trichosanthes kultiviert.

Bittergurke, Balsambirne, Karella *(Momordica charantia)*, engl. bitter gourd, bitter cucumber, bitter melon, balsam pear, karela, frz. margose. Der hohe Gehalt an Bitterstoffen gab dem Gemüse seinen Namen. Bei uns nahezu unbekannt, ist die Bittergurke in Indien, Indonesien, Sri Lanka, Malaysia, China, auf den Philippinen und in der Karibik ein wichtiges Gemüse. Auf den europäischen Markt gelangen nur geringe Mengen, zumeist Importe aus Thailand, Indien oder Kenia. In den Niederlanden baut man sie seit einiger Zeit unter Glas an. Die Früchte der Bittergurke variieren stark in Größe, Form, Farbe und Beschaffenheit der Fruchtoberfläche. Lässt man die Früchte an der Pflanze ausreifen, platzen sie bei Vollreife auf. Ideal sind sie ausgehöhlt und gefüllt, in Curries oder sauer eingelegt. Sie schmecken aber auch aus dem Wok oder blanchiert in Gemüsesalaten. Zum Rohessen sind Bittergurken ungeeignet.

Flaschenkürbis, Kalebasse *(Lagenaria siceraria)*, engl. bottle gourd, white-flowered gourd, calabash gourd, hairy gourd, frz. courge bouteille, calabassier. Flaschenkürbisse gehören zu den ältesten Kulturpflanzen. Ihre Samen sollen durch Meeresströmungen aus den afrikanischen Tropen nach Südamerika gelangt sein. Archäologische Funde deuten darauf hin, dass diese Kürbisart bereits vor 12.000 Jahren in Peru heimisch war.

Heute wird sie in allen tropischen und subtropischen Gebieten angebaut. Die in Form und Größe ganz unterschiedlichen Flaschenkürbisse können zwischen 10 und 100 cm lang werden und über 1 kg wiegen. Ideal sind sie mit einer Hackfüllung geschmort oder gebacken. Zum Rohessen sind Flaschenkürbisse nicht geeignet.

Bittergurken zum Füllen zunächst waschen, mit einem scharfen Messer längs halbieren. Fruchtfleisch und Samen mit einem Teelöffel herausschaben.

Gemüse-Exoten
Kiwano & Chayoten

Schlangengurken können enorm lang werden – bis zu 2 m – und das bei nur 4 bis 10 cm Durchmesser.

Gerade Schlangengurken. Häufig werden sie während der Wachstumsphase mit Gewichten beschwert, um so eine gerade Form zu erzielen.

Die Kiwano ist eine große, wohlschmeckende afrikanische Wildgurke. Vollreif ist ihre Schale orangegelb und das Fruchtfleisch grün und gallertartig.

Wachskürbis. Gut zu erkennen ist die Wachsschicht, die die ausgewachsenen Früchte überzieht; dadurch besonders haltbar.

Diese Schwammgurke hat nur andeutungsweise vorhandene Rippen. Für den Gemüseanbau wurden bitterstofffreie Sorten gezüchtet. Kann roh und gegart gegessen werden.

Schlangengurke, Schlangenhaargurke (*Trichosanthes cucumerina* var. *anguina*), engl. snake gourd, club gourd, long tomato, frz. courge-serpent, serpent végétal. Mit der heimischen Salatgurke sind die bizarr wachsenden, extrem langen Früchte nur entfernt verwandt. Kultiviert werden Schlangengurken in Südostasien, China, Japan, Westafrika, Lateinamerika, der Karibik sowie im tropischen Australien; auf dem deutschen Markt haben sie so gut wie keine Bedeutung. In Asien, Afrika und in ihrer eigentlichen Heimat Indien schätzt man das leicht süßliche Kürbisgewächs als Kochgemüse.

Tindola, Tindori (*Coccinia grandis*), engl. ivy gourd, small gourd, scarlet gourd. Die etwa 10 cm langen, ovalen Früchte haben nur in den Anbauländern (Indien, Indonesien, Malaysia und Zentralafrika) Bedeutung. Ihr saftiges Fruchtfleisch erinnert an Salatgurke. Reife Tindolas sind rot, gegessen werden sie aber unreif, auch wenn sie etwas bitter sind.

Tinda (*Praecitrullus fistulosus*), engl. round melon, squash melon, round gourd, ind. tinda. Die kleinen Früchte stammen aus Indien. Sie werden nur in Indien und Pakistan als Gemüse, aber auch als Futter- und Heilpflanze angebaut.

Kiwano, Hornmelone, Geleemelone, Afrikanische Horngurke (*Cucumis metuliferus*), engl. horned cucumber, frz. concombre africain, concombre cornu. Kulinarisch gesehen ist die Kiwano ein Zwitter, da sie weder dem Gemüse noch dem Obst eindeutig zuzuordnen ist. Ursprünglich im tropischen Afrika beheimatet, werden Kiwanos seit 1981 vorwiegend in Neuseeland kultiviert und mit steigendem Erfolg exportiert.

Unter der mit zahlreichen fleischigen Stacheln besetzten Schale verbirgt sich anfangs helles, später dunkelgrünes, gallertartiges Fruchtfleisch. Die Samenkerne können mitgegessen werden. Pur genossen kommt der Geschmack, eine Mischung aus Banane und Limette mit leichter Gurkennote, am besten zur Geltung.

Wachskürbis, Chinesischer Squash, Chinesische Wintermelone (*Benincasa hispida*), engl. wax gourd, white gourd, ash gourd, Chinese preserving melon, winter melon, frz. courge cireuse. Der Wachskürbis ist als Nahrungsmittel in den Anbauländern Asiens nicht unwichtig. Auf dem europäischen Markt hat er praktisch jedoch keine Bedeutung; lediglich in den Niederlanden wird er in kleinen Mengen angebaut. Es gibt Wachskürbisse in verschiedenen Formen, von rund bis länglich-oval. Die Farbe variiert von Dunkelgrün bis Gelblich.

Chayote (*Sechium edule*), engl. christophine, chayote, cho-cho, sou-sou, choko, frz. chayotte, christophine. Beheimatet sind die stärkereichen Früchte in den Bergen Mexikos, Mittelamerikas und Brasiliens. Schon die Azteken schätzten das Gemüse und nannten es »chayotl«. Erwerbsmäßig werden Chayoten heute in Mittel- und Südame-

Fuzzy Melon heißen jung geerntete Wachskürbisse; eine Anspielung auf ihren haarigen Flaum.

Grüne Chayoten. Die birnenförmigen, stark gerippten Früchte können zwischen 7 und 20 cm lang werden. Mit festem Fruchtfleisch, leicht süßlich.

Korila. Diese Wildgurke wird in Mexiko »pepino hueco« – hohle Gurke – genannt, wohl wegen ihres geringen Anteils an Fruchtfleisch.

Luffa. In den Anbauländern roh und gekocht als Gemüse beliebt. Typisch sind die deutlich hervortretenden 10 Längsrippen.

rika, Indien, USA und Afrika angebaut; auf den deutschen Markt kommen sie selten. Aus Costa Rica importierte Chayoten (nur grüne) sind gewachst und daher sehr haltbar. Ihr leicht süßliches Fruchtfleisch ist elfenbeinfarben bis dunkelgrün und sondert einen klebrigen Saft ab. In der Zubereitung sind sie wie Kartoffeln, Gurken oder Kohlrabi; Chayoten sind auch zum Rohverzehr geeignet.

Schwammgurke *(Luffa cylindrica)*, engl. smooth loofah, sponge gourd, dish-cloth gourd, vegetable sponge, frz. éponge végétal, courge torchon. Die Schwammgurke ist die bekannteste unter den rund 10 verschiedenen *Luffa*-Arten. Schwammgurken werden nicht nur als Gemüse, sondern auch zur Gewinnung des schwammartigen Gefäßbündelnetzes kultiviert.

Die Züchtung hat Sorten für die Schwammgewinnung und spezielle, bitterfreie Sorten für die Gemüsenutzung hervorgebracht. Als Nahrungsmittel kommen nur junge, unreife Früchte in Frage, die dann wie Gurken roh oder auch gekocht Verwendung finden.

Eng verwandt ist die **Luffa, Gamba** *(Luffa acutangula)*, engl. angled loofah, ridged loofah, ridged gourd, silk gourd, angled gourd, Chinese oker, frz. courge torchon, papangay, lian torchon des Antilles. Aus Nordwestindien stammend, hat sie sich über ganz Südostasien sowie die Karibik verbreitet. Die Früchte der starkwüchsigen Kletterpflanze können bis zu 1 m lang werden, die Längsrippen sollten aber noch weich sein. Bei ausgereiften Früchten verhärten sie sich, vollreif sind die Früchte bitter und ungenießbar.

Korila, Wilde Gurke *(Cyclanthera pedata)*, engl. korila, wild cucumber. Die Korila stammt wohl aus Mexiko. Angebaut wird sie heute dort sowie in Peru und Teilen Südostasiens. Die 5 bis 7 cm langen, dick-spindelförmigen, spitz zulaufenden Beerenfrüchte können sowohl roh als auch gekocht verzehrt werden. In Europa kaum bedeutend.

Chayoten lassen sich leicht vorbereiten: Unter fließendem Wasser abbürsten, mit einem Sparschäler dünn schälen, am besten unter fließendem Wasser, da der austretende Milchsaft leicht klebrig ist. Schalenreste in den Vertiefungen mit einem kleinen scharfen Messer herausschneiden und die Früchte der Länge nach halbieren, dabei den großen Samen umschneiden und entfernen.

CUCURBITACEAE

Erfrischend saftig
Salat- & Einlegegurken

Gurke, Salatgurke, Schlangengurke *(Cucumis sativus)*, engl. cucumber, frz. concombre. Die Gattung *Cucumis* besitzt ihre größte Artenzahl in Afrika, doch liegt die Heimat der Gurke in Nordindien. Nach Nordeuropa gelangte die Gurke im Mittelalter, erste Gewächshauskulturen gab es im 19. Jahrhundert in England. Heute werden Gurken weltweit angebaut, nach Tomaten, Kohl und Zwiebeln nehmen sie den 4. Rang in der Weltproduktion aller Gemüsearten ein. Größtes Erzeugerland ist China. Botanisch handelt es sich bei Gurken um fleischige Beerenfrüchte. Anfangs grün, verfärben sie sich mit zunehmender Reife weiß, gelblich oder gelbbraun und können bis zu 1 1/2 kg wiegen. Die Oberfläche junger Früchte ist mit stacheligen Warzen bedeckt, sie verschwinden aber mit zunehmender Reife. Geeignet sind Gurken für Salate, gut schmecken sie gefüllt und kurz überbacken, als Tomaten-Gurken-Gemüse oder auch als Suppe. Für Gerichte mit langer Garzeit sind sie uneeignet.

Einlegegurke, engl. gherkin, frz. cornichon. Diese Gurken-Varietät, wird fast nur im Freiland kultiviert. Man unterscheidet Typen mit glatter Schale und solche mit warziger bis stacheliger Oberfläche. Haupterntezeit ist Mitte August bis Mitte September, allerdings gelangt nur der kleinste Teil der Einlegegurken in den Handel. Fast die gesamte Ernte wird von der Sauerkonservenindustrie weiterverarbeitet. Diese bezeichnet jung geerntete, bis zu 6 cm lange Gürkchen als Cornichons, 6 bis 12 cm lange als Delikatessgurken. Industriegurken von 15 cm Länge und mehr werden häufig als saure Gurken verkauft. Der typische Geschmack entsteht durch Milchsäuregärung.

Weiße Gurken sind Verwandte der Salatgurke. Wie die gelbe Gurke ist sie wegen ihres dekorativen Aussehens beliebt; auf den Markt kommen beide jedoch relativ selten.

Minigurken wiegen nur 100 bis 250 g und werden bis zu 15 cm lang. Wegen ihres ausgeprägten Aromas haben sie in jüngster Zeit an Bedeutung gewonnen.

Die japanische Kurigurke ähnelt der Freiland-Salatgurke. Die dunkelgrüne, 25 cm lange Gurke mit der warzigen Schale hat jedoch ein fischähnliches Aroma.

Die Salatgurke – hier zu Lande die am weitesten verbreitete Gurkensorte. Damit sie länger knackig bleibt, kommt sie oft in einer Folienhülle in den Handel.

Schmorgurken sind Freilandgurken mit festem, weniger wasserhaltigem Fruchtfleisch und eignen sich deshalb besonders gut zum Kochen und Schmoren.

64

Gurken zum Einmachen, hier auf dem Münchner Viktualienmarkt. Im Spätsommer ist das Angebot an Einlegegurken immens, von klein bis groß ist alles vertreten. Achten sollte man beim Einkaufen auf eine glatte, makellose Schale, da die Früchte sonst faulen und die Konserven verderben.

In puncto Blüte sind Gurken ein Sonderfall. Normalerweise existieren männliche und weibliche Blüten an einer Pflanze. Es gibt jedoch auch vorwiegend weiblich und rein weiblich blühende Sorten. Viele Züchter bevorzugen zunehmend letztere Sorte, weil sie ohne Befruchtung samenlose Früchte bilden.

Einlegegurken

Die großen im Vordergrund bezeichnet man als Industriegurken. Sie werden von der Sauerkonservenindustrie vielfältig verarbeitet, etwa zu Senf- oder Honiggurken. Mittelgroße Einlegegurken (oben) nennt man Delikatessgurken und die kleinsten (rechts) Cornichons. Gurken sind kälteempfindlich, daher nicht im Kühlschrank lagern.

CUCURBITACEAE

Von maxi bis mini
Herbstgemüse Kürbis

'Türkenturban'. Diese durch eine Art Krone unterteilte Sorte ist kein Zier-, sondern ein guter Speisekürbis.

Moschuskürbis, hier eine stark gerippte Sorte mit orangefarbenem, aromatischem Fruchtfleisch. Moschuskürbisse sind sehr wohlschmeckend.

Grünblauer Moschuskürbis, stark gerippt, mit gelbem Fruchtfleisch. Er wird wegen seines feinen Aromas auch Muskatkürbis genannt.

'Ghost Rider' ist eine runde, nur leicht gerippte Speisekürbissorte mit orangegrün gemusterter Schale und hellem Fleisch.

Kürbis ist als Nahrungsmittel auf der ganzen Welt gefragt; in Süd- und Zentralamerika soll es Kürbis schon vor mehr als 10.000 Jahren gegeben haben. Seine Bedeutung erkennt man schon an der Tatsache, dass er der ganzen Familie seinen Namen gegeben hat. Die kultivierten Kürbisse verteilen sich auf 5 botanische Arten: *Cucurbita maxima*, *Cucurbita ficifolia*, *Cucurbita mixta*, *Cucurbita moschata* und *Cucurbita pepo*. Von diesen Arten gibt es teils Hunderte von Sorten, die sich oft nur geringfügig voneinander unterscheiden.

Kürbisse dieser 5 Arten werden heute rund um den Globus in den Tropen, Subtropen sowie in den wärmeren Zonen der gemäßigten Breiten angebaut. In vielen Ländern der Erde zählen Kürbisse zu den wichtigsten Gemüsearten. Kein Wunder, denn Kürbis ist ein kalorienarmes, vitamin- und mineralstoffreiches Nahrungsmittel (9 mg Vitamin C, 22 mg Calcium und 1,96 mg Caroten).

Aus kulinarischer und küchenpraktischer Sicht ist die einfachere Unterscheidung in Winter- und Sommerkürbisse interessanter. **Sommerkürbisse** sind schnell wachsend und werden meist unreif geerntet. Hierzu zählen vorwiegend Vertreter der Gattung C. pepo. Diese auch als Gemüsekürbisse bezeichneten Früchte haben weiche Kerne und eine dünne Schale. Meist werden sie wie Zucchini mitsamt der Schale zubereitet. Ihre Haltbarkeit ist jedoch begrenzt, länger als 3 Wochen sollte man sie nicht aufbewahren.

Winterkürbisse – man bezeichnet sie auch als Speisekürbisse – sind dagegen sehr lange haltbar, da sie erst im ausgereiften Stadium geerntet werden; sie können geradezu riesig werden. Ein Zeichen von Qualität ist der verholzte Stiel; Indiz dafür, dass der Kürbis nicht zu früh geerntet wurde. Ist dies der Fall, verringert sich die Haltbarkeit. In der Küche verwendet man Winterkürbisse meist geschält. Ihr gelbes bis gelboranges Fruchtfleisch ist weicher und faseriger als das der Sommerkürbisse.

Kürbisvielfalt
Die bunten Gemüseriesen trifft man im Herbst vielerorts auf dem Markt.

Grüne Mini-Patissons können wie Zucchini mit der Schale verwendet werden. Eignen sich gut zum Füllen.

Patissons, auch Kaiser- oder Bischoffsmützen genannt, zählen wie der 'Spaghettikürbis' zur Gruppe der Gartenkürbisse.

Gelbe Mini-Patissons sind wie die grünen für die Gemüseküche sehr attraktiv. Sie können – einmal längs halbiert – auch gebraten werden.

Kleine Moschuskürbisse, hier die Sorte 'Jack be little', eignen sich wunderbar als Portionskürbis oder auch als Dekoration.

Riesenkürbis, Speisekürbis *(Cucurbita maxima)*, engl. pumpkin, winter squash, frz. potiron, courge. Dieser in Südamerika beheimatete Kürbis ist besonders für die Tropen geeignet und auch gut haltbar. Er wird unter anderem in China, Japan, Ägypten, Argentinien, Mexiko, Spanien, Rumänien sowie in der Türkei kultiviert. Wichtigste Anbauländer Europas sind Frankreich, Griechenland und Italien. In Deutschland ist die großblättrige, einjährige Pflanze hingegen hauptsächlich in Klein- und Hausgärten vertreten, wo sie oft für die Beschattung von Komposthaufen genutzt wird.

Die botanisch als Beeren zu bezeichnenden Einzelfrüchte der frostempfindlichen, stark rankenden Riesenkürbispflanze sind meist kugel- bis walzenförmig. Der Name veranschaulicht sehr gut die enorme Größe der bis zu 75 kg und mehr wiegenden Riesenkürbisse. Unter ihrer festen, dicken und ungenießbaren Schale steckt ein weiches, saftiges Fruchtfleisch, dessen Farbe von Weiß über Gelb bis zu Orangerot variiert.

Es enthält neben fast 95% Wasser vor allem Kohlenhydrate, Eiweiß, Calcium, Eisen, Vitamin C und verschiedene B-Vitamine. Aus den nährstoffreichen Kürbiskernen wird – vorwiegend in Osteuropa – ein dunkelgrünes, aromatisches Öl gepresst, das vorzüglich für Salate geeignet ist. In Südeuropa sind die Kerne getrocknet, teilweise auch geröstet, eine beliebte Knabberei.

Die zarten Blüten schätzt man gefüllt oder in Teig ausgebacken. Auf den deutschen Markt kommen ab September bis in den späten Winter hinein hauptsächlich die Sorten 'Gelber Zentner', 'Riesen Melonen' und 'Rouge vif d'Etampes'. Kleine Speisekürbisse werden meist im Ganzen, Riesenkürbisse dagegen in Spalten geschnitten und nach Gewicht verkauft. Wichtige Qualitätsmerkmale sind eine glatte, saubere Schale ohne Flecken sowie der noch vorhandene, etwa 10 cm lange Stiel. In der Verwendung ist das Fruchtfleisch äußerst vielseitig.

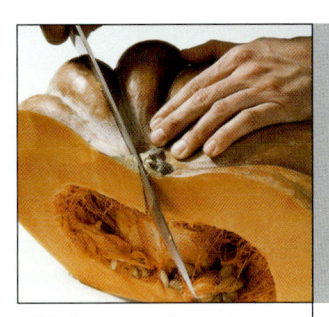

Kürbis vorbereiten

Kürbis zunächst in Spalten teilen. Mit einem scharfkantigen Löffel das faserige Innere mitsamt den darin befindlichen Kernen entfernen. Zuletzt die Schale mit einem scharfen Messer abschälen.

CUCURBITACEAE

Besonderheiten aus der Kürbisfamilie

Herbstlich und farbenfroh! Kürbisse schmecken nicht nur, die attraktiven Gemüseriesen sind auch eine wundervolle Dekoration. Und da sie ohne Qualitätsverlust monatelang haltbar sind, lässt sich beides gut vereinen.

Ideal ist Speisekürbis süßsauer eingemacht, als Chutney oder Kompott. Ebenso als Püree zu Geflügel oder Fleisch. In Aufläufen oder Eintöpfen, als Cremesuppe oder im Ofen gebacken, schmeckt er auch. Ungeeignet zum Rohessen.

Moschuskürbis *(Cucurbita moschata)*, engl. pumpkin, winter squash, frz. courge musquée. Aus archäologischen Zeugnissen ist der Moschuskürbis, von dem keine Wildform bekannt ist, seit 1.000 bis 3.000 v. Chr. aus Neu Mexiko und Peru bekannt. Er ist unempfindlich gegen hohe Temperaturen und daher der am meisten verbreitete Kürbis der Tropen beider Hemisphären. Die Früchte besitzen keine harten Schalen und sind sehr vielfältig in Form und Gestalt. Ihr Fruchtfleisch ist durch seinen reichen Karotingehalt dunkelgelb gefärbt und verströmt einen angenehmen Duft, daher der Name. Seine Haltbarkeit ist ausgezeichnet, man kann ihn Wochen, ja Monate lang aufbewahren. Zu den Moschuskürbissen gehört auch der »Butternusskürbis«, in den USA als »Butternut« wegen seines buttrig-weichen Fleischs sehr geschätzt. Moschuskürbisse unterscheiden sich in der Zubereitung nicht vom Speise- oder Riesenkürbis.

Gartenkürbis, Gemüsekürbis, Sommerkürbis, Schmuckkürbis *(Cucurbita pepo)*, engl. marrow, vegetable marrow, summer squash, frz. courge pépon. Der Gartenkürbis stammt vermutlich von dem in Mexiko und Texas wild vorkommenden **Texaskürbis** *(Cucurbita pepo* ssp. *texana)* ab und ist

← **Speisekürbis** der Sorte 'Big Max'. Wie alle Winterkürbisse ist auch dieser feste, nur leicht gerippte Kürbis sehr lange haltbar. Wichtig ist jedoch, dass die Schale unverletzt ist.

← **Speisekürbis mit warziger Schale.** Von außen recht spektakulär, gibt es im Innern kaum Unterschiede: Sein Fruchtfleisch lässt sich so verwenden, wie das anderer Speisekürbisse.

Gefleckter Moschuskürbis. → Die flachrunde, gelbfleischige Sorte aus Thailand wird dort für viele Zubereitungen verwendet. Sie ist wohlschmeckend und recht aromatisch.

'Gelber Zentner' ist ein → Riesenkürbis, der tatsächlich bis zu 50 kg auf die Waage bringen kann. Sein Fruchtfleisch ist wie das aller Speisekürbisse sehr vielseitig verwendbar.

heute der weltweit am meisten verbreitete aller Kürbisse. Er ist sowohl in den Tropen und Subtropen als auch in den gemäßigten Breiten anzutreffen. Er wird vom 60. Breitengrad in Skandinavien oder der Sowjetunion bis in die 2500 m hoch liegenden Gebirgstäler Asiens angebaut. Wegen seiner Raschwüchsigkeit und der Kältetoleranz wird er in den subtropischen Bergländern und den temperierten Klimazonen dem kälteempfindlicheren Riesenkürbis im Anbau vorgezogen.

Schon 50 Jahre nach Columbus' Entdeckung der Neuen Welt war der Gartenkürbis in ganz Europa bekannt; bereits 1543 wurden in einem berühmten deutschen Kräuterbuch mehrere Sorten erwähnt. Heute existieren weltweit unzählige Varietäten, die als Abkömmlinge des Gartenkürbisses alle an ihren gemeinsamen Merkmalen zu erkennen sind: Das faserige Fruchtfleisch zerfällt beim Kochen nicht, und der tief gerillte Fruchtstiel ist stets kräftig entwickelt. Zu den wichtigsten Vertretern gehören Patisson, Spaghettikürbis, Rondini und Zucchini.

Patisson, Squash, Kaiser-, Bischofsmütze (*Cucurbita pepo* ssp. *pepo* convar. *patissonina*), engl. custard marrow, scallop, squash, frz. patisson. Diese vermutlich aus einer Kreuzung von Gurke und Kürbis entstandene Kürbisart wurde bereits von den Indianern des präkolumbianischen Amerika angebaut und ist noch heute in den USA ein verbreitetes und geschätztes Gemüse. Charakteristisch für die Früchte der einjährigen, rankenden Kriechpflanze ist ihre flache, plattrunde, etwa handtellergroße Form. Die Farbe variiert von Weiß über Elfenbeinfarben und Gelb bis zu Hellgrün. Es gibt nur wenige Sorten, die alle unter dem Namen »Squash« gehandelt werden. Aus Frankreich, Chile, Südafrika und mittelamerikanischen Ländern (wie Guatemala) werden seit kurzem auch Mini-Squashs importiert. Patissons werden gewaschen, aber ungeschält zubereitet. Ideal sind sie mit Zwiebeln und Tomaten geschmort oder ausgehöhlt, mit Hackfleisch gefüllt und überbacken.

Spaghetti-Kürbis (*Cucurbita pepo*), engl. vegetable spaghetti, spaghetti squash, frz. spaghetti végétal, coloquintes. Ihren Namen erhielt diese aus Japan stammende interessante Kürbisart durch die Eigenart des Fruchtfleischs, mit zunehmender Reife spaghettiähnliche Fäden auszubilden. Nach dem Kochen lösen sich die einzelnen Stränge voneinander und werden noch deutlicher sichtbar.

Da die Frucht im Ganzen gekocht wird, variiert die empfohlene Kochzeit zwischen 20 bis 50 Minuten, abhängig von der Größe des jeweiligen Kürbisses. Man kann das Fruchtfleisch wie »echte« Nudeln mit Tomatensauce und Parmesan essen. Ein Vorteil dabei ist der im Vergleich zur Pasta viel niedrigere Kaloriengehalt. Spaghetti-Kürbis ist in geringen Mengen im Handel, meist aus französischen oder israelischen Importen. Saison hat er von August bis Dezember.

Junge Kürbisblätter sind eine hervorragende Vitamin-C- und -ß-Carotin-Quelle. In Asien und Afrika als Kochgemüse geschätzt.

Kleiner »Acorn squash« wird in Amerika gern gefüllt und dann im Ganzen gebacken. Beliebt ist sein Fleisch auch als Püree.

← **Der Spaghetti-Kürbis** verfärbt sich mit fortschreitender Reife gelb und bildet ein sehr langfaseriges Fruchtfleisch aus. Dieses kann wie Spaghetti weiterverwendet werden.

← **Der Eichelkürbis**, hier mit dunkelgrüner Schale, ist auch unter seinem englischen Namen **»Acorn squash«** bekannt. Er ist von rund-ovaler und leicht gerippter Form.

'Butterball' – ein Riesenkürbis. Hier täuscht der Name, denn diese japanische Hybridsorte bringt es »nur« auf einen Durchmesser von etwa 15 cm. Verfärbt sich reif orange. →

'Butternut' oder **'Butternusskürbis'** zählt zur Art der Moschuskürbisse. Aufgrund seines feinen Aromas sowie des buttrig-weichen Fruchtfleisches ist der birnenförmige Kürbis sehr geschätzt. →

CUCURBITACEAE

Die Vielseitigen
Zucchini

Die dunkelgrünen Zucchinisorten, mehr oder minder silbergrau gesprenkelt, hier die Sorte 'Elite', sind in Deutschland am bekanntesten und weitesten verbreitet.

'Goldrush' – so nannten die Amerikaner diese leuchtend gelbe Zucchinisorte. Sie ist inzwischen auch hier zu Lande gelegentlich anzutreffen. Im Geschmack besteht kein Unterschied zu grünen Sorten.

Hellgrüne Zucchini der Sorte 'Long White Bush'. Doch gleich welche Farbe die Zucchinischale hat, das Fruchtfleisch ist bei allen Sorten weiß bis hellgrün.

→ **Essbare Blüten**
Kürbis- und Zucchiniblüten sind in den Mittelmeerländern eine beliebte Spezialität, etwa gefüllt mit einer Fisch- oder Fleischfarce. Hier zu Lande kommen sie relativ selten auf den Markt, dann sollte man zugreifen. Leichter haben es hier Gärtner, mit ein oder zwei Pflanzen (Zucchini lieben humusreiche Böden) im Garten. Das Ernten der Blüten oder auch junger Früchte schadet der Pflanze übrigens nicht, im Gegenteil, sie wird dadurch zur Bildung neuer Fruchtansätze angeregt.

Zucchini, Gemüsekürbis, Gurkenkürbis, Cocozelle (*Cucurbita pepo* ssp. *pepo* convar. *giromontiina*), engl./frz. courgette. Botanisch gesehen handelt es sich bei der Zucchini um die fleischigen Beerenfrüchte einer rasch wachsenden, nicht kriechenden und sehr frostempfindlichen Pflanze. Der Name ist die Verkleinerungsform des italienischen »Zucca« (Kürbis).

Tatsächlich stammen Zucchini, wie eine Reihe weiterer Kürbisarten, von dem in Südamerika, Mexiko und Westindien heimischen Riesenkürbis ab. Angebaut werden Zucchini heute in den Mittelmeerländern Italien, Frankreich, Spanien, Israel, aber auch in den Niederlanden, Großbritannien sowie in den USA. In Deutschland noch Mitte der 70er Jahre nahezu unbekannt, gehören sie heute zum selbstverständlichen Warenangebot. Zucchini haben als Gemüse sowohl in Kleingärten als auch im Erwerbsanbau Bedeutung erlangt. Die Anbaufläche ist im Zunehmen begriffen. Kultiviert werden Zucchini überwiegend im Freiland; der Unterglasanbau ist relativ gering.

Die Schale der bis zu 40 cm langen und bis zu 2 kg schweren Zucchini ist in der Regel hell- bis dunkelgrün und hellgrau gesprenkelt oder gelb gestreift, weshalb sie ihrer botanischen Verwandten, der Gurke, im Aussehen ähnelt. Es gibt zahlreiche Sorten, darunter auch weiße, cremefarbige und gelbe Zucchini, die zumeist aus Italien, Frankreich und der Türkei importiert werden. Eine besondere Varietät ist die runde Zucchini; »Minizucchini« sind nur sehr jung geerntet, keine spezielle Sorte. Bei uns nur im Sommer und sehr selten zu haben sind Zucchini mit ihrer Blüte; die Blüten sind gefüllt oder ausgebacken eine besondere Delikatesse. Allen Sorten und Typen gemeinsam ist das weiße bis hellgrüne Fruchtfleisch, welches an das der Gurke erinnert, jedoch wegen seines geringeren Wassergehalts wesentlich fester ausfällt. Im Geschmack ist es roh genossen leicht nussartig, ansonsten wenig ausgeprägt. Die zahlreichen weichen, hellen Kerne werden mitverzehrt.

Die wichtigsten Inhaltsstoffe der Zucchini sind neben Kohlenhydraten und Eiweiß vor allem die Mineralstoffe Calcium, Phosphor und Eisen sowie Provitamin A und Vitamin C (etwa 16 mg). Verkauft werden Zucchini in der Regel halb ausgewachsen mit einer Länge zwischen 15 und 20 cm; es gilt der Grundsatz: Je kleiner und frischer die Früchte, desto zarter.

Zucchini sind ganzjährig im Angebot. Beim Einkauf sollte man auf gerade, feste Früchte mit makelloser Schale achten. Weiche Stellen oder dunkle Verfärbungen sind ein Zeichen von falscher oder zu langer Lagerung. Im Gemüsefach des Kühlschranks (jedoch nicht unter 10 °C) halten sie sich

Hellgrüne Zucchinisorte aus der Türkei, sehr schmackhaft. Dieser Typ wird im Mittelmeerraum sowie im Nahen Osten bevorzugt.

Runde grüne Zucchini unterscheiden sich im Geschmack nicht von den länglichen Sorten, sind jedoch aufgrund ihrer Form hervorragend zum Füllen geeignet.

Rondini sind den Zucchini im Aussehen sehr ähnlich, gehören aber nicht derselben Varietät an. Im Gegensatz zu den Zucchini eignen sich Rondini nicht zum Rohverzehr.

gut bis zu drei Wochen frisch. Da Zucchini empfindlich auf von Obst und Tomaten abgegebenes Ethylen reagieren, lagert man sie am besten separat. Hervorragend schmecken Zucchini etwa geschmort, gedünstet oder gebraten. Sehr gut sind sie auch in Mischgemüsen, klassisch als Ratatouille. Größere Exemplare bieten sich geradezu zum Füllen an, etwa mit Hackfleisch, Gemüse oder Reis und mit Käse überbacken. Auch als Zutat für Gratins oder Tians eignen sich Zucchini ausgezeichnet. Da man sie auch roh essen kann, lassen sie sich – jedoch nur junge Früchte – gut für Salate verwenden, etwa mit Käse und Nüssen.

Rondini *(Cucurbita pepo)*, engl./frz./ital. rondini. Die Rondini stammt vermutlich aus den Subtropen Asiens und Afrikas; in Europa ist sie ein relativ neues Gemüse mit noch wenig Marktbedeutung. Die Rondini sind zwar mit den Zucchini botanisch nah verwandt (gleiche Art), jedoch von runden Zucchinisorten, die äußerlich der Rondini sehr ähneln, zu unterscheiden: Rondini-Pflanzen klettern, Zucchini-Pflanzen dagegen sind buschförmig. Rondini färben sich bei fortschreitender Reife orangerot, während Zucchini grün bis gelblich bleiben. Geerntet werden Rondini nur im unreifen, grünen Zustand. Im Gegensatz zu Zucchini eignen sich die harten Rondini nicht zum Rohgenuss, auch werden die Kerne meist entfernt.

Weibliche Zucchiniblüten sind um einiges größer als die männlichen Blüten. Daher eignen sie sich besser zum Füllen. Die männlichen Blüten werden dagegen meist in Teig getaucht und ausgebacken.

CYPERACEAE

Bodenschätze
Wasserkastanie & Yam

Maniokwurzeln werden bis zu 1 m lang. Ihr nährstoffreiches Fleisch ist stets weiß und von einer braunen Korkschale umhüllt.

Chinesische Wasserkastanien ähneln im Geschmack den »echten« Kastanien, haben aber botanisch mit diesen nichts gemein. Vielmehr zählt die Wasserkastanie zu den Riedgrasgewächsen und wird in stehenden Gewässern kultiviert. In Ostasien sind die süßlichen Knollen sehr beliebt.

Der Erdmandel gab ihr nussartiger Geschmack den Namen. Die eichelgroßen, kastanien- bis schwarzbraunen Sprossknollen sind von einer runzeligen Haut überzogen. In vielen Ländern als Unkraut gefürchtet, wird sie in Spanien und Nordafrika geschätzt.

Wasserkastanien *vorbereiten: Gewaschene Wasserkastanien schälen, gelbliche, schlaffe Knollen aussortieren. Bei den übrigen den zähen Stielansatz entfernen.*

Cyperaceae (Riedgrasgewächse). Die Familie umfasst vorwiegend Nutzpflanzen wie die bei uns wild vorkommenden Binsen, Seggen, Wollgräser oder die Zimmerpflanze Zypergras. Als Gemüse werden die Sprossknollen der Erdmandel und der Chinesischen Wasserkastanie genutzt.

Erdmandel, Chufa, Chufanuss *(Cyperus esculentus)*, engl. chufa, tiger nut, earth almond, frz. amande de terre, souchet comestible. Die Araber brachten das Zypergrasgewächs aus Afrika nach Südeuropa. Die ausdauernde Staude, die wie die Kartoffel unterirdische Ausläufer treibt, wird in warmen Ländern oft wegen der kriechenden, sich rasch ausdehnenden Wurzeln als Unkraut gefürchtet. Nur in Nordafrika und Spanien schätzt man den hohen Nährwert und den nussartigen Geschmack der Erdmandel, dort in geringem Maß kultiviert.

Chinesische Wasserkastanie (*Eleocharis dulcis*), engl. Chinese water chestnut, waternut, frz. liseron d'eau. Die Heimat der Sumpfpflanze liegt in Westafrika, Madagaskar, Indien, auf den Pazifischen Inseln sowie in Ostasien. Vor allem in China hat sie große Bedeutung für die Küche. Die an den Wurzeln sitzenden Knollen werden wegen ihres süßlichen, festen, weißen Fruchtfleischs geschätzt.

Dioscoreaceae. Diese Familie wurde nach ihrer wichtigsten Gattung *Dioscorea* (Yam) benannt, die mit rund 600 Arten in den Tropen verbreitet ist.

Yam, Yamswurzel, Brotwurzel (*Dioscorea ssp.*), engl. yam, frz. igname. Die Ursprungsgebiete liegen in Afrika, Asien und Amerika. 95% der Weltanbaufläche befinden sich in Afrika, wo Yam aufgrund des hohen Stärkegehalts ein wichtiges Nahrungsmittel ist. Die Kultur ist arbeitsaufwändig und teuer, weshalb Yam mehr und mehr durch Maniok und Süßkartoffel verdrängt wird. Die meisten der rund 150 Yam-Arten sind rechts- oder linkswindende Kletterpflanzen, deren Knollen in Form, Farbe und Größe (2 bis 5 kg) stark differieren. Zu den wichtigsten und wohlschmeckendsten Arten gehören **Wasser-Yam** (*D. alata*) mit einem Gewicht von bis zu 60 kg pro Knolle, der **Japanische Yam** (*D. japonica*) sowie **Asiatischer Yam** (*D. esculenta*) und **Cush-Cush-Yam** (*D. trifida*).

Euphorbiaceae (Wolfsmilchgewächse). Zu dieser Familie zählen Ziergewächse wie der Weihnachtsstern. Wichtigste Knollenpflanze ist jedoch **Maniok, Kassave, Kassavawurzel** (*Manihot esculenta*), engl. cassava, manihot, frz. manioc. Wegen der problemlosen Kultur steigt die Weltproduktion stetig an; größter Produzent ist Thailand, gefolgt von Brasilien und afrikanischen Ländern. Die Wurzelknollen des mehrjährigen Strauchs sind in den Tropen nach Zuckerrohr, Reis und Mais der viertwichtigste Energielieferant; weltweit steht Maniok als Nahrungsmittel an 6. Stelle. Hauptgrund ist die enthaltene Stärke, aber auch der Gehalt an Vitamin C, Eiweiß und Mineralstoffen. Roh sind die Knollen ungenießbar, da sie Blausäure enthalten. Diese verflüchtigt sich jedoch beim Erhitzen.

Wasser-Yam, auch »Großer Yam« genannt, ist die am weitesten verbreitete Art. Die oft enorm großen Knollen haben meist weißes bis gelbliches Fruchtfleisch.

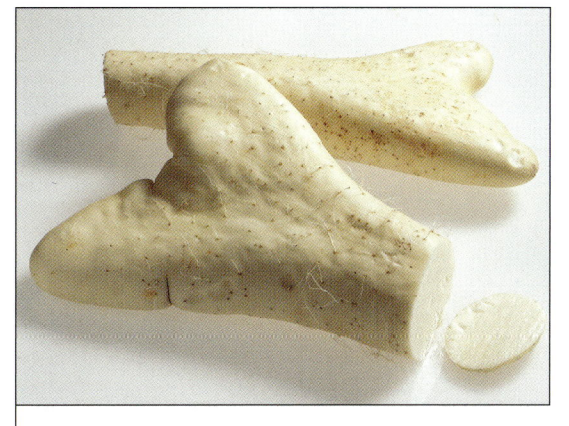

Japanischer Yam, in Japan »Yamatoimo« genannt, unterscheidet sich durch seine Form und weiße Farbe von anderen Arten. Er wird meist gerieben verwendet.

Der Chinesische oder Asiatische Yam besitzt besonders kleine, aromatische Knollen. Sie können wie Kartoffeln gekocht und zubereitet werden.

→ **Wasserkastanien** sind in der chinesischen Küche sehr beliebt, ja geradezu unentbehrlich. Und das, obwohl sie sehr langsam reifen und nur in mühsamer Handarbeit geerntet werden können. In der Gegend von Kanton etwa verwendet man pürierte Wasserkastanien als Füllung für die leckeren »Dim Sum«, kleine Teigtaschen, die in Wasserdampf gegart und gern unterwegs als Imbiss genossen werden. In der europäischen Küche sind Wasserkastanien noch wenig bekannt. Gut sind sie aber etwa in Schinken gehüllt und gegrillt.

Nährstoffreich
Mais & Knollenziest

Beim Zuckermais kann man die Körner vor oder nach dem Garen mit einem Messer abschaben.

Frischen Zuckermais erkennt man an den runden, glatten Körnern. Er verliert rasch an Geschmack, da der Zucker schnell in Stärke umgewandelt wird.

Minimais nennt man die unreif geernteten und etwa 10 cm langen Kölbchen des Zuckermais. In Asien als Gemüse beliebt, bei uns vor allem als Sauerkonserve.

Schwarzer oder Blauer Mais, hier eine Sorte aus Peru. Die Körner der attraktiven Sorten werden frisch verzehrt, aber auch vermahlen verwendet.

Knollenziest nennt man die etwa fingerlangen, weißgelben, saftig-zarten Rhizome. Sie können wie Teltower Rübchen oder Spargel gegart werden.

Labiatae (Lippenblütler). Diese Familie umfasst etwa 200 Gattungen mit rund 3000 Arten. Die meisten zählen zu den Kräutern oder Halbsträuchern, viele werden als Zierpflanze, etliche als Gewürz-, Tee- und Heilpflanze angebaut. Drittgrößte Gattung ist Stachys mit etwa 300 Arten.

Ziestknollen, Knollenziest, Japanische Kartoffel, Japanziest, Chinesische Artischocke *(Stachys affinis)*, engl. chinese artichoke, frz. crosnes du Japon. In Japan und China wird Knollenziest mit seinem an Schwarzwurzeln und Artischocken erinnernden Geschmack viel angebaut; nennenswerte europäische Kulturen gibt es nur in Frankreich. Hier zu Lande kommt er nur selten auf den Markt. Da sich die Rhizome zwischen, nicht an den Knoten selbst verdicken, schwellen die mittleren Glieder stärker an als Basis und Spitze. So entsteht durch ringsum verlaufende Einschnürungen die typische, an Raupen erinnernde Form.

Gramineae (Gräser). Die Familie der Gräser ist mit 600 Gattungen und rund 10.000 Arten eine der umfangreichsten überhaupt; zu ihr zählen so wichtige Nahrungsquellen wie alle Getreidearten, Reis, Hirse, Mais und Zuckerrohr.

Zuckermais, Gemüsemais, Süßmais, Zuckerkorn, Goldmais *(Zea mays* convar. *saccharata)*, engl. sweet corn, frz. maïs sucré. Im Gegensatz zu dem seit Jahrtausenden als Futterpflanze bekannten und aus Mexiko stammenden Mais gibt es den als Gemüse genutzten Zuckermais erst seit Mitte des vorigen Jahrhunderts. Vom Futtermais unterscheiden ihn die frühere Reife, die kleineren Kolben

Minimais-Ernte, hier auf einer Plantage in Thailand. Einige Zuckermais-Sorten eignen sich gut zum Anbau von Minimais. Wichtig für eine gute Entwicklung der Kolben ist eine ausreichende Bodenfeuchtigkeit.

Als Frischgemüse schon lange beliebt, gewinnt Minimais auch bei uns an Bedeutung. Kein Wunder, sind doch die fast weißkörnigen Kölbchen zart und enthalten wie Zuckermais viele Mineralstoffe und Vitamine.

Zuckermais hat an Nährstoffen viel zu bieten: Hauptinhaltsstoffe sind Kohlenhydrate, Eiweiß, Fett, Calcium, Kalium, Eisen, Provitamin A, Vitamine der B-Gruppe und viel Vitamin C. Gut schmeckt Mais im Ganzen gekocht oder gegrillt, die Körner in einem Mischgemüse oder auch in pikanten Salaten.

und die zarten, zuckerreichen Körner, die ihm den Namen gaben. Hauptanbauland sind heute die USA, wo Zuckermais sehr viel angebaut und in großem Umfang exportiert wird. In Europa wird er vor allem in den gemäßigten Klimazonen kultiviert; in Deutschland ist der Anbau zwar gering, aber die Tendenz steigend. Die 1-jährige Maispflanze wächst bis zu 2,5 m hoch. Bekannt sind rund 300 – fast nur amerikanische – Zuckermaissorten; am verbreitetsten sind besonders zuckerreiche Züchtungen wie »Early Extra Sweet«, »Tasty Sweet« und »Florida Stay Sweet«.

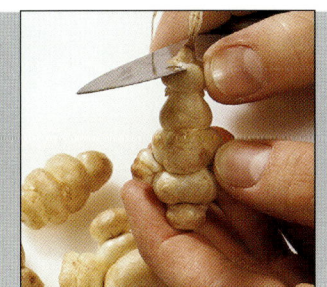

Ziestknollen *vorbereiten:* Die Wurzelkörper unter fließendem Wasser gut abbürsten. Oben und unten das Ende abschneiden und die Rhizome in der Schale blanchieren.

Bambus als Nutzpflanze

Die Bambusgräser *(Bambusoideae)* bilden mit etwa 45 Gattungen und mehr als 200 Arten eine Unterfamilie innerhalb der Familie der Gräser. Die Pflanzen sind ausdauernd, holzig und von strauch- oder baumartigem Wuchs. Einige Arten können bis zu 30 m hoch werden, wohl deshalb bezeichnet man Bambus auch als »Baumgras«. Für die Menschen im tropischen und subtropischen Asien ist Bambus eine bedeutende Nutzpflanze: Er dient als Baustoff für Häuser und Brücken, als Material für Mobiliar, Haushaltsgeräte und Musikinstrumente sowie als Rohstoff für die Papierherstellung. Und nicht zuletzt sind die jungen Schößlinge bestimmter Bambuspflanzen ein in ganz Asien verbreitetes und beliebtes Gemüse. Hier spielen vor allem die Arten der Gattungen *Bambusa*, *Dendrocalamus* und *Phyllostachys* eine Rolle. Die Sprosse wachsen aus den Niederblattachseln von Bambusrhizomen junger Pflanzen. Gestochen werden die bleichen – auch in Asien nicht gerade billigen – Sprosse, wenn sie saftig, zart und süß und noch nicht verholzt sind. Die spitz-kegelig zulaufenden, krautigen Sprösslinge können eine Länge von bis zu 30 cm und einen Durchmesser von bis zu 7 cm erreichen. In Asien wegen ihrer besonderen Zartheit sehr begehrt sind die kleineren »winter bamboo«, die Winter-Bambusschößlinge. Sie kommen jedoch noch seltener auf die europäischen Märkte, als die normal großen, frischen Bambussprosse. Wichtig ist bei allen Bambussprossen, egal welcher Art, dass sie kurz gegart werden, denn Bambussprossen enthalten ein giftiges Blausäureglykosid, das jedoch durch Erhitzen zerstört wird.

Wichtige Nutzpflanze
Bambussprosse

Bambussprosse, Bambusschößlinge, engl. bamboo shoots, frz. pousses de bambou, sind die jungen Sprosse und Triebe immergrüner Gräser, die verschiedenen botanischen Gattungen angehören (etwa *Bambusa vulgaris, Bambusa arundinadea, Phyllostachys pubescens*). Letztere wird hier exemplarisch behandelt. Die entgegen der Vorstellung von einem Gras verholzten Bambusstämme werden seit alters her im tropischen Asien vielseitig verwendet, als Gemüse Verwendung finden jedoch nur die zarten Sprosse. *Phyllostachys pubescens* eignet sich am besten für den plantagenmäßigen Anbau zur späteren Sprossgewinnung. Diese Art stammt aus Südchina und wird heute zudem auf Taiwan und in Japan kultiviert. Der Nährwert der Bambussprosse ist nur gering, beliebt sind sie vor allem des angenehmen Geschmacks wegen, der entfernt an Kohlrabi erinnert. Einzelne Sorten können jedoch auch etwas bitter sein. Bambusschößlinge enthalten von allen Pflanzen den höchsten Anteil an Kieselsäure, weshalb man sie seit langer Zeit in China und Japan auch als Medizin gegen Nervosität und Epilepsie nutzt. Das europäische Klima ist kaum geeignet für den Bambusspross-Anbau; doch hat man in Norditalien mit erfolgreichen Kultur-Versuchen begonnen. Im Val Fontana-buona bei Genua wurden die ersten Schößlinge geerntet. Die frischen Schößlinge sind von bleichen, eiförmig zugespitzten Niederblättern schuppenartig umhüllt. Für die Küche werden die Sprosse vorbereitet – siehe unten – und je nach Rezept zerkleinert oder im Ganzen gekocht; dann benötigen sie etwa 40 Minuten, zerkleinert genügt eine Garzeit zwischen 5 und 10 Minuten. Gut schmecken sie wie Kohlrabi gedünstet, in asiatischen Reisgerichten oder blanchiert in Salaten, etwa mit gebratenem Hühnerfleisch oder Shrimps und Glasnudeln. Zum Rohverzehr sind Bambussprosse ungeeignet. Frisch kommen sie bei uns nur selten auf den Markt. Häufiger dagegen und in großer Auswahl werden die Sprosse als Konserve gehandelt. In Dosen oder Vakuum-Gläsern kommen sie meist zerkleinert auf den Markt. Man verwendet sie direkt aus der Dose und lässt sie lediglich abtropfen.

Winter-Bambusschößlinge sind aufgrund ihrer besonderen Zartheit auf asiatischen Märken sehr beliebt.

Bambussprossenernte. Per Hand wird früh morgens die Grasmulchschicht entfernt.

Die Sprosse werden mit einer Hacke freigelegt und wie Spargel gestochen.

Rund um die Schnittfläche vorhandene Wurzelreste werden sorgfältig entfernt.

Die äußeren Blätter (Niederblätter) werden zuletzt abgezupft oder abgeschnitten.

Mit einem scharfen Messer die Spitze der Bambussprosse gerade abschneiden.

Die Bambussprosse dann einmal der Länge nach mit dem Messer einritzen.

Die Hüllblätter lassen sich jetzt leicht entfernen. Den Sprossansatz abschneiden.

Zwei Chilischoten mitkochen; sie entziehen Bambus eventuell vorhandene Bitterstoffe.

Avocados
»Butter des Waldes«

Avocados wachsen an langen Stielen. Am Baum reifen sie nicht aus, so dass sie stets in hartem Zustand geerntet werden.

Lauraceae (Lorbeergewächse). Zu dieser überwiegend in den Tropen beheimateten Familie gehört neben Kampfer, Lorbeer und Zimt auch der Avocadobaum. Er liefert als einzige Art dieser Familie Früchte.

Avocado, Avocadobirne, Butterfrucht, Alligatorbirne *(Persea americana)*, engl. avocado, frz. avocat. Die Frucht des großen, immergrünen Avocadobaums ist ein Zwitterwesen: Botanisch zählt sie zwar zu den Früchten, doch zubereitet wird sie zumeist wie Gemüse. Ihren Namen erhielt die ursprünglich aus dem tropischen und subtropischen Mittelamerika stammende Avocado von den Azteken, die sie »ahuacatl« (»Butter des Waldes«) nannten. Für sie war die Frucht, die bis zu 30% Fett enthält, eines der wichtigsten Nahrungsmittel. Erstmals schriftlich erwähnt wurde die Avocado um 300 v. Chr.; nach Europa gelangte sie im 16. Jh. durch den spanischen Eroberer Cortés.

Heute sind die Hauptanbaugebiete neben der Urheimat Mexiko die USA, Brasilien, Westindien, Peru, Kenia, Australien, Südafrika, Indonesien und Spanien. Der größte Teil der importierten Avocados kommt von September bis Mai aus Israel, während die »Sommer-Avocados« meist aus afrikanischen Ländern stammen.

Wild wachsende Avocadobäume können bis zu 20 m hoch werden, Plantagenbäume erreichen eine Höhe von 8 m. Bis sie die ersten Früchte tragen, dauert es 4 bis 7 Jahre. Weltweit werden rund 400 Avocadosorten kultiviert, von denen manche nur pflaumengroß (so genannte Mini-Avocados), andere bis zu 2 kg schwer sind. Angebaut und exportiert werden jedoch 150 bis 400 g schwere Früchte. Je nach Sorte sind die Beerenfrüchte etwa 10 bis 12 cm lang und haben in der Regel die Form einer Birne (daher und wegen ihrer Konsistenz auch der Name »Butterbirne«), sie können jedoch auch apfel- oder gurkenförmig sein. Die Schale variiert sortenbedingt farblich von Hell- und Dunkelgrün über Auberginefarben bis zu Schwarz, kann dünn oder dick und glatt oder rauh sein. Das zartgrüne bis gelbliche, cremige Fruchtfleisch umschließt einen großen, ungenießbaren Samenkern. Neben wertvollen, mehrfach ungesättigten Fettsäuren enthalten Avocados reichlich Vitamine der B-Gruppe, Vitamin E sowie Mineralstoffe wie Eisen, Calcium und Kalium.

Da Avocados meist unreif in den Handel kommen, sollte man sie stets 1 bis 3 Tage bei Zimmertemperatur nachreifen lassen oder sie zur Beschleunigung des Reifeprozesses in Zeitungspapier einwickeln und mit einem Apfel oder einer Banane aufbewahren. Erst wenn sie sich weich anfühlen und die Schale (bei Vollreife) auf leichten Druck nachgibt, entfaltet sich das feine Aroma des Fruchtfleischs - vorher schmeckt es nur fade bis bitter. Umgekehrt kann man die Reifung bereits vollreifer Früchte durch die Lagerung im Gemüsefach des Kühlschranks für einige Tage stoppen. Bei Temperaturen unter 6 °C verderben sie allerdings. Ideal sind Avocados zum Frischverzehr; mit Krabbenfleisch, Räucherlachs oder Tunfisch gefüllt; in Scheiben mit Schinken angerichtet; mit Vinaigrette als Salat angemacht. Auch gut: pikant gewürzt und püriert als Brotaufstrich; kurz gegart und mit Sahne püriert als Cremesuppe oder in gemischten Salaten. Ungeeignet sind Avocados für alle Gerichte mit längerer Garzeit.

Avocados vorbereiten: Mit dem Messer ringsum einschneiden.

Beide Hälften mit den Händen gegeneinander drücken, so dass eine Hälfte vom Samen abgelöst wird.

Sitzt der Samen sehr fest, beim Auslösen vorsichtig mit einem kleinen Küchenmesser nachhelfen.

Mit Zitronensaft einpinseln, damit sich die Avocados nicht verfärben.

Mit Hilfe eines Löffels lässt sich das Fruchtfleisch von bereits sehr weichen Fruchthälften gut auslösen.

Schälen, falls gewünscht und die Avocados nicht zu weich sind, kann man sie am besten mit dem Sparschäler.

'Nabal' heißt diese fast runde, kugelige, glattschalige Avocadosorte aus Israel. Von allen Sorten weist diese Sorte den geringsten Fettgehalt auf.

'Fuerte' ist eine häufig kultivierte und sehr beliebte Avocadosorte. Sie ist birnenförmig, besitzt eine glatte grüne Schale und gilt als besonders aromatisch.

'Ettinger', birnenförmig, mit leuchtend grüner Schale und von ausgezeichnetem Geschmack, kommt bei uns von September bis Dezember aus Israel auf den Markt.

'Hass', kleinfrüchtige Sorte. Unter der runzligen, dunklen Schale verbirgt sich ein gelbfleischiges, leicht nussig schmeckendes Fruchtfleisch. Sehr gute Sorte.

'Edranol', birnenförmig, gehört zu den guatemaltekischen Rassen. Angebaut wird sie vornehmlich in Südafrika. Hauptimportzeit ist von Juni bis Oktober.

'Ryan', eine rauschalige Avocado, kommt nur gelegentlich aus Südafrika zu uns auf den Markt – vornehmlich in der Zeit von September bis Dezember.

'Wurtz', eine schlanke, birnenförmige Sorte mit hellgelbem Fruchtfleisch und einem großen, spitz zulaufenden Samen. Kommt im März und April aus Israel.

'Bacon' wird überwiegend in Spanien angebaut und von dort importiert. Eine sehr frühe Avocadosorte, die in Deutschland schon ab Oktober erhältlich ist.

'Reed', eine ertragreiche späte Sorte, die ursprünglich aus Guatemala stammt, inzwischen aber auch in Israel angebaut wird. Gelbfleischig und aromatisch.

Mini-Avocados, auch Cocktail-Avocados genannt, sind klein und gurkenförmig. Sie entstehen ohne Befruchtung und enthalten daher auch keinen Samen.

LEGUMINOSAE

Vielfältig & eiweißreich
Sojabohnen und -produkte

Sojaquark oder Tofu, so die japanische Bezeichnung. Links im Bild der weiche, wasserreiche Seidentofu; ihn verwendet man für cremige Süßspeisen. Daneben der festere, gepresste Tofu in Blockform; er lässt sich gut schneiden und kochen, braten oder in Salaten verwenden. Rechts geräucherter Tofu.

Leguminosae (Fabaceae) (Hülsenfrüchtler). Nach den Korbblütlern und den Orchideen sind die Hülsenfrüchtler oder Leguminosen mit etwa 700 Gattungen und rund 18.000 Arten die drittgrößte Familie unter den Blütenpflanzen.

Sojabohne *(Glycine max)*, engl. soy-bean, soya bean, frz. soya, soja. Ob die Sojabohne seit 800 oder gar seit 2700 v. Chr. in China kultiviert wird, ist unter Experten umstritten. Fest steht jedenfalls, dass sie erst Ende des 18. Jahrhunderts nach Europa und Amerika gelangte. Heute ist die Sojabohne eine der bedeutendsten Weltwirtschaftspflanzen und weltweit die wichtigste Quelle für pflanzliches Protein sowie Öl.

Größter Sojaerzeuger und -exporteur ist Nordamerika, weitere Anbaugebiete von Bedeutung liegen in China, Indien, Indonesien, den Philippinen, Afrika, Zentral- und Südamerika und Russland. Die Sojabohne ist weltweit die bedeutendste Leguminosenfrucht. Die einjährige Sojapflanze ähnelt

Frische Sojabohnen – auf dem europäischen Markt kaum bekannt. In USA und Ostasien werden die unreifen Samen aus den Hülsen gepult und gekocht.

Schwarze Sojabohnen enthalten mehr Protein, aber weniger Fett als gelbe oder weiße Sorten. Im Geschmack besteht jedoch kein Unterschied.

einer Buschbohne und wird 20 bis 100 cm hoch. Die stark behaarten, gelben, grauen oder schwarzen Hülsen enthalten zwei bis fünf runde oder flache Samen von 5 bis 12 mm Durchmesser. Ihre Farbe ist in der Regel cremeweiß, es gibt jedoch auch Sorten mit grünen, roten oder schwarzbraunen Samen. Die Ernte erfolgt vor dem Aufplatzen der Hülsen. Ausgereifte Samen sind praktisch unbeschränkt haltbar, wenn sie an einem kühlen, trockenen Platz aufbewahrt werden. Grünreife Hülsen lassen sich im Kühlschrank einige Tage frisch halten. Neben den vielen Würzsaucen und -pasten aus fermentierten Sojabohnen hat vor allem Tofu eine große Bedeutung für die Küche. Im Geschmack eher neutral, ist er gerade deshalb ungeheuer vielseitig in der Verwendung.

Ganze, runde, weiße Sojabohnen sind eine geschätzte wertvolle Eiweißquelle. Getrocknet werden sie zubereitet wie andere getrocknete Hülsenfrüchte auch.

Sojasaucen sind für die asiatischen Küchen unverzichtbar. In Farbe und Geschmack können sie sich sehr unterscheiden.

Halbierte helle, länglich-ovale Sojabohnen sollten vor dem Kochen 7 bis 8 Stunden, am besten jedoch über Nacht, in kaltem Wasser eingeweicht werden.

Fermentierte, gesalzene schwarze Sojabohnen sind hier zu Lande als Konserve erhältlich. Vor der Verwendung das Salz sorgfältig abspülen.

→ **Sojabohnen**
sind der Grundstoff für eine ganze Reihe von Lebensmitteln. Zunächst wird ihnen das Öl durch Pressung oder Extraktion entzogen, es enthält wertvolle essenzielle Linolsäuren. Nebenprodukt der Ölraffination ist Lecithin, das als Emulgator von der Lebensmittelindustrie sehr gefragt ist. Übrig bleibt der »Presskuchen«, aus dem in Asien seit Jahrtausenden Sojamilch, Sojakäse wie Tofu und Sojamehl hergestellt werden. In letzter Zeit kamen noch Teigwaren und Bratlinge aus Soja hinzu.

Tempeh. Indonesisches Sojabrot aus fermentierten Bohnen. Leicht gäriger Geschmack, der sich jedoch beim Braten der Scheiben wieder verflüchtigt.

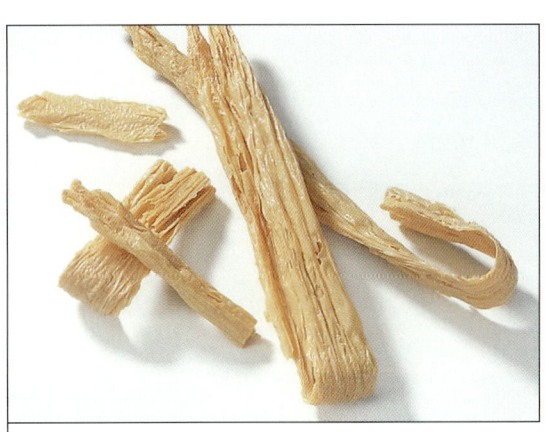

Getrockneter Tofu. Hierbei handelt es sich um die Haut der Sojamilch, die abgeschöpft und dann in Streifen getrocknet wird.

Leguminosen
Frisch oder getrocknet

Man findet Leguminosen in den gemäßigten Breiten, in den feuchten Tropen, aber auch in Trockengebieten, Savannen oder gar in Gebirgen. Alle Leguminosen tragen Hülsenfrüchte, die in der Form sehr vielfältig sein können: rund, flach oder geflügelt, lang oder kurz, dick oder dünn, gerade oder gebogen, papierartig oder ledrig, verholzt oder fleischig. Ihre Länge variiert von stecknadelkopfgroß bis zu einer Länge von mehr als 1 m.

Die Hülsen platzen meist bei der Reife an einem oder an beiden Enden der Länge nach auf und geben die Samen – die eigentlichen Früchte – frei. Die Bedeutung vieler Leguminosen liegt in ihrem hohen Eiweißgehalt, der zwei- bis dreimal so hoch ist wie der von Getreide. Insbesondere in den Entwicklungsländern, in denen tierisches Eiweiß nur bedingt zur Verfügung steht, tragen sie nicht unerheblich zur Eiweißversorgung der Menschen bei. Einige Arten, wie die Erdnuss, die Soja- oder die Goabohne, sind zudem noch reich an Fett.

Stinkbohne *(Parkia speciosa)*, engl. stink-bean, malays. peté. Mindestens 5 Arten dieser Gattung, alles Bäume, werden in Asien und Afrika kultiviert. Die bis zu 20 m hohen Stämme dienen als Schattenspender, die Hülsen als Viehfutter und die Samen werden als Gemüse, teilweise auch als Gewürz genutzt. Die bekannteste Art ist die *Parkia filicoidea*, die in Afrika als »African Locust Bean« bezeichnet und vorwiegend in Nigeria angebaut wird. Die Samen der Stinkbohne werden in Fisch- und Fleischgerichten mitgegart oder geröstet und gut gesalzen; in dieser Form schmecken sie nussähnlich.

Die Stinkbohne wird in Ostasien kultiviert. Ihre Hülsen können bis zu 45 cm lang werden.

→ **Trockenerbsen** sind im Nährwert höher als Frischerbsen. Da die äußere Samenschale hart und unverdaulich ist, sind Trockenerbsen meist geschält im Handel, ganz oder gespalten, unpoliert oder poliert. Vor dem Kochen weicht man alle Sorten über Nacht ein, schüttet dann das Einweichwasser weg und spült sie mit kaltem Wasser ab. Ganze Erbsen etwa 60 Minuten, halbierte Erbsen 45 Minuten garen.

Die Goabohne. Als Kochgemüse verzehrt werden außer den Samen auch die Hülsen, die jungen Blätter, Blüten und Triebe, teilweise auch die Knollen.

Die Zuckererbse kann mit den unreifen Samen im Ganzen gegessen werden, da ihr die ungenießbare Pergamentschicht an der Innenseite der Hülse fehlt.

Spargelerbsen. Die jungen Hülsen erinnern, kurz gedünstet, entfernt an Spargel. Früher dienten die getrockneten, gerösteten Samen als Kaffeeersatz.

Markerbsen sind süß, zart und die bevorzugten Erbsen für den Frischverzehr. Man verwendet jedoch nur die ausgepalten Samenkörner, nicht die zähe Hülse.

Goabohne, Flügelbohne, Flügelhülse, Vierwinklige Bohne *(Psophocarpus tetragonolobus)*, engl. winged bean, four-angled bean, goa bean, frz. haricot dragon, pois ailé, pois carré. Die mehrjährige Staude wird in ganz Asien, West- und Ostafrika sowie in der Karibik seit Jahrhunderten angebaut. Für die Bewohner stellt die Goabohne – Hülsen und Knollen – eine wichtige Eiweißquelle dar. Ihren Zweitnamen verdankt sie den entlang der 6 bis 40 cm langen Hülsen verlaufenden, gewellten Flügeln. Auf dem europäischen Markt selten.

Spargelerbse, Flügelerbse, Kaffee-Erbse *(Tetragonolobus purpureus)*, engl. asparagus pea, winged pea, frz. pois asperge, pois café, lotier rouge, lotier cultivé, lotier tetragone. In Südeuropa beheimatet, wird die Spargelerbse heute fast ausschließlich als Liebhabergemüse in Kleingärten in Westeuropa angebaut. Sehr geringe Mengen werden hier zu Lande von Juni bis Oktober angeboten.

Erbse, Gartenerbse, Pflückerbse *(Pisum sativum* ssp. *sativum)*, engl. pea, frz. pois. Die Erbse ist die älteste Nutzpflanze unter den Leguminosen sowie eines der ältesten Kulturgemüse überhaupt. Die Erbse stammt von der Wildform *Pisum elatius* ab, die im östlichen Mittelmeerraum sowie in Vorder- und Mittelasien beheimatet ist. Angebaut wird sie heute in fast allen Ländern der Erde und ist das viertwichtigste Gemüse. Die größten Anbauflächen liegen in Europa, den USA und Indien. Der Anbau erfolgt fast ausschließlich im Freiland. Nur knapp 5 % der Erbsenernte gelangt auf den Frischmarkt, der große Rest wandert in die Lebensmittelindustrie. Bezüglich des Wachstums unterscheidet man nur zwei Sorten: die niedrig wachsenden Buscherbsen sowie die bis zu 2 m hohen Reisererbsen. Der Handel unterscheidet dagegen in Mark-, Schal- und Zuckererbsen.

Kapuzinererbsen (links) und **Graue Erbsen** (rechts) sind Trockenerbsenspezialitäten. Sie gelten in den Niederlanden und in Ostfriesland als Delikatesse.

Trockenerbsen sind (Schal-)Erbsen, die an der Pflanze ausreifen oder halb reif getrocknet werden. Es gibt weiße, gelbe, grüne, graue und marmorierte Sorten. Die großen gelben, voll ausgereiften Erbsen werden vorwiegend zu Erbsmehl, Erbswurst und zu anderen Suppenerzeugnissen verarbeitet.

Markerbsen *(Pisum sativum* ssp. *sativum* convar. *medullare)*, engl. wrinkled pea, frz. pois ridé, haben große, teils runzlige Samen. Zum Trocknen sind sie nicht geeignet, da Markerbsen beim Kochen nicht weich werden. Eindeutig von Schalerbsen sind sie nur an der Form ihres Stärkekorns zu unterscheiden, wozu aber ein Mikroskop nötig wäre.

Schal-, Palerbsen, Kneifel-, Brockel-, Roller-, Auskernerbsen, Glatte Erbsen *(Pisum sativum* ssp. *sativum* convar. *sativum)*, engl. round pea, frz. pois rond. Zu erkennen an den meist glatten, runden Samen. Die hartschaligen, grünen Hülsen werden geerntet, solange die Samen im Innern noch klein und zart sind oder vollreif als Trockenerbsen. Wegen des hohen Stärkegehalts schmecken Schal- oder Trockenerbsen leicht mehlig und weniger süß.

Zuckererbse, Kefe, Kaiserschote, Kiefelerbse *(Pisum sativum* ssp. *sativum* convar. *axiphium)*, engl. sugar pea, snow pea, sugar-snap pea, frz. pois mangetout. Darunter versteht man unreif geerntete Erbsenhülsen mit Erbsensamen, die einen besonders hohen Zuckergehalt aufweisen.

Von dünn bis dick
Bohnen in allen Formen

Buschbohnen gibt es in vielen Formen und Größen. Sie sind die Basis für die Konserven- und Tiefkühlindustrie.

Blaue Bohnen sind im Grunde violettschalig. Beim Erhitzen verschwindet die Farbe der seltenen Busch- oder Stangenbohnenspezialität sofort.

Keniabohnen nennt man Sorten mit fast stricknadeldünnen, zarten, samenlosen Hülsen, die aus Afrika importiert werden. Begehrt, aber teuer.

Wachs- oder Butterbohnen sind gelbhülsige Busch- oder Stangenbohnen, wobei die Farbintensität variiert.

→ **Bohnen kochen**
Bohnen sollte man grundsätzlich mindestens 10 Minuten garen, denn der in den Hülsen enthaltene giftige Eiweißstoff Phasin wird nur beim Kochen abgebaut.

Stangenbohnen sind einjährige, linkswindende Schlingpflanzen, die eine Rankhilfe brauchen.

Frische Bohnen sind weltweit als Gemüse beliebt und zählen in vielen Ländern zu den Grundnahrungsmitteln. Daher gehören Bohnen zu den wichtigsten Gemüsepflanzen, Anbauschwerpunkte liegen in Europa und Ostasien.

Was die botanische Einordnung anbelangt, so gibt es jedoch oft widersprüchliche Angaben. Das liegt unter anderem daran, dass in tropischen Ländern der Begriff Bohne für mehrere Gattungen wie *Phaseolus*, *Vigna*, *Vicia*, *Cajanus*, *Dolichos* oder *Lablab* verwendet wird; Europäer dagegen unter Bohnen meist nur die Gattung *Phaseolus* verstehen.

Gartenbohne, Grüne Bohne (*Phaseolus vulgaris* ssp. *vulgaris*), engl. french bean, frz. haricot. Man unterscheidet Stangen- und Buschbohnen.

Stangen- oder **Kletterbohne** (*Phaseolus vulgaris* ssp. *vulgaris* var. *vulgaris*), engl. climbing french bean, frz. haricot à rames. Die zahlreichen Typen werden nach Farbe und Form der Hülsen unterschieden. Wichtige Sorten sind etwa die gelbe »Wachsbohne« oder die »Breite Bohne«.

Buschbohne, Fisole (*Phaseolus vulgaris* ssp. *vulgaris* var. *nanus*), engl. dwarf french bean, frz. haricot nain. Sie ist eine Zufallsmutante aus rankenden Kulturformen. Man unterscheidet die Sorten auch hier nach Hülsenfarbe, -länge und -querschnitt; zu den wichtigsten zählen die zarte »Prinzessbohne«, die größere »Delikatessbohne«, die »Brechbohne«, die »Zuckerbohne« und die gelb bis gelbweiße »Wachsbohne«; fast weiße Bohnen werden häufig zu Konserven oder zu Sauerkonserven verarbeitet.

Prunkbohne, Feuerbohne, Türkische Bohne (*Phaseolus coccineus*), engl. (scarlet) runner bean, frz. haricot d'Espagne. Aus den scharlachroten oder weißen Blüten entwickeln sich bis zu 30 cm lange, raue Hülsen. Gegessen werden die jungen Hülsen und, wichtiger noch, die bunt gefleckten Samen.

Limabohne, Mondbohne (*Phaseolus lunatus* var. *lunatus*), engl. Lima -, butter bean, frz. haricot de Lima. Die Samen der im tropischen Amerika beheimateten Limabohne sind groß und weiß bis cremeweiß. Obwohl weiße Sorten meist frei von Bitterstoffen sind, können besonders dunklere Sorten das Blausäureglykosid Linamarin enthalten. Dies erfordert zweimaliges Einweichen und etwa eineinhalbstündiges Kochen.

Dicke Bohne, Puffbohne, Große Bohne (*Vicia faba* ssp. *faba* var. *faba*), engl. broad bean, frz. fève (de Marais). Botanisch gehört die Dicke Bohne zu den Wicken. Gegessen werden nur die großen, grünen, bräunlichen oder auch roten Samen. Immer kochen, da sie giftige Substanzen enthalten können.

Reisbohne (*Vigna umbellata*), engl. rice bean, frz. haricot riz. Die Reisbohne wird in allen Teilen des tropischen Asiens und Afrikas angebaut. Sie ist eine typische Zwischenfrucht im Reisanbau, die durch ihre Schnellwüchsigkeit zwischen einer Ernte und der nächsten Pflanzung heranreift.

Bobby-Bohnen nennt der Handel grüne Bohnen mit rundem Querschnitt und einer größeren Anzahl Samen.

Stangenbohnen mit flachen, breiten Hülsen werden als »Coco-Bohnen« oder »Breite Bohnen« gehandelt. Ihr Vorteil: geringer Aufwand beim Putzen.

Borlotto-Bohnen schätzt man in Italien frisch oder getrocknet. Bei uns sind die rotweiß gesprenkelten Bohnen meist getrocknet erhältlich.

Die Spargelbohne kann bis zu 90 cm lang werden. Die schnürbandartigen, meist grünen Hülsen enthalten 10 bis 30 Samen.

Spargelbohne, Strumpfbandbohne, Langbohne, Spargelfisole (*Vigna unguiculata* ssp. *sesquipedalis*), engl. yardlong bean, asparagus bean, frz. dolique asperge, haricot kilomètre, wurde wegen der Länge ihrer Hülsen so benannt. Die in Südasien beheimatete Bohne schmeckt süßer und kerniger als unsere heimische Gartenbohne, in der Zubereitung besteht jedoch kein Unterschied zu den heimischen Bohnensorten.

Augenbohne, Kuherbse, Kuhbohne (*Vigna unguiculata* ssp. *unguiculata*), engl. black-eyed pea, cowpea, frz. haricot dolique. Die Augenbohne stammt aus West- oder Zentralafrika, wo sie eine bedeutende Nahrungspflanze ist. Wird in den USA in sehr großem Umfang konserviert.

Motten-, Mückenbohne, Mattenbohne (*Vigna aconitifolius*), engl. moth bean, mat bean. Die ausgereiften Hülsen enthalten 4 bis 9 Samen, die nur etwa 5 mm lang und 2 mm breit sind.

Urdbohne (*Vigna mungo*), engl. black gram, urd, mung bean, frz. haricot mungo. Man unterscheidet zwei Sortengruppen: die frühreifen Sorten mit großen, schwarzen Samen und die später reifenden Sorten mit kleineren, olivgrünen Samen.

Adzukibohne (*Vigna angularis*), engl. adzuki bean. Sie wird heute in großem Umfang in Japan und China angebaut. Die 6 bis 12 cm langen und 0,5 cm breiten, zylindrischen Hülsen enthalten 5 bis 12 relativ feine, dunkelrote Samen.

Mungbohne, Mungobohne (*Vigna radiata* var. *radiata*), engl. green gram, golden gram, mung bean, frz. haricot doré, haricot mungo. Von dieser Bohne mit dem wohl größten Verbreitungsgebiet gibt es zwei Sortengruppen, die gelbe oder (bei uns bekannter) grüne Samen hervorbringen.

Linse, Erve, Linsenerve (*Lens culinaris*), engl. lentil, frz. lentille. Die schon seit 8.000 bis 10.000 Jahren in Ägypten und Kleinasien angebaute Linse ist eine der ältesten Kulturpflanzen. Heute baut man Linsen fast auf der ganzen Welt an; sie gedeihen jedoch nicht in den feuchten Tropen.

Die Reisbohne erhielt ihren Namen, weil sie als Zwischenfrucht auf Reisfeldern angebaut wird. Getrocknet werden die 5 bis 8 mm kleinen Samen entweder zu oder an Stelle von Reis verzehrt.

Dicke Bohnen enthalten sehr kohlenhydrat-, eiweiß- und mineralstoffreiche Samen. Botanisch zählen sie zu den Wicken.

← **Die Perlbohne,** auch kleine weiße Bohne genannt, ist mehlig kochend. Beliebte Sorte für Suppen und Eintöpfe. Wird in Frankreich für »Cassoulet«, in den USA für »Baked beans« verwendet.

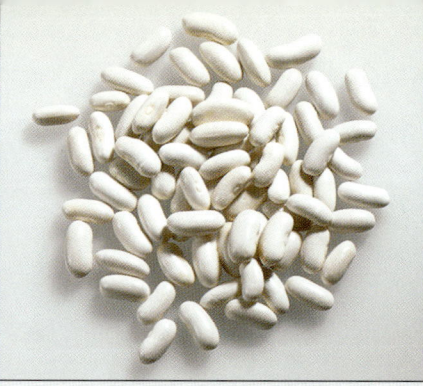

← **Cannellini-Bohnen** sind eine mittelgroße, weich kochende Sorte, die vor allem in Italien und insbesondere in der Toskana sehr beliebt ist, etwa für »Fagioli alla Fiorentina«.

Die Lima- oder Mondbohne → stammt aus Peru. Sie wird beim Kochen schön weich und mehlig, zerfällt aber nicht und ist deshalb gerade für Salate oder mediterrane Vorspeisen gut geeignet.

Wachtelbohne. Die → schwarz gesprenkelten, an Wachteleier erinnernden, mittelgroßen Samen sind mehlig, aber fest kochend. Dekorativ in Suppen und Eintöpfen.

← **Die Schwarze Bohn**e ist innen weiß. Sie ist weich kochend und besitzt ein würzig-süßliches Aroma. In Mittel- und Südamerika ein wichtiges Nahrungsmittel und sehr beliebt.

← **Die Augenbohne** wurde wegen des schwarzen »Auges« so benannt. Sie is mild im Geschmack und nimmt Gewürze und Aromen gut auf. Daher sehr vielseitig verwendbar.

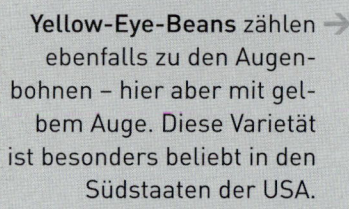

Yellow-Eye-Beans zählen → ebenfalls zu den Augenbohnen – hier aber mit gelbem Auge. Diese Varietät ist besonders beliebt in den Südstaaten der USA.

Motten oder Mückenbohne. → Sie ist in Indien beheimatet und besonders trockenheitsresistent. Im Anbaugebiet sind die kleinen Samen Grundlage vieler Gerichte.

← **Die kleine Borlotto-Bohne** aus Italien ist weich kochend und bittersüß. Man köchelt sie gern in Suppen und Eintöpfen wie der »Minestrone« mit.

← **Große Borlotto-Bohne.** Di bräunlich rote, gesprenke te Sorte aus Italien ist für viele Gerichte unverzichtb Immer Bohnen desselben Jahrgangs verwenden, da sind sie gleichzeitig gar.

Die Flageolet ist aufgrund → ihrer Zartheit vor allem in Frankreich beliebt. Etwa in Kombination zu würzigem Lammfleisch oder auch in feinen Salaten.

Die Braune Bohne passt → wegen ihres herzhaften Geschmacks gut in Suppen und Eintöpfe. Sie sollte jedoch, wie alle anderen Bohnenkerne auch, über Nacht eingeweicht werden.

← **Die Rote Kidneybohne** ist mehlig kochend und leicht süßlich. Sie ist eine der Hauptzutaten des berühmten »Chili con carne«. Angebaut wird sie vorwiegend in Afrika und Amerika.

← **Prunk- oder Feuerbohnen**, in den subtropischen Gebirgslagen Mittelamerikas seit Jahrtausenden kultiviert. Trotz des angenehmen Geschmacks für den Markt wenig Bedeutung.

Dicke Bohnen oder Saubohnen → sind mehlig kochend. Sie passen gut in deftige Eintöpfe oder in Salate. Botanisch zählt die Pflanze zu den Wicken.

Appaloosa-Bohnen sind → rotscharz oder auch braunschwarz gesprenkelt. Sie stammen wohl aus dem Südwesten der USA und werden dort auch kultiviert.

← **Adzukibohnen** werden vor allem als Trockenbohnen genutzt, da sie beim Kochen sehr zart werden. Im Geschmack sind die kleinen roten Bohnen leicht süßlich.

← **Urdbohnen oder Urid Dal** sind hier zu Lande nur getrocknet im Handel. Es gibt sie auch geschält, dann zerfällt sie oft in 2 Hälften. Gemahlen wird sie zu Brot und Gebäck verarbeitet.

Grüne Mungbohnen, → hier ungeschält, und nicht etwa – wie der Name vermuten lässt – Sojabohnen, sind die Keimbasis für die beliebten Sojasprossen.

Grüne ungeschälte Linsen → behalten beim Kochen ihre Form. Sie müssen grundsätzlich über Nacht eingeweicht werden und sollten dann mindestens 40 bis 45 Minuten köcheln.

← **»Geschälte gelbe Linsen«,** unter der Bezeichnung sind geschälte Linsen im Handel. Man braucht sie nicht einzuweichen, nur 20 Minuten zu kochen. Leichter verdaulich als Linsen in der Schale.

← **Braune Berglinsen,** etwa aus Umbrien, sind von einer festen, braun- oder graugrünen Schale umgeben und wegen ihres kräftigen Geschmacks beliebt.

Geschälte rote Linsen sind → vor allem in Indien und in Ägypten oder der Türkei beliebt. Man braucht sie nicht einzuweichen. Sie sind in 15 bis 20 Minuten gar. Achtung, sie zerfallen leicht.

Ungeschälte rote Linsen → sind deutlich kräftiger im Aroma als die geschälten. Im Gegensatz zu diesen sollte man ungeschälte rote Linsen jedoch auch über Nacht einweichen.

Nahrhaft
Kichererbsen

Kichererbsen vorbereiten: getrocknete Kichererbsen 5 bis 8 Stunden einweichen, dann unter fließendem Wasser abspülen.

→ **Kichererbsen** sind in den Küchen rund ums Mittelmeer und vor allem in Indien ein wichtiges Nahrungsmittel. Vor dem Kochen sollte man die getrockneten Kichererbsen ausreichend lange, am besten über Nacht, in kaltem Wasser einweichen. Wer weniger Zeit hat, kann sich jedoch auch mit Kichererbsen aus der Dose behelfen.

Yamsbohne, Knollenbohne *(Pachyrhizus erosus)*, engl. yam bean, potato bean, frz. dolique bulbeux. Ursprungsgebiet ist Mittel- und Südamerika, heute wird sie auch in Asien angebaut. Reife Hülsen und Samen gelten als giftig, junge Hülsen können als Kochgemüse zubereitet werden.

Kudzu-Bohne, Kopou-Bohne *(Pueraria lobata)*, engl. kudzu. Die ostasiatische Pflanze wird wegen ihrer stärkereichen Knollen angebaut.

Kichererbsen, Kaffee-Erbse, Echte Kicher *(Cicer arietinum)*, engl. chick pea, gram, frz. pois chiche. Der »Desi-Typ« mit kleinen, dunklen, stark runzligen Samen kommt aus Indien und der »Kabuli-Typ« mit größeren, rundlichen, beigen Samen aus dem Mittelmeergebiet.

Die Yamsbohne verdankt ihren Namen den bohnenartigen Hülsen und Yam-ähnlichen Knollen. Das leicht süßliche Gemüse kann auch roh verzehrt werden.

Die Kudzu-Bohne wurde wegen ihrer bis zu 30 kg schweren, stärkereichen Knollen und als Faserpflanze angebaut. Heute von der Süßkartoffel verdrängt.

Getrocknete braune Kichererbsen. In Indien bezeichnet man diese kleinere, rundere Varietät als Kala Chana. In der Verwendung wie andere Hülsenfrüchte.

Getrocknete Kichererbsen vom Kabuli-Typ sind bei uns am häufigsten. Wegen des hohen Nährwertes in den Anbauländern ein wichtiges Nahrungsmittel.

Channa Dal. Die halbierten, kleinsamigen, gelben Kichererbsen sind vor allem in Indien sehr beliebt, etwa für Curries. Im Asienladen erhältlich.

Tamarinde | *ist in den südostasiatischen Küchen ein beliebtes Säuerungsmittel, das vielfältig zum Einsatz kommt. Geschält werden die unreifen Schoten etwa als würzende Zutat in Currys, Suppen oder Stews mitgekocht. Aus dem eingeweichten Mark gewinnt man das so genannte Tamarindenwasser.*

Helm-, Faselbohne (*Lablab purpureus* ssp. *purpureus*), engl. hyacinth -, Egyptian bean, frz. dolique d'Égypte. Obwohl aus Afrika stammend, wird sie heute fast nur in Indien und Südostasien angebaut. Die etwa 1,5 cm breiten, flachen Hülsen enthalten bis zu 6 runde oder ovale, gefleckte Samen.

Guar, Guarbohne (*Cyamopsis tetragonoloba*), engl. cluster bean, guar, frz. guar. Hülsen und Samen müssen vor dem Verzehr gut gekocht werden.

Wassermimose (*Neptunia oleracea*), engl. water mimosa. Die Wurzelsprosse werden im tropischen Asien wie Reis in stehenden Gewässern kultiviert.

Tamarinde, Indische Dattel, Sauerdattel (*Tamarindus indica*), engl. tamarind, frz. tamarin. Die graubraunen Hülsen enthalten ein faserdurchzogenes Mark. Getrocknet wird es 5 bis 10 Minuten in Wasser eingeweicht, ausgepresst und durch ein Sieb gedrückt. So entfernt man Samen und Fasern und erhält das saure, duftende Tamarindenwasser.

Turibaum (*Sesbania grandiflora*), engl. cork wood tree, frz. fagotier. Von Südostasien bis Australien verbreitet, seine Samen sind sehr eiweißreich.

Cha-om (*Acacia pennata* var. *insuavis*). In Thailand pflanzt man Ableger oder Stecklinge der Akazienart für den Gemüsebau. Geerntet werden die jungen Triebspitzen, die Wurzeln dienen als Medizin.

Wilde Tamarinde (*Leucaena leucocephala*), engl. wild tamarind. Von dem aus Mittelamerika stammenden Baum werden die jungen Blätter, Blüten, Hülsen und Samen als Kochgemüse geschätzt.

Cha-om. Die jungen Triebspitzen dieses Akazienbaumes bereitet man in Zentralthailand als Gemüse zu. Feinwürziges Aroma und hoher Gehalt an Mineralien.

Die bis zu 10 cm großen Blüten des Turibaums werden – ohne das bittere Herz – gekocht oder gedünstet. Blätter und Hülsen sind ebenfalls sehr geschätzt.

Wassermimosen sind reich an Mineralstoffen und Vitamin C. Sie werden gekocht.

Besonders zarten Lauch gibt es im späten Frühjahr und Sommer. Kräftiger schmeckt er im Herbst und Winter. Dabei differieren die Schaftstärken je nach Sorte und Jahreszeit. Winterlauch kann durchaus einen Durchmesser von bis zu 5 cm erreichen, im Frühjahr kommt er dagegen schon mit Durchmessern ab 1 cm auf den Markt. Kultiviert wird er heute in ganz Europa, Anbauschwerpunkte liegen in Frankreich und Deutschland.

Liliaceae (Liliengewächse). Zu dieser Familie gehören etwa 220 Gattungen mit ungefähr 3.500 Arten, darunter so bekannte Zierpflanzen wie Tulpen, Lilien und Hyazinthen. Nur sehr wenige Gattungen der Liliengewächse können tatsächlich gemüsebaulich genutzt werden; die bedeutendste Gattung mit mehreren, als Gemüse und Gewürz genutzten Arten ist *Allium*. Weitere Gemüse liefernde Gattungen dieser Familie sind etwa *Lilium*, *Muscari* und *Asparagus*.

Lauch, Porree, Küchen-, Winter-, Breit-, Beißlauch (*Allium porrum* var. *porrum*), engl. leek, frz. poireau. Porree hat sich wohl aus dem im östlichen Mittelmeerraum und in Vorderasien vorkommenden Acker- oder Sommerknoblauch entwickelt; er wurde schon im Altertum angebaut. Heute kultiviert man ihn in ganz Europa; vor allem in Deutschland und Frankreich, aber auch in Belgien, den Niederlanden, Italien, Spanien, Ägypten und in der Türkei. Der robuste Porree gedeiht überwiegend im Freiland; nur für frühe Ernten wird er in Gewächshäusern oder Folientunneln angebaut. Man unterscheidet Sommer-, Herbst- und Winterporree. Unterschiede gibt es dabei in der Schaftlänge, dessen Festigkeit sowie in der Geschmacksintensität. Die 2-jährige Porreepflanze entwickelt im ersten Jahr aus der zwiebelähnlichen Verdickung eine Laubblattrosette. Stängelbasis und Blattscheiden bilden dann den bis zu 40 cm langen, weißen bis grünweißen Schaft – das eigentliche Gemüse – mit nach oben hin breiter werdenden, grünen bis dunkelgrünen Blättern. Man bleicht den Schaft in der Regel, indem die Pflanze in bis zu 20 cm tiefe Furchen gesetzt wird, die während des Wachstums nach und nach mit Erde aufgefüllt werden. Qualitätsmerkmale von Lauch oder Porree sind zum einen ein kräftiger, schneeweißer, gerade gewachsener Schaft ohne zwiebelartige Verdickung, zum andern frisches, festes, dunkelgrünes Laub. Gelegentlich kommt stark gebleichter Lauch aus der Schweiz in den Handel, der im Geschmack sehr mild ist.

Winterzwiebel, Winterheckzwiebel, Grober Schnittlauch, Schnittzwiebel, Röhrenlauch (*Allium fistulosum*), engl. welsh onion, spring onion, frz. ciboule, ail fistuleux, oignon d'hiver. Auch die Winterzwiebel ist in ihrer Wildform unbekannt; man vermutet ihre Heimat in Zentral- und Westchina. Dort und in Japan ist sie bis heute als Gewürz- und Gemüsepflanze wichtig.

Lauch oder Porree besitzt – im Unterschied zur Lauchzwiebel – breite, flache Blätter. Anhand diesen kann man auch junge Pflanzen sicher von der Lauchzwiebel unterscheiden. Porree eignet sich als Rohkost, häufiger wird er jedoch gedünstet oder gekocht, etwa in Suppen, Eintöpfen und Aufläufen oder dient als Belag für Quiches.

Porree und Lauchzwiebeln

Lauchzwiebeln haben schmale und, im Gegensatz zum Lauch, röhrenförmige Blätter. Es handelt sich dabei um spezielle Sorten der Speise- oder Winterzwiebel. Lauchzwiebeln bilden jedoch keine richtige Zwiebel mehr aus, bei ihnen schätzt man insbesondere die zarten, aromatischen Blätter, die gebraten oder gegrillt gut schmecken.

Junge Lauchzwiebeln sind schmal und zart. Lauchzwiebeln sind auch als »Frühlingszwiebeln« im Handel; diese Bezeichnung ist jedoch etwas irreführend, da Lauchzwiebeln das ganze Jahr über im Angebot sind. Ihr Laub ist, quer in Stücke oder Röllchen geschnitten, ein hervorragendes Gewürz für Kräuterquark, Saucen und Salate.

Die Winterzwiebel, Winterheckzwiebel oder grober Schnittlauch genannt, ist recht frosthart und kommt gelegentlich als Ersatz für Schnittlauch in den Handel. Bei uns bereits im Mittelalter von der Speisezwiebel verdrängt, hat sie in Japan heute noch Marktbedeutung, wo langschäftige Sorten als »Japanische Zwiebel« gehandelt werden.

Rocambole, auch Schlangenknoblauch oder Italienischer Knoblauch genannt, ist eine kleine und überaus zarte Knoblauchvarietät, von der alle Pflanzenteile verwendet werden können. Die am Stiel entstehenden Brutzwiebeln können nach Belieben wie Perlzwiebeln sauer eingelegt oder auch anders mariniert werden.

Porree vorbereiten: Da zwischen den Blättern oft Sand steckt, schneidet man die Stangen vor dem Waschen der Länge nach bis knapp über das Schaftende ein. Anschließend spült man die Lauchstangen unter fließendem, kaltem Wasser gründlich ab, wobei man die Blätter mit den Fingern auseinander speizt; so entdeckt man Sand und Erde am besten.

→ **Porree und Lauchzwiebeln** verdanken ihren typischen, aromatischen Geschmack verschiedenen ätherischen Ölen (vor allem Allylsenföl) und Aromastoffen. Durch den hohen Gehalt an Kalium, Calcium, Phosphor, Natrium, Eisen sowie an Vitamin C, Provitamin A und Vitaminen der B-Gruppe sind die beiden Vertreter der Gattung Allium überaus gesund. Die schwefeligen Inhaltsstoffe wirken zudem als natürliches Antibiotikum.

LILIACEAE

Scharfwürzig
Knoblauch & Co.

Bei uns wurde sie schon im Mittelalter von der Speisezwiebel verdrängt. Einige der langschäftigen Sorten werden bei uns als Lauch- oder Frühlingszwiebeln angeboten. Der Begriff »Frühlingszwiebel« bezeichnet im Grunde nur eine Zwiebel, die mit Laub gegessen und ganzjährig angeboten wird. Im Gemüsebau unterscheidet man Speisezwiebeln (schärfer, ohne Laub), Gemüsezwiebeln (mild, ohne Laub) und Bund-, Schalotten- oder Lauchzwiebeln (vorzeitig mit grünem Laub geerntete, bestimmte Speisezwiebelsorten); dazu kommen die teilweise ebenfalls als Lauchzwiebeln bezeichneten Sorten der Winterzwiebel. In Aussehen und vor allem im Geschmack erinnert die zartere Winterzwiebel stark an Porree. Sie unterscheidet sich von der Speisezwiebel durch ihre runden Röhrenblätter und geringe Bulbenbildung.

Schnittknoblauch, China-Lauch, Chinesischer Schnittlauch, Nira, Knolau *(Allium tuberosum)*, engl. Chinese chives, Chinese leeks, flowering chives, garlic chives, frz. ciboulette chinoise. Der Öffentlichkeit bei uns erst seit 1985 bekannt, ist der Schnittknoblauch in Südostasien und Indien seit Jahrhunderten eine sehr beliebte Kultur- und Würzpflanze. Die mehrjährige Staude entwickelt im Gegensatz zum Knoblauch keine Knolle, sondern eine kräftige Wurzel. Die bis zu 50 cm hohen, grasähnlichen Blätter haben ein nur mildes Knoblaucharoma und können wie Schnittlauch verwendet werden. Schnittknoblauch ist der kulinarische Kompromiss zwischen Knoblauch und Schnittlauch und somit jenen zu empfehlen, denen der pure Knoblauchgeschmack zu intensiv ist.

Schnittlauch, Schnittling, Gras-, Binsen-, Bris-, Spaltlauch, Schnitt-, Jakobszwiebel *(Allium schoenoprasum)*, engl. chives, frz. ciboulette, civette. Die wohl aus Zentralasien stammende Wildpflanze wird als Küchenkraut heute fast überall auf der Welt kultiviert. Die röhrenförmigen, 15 bis 60 cm langen Blätter verdanken ihren zwiebelähnlichen Geschmack dem hohen Gehalt an Lauch- und Senföl; das sehr reichlich enthaltene Vitamin C macht Schnittlauch zu einem besonders gesunden Gewürz. Geerntet wird von Mai bis Oktober vom Freiland, im Winterhalbjahr kommt Schnittlauch aus dem Treibhaus. Man unterscheidet zwischen fein-, mittelfein- und grobröhrigen Sorten. Erstere werden winters mit dem Wurzelballen in Töpfen gehandelt, letztere kommen im Frühjahr und Sommer meist bundweise auf den Markt.

Rakkyo, Schnittlauch-Knoblauch, mildes Aroma.

Schnittlauch. Seine dünnen Röhrenblätter sind weltweit als würzende Zutat beliebt.

Schnittknoblauch, Nira liegt geschmacklich zwischen Schnitt- und Knoblauch.

Bärlauch, Bärenlauch, Waldlauch, Rams, Wilder Knoblauch *(Allium ursinum)*, engl. bear's garlic, ramsons, frz. ail de ours. Früher in Nord- und Mitteleuropa als Heil-, Gewürz- und Gemüsepflanze kultiviert, ist der Bärlauch heute praktisch in Gesamteuropa bis zum 64. Breitengrad und in Asien heimisch. Seine Blätter ähneln denen des Maiglöckchens, haben aber aufgrund ihres Allicingehaltes ein starkes Knoblaucharoma.

Knoblauch, Knofel, Knufloch, Knobel, Chnöbli *(Allium sativum* var. *sativum)*, engl. garlic, common garlic, frz. ail. Knoblauch, eine der ältesten Kulturpflanzen, stammt vermutlich aus Südwestasien. Schon in der Antike war er eine beliebte Heil- und Gewürzpflanze. Nach Westeuropa gelangte er über den Vorderen Orient.

Knoblauch zählt zu den ältesten Kulturpflanzen und gehört zu den weltweit wichtigsten Gemüsepflanzen. Er gedeiht in trockenem, warmem Klima. Nach der Ernte wird er in vielen Ländern zu attraktiven Zöpfen geflochten, so lässt er sich an einem trockenen, frostfreien Ort einige Monate aufbewahren.

Bärlauch ist mit Knoblauch verwandt und wächst in feuchten Laubwäldern. Frisch verwenden, da er beim Erhitzen viel von seinem Knoblaucharoma verliert.

Getrockneter Knoblauch ist in vielen Teilen der Welt als würzende Zutat beliebt. Gute Qualität erkennt man beim Einkauf an den festen, prallen Zehen.

Frischen Knoblauch erkennt man an den saftig-grünen Stielen. Milder als getrockneter, kommt er zu Saisonbeginn auf den Markt. Etwa 2 Wochen haltbar.

Perlknoblauch, auch Weinberglauch genannt, ist eine besondere Knoblauchart mit silbrig glänzenden, zarten Zwiebelchen und leicht bitterem Geschmack.

LILIACEAE

Scharf und gesund
Zwiebeln & Schalotten

Heute gehört Knoblauch zu den 20 wichtigsten Gemüsearten der Erde. Kultiviert wird er weltweit dort, wo es heiß und trocken ist. Das größte Anbaugebiet liegt im kalifornischen Santa-Clara-Tal um Gilroy – der »Weltstadt des Knoblauchs«, wie sie sich selbst nennt – wo alljährlich ein großes Knofel-Festival stattfindet. Weitere bedeutende Flächen liegen in Spanien, Ägypten, Frankreich, Italien. Die Knoblauchzwiebel bildet sich am Grunde der ausdauernden Pflanze und ist umhüllt von mehreren trockenen, weißen bis rötlichen Schalen. Sie setzt sich zusammen aus bis zu 12 Tochterzwiebeln – auch »Zehen« genannt« –, die ihrerseits von papierartigen Häuten umgeben sind. Den hohen gesundheitlichen und kulinarischen Wert sowie den typischen Geschmack bekommen die Zehen durch das schwefelhaltige ätherische Öl Allicin. Dieses ist auch für die oft lästige Geruchsbildung – die schwefelhaltigen Aromastoffe werden nicht nur durch den Atem, sondern zum Teil auch durch Haut und Schleimhäute ausgeschieden – verantwortlich. Aber Knoblauch hat so viele positive Eigenschaften, dass man dies eventuell in Kauf nehmen kann. Er verbessert unter anderem die Durchblutung, senkt den Cholesterinspiegel, ist ein natürliches Antibiotikum und bringt den Stoffwechsel auf Trab. Weitere Inhaltsstoffe neben Allicin sind Kohlenhydrate, Eiweiß, Fett, Calcium, Phosphor, Eisen, Magnesium, mehrere B-Vitamine und Vitamin C. Gegart ist Knoblauch weniger »folgenreich«; roh genossen, etwa im Salat, reichen jedoch schon kleine Mengen, um die unerwünschten Ausdünstungen hervorzurufen. Es genügt daher oft schon, die Schüssel mit einer halben Knoblauchzehe auszureiben. Abhilfe gegen Knoblauch-Atem schafft das Kauen von Petersilie, Minze oder Gewürznelken, aber auch das Trinken von Milch oder starkem Kaffee.

Speisezwiebel, Küchenzwiebel, Gemüsezwiebel, Zipolle (*Allium cepa* var. *cepa*), engl. onion, frz. oignon. Schon vor mehr als 5000 Jahren zählte die Speisezwiebel in Zentralasien, Pakistan, Nordwest-Indien und im Mittelmeerraum zu den bedeutendsten Gemüse- und Heilpflanzen. Zusammen mit Rettichen und Knoblauch spielten sie eine große Rolle bei der Verpflegung der Sklaven beim Bau der ägyptischen Pyramiden und waren eine verbreitete Opfergabe, wie unter anderem alte Wandgemälde belegen.

Heute wird die Zwiebel, die demzufolge zu den ältesten aller kultivierten Pflanzen gehört, in vielen verschiedenen Formen vorwiegend in den wärmeren Subtropen und der gemäßigten Klimazone aller Erdteile angebaut. Größte Erzeugerländer sind China, Russland, Indien, die USA, die Türkei und Spanien. Die deutsche Produktion ist vergleichsweise gering. Dennoch sind Zwiebeln nach Tomaten das zweitwichtigste Gemüse auch in Deutschland; der hohe Bedarf wird überwiegend durch Importe gedeckt.

Beim Zwiebelstecken sind diese beiden Bäuerinnen in Samoeng, Thailand. Zwiebeln werden hier – neben anderen Gemüsearten – wo es die Boden- und Wasserverhältnisse zulassen, als Zwischenfrucht auf den Reisfeldern angebaut; die Stoppeln sind noch gut zu erkennen.

Braunschalige Speisezwiebeln sind aus der Alltagsküche nicht wegzudenken. Sie können in Form und Größe sowie in der Schärfe erheblich variieren.

Rote Zwiebeln stammen vorwiegend aus Italien. Aufgrund der dekorativen roten bis violetten Schale und des milden Geschmacks vor allem für Salate beliebt.

Weiße Zwiebeln werden in Deutschland kaum angebaut. In Italien und Spanien schätzt man sie wegen des süßlichen Geschmacks und der geringen Schärfe.

Botanisch ist die Zwiebel ein unterirdischer Spross mit scheibenförmig abgeflachter Achse und dicht übereinander liegenden, fleischig verdickten Blättern, den so genannten Zwiebelschuppen. Die im Durchmesser bis etwa 10 cm messenden, runden, platten oder hochovalen Zwiebeln werden von mehreren trockenen Häuten umhüllt. Ihre Farbe variiert von gelb oder braun über rot bis zu weiß. Die eigentlich ausdauernde Pflanze wird bei uns ein- und zweijährig kultiviert. Wie beim Knoblauch ist bei der Speisezwiebel das ätherische Öl Allicin verantwortlich für den mild bis beißend scharfen, die Schleimhäute reizenden Geschmack sowie für die gesundheitlichen Vorzüge als natürliches Antibiotikum. Weitere Inhaltsstoffe sind neben etwa 8% Glukose und Saccharose bis zu 90% Wasser, außerdem Eiweiß, Calcium, Schwefel, Fluor, Provitamin A, die Vitamine B1, B2, B6, Vitamin E sowie Vitamin C.

Die Formenvielfalt der Speisezwiebel ist enorm. Je nach Farbe und Größe gibt es beträchtliche Unterschiede auch im Geschmack. So sind rote Zwiebeln wegen ihrer geringeren Schärfe und des mildsüßlichen Aromas beliebt für Salate und Rohkost. Die großen, 200 g und mehr wiegenden Gemüsezwiebeln sind eine spanische Spezialität: Sie sind mild, süßwürzig und eignen sich gut zum Schmoren, für Salate und zum Füllen. Weiße Zwiebeln gedeihen vorwiegend in wärmerem, trockenem Klima. Diese ebenfalls milden Zwiebeln kommen daher hauptsächlich aus südlichen Gefilden, vor allem aus Italien und Spanien, zu uns.

Luftzwiebel, Etagenzwiebel, Ägyptische Zwiebel, Catawissazwiebel (*Allium* x *proliferum*), engl. tree onion, Egyptian onion, top onion, frz. oignon d'Égypte. Die Luftzwiebel ist eine Kreuzung aus Winter- und Speisezwiebel. Zwar hat sie keine Marktbedeutung, ist jedoch bei Hausgärtnern durchaus beliebt. Ihre Besonderheit liegt darin, dass sie keine Blüten ausbildet und sich daher nicht über Samen vermehren kann. Stattdessen bildet die Pflanze kleine Brutzwiebeln, die schon in luftiger Höhe beginnen, Wurzeln auszutreiben. Diese wachsen dann – wenn man lange genug wartet – zu neuen Pflanzen heran, nachdem sich der Stiel der Ursprungspflanze auf den Boden herabgeneigt hat. Der Hauptvorteil der Luftzwiebel liegt in ihrer Winterhärte. Neben der eigentlichen Zwiebel können auch das frische Laub sowie die kleinen Brutzwiebeln der Luftzwiebel verwendet werden.

→ **Große Heilkraft**

Schon im Altertum kannte man die positive Wirkung von rohen Zwiebeln. Tatsächlich sind die gesundheitsfördernden Eigenschaften der Zwiebel enorm: Sie stärkt das Immunsystem und beugt damit Infektionen – vor allem der Schleimhäute – vor. Zwiebeln senken den Blutdruck und die Blutfettwerte, helfen bei Durchblutungsstörungen und wirken zudem entzündungshemmend.

→ **Verwendung**

Zwiebeln sollten immer erst kurz vor dem Verbrauch geschält und geschnitten werden. Stehen sie zu lange an der Luft, verlieren sie an Geschmack und Wirkstoffen. Eine übermäßige Reizung der Schleimhäute (Tränen von Augen und Nase) kann man verhindern, indem man beim Zwiebelschneiden durch den Mund atmet oder während des Schneidens einen Schluck Wasser im Mund behält.

LILIACEAE

Die kleinen Feinen
Zum Einlegen & Schmoren

Silberzwiebel (*Allium cepa* var. *cepa* und *fistulosum*), engl. pearl -, silverskin onion, frz. petit oignon blanc. Diese besonders kleine Speise- oder Winterzwiebelart wird nur selten frisch auf den Markt gebracht; ihr Anbau erfolgt überwiegend für die Industrie, die diese sehr milden Zwiebeln für Mixed Pickles oder andere Sauerkonserven verwendet. Wer sie aus Israel oder den Niederlanden frisch bekommt, kann sie nicht nur sauer einlegen, Silberzwiebeln lassen sich auch sehr gut schmoren. Ihr mild-würziger Geschmack macht sie zu einer Delikatesse.

Echte Perlzwiebel (*Allium porrum* var. *sectivum*), engl. pearl onion. Obgleich Perlzwiebeln und Silberzwiebeln sich fast zum Verwechseln ähneln, gehören sie botanisch unterschiedlichen Arten an. Echte Perlzwiebeln sind nahe mit dem Porree verwandt, wohingegen so genannte »Unechte Perlzwiebeln« tatsächlich aus Porree gewonnen werden. Auch Perlzwiebeln finden in der Sauerkonserven-Industrie und dort vor allem in Mixed Pickles Verwendung.

Schalotte, Schlotte, Eschlauch, Aschlauch, Kartoffelzwiebel (*Allium cepa* var. *ascalonicum*), engl. shallot, frz. échalotte. Die mildeste und feinste aller Speisezwiebeln hat ihren Namen von der palästinensischen Stadt Askalon. Dennoch gilt als ursprüngliche Heimat der Schalotte das tropische Asien. Weitere Anbaugebiete sind Westafrika, Südamerika, die Karibik und Europa. Vor allem in Frankreich sind Schalotten wegen ihres feinen Geschmacks unverzichtbar in der feinen Küche. In Deutschland spielt der erwerbsmäßige Anbau keine große Rolle, hier ist man auf Importe aus Italien, Frankreich und den Niederlanden angewiesen. Besonders gefragt sind hier zu Lande rosa- bis kupferfarbene, birnenförmige Schalotten.

Wildzwiebel, Schopf-Traubenhyazinthe (*Muscari comosum*), ital. lampagioni. Zur Gattung Muscari gehören 20 Arten, 3 von ihnen kommen wild in Deutschland vor, darunter auch die oben genannte Art. Die Pflanze wird bis zu 60 cm hoch und blüht im Mai/Juni blauviolett mit einem Blütenstand in Form einer Traube. Die oberen Blüten bilden einen Schopf und sind – im Gegensatz zu den unteren Blüten – unfruchtbar.

Während die Wildzwiebel in den Mittelmeerländern gesammelt und als Gemüse gegessen wird, fällt sie in Deutschland unter die per Bundesverordnung besonders geschützten Arten. Sie kommt daher nur sehr selten und zu recht hohen Preisen als Import aus Italien, Spanien oder Portugal auf den deutschen Markt.

Lilienzwiebel (*Lilium* spp.). Mehrere der bei uns nur als Zierpflanze bekannten Lilienarten werden in Südostasien wegen ihrer sehr stärkereichen Zwiebeln als Gemüse angebaut, vor allem in China und Japan. Zu den bekanntesten der so genutzten Lilien zählt die Tigerlilie (*Lilium lancifolium*), deren frische Zwiebel rund 18 % Stärke sowie etwa 2 % Eiweiß aufweist. Werden diese mild-süßlichen Zwiebeln getrocknet, erhöht sich der Stärkegehalt auf mehr als 60 %, was sie zu einem besonders nahrhaften Gemüse macht. Getrocknete Lilienblüten finden als Suppengewürz Verwendung.

→ **Wildzwiebeln** zählen wie die Zwiebel zu den Liliengewächsen, gehören jedoch botanisch einer anderen Gattung an. Bei uns geschützt, kommen sie gelegentlich aus Portugal, Spanien oder Italien auf den Markt. In Apulien sind die wild wachsenden Knollen mit dem typischen, leicht bitteren Geschmack besonders beliebt. »Lampasciuni« werden dort entweder als Salat gereicht, in der Glut geröstet oder auch eingelegt serviert. Beim Einkauf sollte man auf feste, pralle Knollen achten. Vor der Weiterverarbeitung werden sie geschält und in reichlich Wasser mit etwas Essig bissfest gegart.

Wildzwiebeln, etwa von der Schopf-Traubenhyazinthe, sind in Deutschland geschützt. In den Mittelmeerländern, allen voran Italien, sind sie jedoch sehr begehrt.

Lilienwurzeln oder Lilienzwiebeln werden in Südostasien ihres Nährstoffgehalts und des würzigen Geschmacks wegen angebaut.

← Die bis zu 200 g schwere, milde **Gemüse- oder Mauizwiebel** schätzt man in Spanien aufgrund ihres süßwürzigen Geschmacks. Sie ist für Salate, zum Schmoren oder Grillen geeignet.

← Die längliche, schmal geformte **Rote Semianzwiebel** ist eine spezielle, in Italien kultivierte Form der roten Zwiebel. Sie kann eine Länge von bis zu 30 cm erreichen.

Kleine rote Zwiebelchen → sind in Thailand sehr beliebt und werden darum auch als »Thailändische Zwiebeln« bezeichnet. Die Mini-Zwiebeln sind recht mild im Geschmack.

Silberzwiebeln erreichen → einen Durchmesser von 15 bis höchstens 35 mm. Sie eignen sich nicht nur zum Einlegen, sondern schmecken auch geschmort gut zu Kurzgebratenem.

← Kleine plattrunde **Speisezwiebeln** gehören zu den frühen Sorten mit zurückhaltender Schärfe. Sie sind meist ab Mai auf dem Markt und eignen sich zum Rohessen oder Weiterverarbeiten.

← Kleine flache Zwiebelchen, **Cipollini**. Werden vornehmlich in Italien angebaut. Sie eignen sich aufgrund ihrer Größe und der plattrunden Form gut zum Schmoren oder Einlegen in Essig.

Flachrunde, große weiße Zwiebeln werden vorwiegend in Italien angebaut. Sie ähneln in Geschmack und milder Schärfe anderen weißen Zwiebelarten.

Rote Zwiebeln aus Rumänien, auch Wasserzwiebeln → genannt. Sie sind von länglicher Form, unterscheiden sich aber in Geschmack und Aroma nicht von anderen roten Zwiebelsorten.

← **Schalotten** zählen zu den mildesten unter den Speisezwiebeln. Aufgrund ihres feineren Geschmacks sind sie in der gehobenen Gastronomie unverzichtbar.

← **Längliche argentinische Schalotten** mit heller, bräunlicher Schale. Sie besitzen schief-eiförmige Haupt- und Nebenzwiebeln und sind in der Verwendung wie andere Schalotten.

Längliche, braunschalige Schalotten, hier die Sorte 'Bretonne longue' werden in Frankreich in großen Mengen angebaut. Beliebt sind sie auch in Italien und in den Niederlanden.

Graue Schalotten, hier die → Sorte 'Grise de Bagnolet', schätzt man in Frankreich zum Verfeinern von Salaten und Aromatisieren von Weinessigen. Verwendung wie andere Schalotten.

LILIACEAE

Essbare Sprosse
Hopfen & Spargel

Hopfensprossen, Hopfenspargel (*Humulus lupulus*, **Moraceae**), engl. hop sprouts, franz. pousses de houblon. Obgleich Hopfen nicht zu den Liliengewächsen, sondern zu einer anderen Familie gehört, ähneln seine Sprossen jungem Spargel in Aussehen und Geschmack verblüffend und können auch wie dieser zubereitet werden.

Hopfen gedeiht in Europa, in weiten Gebieten Asiens und Nordamerikas. Wild kommt er in feuchten Wäldern, Flusstälern und an Bachrändern vor. Schon im Mittelalter waren Hopfensprossen als Gemüse und Heilmittel geschätzt – und dies noch vor der Karriere des Hopfens als wichtige Zutat zum Bierbrauen. Bis heute spielt der »Hopfenspargel« aufgrund seines feinen Geschmacks in Frankreich, Belgien, England und Oberitalien sowie in einigen Gegenden Russlands als Gemüse eine relativ große Rolle. In Deutschland hingegen war der Verzehr von Hopfensprossen lange weitgehend in Vergessenheit geraten. Erst in jüngster Zeit kommt das Nobelgemüse auch aus heimischem Anbau wieder gelegentlich auf den Markt.

Hopfen ist eine Staude, deren oberirdische Teile im Herbst absterben. Die frostharten Wurzeln überwintern im Boden und treiben im Frühjahr neu aus. Zum Aufbau einer neuen Pflanze werden nur zwischen 2 und 6 Triebe benötigt, die restlichen Triebe müssen zeitig entfernt werden, um eine gute Nährstoffversorgung der Pflanze zu sichern. Diese überzähligen Triebe liefern dann das Gemüse. Im Angebot sind Hopfensprossen von Dezember bis April, Importe kommen vorwiegend aus Belgien. Hopfenspargel aus heimischem Freilandanbau ist nur relativ kurz auf dem Markt, die Saison reicht je nach Witterung von Mitte März bis April. Geerntet werden die Triebe, deren Anblick an Miniatur-Spargel denken lässt, übrigens nach wie vor von Hand, was zu ihrem Preis und der knappen Angebotssituation beiträgt. Verzehren kann man Hopfensprossen roh als Salat, überwiegend genießt man sie jedoch gegart. Sie werden in der Regel gewaschen, in Salzwasser gekocht und dann nach Belieben entweder wie Spargel mit einer Sauce gereicht oder auch in Essig, Öl und Gewürzen mariniert.

Spargel, Gemüsespargel (*Asparagus officinalis*), engl. asparagus, frz. asperge. Ursprünglich vermutlich aus Osteuropa, Vorder- und Mittelasien stammend, ist der Spargel heute in allen Ländern der gemäßigten und warmen Klimazonen als Kulturpflanze verbreitet. Wichtige Anbauländer sind Deutschland, Frankreich, Spanien, die Niederlande, Belgien und Griechenland. Deutsche Anbauschwerpunkte liegen in Nordbaden, der Lüneburger Heide, Rheinland-Pfalz, Südhessen und Bayern, also überall dort, wo ein leichter, warmer Boden ideale Bedingungen für die aufwändige Spargelkultur bietet.

Die so begehrten Spargelstangen sind die mit feinen, schuppenförmigen Schutzblättern bedeckten Sprosse einer Staude, die sich jedes Jahr aufs Neue aus dem ausdauernden Wurzelstock bilden und dem Feingemüse seinen deutschen Namen geben: Er leitet sich nämlich aus dem griechischen »spargan« (= sprossen) ab. Geerntet wird vorzugsweise

Zarte Hopfensprossen müssen bis heute aufwändig von Hand geerntet werden, damit sie nicht zerbrechen. Optimale Qualitäten sind etwa 8 cm lang, mindestens 4 mm stark und haben ein geschlossenes Köpfchen. Ihre Farbe sollte weiß bis gelblich, jedoch nicht grün sein.

Weißer Spargel, Bleichspargel ist aufgrund seines ungemein feinen Geschmacks und seiner Zartheit als Gemüse sehr geschätzt.

Grüner Spargel wird in vielen Ländern kultiviert. Auf den europäischen Markt kommt er vor allem aus Italien, Frankreich, Griechenland und Spanien.

1 | **Spargelernte:** Ein- bis zweimal täglich kontrolliert der Spargelbauer in der Hochsaison seine Felder. Zeigen sich erste feine Risse, ist es soweit.

2 | Sind die Köpfe durchs Erdreich gebrochen, verfärben oder öffnen sie sich rasch. Deshalb werden sie unmittelbar davor gestochen.

3 | Zunächst legt man den Kopf frei, dann gräbt man mit den Händen vorsichtig tiefer, bis die Stangen ausreichend freigelegt sind.

4 | Die erntereifen Stangen werden mit einem Spezialmesser gestochen, vorsichtig herausgeholt und in den bereitgestellten Korb gelegt.

5 | Anschließend wird das Loch geschlossen und das leichte, sandige Erdreich mit Hilfe einer Kelle wieder glatt gestrichen.

6 | Frisch vom Feld kommen die besten Qualitäten auf den Markt. Je gleichmäßiger gewachsen er ist, desto teurer wird der Spargel gehandelt.

frühmorgens und stets per Hand, was die Stangen relativ teuer macht. Traditionell dauert die Ernte in Deutschland von Anfang Mai bis zum 24. Juni.

Nach dem St. Johanni-Tag lässt man die Sprosse »ins Kraut schießen«. Das reich verzweigte Spargelkraut bildet dann Reservestoffe, die im Wurzelstock gespeichert werden und für eine gute Ernte im nächsten Frühsommer sorgen. In Frankreich, Italien und Spanien ist die Spargelsaison länger; sie erstreckt sich dank des wärmeren Klimas von März bis Ende Juni. Im Herbst und Winter wird Spargel aus Südafrika und Süd- und Mittelamerika importiert. Grundsätzlich gilt: Die Farbe des Spargels sagt nichts über die Sorte, doch alles über die Art des Anbaus aus. Weißer oder Bleichspargel wird in aufgeworfenen Erddämmen vor der Sonne geschützt kultiviert. Grüner Spargel wächst auf ebenen Beeten unter voller Lichteinwirkung heran. Spargelstangen mit violetten oder grünen Köpfen kommen aus Hügelbeeten, waren aber kurze Zeit der Sonne ausgesetzt.

Ausnahmen sind spezielle rosa bis purpurfarbene Sorten, wie sie gelegentlich in Frankreich und Kalifornien angebaut werden. Bei uns haben diese Sorten jedoch keine Bedeutung auf dem Markt. Der Handel unterscheidet zwischen Stangenspargel, Brechspargel (mit oder ohne Köpfe) und Kopfabschnitten beziehungsweise Spargelköpfen. Je gleichmäßiger gewachsen die Stangen, desto höher die Qualität und damit auch der Preis. Auch die Dicke des Spargels ist ein Qualitätsindiz: sehr dünne Stangen bringen nicht nur viel Abfall, sondern deuten auch auf zu viel Trockenheit während des Wachstums oder auf erschöpfte Pflanzen hin. Beste Qualität bieten gerade gewachsene Stangen mit festen, geschlossenen Köpfen und hellen, frischen Schnittenden ohne Einschrumpfungen oder Verfärbungen.

Von grün bis violett
Sortenvielfalt weltweit

Violettgrüner Spargel wächst wie grüner Spargel im vollen Sonnenlicht heran. Geerntet wird einmal täglich, wobei die Stangen dicht unter der Erde abgeschnitten oder abgebrochen werden.

→ **Sehr schonend** und zugleich praktisch ist das Garen von Spargel im Dampf. Hierfür legt man die geschälten Stangen einfach nebeneinander in einen ausreichend großen Siebeinsatz, füllt etwas Wasser in den Topf, würzt mit Salz, Zucker und Zitrone und dämpft die Spargelstangen ungefähr 15 Minuten.

Wildspargel aus Sardinien. Die grünen, sehr dünnen Stangen des »Asparago selvatico«, den es auch auf Sizilien gibt, sind angenehm bitter und aromatisch.

Dünner grüner Spargel kommt im Frühjahr in Italien auf den Markt. Er wird gern pur verzehrt, mit etwas Olivenöl und Zitrone, als Frittata oder im Risotto.

Violettgrüner Spargel mit mitteldicken Stangen und kräftigem Aroma. Bei dieser Sorte müssen die Stangen nicht ganz geschält werden.

Violette Spargelsorte aus Deutschland, wie sie auch in Frankreich oder in Kalifornien gezogen wird. Wie alle farbigen Sorten kräftig in Aroma und Geschmack.

Weißvioletter Spargel aus Ligurien/Italien mit einem feinen Geschmack. Wächst teils unter, kurzzeitig aber auch über der Erde, wodurch er sich dunkel verfärbt.

Mini-Grünspargel, teilweise auch als »Wildspargel« bezeichnet, wird in Spezialkulturen in Frankreich angebaut und ist herb-würzig im Geschmack.

Falsch gelagerten, minderwertigen Spargel erkennt man an grauen oder gelben Verfärbungen oder Flecken, am »muffigen« Geruch sowie am fehlenden »Knistern« beim Aneinanderreiben der Stangen. Frischer Spargel kann – in ein feuchtes Tuch eingeschlagen – im Kühlschrank einige Tage aufbewahrt werden. Einfrieren ist möglich, doch werden die Stangen wegen des hohen Wassergehaltes nach dem Auftauen leicht »schlapp«. Seit Jahrhunderten gilt Spargel als gesund, er enthält viel Vitamin C, E und die wichtigen Vitamine der B-Gruppe, Folsäure sowie Zink und wirkt belebend auf den Stoffwechsel. Spargel stärkt das Immunsystem, entwässert und entsäuert den Körper. Am vitaminreichsten ist übrigens der chlorophyllhaltige grüne Spargel. Für Spargel gibt es eine Vielzahl an Zubereitungsmöglichkeiten, viele bevorzugen ihn jedoch möglichst pur; frisch gestochen, geschält und schonend im Dampf gegart.

Frischer Spargel, mit Butter verfeinert oder nach Badischer Art, mit Pfannkuchen und Schinken serviert, ist ein herrlicher und dabei leichter Genuss. Spargel hat nur wenig Kalorien (17 kcal/ 100 g) und ist dennoch reich an Eiweiß, Kohlenhydraten sowie an Mineralstoffen und Vitaminen. Während der Spargelsaison im Frühjahr und Frühsommer heißt es also zugreifen!

Spargel kochen: Zunächst das untere Ende abschneiden, die Stangen von oben nach unten schälen und in kaltes Wasser legen.

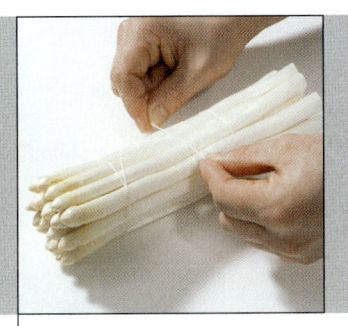

Größere Mengen gart man am besten portionsweise. Dafür die Spargelstangen mit Küchengarn zu Bündeln von je 500 g schnüren.

Das Garn fest verknoten, damit die Stangen beim Kochen nicht auseinander fallen. Sind sie unterschiedlich lang, gleichmäßig abschneiden.

Die Spargelbündel nacheinander in mit Salz, Zucker und etwas Zitrone gewürztem, kochendem Wasser 10 bis 15 Minuten garen.

Spargel stehend garen: Spezielle Spargelkochtöpfe eignen sich hervorragend zum Kochen von Spargel, weil dabei die zarten Köpfe besonders geschont werden.

Hierfür den Spargel nach Belieben bündeln oder einfach in den Siebeinsatz stellen und aufrecht garen.

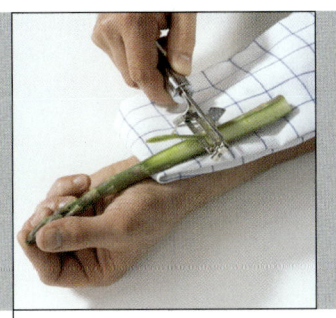

Grünen Spargel schälen: Im Gegensatz zum weißen Spargel muss grüner Spargel nur dann geschält werden, wenn die Schale sehr dick und unansehnlich ist.

In der Regel genügt es, die unteren Enden abzuschneiden und das untere Drittel der Stangen dünn zu schälen.

MALVACEAE – MORINGACEAE

Hier zu Lande selten
Von Okras bis Drumsticks

Die Okraschoten enthalten viele weiße Samen, die man mitessen kann. Verwendung finden Okras roh als Salat, meist jedoch gegart als Gemüsebeilage.

Brotfrüchte sind mit ihrem hohen Nährstoffgehalt ein Grundnahrungsmittel für die Bevölkerung Westindiens. Unreif geerntet finden sie vielseitig Verwendung.

Malvaceae (Malvengewächse). Zu dieser Familie gehören Sträucher und ein- bis mehrjährige Kräuter wie Malve, Eibisch und der Hibiscus, mit dem die heute eigenständige Gattung Abelmoschus botanisch eng verwandt ist.

Okra, Essbarer Eibisch, Gemüse-Eibisch *(Abelmoschus esculentus)*, engl. lady's finger, gumbo, frz. gombo. Die Okra – beheimatet in Äthiopien – ist eines der ältesten Gemüse; es hat sie schon im zweiten Jahrtausend v. Chr. gegeben. Heute ist sie vor allem in Afrika, aber auch in Indien, Thailand, im tropischen Asien, in ganz Amerika, in Vorderasien, im Balkan- und Mittelmeerraum, in Frank-

Drumsticks – Trommelstäbe – werden die 15 bis 120 cm langen, als Gemüse verwendeten Früchte des Pferderettichbaums auf Englisch genannt.

Okraschoten vorbereiten: Am Stielansatz bleistiftartig zuschneiden, ohne die Okraschote dabei zu verletzen.

So zugespitzt bleibt die Okraschote geschlossen. Bei einem geraden Schnitt würde die im Innern enthaltene schleimige Flüssigkeit auslaufen können.

Nach dem Putzen legt man die Okras bis zur Weiterverarbeitung in mit Zitronensaft versetztes Wasser. So wird ein Aufplatzen während des Kochens vermieden.

reich und im Vorderen Orient ein geschätztes Gemüse. Die ein- oder mehrjährige, bis zu 2,5 m hohe Pflanze trägt schotenartige Früchte beziehungsweise schmale, fingerdicke, mehrkantige Samenkapseln. Ihre Schale variiert von gelbgrün bis dunkelgrün und ist von einem feinen Flaum bedeckt. Okras werden unreif geerntet, solange sie noch grün, zart und saftig sind. Ausgewachsen verlieren die Schoten an Farbe, Geschmack und an Vitaminen. Lagern sollte man sie nicht zu kühl, das Gemüsefach des Kühlschranks kann bereits zu kalt sein. Beliebt sind Okras roh als Salat, etwa in Kombination mit Tomaten. Meist aber werden sie gekocht oder gedünstet. Gut sind sie auch in Eintöpfen, Ragouts, Schmorgerichten oder Curries.

Die Jackfrucht | gleichzeitig Obst und Gemüse, beeindruckt vor allem durch ihre Größe. Oft wiegen die im Geschmack fruchtig und milden Früchte 40 Kilogramm und mehr und erreichen eine Länge von bis zu 90 cm. Neben den Kürbissen sind sie die größten Früchte der Welt. Unter der grünen, genoppten Schale sitzen zahlreiche Fruchtsegmente, die in eine geleeartige Haut eingebettet sind.

Moraceae (Maulbeergewächse). Die Familie der Maulbeergewächse umfasst rund 60 Gattungen und mehr als 1500 Arten von Bäumen und Sträuchern, die vorwiegend in den Tropen vorkommen. Nur wenige werden davon als Obst genutzt (Feige, Maulbeere). Brot- und Jackfrucht sind Obst und Gemüse zugleich.

Brotfrucht *(Artocarpus communis)*, engl. breadfruit, frz. fruit à pain. Der aus Polynesien stammende Brotfruchtbaum, der 15 bis 20 m hoch werden kann, ist heute in den gesamten Tropen heimisch. Seine bis zu 2 kg schweren Früchte enthalten neben Wasser, Eiweiß sowie Fett verschiedene B-Vitamine, maximal 50 mg Vitamin C und bis zu 28 % Stärke. Dies macht die Brotfrucht neben der Gemüsebanane zu einem wertvollen, kohlenhydratreichen Grundnahrungsmittel, das in der Küche vielseitig verwendbar ist. Brotfrüchte werden unreif geerntet und dann gekocht oder gebacken. Ihr Fruchtfleisch ist feinfaserig und saftig, der Geschmack mild und zurückhaltend. Geröstet und getrocknet werden Brotfrüchte zu Mehl verarbeitet.

Jackfrucht, Nangka *(Artocarpus heterophyllus)*, engl. nangka, jackfruit, frz. fruit de Jacques. Die Jackfrucht stammt aus Indien und gehört zu den größten Früchten, die in den Tropen Asiens angebaut werden. Reife Früchte werden überwiegend als Obst genutzt, doch dienen sie unreif geerntet auch als Gemüse. Das Fruchtfleisch kommt klein geschnitten und getrocknet, in Suppen oder Pickles auf den Tisch ärmerer Bevölkerungsschichten. Ihre Samen werden gekocht und geröstet.

Moringaceae (Moringagewächse). Diese Familie besteht nur aus einer Gattung, nach der sie auch benannt wurde und deren Baumpflanzen vorwiegend in den asiatischen Tropen wachsen.

Pferderettichbaum, Meerrettichbaum *(Moringa oleifera)*, engl. horse radish tree. Von diesem trockenresistenten Vielzweckbaum können die kresseähnlichen Blätter, die Blüten und die noch nicht ausgereiften Früchte als Gemüse genutzt werden. Die Wurzeln enthalten ein Senföl-Glykosid und werden daher zum Würzen genutzt; das fette Samenöl dient als Speiseöl, Schmiermittel für technische Zwecke sowie zur Seifenherstellung.

Jackfrucht vorbereiten: Die Frucht mit einem Beil oder schweren Messer halbieren und die einzelnen Fruchtfleischsegmente entnehmen.

Von jedem Segment sorgfältig die faserige Umhüllung entfernen, bis das glatte, gelbe Fruchtfleisch zum Vorschein kommt.

Mit dem Messer die Segmente halbieren und die Samen entfernen. Sie werden gekocht und geröstet.

Bananenblüten | gelten in Asien als delikates Gemüse. Aus botanischer Sicht ist die Bezeichnung «Blüte» jedoch nicht ganz exakt. Es handelt sich nämlich nicht um Blüten generell; aus den weiblichen entwickeln sich die Früchte. Am Ende des gebogenen Blütenstängels befindet sich aber auch eine Anzahl männlicher Blüten, eingeschlossen in einen weißgelben, fleischigen Kolben, der von einigen roten oder rotvioletten Schutzblättern umhüllt ist – und dieser wird als Bananenblüte gehandelt. In Europa nur selten in Spezialgeschäften erhältlich.

Bananenblüten sind selten auf dem Markt. Meist werden sie nach dem Entfernen der Hüllblätter und des Stielansatzes in kochendem Salzwasser gegart.

Als **Matok-Bananen** werden diese kleinen grünen Gemüsebananen gehandelt. Sie werden ausschließlich gekocht verwendet, zum Beispiel für Curries.

Gemüsebananen sind in den Anbauländern ein Grundnahrungsmittel. Sie sind auch reif stärkehaltig, da bei den meisten keine Umwandlung in Zucker stattfindet.

Blüten & Wurzeln
Bananen und Lotus

Musaceae (Bananengewächse). Die Familie der Musaceae enthält nur zwei Gattungen. *Musa* und *Ensete*, wobei Letztere keine Arten mit essbaren Früchten hervorbringt. Weltweit gibt es über 1.000 essbare Bananensorten, die in der botanischen Nomenklatur häufig unter der Bezeichnung *Musa* x *paradisiaca* zusammengefasst werden, das heißt, zwischen Obst- und Kochbananen wird hier nicht weiter unterschieden. Anders der Handel, der einen Unterschied zwischen Obstbananen (Große Obstbananen, Rote Bananen, Baby-Bananen, Apfelbananen) und Kochbananen macht.

Kochbanane, Gemüsebanane, Mehlbanane, Pferdebanane (*Musa* x *paradisiaca*), engl./frz. plantain. In ihrer asiatischen Heimat gehören Bananen zu den ältesten Kulturpflanzen; doch sind sie erst seit 1885 in Europa bekannt. Neben der weltweit bedeutenderen Obstbanane spielt vor allem in den Anbauländern die Kochbanane eine große Rolle als Grundnahrungsmittel. Ein Hauptgrund dafür ist ihr hoher Nährwert: Kochbananen sind äußerst reich an Stärke. Größter Produzent von Kochbananen ist mit 75 % Afrika; danach folgen Südamerika (28 %), Nord- und Mittelamerika (21 %) und Asien (5 %). Der Name leitet sich vom arabischen »banan« (= Finger) ab, denn die Früchte wachsen an der Staudenpflanze in Form einer Hand mit jeweils 10 bis 20 »Fingern« beziehungsweise Bananenfrüchten. Kochbananen unterscheiden sich deutlich von ihren Obst-Verwandten: Sie können bis doppelt so groß werden und sind oft auch kantiger. Doch gibt es auch unter den Gemüsebananen eine große Formenvielfalt, die sich in Größe (bis 50 cm), Form, Farbe (grün, gelb, rot bis violett) und Geschmack (mehlig-trocken, süßlich oder süßsauer) ausdrückt. Kochbananen werden immer unreif geerntet und bis zum Gelbwerden (bei den entsprechenden Sorten) gelagert. In ihrer mehligen Konsistenz ähneln Kochbananen der Kartoffel und werden auch ganz ähnlich wie diese zubereitet: geschält und gekocht, frittiert, gebraten oder püriert, aber niemals roh. Die im Geschmack zurückhaltende Kochbanane verträgt die Kombination mit würzigen Schmorgerichten besonders gut.

Bananenblüten, engl. banana flower, frz. fleur de banane, sind bei uns nur selten am Markt zu finden. Man kann sie ähnlich wie Artischocken zubereiten, also die gekochten, fleischigen Blätter in würzige Saucen dippen oder den Kolben ohne Hüllblätter auch im Ganzen kochen oder rösten.

Nymphaeaceae (Seerosengewächse). Zu dieser Familie der Wasserpflanzen mit runden Schwimmblättern und kräftigen Unterwasser-Rhizomen gehört neben der Seerose (*Nymphaea*) und der Teichrose (*Nuphar*) die Indische Lotosblume.

Lotoswurzel, Indischer Lotus, Indische Lotosblume (*Nelumbo nucifera*), engl. Indian lotus root, frz. lotus sacré, lotier. Aus dem Wolgadelta, Iran und Indien (wo sie bis heute als heilig gilt) stammend, ist die Lotoswurzel heute überwiegend in Südostasien verbreitet. Typisch für die ausdauernde Wasserpflanze sind die 3 bis 4 Zwischenknotenstücke des Rhizoms, die zur optimalen Sauerstoffversorgung von kleinen und großen Röhren durchzogen sind. Der Anbau erfolgt in Teichen oder auf gefluteten Feldern, ähnlich wie beim Reis. Geerntet werden Lotoswurzeln von Ende September bis in das Frühjahr hinein. Es gibt unzählige Zubereitungsvarianten, häufig sind sie Bestandteil von Reisgerichten oder Curries. Die Chinesen servieren Lotoswurzeln traditionell kandiert als Süßigkeit zum Neujahrsfest, Japaner schätzen sie in Öl angebraten und dann in Zitronenwasser gegart. In Indien verwendet man sie für scharfe Pickles. Hier zu Lande kommen Lotoswurzeln selten frisch in den Handel. Falls doch, sind sie meist schon gewaschen; man braucht meist nur noch die Enden abzuschneiden und die Wurzel vor dem Garen in Salzwasser dünn zu schälen. Konserven benötigen keine lange Garzeit; kurzes Erhitzen genügt.

Dekorative Lotuswurzeln, in Ostasien ein Symbol für Wiedergeburt, Reinheit und Vollkommenheit, werden gekocht, gebacken oder geschmort als Gemüse gegessen. Hier zu Lande als Konserve erhältlich.

Auch Blätter und Blüten der Lotuspflanze werden als Gemüse zubereitet. Die geschälten Samen isst man als Knabberei oder stellt ein Mehl daraus her.

Frische Lotuswurzeln finden in den Küchen Asiens – gewaschen, geschält und oft in Scheiben geschnitten – in vielen Gerichten Verwendung. Sie können auch im Ganzen gegart werden, sollten jedoch stets noch etwas Biss behalten.

Von Oliven bis zu Knöterichgewächsen

Mittelgroße grüne Oliven aus Italien. Herb-frisch im Geschmack, mit einer leicht bitteren Note und festem Fruchtfleisch. Oliven eignen sich nicht zum Rohverzehr, da sie einen Bitterstoff enthalten. Essbar werden sie erst durch das Einlegen in Salzlake oder Öl.

Bei Oliven ist die Farbe keine Frage der Sorte. Vielmehr verfärben sie sich mit zunehmender Reife von grün über violett nach schwarz. Für die Ölgewinnung verarbeitet man sie in unterschiedlichen Stadien: Öl von unreifen Oliven hat einen intensiveren Geschmack als jenes von reifen.

Schwarze Oliven, hier eine Sorte aus der Türkei mit mittelgroßen, mittelfesten, sehr dunklen Früchten. Oliven enthalten viel Vitamin E und kräftigen Herz und Immunsystem. Kaltgepresstes Olivenöl enthält bis zu 80 % ungesättigte Fettsäuren.

Labiatae (Lippenblütler). Shiso, Schwarznessel, Öl-Perilla *(Perilla frutescens)*, engl. perilla, shiso, beefsteak plant, jap. shiso. Vom Himalaja (China und Burma) stammt die Schwarznessel, die seit langem in Asien, im Iran und in Südeuropa als Öl-, Gewürz-, Heil- und Zierpflanze kultiviert wird. Die ganze Pflanze ist vielseitig nutzbar. Knospen und Samen lassen sich zum Würzen verwenden. Die Samen enthalten ein fettes, schnell trocknendes Öl, das sich für die Herstellung von Farben, Lacken und japanischem Ölpapier eignet.

Oleaceae (Ölbaumgewächse). Zu dieser Familie gehören viele Zierpflanzen wie Flieder, Forsythie, Jasmin und Liguster. Benannt wurde die Familie nach dem Oliven- oder Ölbaum. Die **Olive** (Olea europaea var. europaea), engl./frz. olive, verbreitete sich von Palästina und Griechenland aus im gesamten Mittelmeerraum. Heute wird der Olivenbaum weltweit in geeigneten Klimazonen angebaut; 97 % aller Olivenbäume stehen jedoch nach wie vor rund ums Mittelmeer, wo sie als Lieferant für hochwertiges Öl große Bedeutung haben. Die Ölfrüchte selbst werden vor allem in Italien, Spanien, Griechenland und der Türkei geerntet und für den Export verarbeitet.

Phytolaccaceae (Kermesbeerengewächse). Die **Kermesbeere, Amerikanische Kermesbeere,** Schminkbeere *(Phytolacca americana)*, engl. pokeweed, frz. raisin d'Amérique, wurde im 18. Jahrhundert aus Nordamerika eingeführt. Im Mittelmeerraum und in Indien wird die Kermesbeere als Nutzpflanze kultiviert: mit ihrem Saft färbt man Weine, Liköre und Gebäck, die jungen Spross-Spitzen und Blätter isst man dort auch als Gemüse.

Plantaginaceae (Wegerichgewächse). Die wichtigste Gattung dieser Familie ist der Wegerich *(Plantago)*, bei uns ein bekanntes Unkraut. Einige Arten dienen medizinischen Zwecken.

Kapuzinerbart, Schlitzwegerich *(Plantago coronopus)*, engl. buck's horn plantain, frz. corne de cerf. Diese Wegerichart wird in Italien kultiviert und kommt gelegentlich auch hier auf den Markt.

Polygonaceae (Knöterichgewächse). Diese Familie umfasst rund 30 Gattungen mit 750 Arten, von denen die wichtigsten Buchweizen, Sauerampfer und Rhabarber sind.

Rhabarber *(Rheum rhabarbarum* und *rhaponticum)*, engl. rhubarb, frz. rhubarbe. Als Heilpflanze hatte Rhabarber bereits vor 4.000 Jahren in China große Bedeutung. Als Gemüse kennt man ihn erst seit Mitte des 18. Jahrhunderts. Die Rhizomstaude mit knollig verdickten fleischigen Wurzeln wird weltweit in allen gemäßigten Klimazonen angebaut. Zubereitet wird er in aller Regel wie Obst.

Die Blätter des Grünen Shiso dienen als Gewürz oder auch als Garnierung. In Ostasien sind Jungpflanzen, Blüten, Blätter sowie die Samen als Gemüse beliebt.

Roter Shiso, in Japan viel als Lebensmittelfarbstoff verwendet, etwa zum Färben von eingelegtem Obst. Die Keimlinge sind als Sprossengemüse verwendbar.

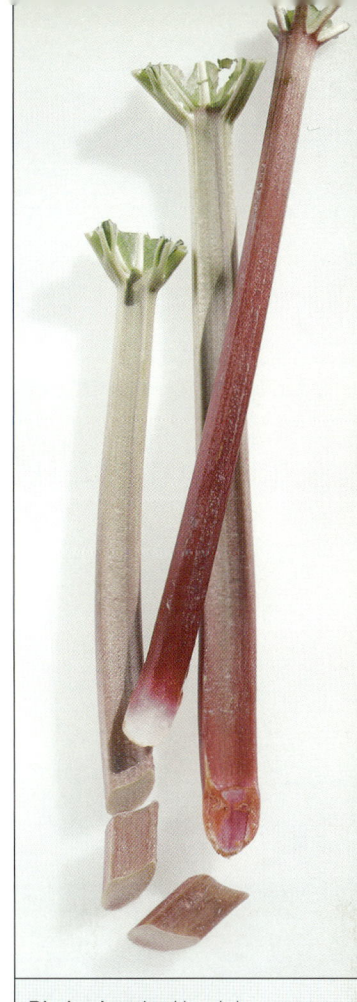

»Barba di frate« nennen die Italiener den Kapuzinerbart. Die fleischigen, langen Blätter schmecken leicht säuerlich. Verwendung roh als Salat oder gedünstet.

Der vorwiegend wild wachsende Sauerampfer ist ein enger Verwandter des Rhabarber und enthält wie dieser reichlich Oxalsäure. Junge Blätter verwenden.

Rhabarber. Im Handel werden alle Sorten mit hellrotem Fleisch, grünem Stielende und mildem Aroma Himbeerrhabarber genannt. Herber im Geschmack ist der rotfleischige Blutrhabarber.

Kermesbeere. Die Sprossspitzen der Pflanze liefern spargelähnliches Gemüse.

Luxusgemüse Palmenherzen

Palmen – hier ein Prachtexemplar auf Martinique – müssen zunächst fachmännisch gefällt werden, bevor man an das begehrte Mark gelangt. Hervorragend schmecken Palmenherzen roh, etwa als Salat; doch sind sie so selbst in den Anbauländern selten erhältlich. Bei uns gelangen sie ausschließlich als Konserve auf den Markt.

Palmitos gewinnen: Über dem Ansatz der Blätter wird das Herz sichtbar. Man schlägt es heraus und befreit es von den faserigen Blatthüllen. Palmenherzen sind delikat, zart und von knackiger Struktur. Isst man sie samt den umhüllenden, jungen, noch nicht entfalteten Blättern, spricht man von »Palmkohl«.

Sauerampfer, Garten-Sauerampfer (*Rumex rugosus*), engl. garden sorrel, frz. oseille. Dieses in Europa, Asien und Amerika in Feuchtgebieten wild wachsende, ausdauernde Kraut wird in geringem Umfang auch kultiviert.

Oxalidaceae (Sauerkleegewächse). Glücksklee (*Oxalis tetraphylla*), engl. lucky clover, good-luck plant. Das aus Mexiko stammende Kraut wird in Europa seit Beginn des 18. Jahrhunderts als Zier- und Gemüsepflanze kultiviert. Zum Verzehr geeignet sind sowohl die rübenförmigen Wurzeln als auch die säuerlichen Blättchen.

Knollen-Sauerklee (*Oxalis tuberosa*), lateinamerik. Ibia, Oca, Cuiba. In Lateinamerika als Nahrungsmittel von großer Bedeutung, ist diese Staudenpflanze in Europa kaum bekannt. Sie bildet unterirdische Wurzelknollen, die unserer Kartoffel in Nährwert und Geschmack ähneln. Die Farbe der mit auffälligen Vertiefungen versehenen Wurzeln reicht von gelblich über orange bis purpur.

Palmae (Palmengewächse). Nur sehr wenige der etwa 225 Gattungen mit rund 2600 Arten werden als Gemüse genutzt. Die so genannten Palmenherzen oder Palmitos können von ungefähr 20 verschiedenen Palmenarten gewonnen werden, so beispielsweise aus der Assai-, der Buri-, Babassu- oder Coyoli-Palme.

Palmenherzen, Palmenkohl, Palmitos (*Euterpe edulis* und *oleracea*), engl. hearts of palm, frz. coeurs de palmier. Palmenherz oder Palmito wird das Mark aus dem Vegetationskegel an der Spitze des Stammes, beziehungsweise aus dem Ansatz der 15 bis 20 Palmwedel genannt. So große Einzelstämme wie die Palme links werden heute jedoch in der Regel nicht mehr nur zur Palmitogewinnung geschlagen, denn bei der Ernte stirbt der Baum. Jedoch fallen bei Urwaldrodungen, etwa zum Straßenbau, so viele Palmen an, dass zur Verwertung der Palmenherzen sogar Konservenfabriken in der Nähe eingerichtet wurden. Gewöhnlich gewinnt man Palmenmark heute aus eigens dafür gepflanzten, jüngeren Palmen, die in Plantagen, etwa in Brasilien, Argentinien oder Paraguay, gezogen werden. Dort wird vornehmlich die *Euterpe edulis* (Assai-Palme) kultiviert. Palmitostangen ähneln Spargel, sind aber stärker als dieser. Sie schmecken mild, je nach Sorte leicht bis intensiv nussartig und bei uns meist auch etwas säuerlich, da sie mit Essig oder Zitrone konserviert wurden.

Piperaceae (Pfeffergewächse). Diese Familie mit 10 Gattungen und mehr als 1000 Arten ist vorwiegend in den Tropen heimisch. Die namengebende Gattung *Piper* umfasst rund 650 Arten, wovon die wichtigste der Pfeffer *(Piper nigrum)* ist.

Bengalpfeffer, Langer Pfeffer *(Piper longum)*, engl. (Indian) long pepper. Bengalpfeffer wächst wild in den Vorbergen des Himalaja und wird vor allem in Indien und Sri Lanka angebaut. Im Altertum wurde er wegen seines milden Geschmacks (die Harze fehlen) dem schwarzen Pfeffer vorgezogen, ist heute aber im Welthandel von diesem weitgehend verdrängt worden. In Indien und Sri Lanka findet er zudem auch als Heilpflanze Verwendung.

Polypodiaceae (Tüpfelfarngewächse). Der **Adlerfarn** *(Pteridium aquilinum)*, jap. Warabi. Verbreitet ist der wild wachsende und bis zu 2 m hoch werdende Adlerfarn von den gemäßigten Breiten bis zu den Tropen; beliebt ist er aber vor allem in Asien und den angelsächsischen Ländern. Dort ist er auch als Konserve erhältlich, während er bei uns weitgehend unbekannt ist. In Asien werden auch die jungen Sprosse anderer Farne als Gemüse gegessen und zu diesem Zweck auch kultiviert.

Portulacaceae (Portulakgewächse). Vorwiegend in den Tropen und Subtropen beheimatet sind die 30 Gattungen und 300 Arten der Familie.

Portulak, Sommerportulak, Gewürz-, Gemüseportulak, Burzelkraut *(Portulaca oleracea* ssp. *sativa)*, engl. purslane, common/kitchengarden purslane, frz. pourpier. Die Wildform stammt aus Griechenland, Vorderasien und dem weiten Gebiet bis zum Himalaja. Bereits im Altertum bekannt und im Mittelalter angebaut, findet sich das Wärme liebende Kraut heute noch oft verwildert in Gärten oder an sonnigen Plätzen.

Portulak ist heute ein wenig bekanntes Blattgemüse, das nur in Frankreich, Belgien und den Niederlanden in geringem Umfang kultiviert wird. In den Handel kommt es selten (von März bis Oktober). Verwendung roh als Salat oder wie Spinat.

Winterportulak, Kuba-Spinat, Tellerkraut *(Montia perfoliata)*, engl. winter purslane, miner's lettuce, frz. pourpier d'hiver, claytone de Cuba, stammt ursprünglich aus Nordamerika. Heute wird er in England, Frankreich und Deutschland unter Glas angebaut. Die vitamin- und mineralstoffreichen Blätter sind von November bis April erhältlich.

← **Cha-Plu** wird der Bengalpfeffer in Thailand genannt, wo man seine scharfen Blätter als Gewürz für Gemüsesuppen, Gerichte aus dem Wok oder auch als Hülle verwendet.

Portulak ist ein 1-jähriges → schnell wachsendes Kraut mit eiförmigen, dickfleischigen Blättern. Sein Geschmack ist nussartig-säuerlich, in den Handel kommt er nur selten.

← **Winterportulak** wird meist geerntet, solange die Blättchen noch jung sind. 100 g davon enthalten zwischen 30 und 60 mg Vitamin C; etwa 30-mal so viel wie die Stängel. Gut in Salaten.

Zarter Glücksklee eignet → sich als Würze für Salate und feine Suppen. Leider ist er nur selten auf dem Markt; ersatzweise kann man den wild wachsenden Waldsauerklee verwenden.

← **Tellerkraut** wird der Winterportulak auch genannt. Lässt man die Pflanzen etwas länger wachsen, zeigen sich bereits die Folgeblätter und Blüten. Enthält viel Vitamin C.

Farnsprosse erinnern → in Form und Geschmack an grünen Spargel. Die noch fest eingerollten Triebe sind in Japan, China und Korea eine geschätzte Delikatesse im Frühjahr.

Vielfältig wie kein anderer

Kaum eine andere Frucht kann sich mit so vielen Sorten und Varietäten präsentieren wie der Paprika. Die unvergleichliche Entwicklung der Gattung Capsicum begann vor vielen Jahrhunderten, als die Völker Mittel- und Südamerikas sesshaft wurden. Durch die Domestikation der wild lebenden Pflanze, durch Kreuzung und Selektion entwickelten sich zahlreiche neue Arten der scharfen Schoten. Der kleine rote, getrocknet gerade mal 15 mm lange »chile piquín« aus Südamerika wird als Vorfahre der meisten Chili- und aller Paprikasorten angesehen. Die Spanier fanden bei ihrer Ankunft verschiedene wild wachsende, kleine scharfe Chilisorten vor. Doch erst in der Neuzeit ist es durch intensive Bemühungen vieler Wissenschaftler gelungen, daraus die großfrüchtigen, schärfefreien Paprikasorten, wie wir sie heute kennen, zu züchten.

Kultiviert werden weltweit fünf Capsicum-Arten; jedoch gehören nahezu alle Sorten, die frisch, eingelegt oder getrocknet auf den Markt kommen, der Art Capsicum annuum an. Diese wird weltweit am häufigsten kultiviert und hat einen entsprechenden wirtschaftlichen Stellenwert. Gemüsepaprika hat eine beachtliche Entwicklung hinter sich, die steigende Nachfrage bewirkte einen enormen Produktionszuwachs. Am bekanntesten sind Blockpaprika mit ihren gefurchten, glockenförmigen Früchten. In östlichen Ländern dominieren dünnfleischige, meist spitz zulaufende Sorten. Gemüsepaprika wird in Ländern mit warmem, sonnigem Klima im Freiland kultiviert, in klimatisch weniger günstigen Regionen, etwa in den Niederlanden, erfolgt der Anbau unter Glas. Große Gewächshausanlagen garantieren optimale Bedingungen für die Entwicklung der Pflanzen, die nach wie vor in Handarbeit mit einem Schnitt durch den Stiel geerntet werden.

In allen Farben
Paprika & Chili

Solanaceae (Nachtschattengewächse). Zu der Familie der Nachtschattengewächse zählen etwa 85 Gattungen mit rund 2.000 Arten; die aufrechten oder rankenden Kräuter, Sträucher oder kleinen Bäume sind weltweit verbreitet. Jedoch kommen die meisten Arten in den Tropen vor. Benannt ist die Familie nach der Gattung Solanum (Nachtschatten), zu der eine Vielzahl von Arten gerechnet werden: bei den Früchten etwa die Lulo und Pepino, beim Gemüse die Aubergine und die Kartoffel. Weitere bedeutende Kulturpflanzen anderer Gattungen der Familie der Nachtschattengewächse sind etwa der Tabak, die Tomate sowie der Gemüsepaprika.

Paprika, Gemüsepaprika, Süßpaprika, Spanischer Pfeffer (*Capsicum annuum* var. *annuum*), engl. capsicum, sweet pepper, bell pepper, franz. poivron, piment doux. Die spanischen Eroberer brachten die aus den Tropen Süd- und Mittelamerikas stammende Pflanze im 16. Jahrhundert nach Europa und von dort nach Asien, was ihr den Zweitnamen »Spanischer Pfeffer« einbrachte. Ursprünglich nur als Zierpflanze angebaut, entwickelte sich der Paprika relativ spät zur als Gemüse genutzten Pflanze. Erst zu Beginn dieses Jahrhunderts haben sich durch intensive Züchtungsversuche die relativ milden, mehr oder weniger capsaicinfreien, großfrüchtigen Sorten entwickelt, wie sie uns heute bekannt sind, und die man als Gemüse verzehren kann. Bis zu diesem Zeitpunkt handelte es sich beim Spanischen Pfeffer ausschließlich um brennend scharfe, pfefferartige Früchte, wie sie für die Gewürzgewinnung verwendet werden.

Heute wird die an Licht und Wärme hohe Ansprüche stellende Paprikapflanze im Freiland als Sommerkultur in zahlreichen Ländern mit heißem und sonnigem Klima angebaut. Zu den wichtigsten Anbauländern zählen Italien, Spanien, Südfrankreich und die östlichen Mittelmeerländer sowie etliche afrikanische, asiatische, mittel- und südamerikanische Länder. In Mitteleuropa erfolgt der Anbau dagegen fast ausschließlich unter Glas.

Roter Paprika reift an der Pflanze aus. Dadurch ist er milder und hat einen höheren Vitamin-C-Gehalt.

Grüner Paprika sind immer unreif geerntete Früchte, die noch rötlich nachfärben können.

Gemüsepaprika aus Holland wird als »eckig abgestumpft« kategorisiert. Die Farbe ist kein Sortenmerkmal, sondern kennzeichnet den Reifegrad.

Schwarzer Gemüsepaprika, eine aparte Züchtung aus Holland. In den Inhalts- und Geschmacksstoffen unterscheidet er sich kaum von andersfarbigen Sorten.

Orangefarbener Gemüsepaprika ist auch eine Züchtung der Niederländer. Roh ist er, wie der schwarze, eine attraktive Garnitur für Salate und kalte Platten.

Dolma wird dieser hellgrüne, dünnwandige, zarte Gemüsepaprika aus der Türkei genannt. Er gehört zu den kleinsten Sorten des so genannten »Blocktyps«.

> **Richtig lagern**
> Zu hohe Temperaturen führen bei Paprika zu schnellen Qualitätseinbußen. Zu kalt mag er es aber auch nicht. Optimal ist eine Lagerung bei hoher Luftfeuchtigkeit und Temperaturen von 7 bis 8 °C, unter 7 °C kann es zu Kälteschäden kommen. Im Kühlschrank bewahrt man ihn am besten im Gemüsefach auf, eingepackt in Plastikbeutel, damit die Luftfeuchtigkeit erhalten bleibt.

Zum Häuten röstet man die Paprikaschote entweder direkt über der Gasflamme, legt sie auf den Grillrost oder schiebt sie in den auf 220 °C vorgeheizten Ofen, bis die Haut Blasen wirft und leicht gebräunt ist.

Obgleich häufig »Paprikaschoten« genannt, sind die Früchte der einjährigen, krautigen Pflanze, die bis zu 1 m hoch wird, botanisch gesehen Beeren. Paprikafrüchte erreichen Faustgröße und bis zu 250 g Gewicht, sind flachrund, kugelig, walzen- bis kegelförmig, mehr oder minder dreieckig, herz- oder trapezförmig, stumpf oder spitz auslaufend. Die Farbe variiert von Grün und Rot über Gelb, Orange und Weiß bis zu Violett und sogar Schwarz. Unreif geerntete, grüne Paprika können noch rötlich nachfärben, werden aber niemals so gleichmäßig rot wie vollreif geerntete Früchte.

Die gerösteten oder gegrillten Schoten unter einem feuchten Tuch oder in einer Plastiktüte kurz »schwitzen« lassen. Die Haut von oben nach unten abziehen und die Früche der Länge nach vorsichtig halbieren, dabei das Fruchtfleisch nicht zerdrücken.

Alle anderen »Spielarten« sind aus den intensiven Zuchtversuchen entstanden, die vor allem die Niederländer mit Erfolg unternommen haben. Ausnahme ist der **Tomatenpaprika,** eine vor ungefähr 100 Jahren in Ungarn entwickelte Abart mit angenehm süßlich scharfem Aroma.

Fruchtkammern und Samen der Paprikafrüchte werden durch dünne, weißliche Scheidewände (»Paprika-Adern«) voneinander getrennt, in denen sich der Hauptteil des Alkaloids Capsaicin befindet, das für den scharfen Geschmack verantwortlich ist. Weitere wichtige Inhaltsstoffe sind die Vitamine C und E sowie Pflanzenfarbstoffe. Beim Vitamin-C-Gehalt ist Paprika absoluter Spitzenreiter unter den Gemüsearten: Je nach Reife bringt er es auf 150 mg (grüner Paprika) oder 300 mg (roter Paprika) pro 100 g; Tomatenpaprika manchmal sogar bis auf 400 mg. Daher und wegen den in reifen Früchten sehr viel mehr vorhandenen Karotenen sollte man beim Einkauf rote oder gelbe Früchte bevorzugen. Aufgrund seiner wertvollen Inhaltsstoffe ist Paprika überaus gesund, positiv ist vor allem das Zusammenspiel der einzelnen Wirkstoffe. So erhöhen die früher als »Vitamin P« bezeichneten Flavonoide die Wirkung von Vitamin C um das 20fache. Die roten Flavonoid-Farbstoffe bekämpfen wirkungsvoll Viren und Bakterien und schützen den Körper vor Herz-Kreislauf-Erkrankungen, Arteriosklerose und Krebs.

Gemüsepaprika war bei uns bis in die 50er Jahre so gut wie unbekannt, inzwischen hat er sich als »Alltagsgemüse« eingebürgert und ist ganzjährig erhältlich; besonders inhaltsstoffreich ist er jedoch im Herbst; doch ist Paprika auch im Winterhalbjahr auf dem Markt (Hauptlieferanten: Spanien, Ungarn, Niederlande, Türkei, Kanarische Inseln, Israel, Ägypten, Kenia, Kalifornien). Beim Einkauf sollte man auf feste, glatte und glänzende Früchte achten; Runzeln oder Flecken deuten auf zu lange Lagerung hin, was Vitamin- und Aromaverlust bedeutet. Vor der Zubereitung halbiert man Paprika meist und entfernt Samen sowie Scheidewände. Für die feinere Küche und für Empfindliche empfiehlt sich zudem das Abziehen der schwerer verdaulichen Schale. Gut schmeckt Paprika roh im Salat; gekocht in Eintöpfen, etwa mit anderen Gemüsen gemischt; in Schmorgerichten; in Nudelsaucen oder im Rührei. Ausgezeichnet ist er auch mit Hackfleisch oder Tunfisch gefüllt und überbacken oder sauer eingelegt.

Charleston, auch Carliston genannt. Dünnwandige, sehr zarte Paprikasorte, die vor allem in der Türkei viel angebaut wird.

Tomatenpaprika aus Ungarn. Angenehm süß, mit ausgeprägtem Aroma und einem außerordentlich hohen Vitamin-C-Gehalt.

Mini-Paprika aus den Niederlanden. Eine der vielen attraktiven Neuzüchtungen der letzten Jahre. Eignet sich gut für Garnituren.

Scharfe grüne Peperoni, hier aus Jordanien. Die langen, mehr oder weniger gefalteten Früchte aus dem Mittelmeerraum sind fast immer recht scharf.

Bird green heißen die unreifen »Vogelaugen«-Chilis auf Englisch. Die kleinen, länglich spitzen Gewürzpaprika sind sehr scharf.

Rote Peperoni aus Italien. Diese ausgereiften Gewürzpaprika können in der Schärfe variieren, meist sind sie jedoch nur mäßig scharf.

Hot red, hot chili werden sie einfach nur genannt, die kleinen dünnen und sehr scharfen, ausgereiften Früchte, hier aus Thailand.

Chile serrano, mit ihren kleinen, gedrungenen, glatten Früchten ist sie eine der am häufigsten verwendeten Chilisorten in Mexiko.

Lampionchilis aus der Karibik sehen hübsch aus, sind aber höllisch scharf. Daher Vorsicht beim Dosieren der dünnfleischigen Chilisorte.

Die Wärme liebende unter den Nachtschattengewächsen

Auch wenn hier zu Lande die Aubergine noch vor kurzem beinahe exotisch anmutete, wird sie doch bereits seit Jahrtausenden kultiviert. Domestiziert hat man sie in ihrer Heimat Indien, wo heute noch bestachelte Wildformen mit kleinen, bitteren Früchten anzutreffen sind. Die Ur-Aubergine hatte die Form und Farbe eines Hühnereis – daher auch der englische Name »eggplant« oder »Eierfrucht«. Über Arabien gelangte das Nachtschattengewächs im 13. Jahrhundert nach Europa und von dort aus in die Neue Welt. Zunächst war sie noch wenig geschätzt und als »mela insana«, als krank machender Apfel berüchtigt. Bis man erkannte, dass sich die Früchte – es handelt sich übrigens botanisch um Beeren – nicht zum Rohverzehr eignen, sondern erhitzt werden müssen. Heute gehört die Aubergine rund ums Mittelmeer so selbstverständlich zur Alltagsküche wie Tomate, Knoblauch oder Zwiebel. Weltweit kommen übrigens keineswegs nur die bei uns bekannten dunkelvioletten, länglich ovalen Früchte auf den Markt, vielmehr gibt es eine schier unüberblickbare Formen- und Farbenvielfalt. Entsprechend groß ist die Palette der Zubereitungen; darunter neben diversen türkischen Spezialitäten die französische »Ratatouille« oder die griechische »Moussaka«. Das weiße, milde Fruchtfleisch der Aubergine verträgt eine kräftige Würzung, etwa eine ordentliche Knoblauchnote. Hervorragend schmecken sie auch gebraten oder gegrillt, etwa in Begleitung einer Tomaten- oder einer kühlen Joghurtsauce. Füllen lassen sich Auberginen nicht nur mit Rinder- oder Lammhack; sie überzeugen auch mit einer Mischung aus Reis und Pinienkernen oder auch mit Pilzen oder Fisch.

Nicht nur violett
Auberginen

Aubergine, Eierfrucht, Melanzenapfel, Spanische Eier *(Solanum melongena)*, engl. aubergine, egg plant, madapple, frz. aubergine, melongène, béringène, mayenne. Aus Indien stammend, ist die Aubergine heute in ganz Asien und fast allen tropischen, subtropischen und gemäßigten Klimazonen verbreitet. Auberginen können im Freiland nur in wärmeren Gebieten kultiviert werden, da sie Temperaturen zwischen 22 und 30 °C benötigen. So ist bei uns der Anbau fast ausschließlich auf Gewächshäuser begrenzt. Hauptproduzenten aus Freilandkulturen ist der Mittelmeerraum sowie Südost- und Ostasien. Das eigentlich mehrjährige Nachtschattengewächs wird im Erwerbsanbau nur einjährig kultiviert und trägt häufig bis zu 30 cm lange, 5 bis 13 cm dicke und bis zu 500 g (und mehr) schwere, große Früchte, die sich aus relativ kleinen, nur etwa 2 bis 5 cm großen und meist violetten, seltener weißen Blüten entwickeln. Während bei uns rundovale, dunkelviolette Auberginen marktbeherrschend sind, variieren Formen und Farben in den Anbauländern beträchtlich. Es gibt ei- und tropfenförmige, längliche, keulenförmige und gurkenartige Auberginen mit violetter oder fast schwarzer Schale. Die Früchte der hellgrünen oder auch gestreiften Sorten der Varietät *Serpentinum* können eine Länge von bis zu 1 m erreichen. Doch nicht nur die Form, auch die Farbe wechselt: Die Schale kann grün, gelb, orangerot, weißgrün gestreift oder auch ganz weiß sein. Unabhängig von der Färbung der Haut ist das Fruchtfleisch der Aubergine jedoch stets weiß und enthält zahlreiche, essbare Samen, die ebenfalls milchig weiß sein sollten. Bräunlich verfärbte Kerne deuten auf mangelnde Frische oder auf Überreife hin. Auberginen enthalten 92 % Wasser und nur relativ wenig Wirkstoffe (Calcium, Eisen, Vitamin B und C). Unreife Früchte können größere Mengen des giftigen Solanins enthalten, das sich allerdings durch längeres Erhitzen weitgehend verflüchtigt. Darum sollte man Auberginen stets gegart auf den Tisch bringen.

Solch hellvioletten, langen Auberginen sind auf den Märkten Asiens häufig anzutreffen. Auberginen in allen Farben und Formen sind aus dem dortigen Gemüseangebot nicht wegzudenken.

Länglich ovale, dunkelviolette Auberginen mit grünem Kelch und glänzender Haut sind bei uns oft anzutreffen. Das Fruchtfleisch ist bei allen Sorten weiß.

Japanische Auberginen. »Konasu« haben einen anders geformten Kelch, werden nur etwa 10 cm lang. Sie sind deutlich milder und süßer als hiesige Sorten.

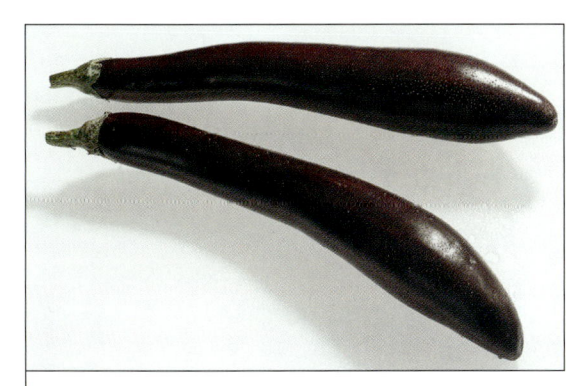

Tiefviolette, längliche, schlanke Auberginen bevorzugt man in Südeuropa. Sie werden mittlerweile auch in kleinen Mengen nach Deutschland exportiert.

Violette gestreifte Auberginen. Gut zu sehen sind die vielen essbaren hellen Samen im Innern. Sind sie bräunlich verfärbt, ist dies ein Zeichen von Überreife.

SOLANACEAE

Die **pea aubergine** (Solanum torvum) ist eigentlich keine Aubergine. Ihre bitter schmeckenden Früchte werden nur zwischen 5 und 15 mm groß.

Kleine violette schlanke Auberginen. Roh schmecken Auberginen eher neutral, erst gegart entwickeln sie ihren teils leicht bitteren, nussartigen Geschmack.

Da Auberginen empfindlich auf das von Früchten und Gemüsen ausströmende Ethylengas reagieren, bewahrt man sie am besten separat auf. Im Angebot sind Auberginen rund ums Jahr; Hauptsaison für heimische Früchte ist vom Spätsommer bis in den Herbst hinein. Langes Lagern nach dem Kauf bekommt ihnen nicht, vor allem im Kühlschrank wird die Schale schnell fleckig und das Fruchtfleisch verfärbt sich bräunlich. Exemplare mittlerer Größe und makelloser Haut müssen nicht geschält werden; das Entfernen des Kelchansatzes genügt. Sollen die Eierfrüchte gefüllt werden, halbiert man sie der Länge nach. Für andere Zubereitungen schneidet man die Auberginen in Würfel oder Scheiben. Damit sich das Fruchtfleisch nicht verfärbt, kann man es mit Zitronensaft einpinseln.

→ **Entwässern und Bitterstoffe entfernen**

Roh essen sollte man Auberginen nicht. Erstens schmecken sie roh eher fade, zweitens kann das giftige Solanin Magen- und Darmbeschwerden hervorrufen. Auberginen daher immer garen! Viele Neuzüchtungen sind zwar frei von Bitterstoffen, es empfiehlt sich aber, sie vor der Weiterverarbeitung in Scheiben zu schneiden und zu salzen. Dies entzieht ihnen nicht nur eventuell vorhandene Bitterstoffe, sondern auch Wasser. Ausdrücken und Trockentupfen verhindert, dass sie beim Braten oder Frittieren zu viel Fett aufsaugen.

Weiße Auberginen, in Asien beliebt. Heute züchtet man sie auch bei uns. Ihre Haut enthält keinen Farbstoff, das weiße Fruchtfleisch schimmert durch.

Grünweiß gestreifte Auberginen. Eine kleine, runde Varietät aus Asien. Sie kann in Viertel oder Achtel geschnitten und einfach im Wok gebraten werden.

Ovale grünweiß gestreifte Auberginen. Kleinfrüchtige Sorte mit vielen Samen und wenig Fruchtfleisch. Auberginen werden vor der Samenreife geerntet.

Kleine rote und grüne Auberginen. In der Form rund bis rund-oval oder eiförmig; in der Optik sind sie tomatenähnlich. Verwendung wie andere Auberginen.

Ein Grundnahrungsmittel
Die Karriere der Kartoffel

'Sieglinde', eine sehr beliebte fest kochende deutsche Sorte mit gelbem Fleisch und feinem Geschmack. Sie behält beim Kochen Form und Farbe und wird daher gerne für Kartoffelsalat verwendet.

'Bamberger Hörnle' sind eine Spezialität aus Franken und werden vor allem im Bamberger Raum kultiviert. Gelbfleischige, länglich-dünne, fest kochende alte Spätsorte mit hervorragendem Geschmack.

Große Kartoffelvielfalt auf dem Münchner Viktualienmarkt. Je nach Verwendungszweck wird man sich für eine fest oder mehlig kochende Sorte entscheiden. Zum Einlagern eignen sich nur vollkommen unbeschädigte Kartoffeln ohne Druckstellen.

Kartoffel, Erdapfel, Grumbiere, Grundbirne, Krumbeere *(Solanum tuberosum)*, engl. potato, Irish potato, frz. pomme de terre. Ob die Kartoffel überhaupt zu den Gemüsen zählt, ist nicht unumstritten: Streng genommen gehört sie zu den landwirtschaftlichen Kulturen. Wegen ihrer umfassenden Bedeutung und speziellen Verwendung wird sie aber dennoch als Gemüse betrachtet. Ihr Ursprung liegt in den Anden-Staaten Südamerikas, wo sie schon vor rund 2.000 Jahren kultiviert wurde. Nach Europa kam sie zwar schon gegen Ende des 16. Jahrhunderts, als Nahrungsmittel wurde das »Gold der Inkas« in Deutschland jedoch erst etwa 200 Jahre später populär.

Kartoffelernte traditionell: Mit einer Hacke wird der Boden zunächst gelockert und vorsichtig aufgehackt, ...

... bevor die Kartoffeln dann – hier die Sorte 'Sandra' – aufgelesen und in große Säcke verpackt werden.

← **'Christa'**, deutsche, sehr frühe, gelbfleischige Sorte mit herzhaftem Geschmack und schöner Form. Sie ist vorwiegend fest kochend.

← **'Ukama'**, eine vorwiegend fest kochende Frühkartoffel aus den Niederlanden. Mildes, aber ausgeprägtes Aroma. Leicht zu schälen.

'Désireé', eine mittelfrühe, → vorwiegend fest kochende Sorte mit rundovalen Knollen aus den Niederlanden. Gut für Pommes frites.

'Bintje', mehlig kochende → niederländische Sorte. Klassisch für Pommes frites und Chips. Sie ist im Frühjahr viel am Markt.

← **'Spunta'**, niederländische mittelfrühe, fest kochende Sorte. Viel im Mittelmeerraum angebaut und von dort als Frühkartoffel importiert.

← **'Maja'**, eine mittelfrühe deutsche Sorte. Rundovale gelbfleischige Knollen, die Schale wird bei Trockenheit leicht rau und rissig.

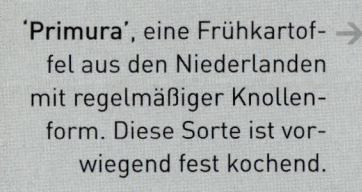

'Primura', eine Frühkartof- → fel aus den Niederlanden mit regelmäßiger Knollenform. Diese Sorte ist vorwiegend fest kochend.

Cavaillon ist keine eigent- → liche Sorte, sondern eine Herkunftsbezeichnung für bestimmte Kartoffelsorten aus der Provence.

← **Grenailles** – keine Sorte. So nennt man in Frankreich die kleinste Sortierung (25 bis 35 mm), sie wird bei uns als »Drillinge« bezeichnet.

← **'Granola'** ist eine mittelfrühe deutsche und vorwiegend fest kochende Sorte. Im Geschmack ist sie besonders mild.

'Linda', eine mittelfrühe → deutsche Sorte, rundoval, mit gelbem Fleisch. Sie ist fest kochend, gut für Salz-, Pell- und Bratkartoffeln.

'Violette Noir', edle franzö- → sische Sorte mit auffälliger violetter Färbung, auch Trüffelkartoffel genannt. Rar, feines Nussaroma.

← 'Grata', eine hochwertige, mittelfrühe Sorte aus Deutschland. Vorwiegend fest kochend mit einem ausgeprägten Geschmack.

← 'Roseval', eine länglich ovale, fest kochende französische Sorte. Rotschalig mit rosagelbem Fleisch. Guter Geschmack.

'La Ratte' ist eine mittelfrühe, hörnchenförmige französische Sorte mit sehr gutem Geschmack. Gut als Salatkartoffel geeignet. →

'Quarta' ist eine mittelfrühe und vorwiegend fest kochende Sorte aus Deutschland. Große Knollen, kräftiger Geschmack. →

← 'Nicola', mittelfrühe deutsche Sorte mit feinem Geschmack. Sie ist gelbfleischig, fest kochend und als Salatkartoffel beliebt.

← 'Aula', eine späte bis sehr späte deutsche Herbstkartoffelsorte mit kräftig gelbem, mehlig kochendem Fleisch. Mild bis kräftig.

Chugauas sind relativ kleine, rotschalige Kartoffeln aus Kolumbien, die nach ihrem Herkunftsort benannt wurden. →

Paramuna, eine mittelgroße Kartoffel aus Kolumbien. Auch bei ihr ist der Name eine Herkunfts- und nicht Sortenbezeichnung. →

← 'Tuquerra' ist eine mehlig kochende Sorte aus Südkolumbien, die häufig zum Braten oder auch für Pürees verwendet wird.

← Pastusa, eine Kartoffel mit dunkelgelbem Fleisch. Sie ist nach ihrer Herkunftsregion »Pasto« in Kolumbien benannt.

Tocarena, eine mehlig kochende Kartoffel, die ebenfalls nach ihrer Herkunftsregion in Kolumbien benannt wurde. →

'Capiro', eine südamerikanische Sorte, die sich durch saftiges, fest kochendes Fleisch und eine leicht rötliche Schale auszeichnet. →

← **'Ica huila'** ist eine jüngere kolumbianische Züchtung. Die halbmehlige Sorte eignet sich zur Pommes-frites- und Chips-Verarbeitung.

← **'Sabanera'** ist eine der beliebtesten Sorte in Kolumbien. Sie ist geeignet zum Braten, zum Dämpfen oder auch zum Backen.

'Red Duke of York', eine Sorte aus Schottland. Gelbfleischig und eher fest kochende Frühkartoffel. Rotschalige Mutante. →

'Pink fir apple' ist eine alte, fest kochende Sorte. In England und Deutschland bekannt. Sie ist gelbfleischig, mit rosa Schale. →

← **'Diamant'** ist eine vorwiegend fest kochende, alte holländische Frühsorte, rund ums Mittelmeer kultiviert, mäßig im Geschmack.

← **Dänische Spargelkartoffel**, auch »Asperges« genannt. Eine fest kochende Sorte von länglicher Form und mit gelbem Fleisch.

'Purace', eine jüngere kolumbianische, mehlig kochende Sorte mit hellgelbem Fleisch. Gut für Pürees geeignet. →

'Baronesse'. Frühsorte aus Spanien. Die gelbfleischige, rundovale Speisekartoffelsorte ist vorwiegend fest kochend. →

← **'Criolla'**, gelbfleischige Sorte aus Kolumbien. Wird in ganz Südamerika bis in 2.000 m Höhe angebaut und stets mit Schale verzehrt.

← **'Timate'**, eine Speisefrühkartoffel aus Italien mit kleineren Knollen. Vorwiegend fest kochende Sorte mit gelbem Fleisch.

'Adretta', eine Züchtung aus der ehemaligen DDR. Die mittelgroße, runde Sorte ist mehlig kochend und von gutem Geschmack. →

'Likaria' ist eine Züchtung, die aus der ehemaligen DDR stammt. Sie ist wie die 'Adretta' ebenfalls mehlig kochend. →

Mehlig oder fest kochend? Eine Frage der Verwendung

Erst angesichts der großen Hungersnot im 18. Jh. überwand die Bevölkerung ihre Skepsis gegenüber der bis dahin als giftig verdächtigten Knolle. Heute ist die Speisekartoffel – eines der sieben wichtigsten Nahrungsmittel weltweit – auch bei uns von größter Bedeutung. Doch nur rund 10 % des Verbrauchs stammen aus heimischer Ernte, der große Rest kommt aus den Niederlanden, Italien, Zypern und Frankreich zu uns. Weitere wichtige Anbauländer sind Russland, Polen, China, England und andere. Die schmackhaften südamerikanischen Sorten, vor allem Kartoffeln aus ihrer Urheimat Kolumbien, sind bei uns kaum am Markt erhältlich, haben jedoch für die Züchtung aufgrund ihrer Resistenz gegenüber Pilz- und Viruserkrankungen eine große Bedeutung.

Als Kartoffeln werden die verdickten Teile der unterirdischen Sprosse der einjährigen Pflanze bezeichnet. 10 bis 25 Sprossknollen bringt jede Pflanze hervor. Ihre Vermehrung erfolgt nicht durch die Samen der weißen oder violetten Blüten, sondern durch das Einpflanzen der überwinterten Knollen (»Saatkartoffeln«). Das Fruchtfleisch der runden, ovalen oder nierenförmigen Kartoffel ist weiß bis dunkelgelb, während die Farbe der Schale je nach Sorte von weißlich, hellgelb oder ockergelb über hellrot bis zu rosa und violett variieren kann. Grundsätzlich wird zwischen sehr frühen, frühen, mittelfrühen und mittelspäten bis sehr späten Sorten unterschieden. Die ersten Frühkartoffeln kommen schon im Januar aus Israel, dann aus Marokko, Tunesien, Griechenland und Zypern. Im April liefern Spanien und Italien, im Mai Frankreich. Die deutsche Ernte beginnt Ende Juni und endet im Oktober.

Mit Crème fraîche und Kaviar werden Kartoffeln zur besonderen Delikatesse. Gesund sind sie in jedem Fall. Enthalten die kalorienarmen, nährstoffreichen Knollen doch viele Mineralien und Spurenelemente sowie viel Vitamin C. Sie senken den Blutdruck, regulieren den Wasserhaushalt im Körper, aktivieren den Stoffwechsel und stärken das Herz-Kreislauf-System.

Während Frühkartoffeln rasch verbraucht werden sollten, können späte Sorten monatelang gelagert werden. Optimal eignet sich ein kühler, aber frostfreier Keller. Egal, ob man eine größere oder kleinere Menge aufbewahren will, Kartoffeln müssen dunkel, kühl und trocken aufbewahrt werden. Unter Lichteinwirkung bildet sich in den Kartoffeln Solanin. Rohe Kartoffeln enthalten zwischen 1,8 und 9 mg Solanin/100 g Gewicht. Durch Lichteinwirkung kann der Solaningehalt auf 35mg/100 g ansteigen; ab einer Dosis von 25 mg wirkt es toxisch auf den Menschen. Durch Waschen, Schälen und Kochen in Wasser verringert sich der Solaningehalt, beim Kochen der geschälten Knollen geht das Gift teilweise ins Wasser über. Einzelne grüne Flecken lassen sich entfernen; sind große Stellen oder die ganze Knolle grün, ist die Kartoffel ungenießbar. Beim Kochen sollte man nicht zu viel Wasser verwenden, um den Verlust an Vitamin C und Mineralien möglichst gering zu halten. Wichtig ist auch die Kocheigenschaft: Fest kochende Kartoffeln behalten beim Garen ihre Struktur und eignen sich gut für Salate, Bratkartoffeln, Gratins und Pellkartoffeln. Als vorwiegend fest kochend bezeichnet man Sorten mit mittelfester bis leicht mehliger Konsistenz; sie sind ideal als Beilage für Gerichte mit viel Sauce, für Salz-, Pell- und Bratkartoffeln. Gut für Pürees, Klöße, Reibekuchen, Rösti und Kroketten sind mehlig kochende Sorten aufgrund des hohen Stärkegehalts.

SOLANACEAE

Unwiderstehlich
Aromatische Tomaten

Unter südlicher Sonne entwickeln Tomaten besonders viel Aroma. Links eine 'Cuore di bue' – Ochsenherz – aus Italien. Diese große, stark gerippte Fleischtomate ist auch bei uns gelegentlich im Handel. Ausgereifte Früchte sind schwer zu transportieren und werden in der Regel vor Ort verkauft und gleich zu »Pelati«, »Sugo« oder auch zu Tomatenmark weiterverarbeitet.

> **→ Tomaten mögen keine Kälte!**
> Tomaten vertragen in der Regel keine Temperaturen unter 10 °C. Daher gehören sie auch nicht in den Kühlschrank. Grüne Früchte reifen am besten an einem warmen, feuchten und dunklen Ort nach. Ideal sind Temperaturen von 18 bis 20 °C und eine Luftfeuchtigkeit von ungefähr 90 %.

Tomate, Liebesapfel, Paradies-, Goldapfel (*Lycopersicon esculentum*), engl. love apple, tomato, frz. tomate, pomme d'amour. Die Tomate ist nach der Kartoffel die weltweit wohl bedeutendste Nutzpflanze aus der Familie der Nachtschattengewächse. Auch geschichtlich gibt es Ähnlichkeiten zur Kartoffel: Als Ursprungszentrum der Tomate gilt Peru/Ecuador. Die ersten Kulturformen entstanden vermutlich in Mexiko, von wo aus die spanischen Eroberer die in Lateinamerika »tomatl« genannten Pflanzen und Früchte im 16. Jahrhundert nach Europa brachten. Sie breiteten sich von hier in die ganze Welt aus. Es dauerte allerdings weitere 200 Jahre, bis die Europäer die vermeintlich giftige Zier- zur Gemüsepflanze machten. In Deutschland blieb die Tomate jedoch bis zum Ers-

Runde Tomaten, hier die meist auf Substrat gezogene 'Solario,' haben 2 bis 3 Fruchtkammern und viele gelbliche Samen, eingebettet in eine gallertartige Masse. Sie dominieren auf dem deutschen Markt.

Fleischtomaten sind großfrüchtig, rund bis halbrund und leicht bis stark gerippt. Sie besitzen mehr als vier Fruchtkammern, mehr Fruchtfleisch, weniger Samen und sind meist besonders schnittfest.

1 Tomatenanbau unter Glas funktioniert in den Niederlanden und Belgien vollklimatisiert. Auch pflanzt man die Tomaten nicht in Erde, sondern in Topfsubstrat, Steinwolle oder Fließrinnen mit Nährlösung.

2 Zum Pflücken bedient man sich der auf den Heizungsrohren rollbaren Erntewagen. In größeren Gewächshäusern funktioniert der Weitertransport oft in Wasserkanälen.

3 Die Ernte per Erntewagen garantiert die Unversehrtheit der Tomaten. Die Pflücker fahren damit die langen Reihen der in Nährlösung »badenden« Pflanzen ab und pflücken die nicht ganz ausgereiften Früchte per Hand.

4 In den Wagen bringen die Pflücker ihre Ernte dann zur Sortierung. Der Transport der Tomaten zur Farb- und Größensortierung in Wasserkanälen spart Zeit, Arbeitskraft und ist zudem besonders schonend.

5 Am Ende des Kanals werden die Früchte von Förderbändern aufgenommen, bevor sie dann in Kisten verpackt in den Handel kommen.

6 Die Niederländer optimieren ihr Produkt mehr und mehr: Die im Vergleich zu früher teils wesentlich aromatischeren Früchte können fast das ganze Jahr über bei gleich bleibenden klimatischen Bedingungen geerntet und vermarktet werden.

ten Weltkrieg ein Exot. Heute steht sie in Deutschland beim Gemüseverbrauch jedoch an allererster Stelle – noch vor Zwiebeln oder Gurken. Der Anbau von Tomaten ist in Deutschland gering; so wird fast der gesamte Bedarf aus Importen aus dem Ausland gedeckt. Die wichtigsten Freiland-Anbauländer sind Italien, Spanien, Türkei, Griechenland und Bulgarien. Im Unterglasanbau führen Belgien und die Niederlande in Europa. Weltweit größte Tomatenerzeuger sind die USA, Russland, China und Ägypten. Die 1-jährig kultivierte Tomatenpflanze, eigentlich eine Staude, wächst bis zu 1,5 m hoch. Die mit Drüsenhaaren besetzten Stängel und Blätter verleihen den Früchten ihren typischen Geruch. An den mehr oder minder verzweigten Stängeln hängen in Trauben die gelben Blüten und die gelben, rosa, orangefarbenen, roten oder violetten Beerenfrüchte. Es gibt etliche Sorten, die sich vor allem in Form, Größe und Gewicht unterscheiden. Am meisten gefragt sind runde oder hochrunde Tomaten, die bis zu 100 g wiegen. Für die Färbung maßgebend ist die Farbe der Fruchthaut und des Fruchtfleischs, die hauptsächlich durch Lycopin und Carotin hervorgerufen wird. Die Farbintensität wird durch Licht gefördert und durch zu hohe oder zu niedrige Temperaturen gehemmt. Den Geschmack bestimmt hauptsächlich das Verhältnis von Zucker und Fruchtsäuren. Während der Reife nimmt der Zuckergehalt zu, während gleichzeitig die Gesamtsäure abnimmt. Vom Verzehr unreifer, grüner Tomaten ist abzuraten, da sie das Alkaloid Solanin enthalten, welches Kopfschmerzen und andere Beschwerden verursachen kann. Reife Tomaten sind hingegen ein wahres Wunder an Wirkstoffen: Zunächst einmal liefern sie ein natürliches Mittel gegen schlechte Laune. Vollreife Tomaten enthalten reichlich Tyramin, ein Umwandlungsprodukt der Aminosäure Tyrosin, das den Blutzuckerspiegel hebt. Zudem stecken in der Tomate viele B-Vitamine, Provitamin A, Vitamin C sowie Zink und Chrom. Damit vertreiben Tomaten Müdigkeit, heben die Stimmung, wirken schlaffördernd und zellverjüngend.

Von rund bis oval
Bunter Tomatencocktail

In der Gegend von Neapel werden sonnengereifte, hocharomatische Tomaten an den Wänden der Häuser zum Trocknen aufgehängt. Bei uns gibt es diese würzige Spezialität in Olivenöl eingelegt als »Antipasto« zu kaufen.

Doch das ist noch nicht alles: Zudem enthalten Tomaten Lykopene, eines der 600 Karotene. Lykopene sind als besonders wirksame Krebshemmer bekannt und schützen darüber hinaus noch die Schleimhäute, helfen Infarkten und Altersblindheit vorbeugen.

Cocktailtomate, Kirschtomate (*Lycopersicon esculentum* var. *cerasiforme*), engl. cherry tomato, frz. tomate cerise. Neben der bei uns bekanntesten Kirschtomate gibt es 3 weitere Varietäten: L. *esculentum* var. *pyriforme*, die so groß wie Kirschtomaten sind, aber birnenförmig; var. *pruniforme* ist von gleicher Größe, aber pflaumenförmig; var. *ribesiforme* ist die kleinste aller Tomaten.

Tomatillo, Mexikanische Blasenkirsche (*Physalis philadelphica*), engl. jamberry, Mexican husk tomato. Die Heimat der Wildformen und Anbaugebiet der heutigen Kulturformen ist in den Regionen von Südtexas bis Guatemala zu suchen. Die tomatenähnlichen Verwandten der Kap-Stachelbeere (*Physalis peruviana*) werden nur bis zu 5 cm groß, bleiben jedoch meist kleiner.

'Conchita' ist eine Kirschtomatensorte, die auch als Rispentomate in den Handel kommt. Ihre Früchte sind tiefrot, süßlich und aromatisch.

'Locarno' heißt diese gelbe, runde Sorte, die als Rispentomate oder lose angeboten wird. An der Rispe bleiben die Früchte relativ lange frisch.

Rote Flaschentomaten sind süß und enthalten viel Fruchtfleisch, jedoch nur wenig Samen. Gut für Salate, des leichten Schälens wegen ideal zum Einkochen.

'Yellow pear', eine birnenförmige, sehr alte und ertragreiche gelbe Sorte. Die festen Früchte – hier aus puertoricanischem Anbau – enthalten wenig Säure.

Grüne Tomate, Tomatillo. Sie ist in Mexiko für Chilis beliebt. Die Beeren werden nur gekocht gegessen.

'Gehörnte der Anden', mittelfrühe, aromatische, rote Tomatensorte mit fleischigen Früchten, die in der Form Spitzpaprika gleichen, wenig saftig.

'Roma' ist eine der klassischen italienischen Eiertomatensorten mit hohem Fleischanteil und intensivem Aroma. Ideal für Suppen, Saucen und Salate.

→ Tomaten nicht nur roh essen

Da die wertvollen Karotene der Tomate tief in den Zellwänden stecken, liefern erhitzte Tomatenprodukte im Vergleich zu rohen Früchten ein Vielfaches an Lykopin. Bei der rohen Frucht beträgt der Anteil 3 mg/100 g, während der Lykopingehalt in Tomatensauce 10 mg und in Tomatenmark sogar 42 mg/100 g beträgt. Zur besseren Aufnahme der wertvollen Wirkstoffe sollte man Tomaten auch mit etwas Öl erhitzt essen.

'Favorita' ist eine häufig angebaute, rote Kirschtomatensorte, die kleine, saftig-süße und tiefrote Früchte liefert. Ideal für Vorspeisen und Salate.

Eiertomaten werden vor allem in Italien in sehr großen Mengen auf Sizilien sowie in Kampanien rund um den Vesuv im Freiland angebaut.

Blätter oder Wurzeln
Gesund und aromatisch

Von der Stinkdistel werden nur die Blätter als Gemüse verwendet. In Thailand für scharfe und saure Suppen.

Die Arracacha ist eine bis zu 1 m hohe Pflanze mit sellerieähnlichen Blättern und 15 bis 20 cm langen stärkereichen Wurzeln. Wird jung verzehrt.

Kerbelrüben haben mehlig-süßes Fleisch. Man kann sie wie Kartoffeln rösten oder kochen. Wohlschmeckend und mineralstoffreich, wenig kultiviert.

Pastinaken sind in den USA ein klassisches Weihnachtsgemüse. Die aromatischen Wurzeln werden ab Oktober geerntet.

Die Kapuzinerkresse mit ihren trichterförmigen, orangefarbenen bis roten Blüten und flachen Blättern ist nicht nur eine Zierde für den Garten. Die bunten Blüten schmücken auch Salate, Suppen oder feine Eierspeisen und bereichern diese mit ihrem pikanten Geschmack. Auf den Markt kommt Kapuzinerkresse hier zu Lande nur selten, allenfalls in der Zeit von Juli bis Oktober aus französischen Importen. Leicht lässt sie sich aber im eigenen Garten selber ziehen, auch als Kübelpflanze auf dem Balkon.

Tropaeolaceae (Kapuzinerkressengewächse). Der Namensgeber für diese Familie der neuweltlichen Kletterpflanzen ist die Gattung *Tropaeolum*, deren rund 35 Arten sämtlich aus Südamerika stammen.

Kapuzinerkresse, Blumenkresse (*Tropaeolum majus*), engl. (common) nasturtium, frz. capucine, cresse du Pérou. Die den meisten von uns als Zierpflanze bekannte Kapuzinerkresse sowie ihre Knollen bildende Schwester T. *tuberosum* können auch als Gemüse genutzt werden. Die flachen, schild- bis nierenförmigen Blätter der Staudenpflanze enthalten neben Mineralstoffen vor allem Vitamin C sowie ein natürliches Antibiotikum. Ihren leicht scharfen Geschmack verdanken sie einem Senföl-Glykosid. Auch die großen, orangegelben bis scharlachroten Blüten sind essbar.

Umbelliferae (Apiaceae) (Doldenblütler). Die Familie der Doldenblütler umfasst ungefähr 300 Gattungen mit rund 3.000 Arten, davon werden etwa 75 als Kulturpflanzen genutzt.

Stinkdistel (*Eryngium foetidum*), engl. fitweed. Die bei uns geschützte Stranddistel ist eine enge Verwandte dieser Edeldistel, die aus Süd- und Mittelamerika stammt.

Die Stinkdistel dient als Gemüse, Gewürz und auch als Droge und wird heute in Kuba, Liberia, Brasilien, Kambodscha und Thailand angebaut. Bei uns kommt sie so gut wie nie in den Handel.

Die Wurzelpetersilie, im südöstlichen Mittelmeerraum beheimatet, wird heute weltweit angebaut. Sie ist ein typisches Wintergemüse.

Glatte Petersilie ist aufgrund ihres intensiveren Geschmacks und Aromas die bessere Wahl, wenn kräftiger Petersiliengeschmack erwünscht ist. Dieser passt zu sehr vielen Gerichten.

Die krausblättrige Blattpetersilie eignet sich besonders gut zum Garnieren von Salaten, Suppen oder kalten Platten; wird aber ebenfalls viel zum Würzen verwendet.

Arracacha, Peruanische Möhre (*Arracacia xanthorrhiza*), engl. Peruvian parsnip, Peruvian carrot, span./südamerik. Arracacha. Diese indianische Kulturpflanze sieht dem Sellerie sehr ähnlich. Schon von den Inkas wegen ihrer wohlschmeckenden Wurzeln kultiviert, wird sie auch heute noch in den Hochländern Perus, Boliviens, Kolumbiens, Ecuadors und Venezuelas angebaut.

Kerbelrübe, Knollenkerbel, Rübenkerbel, Erdkastanie (*Chaerophyllum bulbosum* ssp. *bulbosum*), engl. turnip-rooted chervil, frz. cerfeuil tubéreux. Die Kerbelrübe stammt aus dem Gebiet von Nordeuropa bis Kleinasien. Das bei uns wild wachsende Kraut gilt als Delikatesse. Als Gemüse genutzt wird die Hauptwurzel, die gerade, eiförmig bis länglich, spindelförmig, knollig oder kugelig sein kann. 1,5 bis 10 cm lang, wird sie bis zu 200 g schwer.

> **→ Gemüse-, Gewürz- & Heilpflanzen**
> Die bei uns aus der Familie der Doldenblütler (Umbelliferae) genutzten Arten stammen oft aus dem asiatischen und mediterranen Raum; einige wachsen in Europa wild. Die Stauden oder Kräuter zeichnen sich meist durch einen hohen Gehalt an Vitaminen, Mineral- und Aromastoffen und an ätherischen Ölen aus. Deshalb sind fast alle Arten dieser Familie nicht nur Gemüse, sondern auch als Gewürz- oder sogar als Heilpflanzen bekannt. Dazu zählen etwa Anis, Dill, Kerbel, Koriander, Kümmel, Liebstöckel, Pimpinelle, Kreuzkümmel oder Engelwurz.

Pastinake, Pasterna, Moorwurzel (*Pastinaca sativa* ssp. *sativa*), engl. parsnip, frz. patenais. Die zu den ältesten Sammelpflanzen der eurasischen Urbevölkerung zählende Pastinake war bis zu ihrer Verdrängung durch Kartoffel und Möhre Mitte des 18. Jahrhunderts ein wichtiges Nahrungsmittel. Hauptanbauländer sind heute England, Frankreich, Ungarn, die Niederlande und Skandinavien. Bei uns war das Wurzelgemüse lange Zeit weitgehend in Vergessenheit geraten und wurde auch kaum kultiviert, erst in den letzten Jahren erlebt es dank den Einflüssen der Vollwert- und Naturkostküche eine kulinarische Renaissance.

Wurzelpetersilie, Petersilienwurzel (*Petroselinum crispum* convar. *radicosum*), engl. Hamburg parsley, parsley root, frz. persil racine. Die kräftigen, aromatischen Rüben der Wurzelpetersilie ähneln der der Pastinake stark. Petersilienwurzeln dienen vorwiegend als Suppengewürz; doch sie eignen sich auch als Kochgemüse, zum Pürieren oder als Basis für eine Cremesuppe. Im Handel sind sie ab Oktober/November. Die Blätter der Pflanze können wie Blattpetersilie verwendet werden.

Petersilie, Blattpetersilie, Schnittpetersilie (*Petroselinum crispum* convar. *crispum*). Man unterscheidet glatt- und krausblättrige Petersilie. Beide verdanken ihren würzigen Geschmack dem ätherischen Öl Apiol. Neben dem hohen Eisen- und Eiweißgehalt zeichnet sich Blattpetersilie vor allem durch ihren hohen Vitamin-C-Gehalt aus (166 mg/100 g).

UMBELLIFERAE

Wirkstoffreich
Sellerie & Möhren

Die Wildform, *Apium graveolens* var. *graveolens*, aus der sich Sellerie entwickelt hat, stammt aus dem Mittelmeerraum. 3 Varietäten werden heute gehandelt: Stauden-, Knollen- und Schnittsellerie.

Staudensellerie, Bleichsellerie, Stiel-, Stangensellerie (*Apium graveolens* var. *dulce*) engl. celery, frz. céleri à côtes, bildet nur schwach angedeutete Knollen aus, der Wuchs erfolgt hauptsächlich oberirdisch. Bei vielen älteren Sorten musste der Sellerie durch Anhäufeln von Erde oder Abdecken gebleicht werden, bei neueren selbstbleichenden Sorten ist dies nicht mehr nötig. Gute Qualität erkennt man an makellosen, knackigen Stielen.

Knollensellerie, Wurzelsellerie (*Apium graveolens* var. *rapaceum*), engl. celeriac, frz. céleri-rave, wird vom Mittelmeer bis Skandinavien angepflanzt.

Die Hauptproduzenten der faustgroßen, kugeligen Wurzelknollen mit der rauen, gelblich weißen oder graubraunen Schale sind neben Frankreich und Deutschland auch die Niederlande und Belgien. Knollensellerie wird zu 50 % von der Industrie zu Essiggemüse verarbeitet. Sein Fleisch ist weißlich und schwammig bis fest. Durch seinen Gehalt an ätherischen Ölen (Terpene), die Bakterien und Pilze im Körper töten sowie an B-Vitaminen, die die Konzentration fördern und den Kohlenhydratstoffwechsel stimulieren, ist Sellerie sehr gesund.

Schnittsellerie (*Apium graveolens* var. *secalinum*), engl. cutting celery, soup celery, frz. céleri à couper. Schnittsellerie ist dem Wildsellerie noch sehr ähnlich. Wie Bleichsellerie bildet auch der Schnittsellerie keine Knolle, sondern wird der aromatischen Blätter wegen angebaut.

Möhre, Karotte, Mohrrübe, Wurzel, (Gelbe) Rübe (*Daucus carota* ssp. *sativus*), engl. carrot, frz. carotte. In Südeuropa und Asien oft anzutreffende Wildformen lassen auf ein ausgedehntes Ursprungsgebiet der Möhre auf zwei Kontinenten schließen. Sie ist heute eines der wichtigsten Gemüse überhaupt und wird weltweit angebaut. Die Farbe der Wurzeln variiert von Weiß bis Gelblich und Orangerot bis Violett. Wesentliches Merkmal für die Beurteilung der Qualität von Möhren ist das Verhältnis zwischen dem saftigen, wirkstoffreichen Fruchtfleisch der Rinde und dem blasseren Holzkörper im Inneren, das auch als Mark oder Herz bezeichnet wird. Der Gehalt an Beta-Carotin, der Vorstufe zu Vitamin A, dem wichtigen Augen-Vitamin, ist bei Möhren besonders hoch.

Schnittsellerie ähnelt äußerlich der Glatten Petersilie; ihre Blätter schmecken jedoch intensiv nach Sellerie. Sie dienen als Suppenwürze und lassen sich vorzüglich trocknen.

→ **Karotene**
Möhren enthalten nicht nur Beta-Carotin, sondern viele weitere Karotene, aus denen kein Vitamin A gebildet wird. Auch sie sind für den Menschen sehr wertvoll, da sie wie ein Schutzschild für Haut und Körperzellen fungieren. Karotene zählen zu den Antioxidantien und unterbinden die Schädigung des Zellkerns durch freie Radikale. Sie hemmen nicht nur Krebs; Karotene schützen auch vor Herz-Kreislauf-Erkrankungen oder Grauem Star.

Staudensellerie. Die kräftig grünen bis dunkelgrünen, ungebleichten Stangen schmecken fast immer genauso zart wie die hellen gebleichten Stangen.

Bleichsellerie musste früher gebleicht werden, heute gibt es selbstbleichende Sorten aus England und den USA. Roh schmeckt er im Salat, gegart als Gemüse.

Der heimische Knollensellerie schmeckt roh nicht nur im Waldorf-Salat. Mitgekocht wird er in Suppen und auch panierten Selleriescheiben schmecken gut.

Möhrenernte auf Sizilien: In der Umgebung von Syrakus, dem Hauptanbaugebiet von Möhren auf der Insel, werden die orangerot gefärbten, festfleischigen Möhren für den Frischmarkt angebaut. Von dort werden sie in den Wintermonaten auch nach Deutschland importiert und kommen dann, meist in Poly- oder Netzbeutel verpackt, bei uns in den Handel. Auf dem Speiseplan sollten Möhren sowohl roh als auch gekocht stehen. Die Ballaststoffe des rohen Gemüses regen die Darmtätigkeit an; serviert man sie zerkleinert und gekocht, in Verbindung mit etwas Fett wie Nüssen oder Öl, steigert dies die Wirkstoffausbeute.

Als Bundmöhren werden im Handel meist frühe Sorten, immer aber jung geerntete Möhren mit Grün angeboten.

Die kleinen runden **Pariser Karotten** sind sehr süß und werden überwiegend für die Konservenindustrie angebaut.

Viel Aroma
Fenchel & Co

Fenchel (*Foeniculum vulgare*) stammt aus Vorderasien und dem Mittelmeergebiet, wo er in trockenen, steinigen Gegenden auch heute noch wild wächst. Neben dem Pfefferfenchel (ssp. *piperitum*), der in Italien auch als Gemüse kultiviert wird, dem süßen (var. *dulce*) und dem bitteren (var. *vulgare*) Fenchel, ist hauptsächlich der Knollen- oder, genauer gesagt, der Zwiebelfenchel von Interesse.

Gemüsefenchel, Knollenfenchel, Zwiebelfenchel, Italienischer Fenchel (*Foeniculum vulgare* ssp. *vulgare* var. *azoricum*), engl. (Florence) fennel, frz. fenouil de florence. Hauptanbaugebiete sind Süditalien, Südfrankreich, Spanien, Griechenland und Nordafrika. Um das im Sommer durch die langen Tage hervorgerufene Ausschossen zu vermeiden, ist Fenchel im Mittelmeerraum zu einer Winterpflanze geworden mit der Haupterntesaison von Oktober bis Mai. Die gerippten Blätter sind an der Basis fleischig verdickt und bilden eine zwiebelförmige Knolle, die weiß bis grünlich weiß ist.

Urticaceae. Brennnessel (*Urtica*), engl. nettle, franz. ortie. Sie ist in den gemäßigten Zonen aller Erdteile zu finden. Die **Große Brennnessel** (*Urtica dioica*) wird bis zu 1,50 m hoch, die **Kleine Brennnessel** (*Urtica urens*) bringt es nur auf etwa 30 cm. Beide Sorten haben mit Nesselgift gefüllte Brennhaare und hinterlassen bei Berührung juckende Ausschläge auf der Haut. Sie gelten als potentes Heilkraut, sind erstaunlich vitamin- und mineralstoff-, aber leider auch sehr nitratreich.

Wilder Fenchel kommt im Frühjahr in Italien gelegentlich auf den Markt, hier in Palermo. Der stark verwurzelte wilde Fenchel hat längliche, kleinere Knollen und schmeckt wesentlich intensiver als Gemüsefenchel. Bei uns ist der wilde Fenchel kaum erhältlich.

Gemüsefenchel kann je nach Sorte unterschiedlich geformte Knollen ausbilden: lang gestreckte und schmale wie oben, oder auch kugelige Knollen wie im Bild rechts. Qualitätskriterien sind zum einen das leuchtende, fedrige Grün, zum andern die frischen Schnittstellen an den Stängeln.

Verwendung findet Fenchel roh als Salat oder auch geschmort, gedünstet oder überbacken. Sehr beliebt ist das Gemüse mit dem anisartigen Geschmack im Mittelmeerraum. Durch seinen hohen Gehalt an Vitamin-C und an schleimlösenden ätherischen Ölen ist er sehr gesund.

Valerianaceae. **Feldsalat, Rapunzel,** Vogerlsalat, Ackersalat, Nüsslisalat *(Valeriana locusta)*, engl. corn salad, frz. doucette. Das anspruchslose Kraut ist in Europa und Asien weit verbreitet, wird erst seit Beginn dieses Jahrhunderts kultiviert und nur roh als Salat gegessen.

Vitaceae. Weinblätter, Traubenblätter *(Vitis vinifera)*, engl. vine leaves. Die Blätter von Weinpflanzen kommen bei uns fast nie in den Handel, aber jung geerntet kann man sie in Griechenland und der Türkei auf allen Märkten finden.

Zingiberaceae (Ingwergewächse). Diese Familie umfasst 47 Gattungen und 1.400 Arten mehrjähriger tropischer Stauden mit stärkehaltigen, fleischigen Rhizomen. Pflanzen dieser Familie sind oft reich an ätherischen Ölen und wegen ihrer würzenden Eigenschaft geschätzt.

Ingwer *(Zingiber officinale)*, engl. ginger, frz. gingembre. Der fruchtig-scharf schmeckende Ingwer ist in Westindien heimisch, wird heute jedoch in vielen tropischen Gegenden kultiviert, so zum Beispiel in Indien, Malaysia, China, aber auch in Kenia oder Brasilien. Bei den Wurzeln handelt es sich um die Rhizome einer schilfartigen, bis zu 1,5 m hoch wachsenden Pflanze. Importe der getrockneten Wurzeln, aber zunehmend auch der frischen Rhizome, kommen vorwiegend aus Indien, Formosa oder aus Nigeria.

Myoga, Japan-Ingwer *(Zingiber mioga)*, engl. Japanese ginger, mioga ginger. In Japan und China beheimatet, wird er heute dort und auf Hawaii kultiviert. Die Wurzeln gelten im Vergleich zu Ingwer als minderwertig, jedoch zählen die Blütenstände und Knospen der Pflanzen in den Anbauländern zu den geschätzten Delikatessen.

Galgant ist eine Sammelbezeichnung für Pflanzen der Gattung *Alpinia*. Sie kommen im tropischen und subtropischen Asien vor. Die Rhizome enthalten oft Bitterstoffe (Galangol) und werden als würzende Zutat für die Likörherstellung, aber auch als Würzgemüse verwendet.

Großer Galgant, Galangawurzel, Thai-Ingwer *(Alpinia galanga)*, engl. greater galangal, frz. galanga de l'Inde. Man pflanzt den Großen Galgant wegen seines stark würzigen und angenehmen Geruchs sowie des Geschmacks seiner Wurzeln (Rhizome) hauptsächlich in Malaysia und auf Java an. Die Ernte ist schon nach 6 Monaten möglich.

← **Die kleine Brennnessel** ist ein Wildkraut, wird aber auch kultiviert. Weil die Blätter schnell welken, kommen die Pflanzen in Saatschalen in den Handel. Für Salate und Suppen.

Feldsalat, ein frosthartes → Kraut, ist im Winter und Vorfrühling erhältlich. Zum Putzen der gesunden, je nach Sorte unterschiedlich großen Blattrosetten braucht es allerdings etwas Geduld.

← **Weinblätter** sind bei uns – im Gegensatz zum östlichen Mittelmeerraum – nur selten frisch erhältlich. Meist sind die als Hülle für Füllungen genutzten Weinblätter aber konserviert im Handel.

Ingwerwurzeln, in Asiens → Küchen unverzichtbar, sind heutzutage auch bei uns oft frisch im Handel. Ihren typischen Geschmack verdanken sie den enthaltenen ätherischen Ölen.

← **Die Knospen des Japan-Ingwers** gelten in ihrer Heimat als Delikatesse und sind ein beliebtes Suppengewürz. Auch die jungen Blätter und Triebe werden als Würzgemüse genutzt.

Vom großen Galgant wer- → den die Rhizome (rechts im Bild) als würzende Zutat genutzt; Stiele, Blätter und sehr junge Wurzeln kocht man in asiatischen Ländern in Gemüsegerichten mit.

Meeresgemüse
Braun- und Grünalgen

Nori, in Japan eine der wichtigsten Algenarten. Aus ihr werden die Nori-Blätter für Sushi hergestellt.

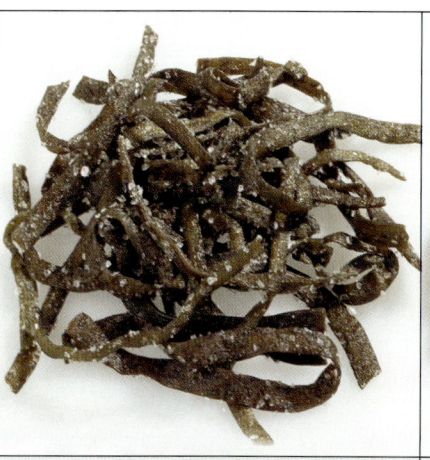

Haricot vert de mer, Meeresspaghetti. Die lange, dunkle Alge ist reich an Vitaminen und Spurenelementen und wird vor der Bretagne kultiviert.

Wakame ist – frisch oder getrocknet – nach der Nori in Japan die zweitwichtigste Alge. Sie ergibt zerstoßen ein mineralstoffreiches Würzmittel.

Dulse ist eine Rotalge, die in den kalten Küstengewässern des Atlantiks wie des Pazifiks gedeiht.

Algenhändler in Tokio. Die getrockneten Algen werden en gros angeliefert und erst vor Ort in handlichere Portionen abgepackt und zum Verkauf vorbereitet.

Von allen Pflanzen scheinen Arten, die ausschließlich im Meer wachsen, mit Abstand die fremdartigsten zu sein. Tatsächlich aber haben die Japaner schon vor 10.000 Jahren die pflanzlichen Reichtümer des Meeres für sich entdeckt und Algen in ihre Küche aufgenommen.

Die als Algen (von lateinisch alga, Seegras) bekannten, essbaren Meerespflanzen gehören ganz unterschiedlichen Familien an. Rund 30 verschiedene Rot- und Grünalgen, hauptsächlich *Porphyra*-Arten, werden unter dem Namen Nori gehandelt. Die bedeutendsten: *Porphyra umbilicalis*, *Porphyra tenera*, *Porphyra yezoensis* und *Porphyra haitanensis*.

Nori ist wichtig aus kulinarischer wie auch aus wirtschaftlicher Sicht: Die jährliche Ernte des auf floßähnlichen Gittern kultivierten Meeresgemüses liegt in Japan bei 300.000 t Frischgewicht. Die weit verbreitete Art *Porphyra umbilicalis* ist nicht nur in Japan zu Hause, sondern auch an den Küsten des Atlantiks, der Nord- und Ostsee, den pazifischen Küsten Nord-und Südamerikas bis hin zu ostasiatischen Küsten und den Stränden Hawaiis. Sie heißt in Irland Sloke, in Wales Laver und wird dort frisch als Gemüse gegessen. In Großbritannien liegt die Ernte immerhin bei 200 t pro Jahr.

Susabi-Nori (*Porphyra yezoensis*) gedeiht am besten an Küsten mit kalter Strömung und ist heute in allen japanischen Anbaugebieten vorherrschend.

Laitue de mer. Mild im Geschmack erinnert diese Grünalge frisch in Geruch und Aussehen an Salat.

Um Noriblätter zu erhalten, hackt man frische Algen in Stücke und presst sie zwischen Bambusmatten. Unten: zarte Arame-Algen.

Kombu, eine Braunalgenart. Die besten Sorten wachsen vor der nordjapanischen Küste. Getrocknet ist sie eine unentbehrliche Zutat für Dashi.

Hijiki, japanische Braunalge mit intensivem Meeresaroma. Wird auch getrocknet für Suppen und Gemüsegerichte verwendet.

Kombu *(Laminaria japonica)*, engl. kelp, dt. Zuckerriementang. Die bekannteste Kombu-Art mit breiten, glänzenden Blättern gedeiht in kühlen Gewässern bis höchstens 25 °C vor Japans, Koreas und Sibiriens Küste, aber auch in der Bretagne.

Kombu wird hier seit etwa 50 Jahren intensiv kultiviert, in Japan bereits seit 300 Jahren. Durch den hohen Gehalt an geschmacksverstärkender Glutaminsäure lässt sich aus den Blättern eine intensiv schmeckende Brühe (Dashi) zubereiten.

Wakame *(Undaria pinnatifida)*, eine der wichtigsten Arten Japans. Sie wird getrocknet und frisch gegessen. Ihr Nährwert ist mit 13 % Eiweiß beachtlich, zudem enthält sie viel Calcium. Getrocknet und zerstoßen ergibt Wakame ein mineralstoffreiches Würzmittel für Reis und Getreide.

Hijiki *(Hizikia fusiformis)* ist eine der mineralstoffreichsten Pflanzen: Sie enthält beispielsweise vierzehnmal soviel Calcium wie Kuhmilch.

Arame *(Eisenia bicyclis)* wird in Europa wegen ihrer leicht eichblattähnlichen Blätter auch Meereseiche genannt. Sie wächst an vielen Pazifikküsten wild auf Felsengestein wenige Meter unter der Wasseroberfläche.

Dulse *(Palmaria palmata)* gedeiht in den kalten Küstengewässern des Atlantiks und des Pazifiks; als Nahrungsmittel wird sie in Island, Nordamerika und den Mittelmeerländern verwendet. An der bretonischen Küste wird sie mit gutem Erfolg kultiviert und frisch für die Gastronomie exportiert.

Haricot vert de mer, Meeresspaghetti *(Himanthalia elongata)*, erfolgreich in der Bretagne kultivierte, lange, dunkle Algen, die reich sind an Spurenelementen und Vitaminen. Sie werden zunehmend für die Gastronomie frisch exportiert.

Laitue de mer, Meeressalat, Ulve *(Ulva lactuca)*, engl. sea lettuce, jap. Aosa. Diese Grünalge wird aus der Bretagne frisch exportiert, bei uns ist sie erst seit einiger Zeit im Handel. Laitue de mer ist mild im Geschmack, erinnert getrocknet in Geruch und Aussehen an Spinat und frisch, wie der Name andeutet, jedoch eher an Salat.

Wakame kochen

Die Algen gründlich wässern, in einen Topf mit kochendem Wasser einlegen und die Algen 1/2 Minute aufkochen. In Eiswasser abschrecken, ausbreiten und die Mittelrippe entfernen.

Küchenpraxis
Profi-Tipps

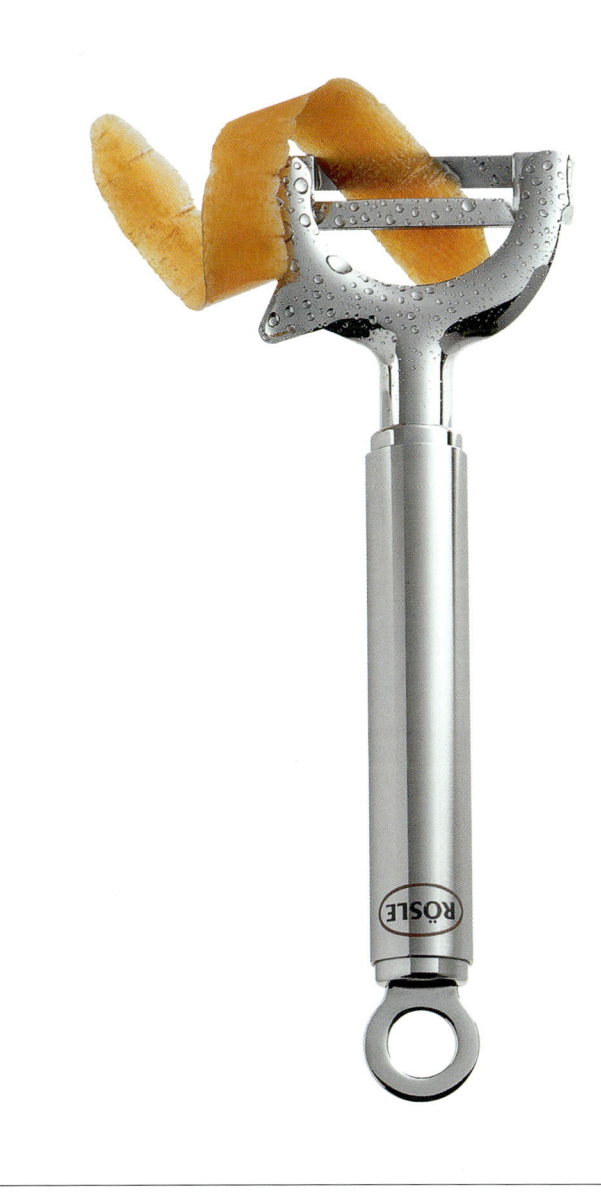

Der richtige Umgang mit den Zutaten ist die Voraussetzung für das Gelingen der Gemüserezepte. In der Küchenpraxis wird – Schritt für Schritt in Bildfolgen – gezeigt, wie man Gemüse schneidet, Sprossen selbst zieht oder Grundfonds zubereitet.

→ Wenn nicht anders angegeben, sind alle Rezepte für 4 Portionen berechnet.

Gemüse vorbereiten
Waschen & Schälen

Den Stielansatz vom Kopfsalat mit einem scharfen Messer kreisförmig herausschneiden. Die Blätter lösen sich so ganz leicht voneinander.

Säubern | Rettich und andere Gemüse, deren Schale mitgegessen werden kann, besonders gründlich unter fließendem Wasser waschen, unebene Oberflächen sauber bürsten. So wird nicht nur Schmutz, sondern etwa auch giftiges Blei entfernt, das sich bei Händlern in Straßennähe auf der Schale ablagert.

Knollensellerie mit einer Bürste unter fließendem Wasser waschen. Falls viel Erde anhaftet, den Sellerie für kurze Zeit ins Wasser legen.

Kleinere Knollen im Ganzen mit einem scharfen Messer in dicken Streifen abschälen. Große Exemplare vorher vierteln oder in Scheiben schneiden.

Vom Kohlrabi zuerst die Blattstiele abschneiden. Die zarten Blättchen eventuell zum Würzen oder Dekorieren verwenden.

Bei jungen Exemplaren die Haut einfach abziehen. Dabei immer vom Blattansatz ausgehen. Größere Knollen sollte man besser schälen.

Kartoffeln entweder vor dem Schälen waschen oder die Schale unter fließendem Wasser entfernen.

Die Augen mit dem am Rücken sitzenden Dorn des Sparschälers aus der Kartoffel herausstechen.

Nach dem Schälen die Kartoffeln in Wasser aufbewahren, damit sie sich nicht grau-braun färben.

Vom Stielmangold zuerst den Wurzelansatz mit einem großen scharfen Messer gerade abschneiden.

Einzelne Blätter flach auf eine Arbeitsfläche legen und den hellen Stiel mitsamt der Blattrippe herausschneiden.

Den Mangoldstiel quer einschneiden, dann lässt sich die zarte Schale in Richtung Wurzelansatz leicht abziehen.

Die Salatblätter in einer großen Schüssel mit Wasser vorsichtig bewegen, damit sich der Schmutz löst.

Zum Abtropfen die Blätter in einen speziellen Drahtkorb legen. Gut eignen sich hierfür auch spezielle Salatschleudern.

Den Korb an den Griffen nehmen, über dem Ausguss kräftig hin und her drehen, dabei das Wasser ausschleudern.

Die Schwarzwurzel mit einer Gemüsebürste unter fließendem kaltem Wasser gründlich säubern.

Mit einem Sparschäler die braunschwarze Schale der Wurzel zur Spitze hin dünn abschälen.

In Stücke geschnittene Schwarzwurzel sofort nach dem Schälen in mit Mehl und Essig versetztes Wasser legen.

Schneiden & Tournieren
Auf die Form kommt's an

Möhren würfeln: Dafür die Möhren mit einem scharfen Messer zuerst längs in dünne Scheiben schneiden.

Die Scheiben übereinander legen und der Länge nach in Streifen oder Julienne, wie der Fachmann sagt, schneiden.

Die Streifen quer in feine Würfel schneiden, wie man sie zum Beispiel für Saucen oder Mirepoix benötigt.

Zwiebeln würfeln: Geschälte Zwiebelhälfte auf die Arbeitsfläche legen und parallel eng einschneiden.

Ein- bis zweimal parallel zur Arbeitsfläche einschneiden, so dass die Zwiebelhälfte am Ende zusammenhält.

Die Zwiebel quer in Scheiben schneiden, durch die vorher gesetzten Schnitte fällt sie jetzt in feinen Würfeln auseinander.

Klassisch tournieren: Große Gemüsestücke zunächst grob zurechtschneiden, zum Beispiel vierteln.

Die Zucchiniviertel mit einem gebogenen Messer oval zuschneiden, zu den Enden hin spitz zulaufen lassen.

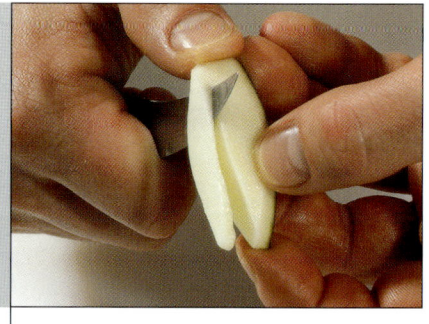

Das Fruchtfleisch auf der Innenseite von beiden Seiten etwas abflachen, damit die Stücke gleichmäßig garen.

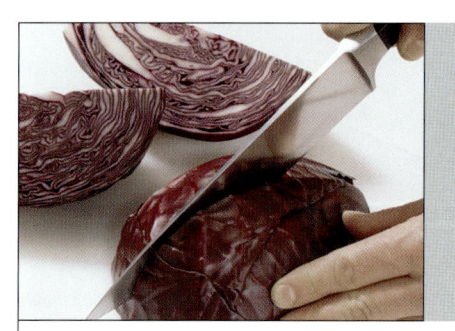

Rotkohl schneiden: Die Außenblätter entfernen und den Rotkohl mit einem großen scharfen Messer vierteln.

Die Viertel auf die runde Seite legen. Den Strunk mit einem schweren Messer großzügig keilförmig herausschneiden.

Kohlviertel auf die Schnittfläche legen und quer in dünne Scheiben schneiden; sie zerfallen dann von selbst in Streifen.

Grob oder fein schneiden, hacken, würfeln oder tournieren – wer Gemüse in die richtige Form bringen möchte, muss wissen, wozu es verwendet werden soll. Feine Würfel werden etwa für Saucen oder Schmorgerichte gebraucht, tourniertes Gemüse als Garnitur. Kohl und Wirsing schneidet man meist in Streifen. Und mit dem »Rollschnitt«, wie er aus den asiatischen Küchen bekannt ist, bekommt man ideale Stücke für das Braten im Wok. Wichtig ist dabei immer, dass alle Stücke gleichmäßig groß sind, damit sie gleichzeitig gar werden.

Für Mirepoix oder Soffritto – die klassische Gemüsemischung aus der französischen Küche und ihr italienisches Gegenstück – wird Wurzelgemüse in kleine bis sehr kleine Würfel geschnitten. Grob geschnittenes Gemüse eignet sich für Gerichte zum Beispiel als Einlage für deftige Suppen oder herzhafte Eintöpfe.

Fertig geschnittenes Gemüse sollte man nicht lange stehen lassen, denn die wertvollen Inhaltsstoffe gehen sonst verloren. Falls es wirklich einmal unvermeidlich ist, empfiehlt es sich, das Gemüse mit Folie zu bedecken und kühl zu stellen.

Das richtige Werkzeug

Beim Tournieren bringt man Wurzel-, Knollen- oder Fruchtgemüse in gefällige Formen, so dass sie auch als Dekoration dienen können. Dabei anfallende Reste können gut für Füllungen, Cremesuppen oder Pürees weiterverwendet werden.

Viel Werkzeug braucht man nicht: Ein Buntmesser erzeugt, einfach beim In-Scheiben-Schneiden, ein schönes Rillenmuster. Für Kugeln gibt es einen speziellen Kugelausstecher und für die meisten anderen Formen reicht ein scharfes, leicht gebogenes Küchenmesser, auch Tourniermesser genannt.

> → **Die richtige Fingerhaltung** beim Schneiden ist wichtig, damit man sich nicht verletzt. Besonders beim schnellen Arbeiten sollte man darauf achten, die Fingerspitzen senkrecht aufzusetzen und leicht nach innen zu knicken. Auf diese Weise gleitet das Messer am zweiten Fingergelenk entlang und die Fingerkuppen sind außer Gefahr.

Runde Gemüse wie Mairüben, Rote Bete oder Kohlrabi in gleichmäßig große Viertel, Achtel oder Spalten schneiden.

Rollschnitt: Längliche Gemüse diagonal in Stücke schneiden, dabei nach jedem Schnitt um ein Viertel drehen.

Mit dem Buntmesser bekommen Gurken oder Zucchini ein dekoratives Rillenmuster; auch für Möhren eine geeignete Technik.

Wirsing schneiden: Die Messerspitze gut fest halten und mit wippenden Bewegungen die Klinge herunterdrücken.

Chiffonade: Gewaschene, trockengeschleuderte Salatblätter – auch Spinat oder Sauerampfer – locker aufrollen.

Mit einem scharfen Messer in hauchdünne Streifen schneiden. Chiffonade eignet sich als Garnitur oder Einlage.

Mirepoix: Sehr fein gewürfelte Möhren, Sellerie und Zwiebeln in zerlassener Butter bei geringer Hitze hell anschwitzen.

Eventuell Lauch, Lorbeerblatt und Thymian mitschwitzen. Gut als Würzgemüse für Saucen und Schmorgerichte.

KÜCHENPRAXIS

Schön knackig
Gemüsegarnituren

Ausgefallene Garnituren aus Tomaten und Gurken (im Bild oben): Tomaten-Knospe und Tomaten-Seerose, Gurken-Vulkan und Gurken-Rosette. Die Radieschen (im Bild rechts) sind im Schachbrettmuster oder zackenförmig eingekerbt, beziehungsweise in Lampionform geschnitten. Nach dem Schnitzen sollte man sie kurz in Eiswasser legen.

Ein sehr scharfes Messer, etwas Zeit und eine ruhige Hand braucht man schon, um Gemüse-Dekorationen zu schnitzen. Ansonsten kann die auf dieser Seite gezeigten Arbeitsschritte jeder nachmachen. Der Fanatasie beim Abwandeln sind dabei keine Grenzen gesetzt. So wirkt zum Beispiel die Gurkenrosette noch edler, wenn man die Schlaufen mit einem winzigen Stückchen enthäuteter Tomate oder Olive füllt. Wichtig ist es, sehr sorgfältig zu arbeiten, sonst wirken die Garnituren ungleichmäßig oder lassen sich erst gar nicht in die gewünschte Form bringen.

Die richtige Verwendung

Nicht zu jedem Gericht sind geschnitzte Gemüse die richtige Garnitur. Sehr gut passen sie aber, beispielsweise Radieschen, zu einer Käseplatte. Als bunte Akzente auf einem Buffet machen die kleinen Kunstwerke immer eine gute Figur. Und auch einen Rohkostteller kann man mit Gemüse-Garnituren attraktiv präsentieren. Zum Beispiel passt die Gurkenrosette gut zu geraspelten Kohlrabi.

Nicht zuletzt können geschnitzte Gemüse, zum Beispiel die Tomaten-Knospe, bei manchen asiatischen Gerichten optische Akzente setzen – schließlich sind gerade die asiatischen Küchen berühmt für ihre kreativen Gemüsekunstwerke. Zur Dekoration von asiatischem Essen eignet sich auch eine Tomaten-Rose (ohne Abbildung) gut, die sich einfacher als die Knospe herstellen lässt: Man schält von der Tomate einen gleichmäßig breiten Hautstreifen ab; je länger, desto besser. Danach rollt man ihn auf – die glänzende Seite nach außen – und drückt ihn zu einer Rose zurecht.

> → **Radieschenmäuse:** Sie sind für einen Kindergeburtstag genau das Richtige (ohne Abbildung). Dafür die Radieschenwurzel als Schwanz stehen lassen. Das Radieschen an der Unterseite flach abschneiden, so dass es nicht mehr wegrollen kann. Auf der gegenüberliegenden Seite an einem Ende zwei schräge Schlitze einschneiden und Radieschenstücke als Ohren hineinstecken. Mit einem Zahnstocher zwei Löcher für die Augen vorbohren und kleine Gewürznelken hineinstecken. Die Mäuse passen als Garnitur auch gut zu einer herzhaften Käseplatte.

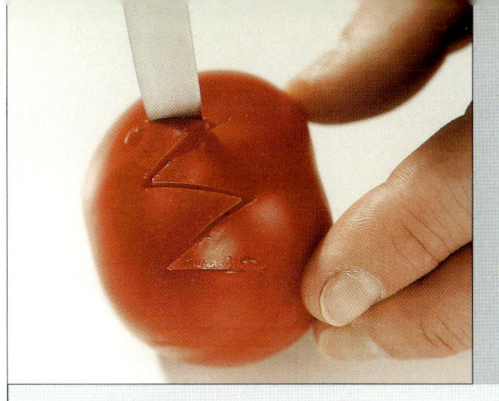

Tomaten-Seerose: Tomate an der Ober- und Unterseite flach abschneiden. Die Tomate zickzackförmig bis zur Mitte hin einschneiden.

Die Haut an den Zacken etwa 2 cm tief einschneiden, es sollte noch etwas Fruchtfleisch daran sein, und vorsichig etwas nach außen biegen.

Für die Tomaten-Knospe: Eine halbe Tomate auf der runden Seite mit einem kleinen scharfen Messer parallel keilförmig einschneiden.

Die Schalen der Seitenflügel 1 mm dick einschneiden und nach außen biegen. Die einzelnen Keile fächerförmig zu einer Spitze verschieben.

Gurken-Rosette: Ein 3 cm langes Gurkenstück längs halbieren, Schale einkerben. In Scheiben schneiden, so dass sie an einem Ende zusammenhängen.

Vorsichtig auffächern und jede zweite Gurkenscheibe mit Hilfe eines spitzen Messers zur Mitte hin umbiegen. So bleibt der Fächer in Form.

Gurken-Vulkan: Gurkenstück beidseitig bis 5 mm über der Arbeitsfläche einschneiden. Drei Zickzackschnitte dazwischensetzen.

Erst die Schale ein Stück weit, dann eine 1 cm dicke Lage Fruchtfleisch einschneiden. Die Streifen einzeln nach innen biegen und feststecken.

Kürbiskernsprossen. Die Keimdauer für Kürbiskerne beträgt 3 bis 4 Tage, dabei nur 1-mal täglich wässern.

Adzukibohnensprossen. Die Keimdauer beträgt bei ihnen etwa 5 Tage, die Samen 2-mal täglich wässern.

Schwarze Sojabohnenkerne 5 Stunden einweichen, 4 bis 5 Tage keimen lassen, dabei 2-mal pro Tag wässern.

Kichererbsen 6 bis 12 Stunden einweichen. Bis zu 5 Tage keimen lassen, dabei 2- bis 3-mal täglich wässern.

Kressesamen 4 Stunden einweichen. Ihre Keimdauer beträgt 5 bis 6 Tage, 2- bis 3-mal pro Tag befeuchten.

Gelbe Sojabohnensprossen. Die Samen 5 Stunden einweichen. Keimdauer 4 bis 5 Tage, 1- bis 2-mal/Tag wässern.

Mungbohnensamen keimen leicht, sie sind schon nach 3 bis 5 Tagen »fertig«, man sollte sie 2-mal/Tag wässern.

Sonnenblumenkerne 4 Stunden einweichen, 3 bis 5 Tage keimen lassen und dabei täglich 1-mal wässern.

Alfalfa-, Luzernesamen nicht einweichen, nur 1- bis 2-mal täglich befeuchten. Die Keimdauer beträgt 4 bis 5 Tage.

Kleine braune Linsen, Berglinsen brauchen ähnlich lange wie größere Linsen, jedoch kürzere Einweichzeit.

Für Rettichsprossen die Samen 4 Stunden einweichen, 3 bis 5 Tage keimen lassen, dabei 1-mal täglich wässern.

Linsensamen 6 bis 12 Stunden einweichen. Die Keimdauer beträgt 3 bis 4 Tage, pro Tag 1- bis 2-mal wässern.

Senfsamen zum Sprossen 4 Stunden einweichen. 3 bis 5 Tage keimen lassen, 1-mal alle 1 bis 2 Tage wässern.

Die Bockshornkleesamen 5 Stunden einweichen. Täglich 1- bis 2-mal wässern, Die Keimzeit beträgt 3 Tage.

Sesamsamen 4 Stunden einweichen und 3 bis 6 Tage dunkel keimen lassen, dabei 1-mal pro Tag wässern.

Leinsamen zum Sprossen 4 Stunden einweichen. Die Keimdauer ist 3 bis 6 Tage, 1- bis 2-mal täglich wässern.

Frisch und knackig
Keime & Sprossen

Sie sind klein und unscheinbar, dafür aber knackig und gesund. Während des Keimens vervielfältigt sich in den Sprossen der Vitamin- und Mineralstoffgehalt. Zusätzlich sorgen ätherische Öle und Ballaststoffe für einen kulinarisch und gesundheitlich hohen Wert.

Durch die wertvollen Inhaltsstoffe der Sprossen sind sie gerade im Winter eine optimale Bereicherung des Speiseplans: etwa als zusätzlicher Vitaminspender im Salat oder auch als Zutat in einem leckeren Pfannengemüse.

Schon kleine Mengen der knackigen Keime zeigen große Wirkung; es genügen meist schon 1/2 bis 1 EL Samen pro Salatportion. Nicht fehlen dürfen Sprossen auch bei bunten Gemüsegerichten aus dem Wok oder in der bekannten Frühlingsrolle. Hierfür sind Sojasprossen besonders beliebt, die reichlich Vitamin A und E, Vitamine der B-Gruppe, Eisen, Phosphor, Kalium, Magnesium und Calcium enthalten. Der Name »Sojasprossen« trügt allerdings, denn die Keimlinge wachsen nicht aus Sojabohnen, sondern aus den kleineren grünen Mung(o)bohnen.

In asiatischen Esskulturen ist die positive Wirkung der Keimlinge schon lange bekannt und wird in den Küchen entsprechend geschätzt. Aber auch hier zu Lande, gibt es mittlerweile bereits fertig gekeimte Sprossen in den Gemüseabteilungen der Supermärkte. Wer in puncto Qualität sicher gehen will, »züchtet« seine Sprossen am besten selbst.

Die einfachste Methode besteht darin, die gewünschte Menge an Samen in ein Einmachglas zu füllen, sie darin mit lauwarmem Wasser zu bedecken und das Glas mit einem Mulltuch luftdurchlässig zu verschließen. Nach der – je nach Samenart unterschiedlichen – Einweichzeit gießt man das Wasser ab, spült die Sprossen mehrmals durch und füllt frisches Wasser in das Glas. Nach 10 Minuten das Wasser abgießen und die Samen gut abtropfen lassen. Sie sollten feucht sein, da sie sonst vertrocknen, jedoch keinesfalls zu feucht bleiben, sonst verschimmeln sie. Bei ausreichender, konstanter Wärme (etwa 20 °C) und genügend Licht wird der Wachstumsprozess in Gang gesetzt. Schon nach ein paar Tagen können die selbst gezüchteten Sprossen dann »geerntet« werden. Der Handel bietet eine Reihe unterschiedlicher Keimgeräte an, die sich in der Funktion aber alle gleichen: Sie sollen die Samen gleichmäßig mit Feuchtigkeit versorgen und gleichzeitig Staunässe vermeiden. Stapelbare, lichtdurchlässige Schalen aus Plastik, sorgen dafür, dass die Feuchtigkeit stimmt und überschüssiges Wasser in einem Extrabehälter aufgefangen wird. Auch bei den so genannten Keimfrischboxen (siehe rechts) kann das überschüssige Wasser durch einen Sieb-Schraubverschluss gut abtropfen.

Zum Keimen geeignet sind eigentlich alle unbehandelten Getreide-, Kräuter- oder Gemüsesamen. Auch Hülsenfrüchte können blanchiert als Keimlinge verzehrt werden, während die Samen ungekeimt nur länger gekocht genießbar sind. Manche, etwa Senf, Leinsamen oder Kresse, sondern allerdings nach dem Anfeuchten einen Schleim ab, der die Schlitze des Keimapparats verstopft. Darum verteilt man solche Samen am besten auf einem flachen Teller und besprüht sie drei- bis viermal täglich mit Wasser.

Getreide- und Gemüsesamen sollten nach dem Treiben gründlich mit kaltem oder heißem Wasser abgespült werden. Sie können dann, ohne dass eine weitere Bearbeitung nötig ist, gegessen werden. Die Sprossen von Hülsenfrüchten blanchiert man allerdings besser vor dem Verzehr, um unverträgliche Stoffe zu neutralisieren.

a **Sprossen keimen:** Die eingeweichten Samen – hier Weizen – in ein Sieb geben und kalt abbrausen.

b **Die gewünschte Menge** in die Keimfrischbox füllen, die auf beiden Seiten einen Sieb-Schraubverschluss hat.

c **Die Samen** mit Wasser bedecken, überschüssiges Wasser kann durch den Verschluss ablaufen.

Gerste 6 bis 12 Stunden einweichen. Die Keimdauer beträgt 2 bis 5 Tage; 1- bis 2-mal täglich wässern.

Roggen 6 bis 12 Stunden einweichen. Die Keimdauer beträgt 2 bis 5 Tage; 1-mal täglich wässern.

Weizen 6 bis 12 Stunden einweichen. 2 bis 5 Tage keimen lassen, 1-mal täglich wässern.

… KÜCHENPRAXIS

Für Suppen und Saucen
Konzentriertes Aroma

Fonds und Brühen sind als Grundlage vieler Saucen und Suppen unverzichtbar. Gemüsefond ist zwar nicht ganz so kräftig wie eine Fleischbrühe, dafür aber leicht, aromatisch und fettarm. Zudem benötigt man ihn in der vegetarischen Küche. Der eleganten Tomatenessenz, einer Mischung aus Gemüsebrühe und Fleischessenz, geben frische Tomaten Farbe und Geschmack. Sie müssen aber unbedingt aromatisch sein, sonst kann man auch nur Tomaten aus der Dose verwenden. Geflügelfond passt ebenfalls gut zu Gemüse und macht viele Gerichte noch etwas gehaltvoller. Um immer einen Vorrat zu haben, kocht man Fonds am besten in größeren Mengen und friert sie dann in kleinen Portionen ein. Fetthaltige Fonds halten tiefgekühlt 6 Monate, fettarme bis zu einem Jahr. Salzen sollte man sie grundsätzlich erst bei der Weiterverarbeitung – durch Reduzieren werden sie sonst schnell zu salzig.

Aroma pur: gebräunte Zwiebeln bringen mit den so genannten Maillard-Produkten Aroma und Farbe in den Topf. Beim Rösten verbinden sich nämlich Zucker und Proteine zu einem Appetit anregenden Geschmacksstoff. Benannt ist dieser nach dem Wissenschaftler, dem der Nachweis der Eiweiß-Kohlehydrat-Reaktion gelang.

Gemüsefond

ERGIBT 1,5 bis 2 Liter

2 geschälte Gemüsezwiebeln, 20 g Butter

100 g Brokkolistiele, 250 g Lauch

300 g Möhren, 200 g Stangensellerie

150 g Zucchini, 1/4 l Weißwein

1/2 gebräunte Zwiebel

je 1 Zweig Thymain und Rosmarin

1 Lorbeerblatt, 1/2 Knoblauchzehe, 1 Nelke

1. Gemüsezwiebeln in grobe Ringe schneiden. In zerlassener Butter hell anschwitzen. Alle Gemüse waschen, klein schneiden, zu den Zwiebeln geben und kurz mitschwitzen. Weitervorgehen, wie in den Steps der Bildfolge *[siehe a bis d]* gezeigt.

Tomatenessenz

ERGIBT 1,2 bis 1,5 Liter

200 g Möhren, 100 g Stangensellerie

400 g Wadenfleisch vom Rind, 100 g Lauch

je 1/2 gebräunte Zwiebel und Knoblauchzehe

2 Thymianzweige, 1 Rosmarinzweig

1 Stängel Basilikum, 1 Lorbeerblatt

1 Nelke, 5 Pimentkörner

10 bis 12 weiße Pfefferkörner

10 g zerstoßene Eiswürfel, 8 Eiweiße

1 EL Aceto balsamico

700 g klein gewürfelte Fleischtomaten ohne Haut, Stielansatz und Samen

1 kg Schältomaten aus der Dose

1/4 l Weißwein, 1 Prise Salz

1. Die Möhren schälen, den Stangensellerie putzen, beides mit dem Rindfleisch durch die mittlere Scheibe des Fleischwolfs drehen und in einen flachen, entsprechend großen Topf füllen. Den Lauch putzen, waschen und klein schneiden. Weiterarbeiten, wie in den ersten beiden Steps *[siehe a und b]* der zweiten Bildfolge rechts gezeigt.

2. Die Mischung im Topf unter ständigem Rühren zum Kochen bringen. Wenn sich an der Oberfläche weißer Schaum bildet und das Rindfleisch nach oben steigt, die Hitze reduzieren und 15 Minuten köcheln lassen. Die Essenz fertig stellen, wie in den letzten beiden Steps der Bildfolge rechts *[siehe c bis d]* beschrieben.

Geflügelfond

ERGIBT 1,5 bis 2 Liter

1 Suppenhuhn, 1 Möhre, 1 Stange Sellerie

1/2 Stange Lauch, 1/2 Knoblauchzehe

1 Thymianzweig

1 Lorbeerblatt, 1 Nelke

1/2 gebräunte Gemüsezwiebel

a	**Für den Gemüsefond** die Gemüsemischung mit dem Weißwein sowie 3 l Wasser ablöschen.	b	**Kräuter, Gewürze und gebräunte Zwiebel** zufügen und alles bei mittlerer Temperatur erhitzen.
c	**Diese Mischung** 30 bis 40 Minuten köcheln lassen, dabei mehrmals den Schaum abnehmen.	d	**Den Gemüsefond** durch ein mit einem Tuch ausgelegtes Sieb passieren und auf 1,5 l reduzieren.

a	**Für die Tomatenessenz** Lauch, Gewürze, Eis, Eiweiße und Essig unter die Fleischmischung rühren.	b	**Frische Tomaten und Schältomaten** zufügen und den Wein angießen. Mit Salz würzen.
c	**Die Mischung** durch ein Tuch in einen Topf passieren. Die Flüssigkeit erneut zum Kochen bringen.	d	**Sobald die Essenz** wieder köchelt, das Fett entfernen – die Tomatenessenz soll leicht und klar sein.

a	**Für den Geflügelfond** das Suppenhuhn 40 Minuten köcheln. Schaum und Fett mehrmals abheben.	b	**Bouquet garni** mit der gebräunten Zwiebel einlegen. Alles bei kleinster Hitze 1 Stunde köcheln lassen.
c	**Das Suppenhuhn** mit Hilfe einer Schaumkelle herausheben und anderweitig verwenden.	d	**Den Geflügelfond** durch ein Tuch in einen sauberen Topf passieren. Eventuell nochmals entfetten.

1. Das Suppenhuhn unter fließendem kaltem Wasser innen und außen sorgfältig waschen. In einem entsprechend großen Topf mit 3,5 l kaltem Wasser bedecken. Zum Kochen bringen und weiterverfahren wie im ersten Step der Bildfolge oben beschrieben *[siehe a]*.

2. Die Möhre schälen, den Stangensellerie sowie den Lauch putzen, den Knoblauch schälen. Das Gemüse mit den Kräutern zu einem Bouquet garni binden und weiterverfahren, wie in den letzten drei Steps der Bildfolge oben beschrieben *[siehe b bis d]*.

3. Den klaren, entfetteten Fond im offenen Topf je nach Verwendungszweck bis auf die Hälfte oder ein Drittel einkochen. Je reduzierter, desto intensiver ist er im Geschmack. Salzen sollte man den Geflügelfond – wie alle Fonds – erst nach dem Reduzieren.

KÜCHENPRAXIS

Herrlich aromatisch
Pasten & Saucen

Würzige, kalt oder warm zubereitete Pasten und Saucen gibt es vor allem im mediterranen Raum in unzähligen Varianten. Salsa verde, die in allen Regionen Italiens bekannte grüne Sauce, ergänzt kalt gegessen hervorragend Pasta, Fleisch, Fisch und Gemüse. Pesto, der andere Klassiker aus Ligurien, vereint Basilikum, Knoblauch, Olivenöl und Parmesan zu einer köstlichen Paste, die besonders zu Nudeln gut schmeckt. Anstelle von Basilikum kann man auch den an Knoblauch erinnernden Bärlauch oder den senfartigen Rucola verwenden. Mit getrockneten Tomaten wiederum entsteht eine farbenfrohe Abwandlung – das Pesto rosso. Zu den meisten rohen oder gekochten Gemüsen passt warme Bagna caôda, die Piemonteser Spezialität auf der Basis von Sardellen und Öl.

Salsa verde

FÜR 4 BIS 6 PORTIONEN

2 EL Rotweinessig

1 Prise Salz

frisch gemahlener weißer Pfeffer

200 ml Olivenöl

2 Schalotten

1 Knoblauchzehe

je 20 g krause und glatte Petersilienblätter

10 g Basilikumblätter, 3 Sardellenfilets

3 geschälte Cornichons

10 g geröstete Pinienkerne, 1 EL Kapern

1. Essig mit Salz und Pfeffer verrühren, bis sich das Salz gelöst hat. Das Olivenöl zugießen.

2. Schalotten und Knoblauch schälen, sehr fein schneiden. Petersilien- und Basilikumblätter waschen, trockentupfen und fein hacken. Sardellenfilets und Cornichons ebenfalls fein schneiden und mit Pinienkernen und Kapern unterrühren.

Pesto

FÜR 8 BIS 10 PORTIONEN

3 Knoblauchzehen

140 g Pinienkerne, 15 g Salz

300 g Basilikumblätter

60 g frisch geriebener Pecorino

180 g frisch geriebener Parmesan

1/2 l Olivenöl

1. Knoblauch schälen und mit den Pinienkernen und dem Salz im Mörser fein zerreiben. Das Basilikum hinzufügen und ebenfalls zerkleinern.

2. Die Masse in eine Schüssel füllen und die Käse hineingeben. Olivenöl langsam einfließen lassen und unterrühren. Paste kühl stellen.

Pesto aus Bärlauch

FÜR 8 BIS 10 PORTIONEN

140 g Pinienkerne, 15 g Salz

150 g Bärlauch, 150 g glatte Petersilienblätter

60 g frisch geriebener Pecorino

200 g frisch geriebener Parmesan

1/2 l Olivenöl

1. Pinienkerne mit dem Salz in einem Mörser fein zerreiben. Die Bärlauch- und Petersilienblätter waschen und trockentupfen. In den Mörser geben und ebenfalls zerkleinern.

2. Die Mischung in eine Schüssel umfüllen und beide Käsesorten untermischen. Das Olivenöl mit einem Kochlöffel einrühren.

Pesto rosso

FÜR 8 BIS 10 PORTIONEN

300 g getrocknete Tomaten in Öl

50 g Pinienkerne, 1 TL Salz, Pfeffer

4 Knoblauchzehen, 30 g Basilikumblätter

100 g geriebener Pecorino sarde, Olivenöl

1. Die Tomaten abtropfen lassen, dabei das Öl auffangen. Tomaten im Mixer fein zerkleinern. Pinienkerne, Salz, Pfeffer, Knoblauch, die Basilikumblätter und den Pecorino untermixen.

2. Die Paste mit dem aufgefangenen Tomaten-Öl verrühren und noch so viel Olivenöl einrühren, bis die Paste eine cremige Konsistenz erreicht hat.

Bagna caôda

FÜR 4 BIS 6 PORTIONEN

12 Sardellenfilets, 200 ml natives Olivenöl extra

6 Knoblauchzehen, 160 g kalte Butterwürfel

nach Bedarf 1 Prise Salz

1. Sardellenfilets etwa 1/2 Stunde wässern, trockentupfen und fein hacken. Olivenöl erwärmen und den fein geschnittenen Knoblauch zufügen.

2. Die Butterwürfel mit einem Schneebesen nach und nach einrühren, bis sich Öl und Butter gleichmäßig verbunden haben. Fein gehackte Sardellen untermischen, eventuell noch leicht salzen und die Bagna caôda auf einem Stövchen warm halten.

Grüne Tapenade

FÜR 4 BIS 6 PORTIONEN

150 g grüne entsteinte Oliven

20 g Kapern in Salz, 2 Knoblauchzehen

1 TL Dijonsenf, 3 EL Olivenöl, weißer Pfeffer

1 Spritzer Zitronensaft, Salz

1. Oliven klein schneiden. Kapern in ein Sieb geben und das Salz abschütteln.

2. Alle Zutaten mit dem Senf im Mixer pürieren, dabei nach und nach das Öl einlaufen lassen. Pfeffern und mit Zitronensaft und Salz abschmecken.

Bagna caôda schmeckt am besten, wenn man Olivenöl von bester Qualität verwendet. Die Sauce darf nicht kochen, sonst trennt sich die Butter vom Öl.

Schwarze Olivensauce: Sie ist eine Abwandlung des Tapenade-Rezepts. Hierfür 3 EL schwarze Oliventapenade mit 60 ml lauwarmem Geflügelfond, 3 EL Aceto balsamico, 100 ml Olivenöl und gemahlenem schwarzem Pfeffer verrühren. Gut geeignet zum Dippen von rohem, knackigem Gemüse.

Für die Hollandaise die Reduktion in die Schüssel passieren, in der die Sauce später aufgeschlagen wird.

Die drei Eigelbe vom Eiweiß trennen und zu der Reduktion in die Schüssel geben.

Die Masse auf ein Wasserbad (unter dem Siedepunkt) setzen und aufschlagen, bis man Rührspuren sieht.

Schüssel aus dem Wasserbad nehmen. Die Butter erst tropfen-, dann fadenweise unterschlagen. Abschmecken.

Für die Velouté die angeschwitzte Schalotte mit Mehl bestauben und mitschwitzen, ohne dass es Farbe nimmt.

Den kalten Gemüsefond zugießen. Alles glatt rühren und die Mischung einige Minuten durchkochen lassen.

Die Sahne zugießen, 5 bis 10 Minuten köcheln lassen, damit der Mehlgeschmack völlig verschwindet.

Nach Belieben würzen und die Velouté durch ein feinmaschiges Sieb passieren. Sie muss samtig glänzend sein.

Für die Rotwein-Butter die Schalotten mit Port und Rotwein ablöschen und bei geringer Hitze stark reduzieren.

Kalte Butterwürfel nach und nach einarbeiten – die Sauce darf nicht mehr kochen – so wird die Sauce schön cremig.

Die Sauce mit Salz und Pfeffer würzen. Den Rote-Bete-Saft erst kurz vor dem Servieren einrühren.

Die Rotwein-Butter-Sauce bekommt so eine leuchtend rote Farbe, sie darf jetzt aber nicht mehr stehen.

Für das Sabyon die Eigelbe zu der leicht abgekühlten Reduktion in die Wasserbadschüssel geben.

Im heißen Wasserbad sorgfältig aufschlagen, die Spuren des Schneebesens sollten sichtbar sein.

Vorgegartes Gemüse auf einem feuerfesten Teller anrichten und mit dem gewürzten Sabayon übergießen.

Zum Gratinieren den Teller sofort unter den vorgeheizten Grill stellen, sonst fällt das Sabayon zusammen.

Samtig fließend
Saucen zu Gemüse

Traditionelle Sauce wie eine Hollandaise, Velouté oder Rotwein-Butter machen viele Gemüsegerichte erst vollkommen. Die Grundrezepte auf dieser Seite lassen sich noch abwandeln. Eine Velouté etwa durch die Zugabe von Käse oder Kräutern, die Hollandaise mit Senf, Meerrettich oder Limette.

Sauce Hollandaise

ERGIBT 1/4 Liter

Für die Reduktion:
1 Schalotte, je 1 Zweig Estragon und Petersilie
1/2 Lorbeerblatt, 4 bis 6 weiße Pfefferkörner
2 EL Weißweinessig, 8 EL Weißwein
Zum Aufschlagen:
180 g Butter, 3 Eigelbe, 1 Prise Salz
1 Prise Cayennepfeffer, etwas Zitronensaft

1. Alle Zutaten für die Reduktion mit 2 EL Wasser aufkochen und auf ein Viertel reduzieren. Weiterarbeiten, wie im ersten Step links oben beschrieben.

2. Die Butter zum Aufschlagen köcheln, bis sich die Molke abgesetzt hat und größtenteils verdampft ist. Wenn sich hellbraune Flocken bilden, sofort vom Herd nehmen, leicht abkühlen lassen. Wichtig: Beim Unterschlagen müssen Eigelb und Butter die gleiche Temperatur haben. Weitervorgehen, wie in den weiteren drei Steps gezeigt.

Velouté

ERGIBT 3/4 Liter

1 geschälte Schalotte, 20 g Butter, 20 g Mehl
1/2 l Gemüsefond, 1/4 l Sahne, 1 Prise Salz
frisch gemahlener weißer Pfeffer

1. Die fein geschnittene Schalotte in zerlassener Butter glasig schwitzen. Weitervorgehen, wie in den Steps der zweiten Bildfolge links beschrieben.

2. Falls die Velouté zum Gratinieren verwendet werden soll, kann sie nach dem Passieren zusätzlich noch mit einer Liaison aus Eigelb und geschlagener Sahne verfeinert werden.

Rotwein-Butter

ERGIBT 300 ml

5 g Butter, 150 g fein geschnittene Schalotten
1 Zweig Thymian, 12 cl roter Portwein
1/2 l Rotwein (Bordeaux oder Burgunder)
90 g kalte Butterwürfel, 3 EL Rote-Bete-Saft
Salz, frisch gemahlener weißer Pfeffer

1. Butter zerlassen und die Schalotten darin glasig schwitzen. Thymian einlegen, alles mit Port und Rotwein ablöschen, wie im ersten Step der dritten Bildfolge gezeigt. Reduzieren, bis die Schalotten nur knapp von Flüssigkeit bedeckt sind.

2. Thymian entfernen und die Sauce mit der kalten Butter aufschlagen, wie im 2. Step der 3. Bildfolge gezeigt. Die Sauce darf jetzt nicht mehr kochen, da sonst die Bindung verloren ginge. Weiterverfahren, wie in den letzten beiden Steps der Bildfolge beschrieben.

Sabayon

ERGIBT 200 ml

Für die Reduktion:
1 Bund Kräuter (etwa Petersilie, Koriander)
1/4 l Weißwein, 50 ml Geflügelfond
1 Schalotte, 4 bis 5 weiße Pfefferkörner
Zum Aufschlagen:
3 Eigelbe, 1 Prise Salz, 1 Spritzer Zitronensaft

1. Kräuterstängel abzupfen und mit den Zutaten für die Reduktion aufkochen. Diese auf die Hälfte reduzieren und durch ein feines Sieb gießen.

2. Das Sabayon würzen, Kräuterblättchen zufügen und Gemüse damit gratinieren, wie gezeigt.

Aus der Velouté wird eine Käsesauce, wenn man die Schalotte weglässt und dann einfach – je nach Geschmack – in der fertigen Sauce noch 80 g gewürfelten Gorgonzola oder 100 g gewürfelten Fontina schmelzen lässt. Die letzte Variante nach Belieben noch mit geriebener Muskatnuss würzen.

Vorspeisen
kalte Suppen, Salate & Terrinen

Köstliche Entrées mit Gemüse – kühl serviert. Entdecken Sie eine Vielzahl an Salaten, verfeinert mit pikanten Vinaigrettes und spannenden Dressings, ebenso wie erfrischende Gemüsesuppen. Nicht fehlen dürfen natürlich auch Antipasti & Co.

→ Wenn nicht anders angegeben, sind alle Rezepte für 4 Portionen berechnet.

Für rohes Gemüse
Dressings, Dips & Saucen

Klassische Mayonnaise – deren Zubereitung unten beschrieben ist – rundet viele Dips und Saucen ab, man benötigt sie auch für die rechts rezeptierte Tunfischsauce. Wichtig ist, dass alle Zutaten dieselbe Temperatur haben. Wer wenig Zeit hat, kann auch fertige Mayonnaise verwenden. Unbedingt benötigt man das Grundrezept für Aioli, die bekannte provenzalische Sauce. Dafür 10 EL Mayonnaise mit 2 bis 3 geschälten und zerdrückten Knoblauchzehen verrühren und die Aioli mit 1 Prise Cayennepfeffer würzen.

Kräutersauce

je 150 g Joghurt und Crème fraîche

1 Prise Salz, gemahlener Pfeffer

Saft von 1/2 Zitrone

80 g Kräuter (etwa Kerbel, Estragon, Basilikum, Petersilie, Brunnenkresse, Sauerampfer, Dill und Majoran)

1. Joghurt mit Crème fraîche, Salz, frisch gemahlenem Pfeffer und Zitronensaft verrühren.

2. Die Kräuter waschen, fein schneiden und sofort in die Sauce einrühren, damit sie nicht an Aroma verlieren.

Tunfischsauce

150 g Tunfisch in Öl

3 EL Mayonnaise, 2 EL Kapern

1 EL Schnittlauch, fein geschnitten

Salz, frisch gemahlener Pfeffer

1. Von dem Tunfisch das Öl abtropfen lassen und im Mixer fein pürieren. In einer Schüssel mit der Mayonnaise glatt rühren.

2. Die Kapern hacken und mit dem Schnittlauch zu der Fischmasse geben. Mit Salz und Pfeffer würzen.

Tomaten-Vinaigrette

500 g Fleischtomaten

1 Schalotte, geschält und gewürfelt

1/2 Knoblauchzehe, geschält

50 g Butter, Salz, Pfeffer

1/2 Chilischote, ohne Samen, fein geschnitten

1 Zweig Thymian

2 EL Rotweinessig, 60 ml Olivenöl

Außerdem:

1 EL Tomatenwürfel

1 EL Schnittlauchröllchen

1. Fleischtomaten waschen, Stielansätze entfernen und das Fruchtfleisch würfeln. Die Schalotte und den Knoblauch in Butter glasig schwitzen. Tomaten, Salz, Pfeffer, Chili und Thymianblättchen zufügen und alles 6 bis 8 Minuten köcheln lassen.

2. Die Sauce auf ein flaches Sieb streichen, vollständig abtropfen lassen und die Flüssigkeit in einer Schüssel auffangen. Auskühlen lassen, den Rotweinessig und Olivenöl einrühren. Die Tomatenwürfel und die Schnittlauchröllchen untermischen und die Sauce mit Salz und Pfeffer abschmecken.

Avocado-Dip

2 weiche, reife Avocados (je 200 g)

Saft von 1 Zitrone

1/2 Knoblauchzehe

1 Prise Salz

frisch gemahlener weißer Pfeffer

1 EL Basilikum, fein geschnitten

1. Die Avocados halbieren, den Kern entfernen und das Fruchtfleisch mit einem Löffel aus der Schale heben. Etwa 2 EL des Fruchtfleischs klein würfeln.

2. Das restliche Avocadofruchtfleisch mit Zitronensaft, Knoblauch, Salz und Pfeffer fein pürieren. Avocado-Würfel und Basilikum unter das Püree mischen und abschmecken.

a | **Für die Mayonnaise** 3 Eigelbe mit 1 Msp. Senf, Salz, weißem Pfeffer, 1 Spritzer Zitronensaft verrühren.

b | **1/2 l Speiseöl** zunächst tropfenweise (etwa 1/3), dann in dünnem Strahl unter ständigem Rühren einlaufen lassen.

c | **Zur Stabilisierung** der Emulsion 1 EL lauwarmes Wasser unterrühren. Die fertige Mayonnaise soll halbfest sein.

1	**Die Tomatenvinaigrette** wird zunächst gekocht und dann abgekühlt zu Gemüse serviert.	2	**Die Kräutersauce** ist als frische Ergänzung zu gebratenem Fisch oder auch zu Kartoffeln ideal.	3	**Pürierter Tunfisch** ist die Grundlage dieser Sauce mit Kapern, die köstlich zu Rohkost schmeckt.	4	**Der Avocado-Dip** eignet sich als delikater Brotaufstrich. Ein Klassiker ist er in der mexikanischen Küche.

Knackige Blattsalate
Variationen in Grün

← **Romanasalat mit Pignoli-Vinaigrette**
2 Romana-Herzen (je 150 g) in Blätter teilen, waschen und abtropfen lassen. 20 g Pinienkerne ohne Fett rösten, abkühlen lassen. Zur Hälfte fein hacken. 1/2 TL Dijon-Senf, Salz und Pfeffer mit 2 EL Portweinessig verrühren. Je 2 EL Walnuss- und Traubenkernöl einrühren. Gehackte Pignoli und 1 EL Schnittlauchröllchen untermischen. Salat mit gerösteten Pignoli und Sauce anrichten.

→ **Brunnenkresse mit Himbeeren und Sprossen**
300 g Brunnenkresse verlesen und putzen. 1 EL Honig, Salz, frisch gemahlenen Pfeffer und 20 ml Himbeeressig verrühren, bis das Salz sich gelöst hat. 1 bis 2 EL Zitronensaft zufügen. Langsam 60 ml Traubenkernöl einrühren. Brunnenkresse mit 100 g Mungbohnenkeimlingen vermischen, mit der Vinaigrette beträufeln und den Salat mit 50 g frischen Himbeeren garnieren.

→ **Feldsalat mit Kartoffel-Dressing**
450 g Feldsalat putzen, waschen und gut abtropfen lassen. Für das Dressing 60 g gekochte Kartoffel durch ein Sieb streichen, mit 100 ml warmem Geflügelfond, 20 ml Weißweinessig, 20 ml Weißwein, Salz und Pfeffer verrühren. Weitere 40 g gekochte Kartoffel in kleine Würfel schneiden und untermischen. Das Dressing noch lauwarm über den Salat gießen.

← **Eiskrautsalat mit Roquefort-Dressing**
400 g Eiskraut putzen, waschen und abtropfen lassen. 30 g Roquefort durch ein feines Sieb streichen. Den Käse mit 60 ml Sahne und 40 g Crème fraîche glatt rühren. Mit Salz, frisch gemahlenem Pfeffer und dem Saft von 1/2 Zitrone würzen. Das Eiskraut mit dem Roquefort-Dressing anrichten und mit 1 1/2 EL Schnittlauchröllchen bestreuen.

← **Rucolasalat
mit Trüffel-Vinaigrette**
350 g Rucola (aromatica) putzen, waschen und abtropfen lassen. 40 ml Trüffeljus (Saft der eingelegten schwarzen Trüffel) mit je 20 ml rotem und weißem Portwein verrühren, auf 1/3 reduzieren. Abgekühlt mit 20 ml Aceto balsamico, Salz, Pfeffer und 60 ml Sojaöl verrühren. 10 g Trüffelstreifen einrühren und den Salat mit der Vinaigrette beträufeln.

← **Junger Spinat
in Sesam-Vinaigrette**
250 g jungen Spinat putzen, waschen und gut abtropfen lassen oder trockentupfen. Salz mit 40 ml rotem Reisessig verrühren, bis es sich gelöst hat. 80 ml Sesamöl einrühren. Die Vinaigrette mit Pfeffer und abgeriebener Zitronenschale würzen. 2 EL geschälte Sesamsamen ohne Fett hell anrösten, untermischen und den Spinat mit der Sesam-Vinaigrette beträufeln.

→ **Chicoréesalat
mit Kürbis-Vinaigrette**
4 Chicoréestauden (je 120 g) putzen, vom Strunk befreien, in einzelne Blätter teilen, waschen und abtropfen lassen. Salz mit 10 ml Weißweinessig verrühren. Je 20 ml Distel- und Kürbiskernöl einrühren, mit frisch gemahlenem Pfeffer würzen. In einer Pfanne 1 EL Kürbiskerne ohne Fett kurz anrösten. Die Kerne hacken und unter die Sauce mischen. Den Salat mit der Kürbis-Vinaigrette anrichten.

← **Friséesalat mit
Speck und Knoblauch**
1 Kopf Frisée putzen, waschen und abtropfen lassen. 60 g Speckstreifen auslassen. 2 EL Rotweinessig mit 5 EL Olivenöl verrühren, 1 kleine gehackte Knoblauchzehe und den Speck untermischen, salzen und pfeffern. 2 Scheiben Toastbrot würfeln, in 20 g Butter rösten. Friséesalat mit der noch lauwarmen Vinaigrette beträufeln, mit den Croûtons bestreuen und servieren.

← **Winterportulak
mit Tomaten-Vinaigrette**
300 g Winterportulak verlesen, waschen und gut abtropfen lassen. 2 EL Aceto balsamico bianco mit 1 Spritzer Limettensaft, Salz und grob gemahlenem schwarzem Pfeffer verrühren. 4 bis 5 EL Olivenöl unterrühren. Portulak und 100 g in Streifen geschnittenes Fruchtfleisch von roten und gelben Kirschtomaten zufügen, alles vorsichtig vermengen und anrichten.

VORSPEISEN

Bunt & gesund
Delikate Gemüsesalate

← Zuckerschoten-Topinambur-Salat
Saft von 1 Limette und abgeriebene Schale von 1/2 Limette mit 10 ml Rotweinessig, 1/2 TL Tannenhonig, 60 ml Distelöl, Salz und Pfeffer zu einer Vinaigrette verrühren. 250 g gekochte Topinambur schälen, in Scheiben schneiden und in 2 EL Erdnussöl anbraten. Inzwischen 250 g Zuckerschoten in Salzwasser blanchieren, mit Topinambur und der Vinaigrette anrichten.

→ Rotkohlsalat mit Apfel
500 g Rotkohl fein schneiden. Mit dem Saft von je 1 Orange und Zitrone, 80 ml Rotwein und 40 ml Aceto balsamico übergießen, salzen und pfeffern. 1/2 Apfel raspeln. Schale von 1 unbehandelten Orange in feine Streifen schneiden und blanchieren. Beides unter den Rotkohl mengen, leicht pressen, damit er etwas mürber wird und 1 Stunde ziehen lassen. 100 ml Distelöl und 1/2 gewürfelten Apfel untermischen.

→ Linsensalat mit Gemüse-Vinaigrette
150 g grüne Puy-Linsen 3 Stunden einweichen, abgießen und garen. Separat 150 g geschälte rote Linsen kochen. 100 g Möhren, 100 g Lauch und 60 g Sellerie fein schneiden, in Salzwasser blanchieren. Aus 30 ml Rotweinessig, 80 ml Sojaöl, Salz, Pfeffer und 1 EL Schnittlauchröllchen eine Vinaigrette rühren. Mit Linsen und Gemüse vermischen und 10 Minuten durchziehen lassen.

← Selleriesalat »Waldorf«
500 g geschälten Knollensellerie in Streifen raspeln. Unmittelbar danach den Saft von 1/2 Zitrone zugießen und untermischen, um eine Braunfärbung zu vermeiden. Mit einem in Streifen geraspelten Apfel vermengen. 50 g Mayonnaise mit 80 g Crème fraîche, Salz und Pfeffer verrühren. 40 g Walnusskerne von den Häuten befreien und zufügen. Das Dressing über den Salat gießen und gut vermischen.

← Möhrensalat mit Orangen-Dressing

500 g Möhren schälen und mit einem Gemüsehobel fein raspeln. 40 ml Apfelessig und 100 ml Orangensaft vermischen. Mit Salz, 1 Prise Zucker und frisch gemahlenem Pfeffer würzen. 80 ml Distelöl gut unterrühren. Das Dressing über den Salat gießen. Die Filets von 1 Orange auslösen und vorsichtig unter den Möhrensalat mengen.

← Bohnen-Artischocken-Salat

300 g gekochte grüne Bohnen längs halbieren. 140 g gekochte Artischockenböden in Stücke schneiden. 20 ml Sherryessig mit 10 ml Aceto balsamico, 10 ml Sherry Cream, Senf, Zucker, Salz und Pfeffer verrühren. 2 fein gewürfelte Schalotten und je 20 ml Erdnuss- und Traubenkernöl einrühren. Die Vinaigrette über das Gemüse gießen. Kurz ziehen lassen.

→ Avocadosalat mit Joghurt-Minze-Sauce

2 Avocados halbieren, Kern auslösen und das Fruchtfleisch mit einem Löffel aus der Schale lösen. 3 der Hälften in Fächer schneiden, die 4. Hälfte würfeln und alles mit etwas Zitronensaft beträufeln. 150 g Joghurt mit 1 EL fein geschnittener Minze verrühren und mit Salz, Pfeffer und Zitronensaft würzen. Das Dressing über die Avocadofächer gießen und jeweils mit Avocadowürfeln und Minze garnieren.

← Bohnen mit Pinzimonio

1 EL Aceto balsamico, Salz, grob gemahlener Pfeffer und 50 ml Olivenöl verrühren. Die Pinzimonio über 200 g in Salzwasser blanchierte grüne Bohnenkerne gießen und alles gut vermengen. In Italien isst man die jungen dicken Bohnenkerne – Fave – häufig auch roh. Dennoch sollte man sie sicherheitshalber blanchieren, um unverträgliche Stoffe zu eliminieren.

← Kartoffelsalat

600 g Pellkartoffeln in Scheiben schneiden. Mit 60 ml lauwarmer Rinderbrühe übergießen. 40 ml Weinessig mit 1 Messerspitze Senf, Salz, frisch gemahlenem Pfeffer und 80 ml Öl verrühren. Die Mischung über die Kartoffeln gießen. 40 g fein geschnittenen durchwachsenen Speck mit 50 g Zwiebelwürfeln anbraten und mit 1 EL gehackter Petersilie vorsichtig unter den Salat heben.

Gazpacho & Co.
Kühl und erfrischend

Kühle Suppen sind – besonders im Sommer – sehr beliebt. Und das nicht allein in den Mittelmeerländern, auch hier zu Lande finden kalte Gemüsesuppen immer mehr Anhänger. Tomaten- oder Gurkenfruchtfleisch sind häufig die Basis des leichten Genusses, der dann durch frische Kräuter, Olivenöl oder – wie beim Tomatengelee – durch edle Einlagen abgerundet werden kann. Bei der letzeren, exquisiten Variante werden Gemüsestreifen, Wachteleier, Fisch und Langostinos mit einem Gelee übergossen, das sich aus frischem Tomatensaft herstellen lässt. Hierzu bindet man das pürierte Fruchtfleisch der Tomaten in ein Tuch und lässt den Saft über Nacht abtropfen. Die angegebene Menge reicht für 1 Liter Flüssigkeit.

Gurkensuppe

2 Salatgurken (insgesamt etwa 900 g)

1 Prise Salz, 200 g Joghurt

2 EL abgezupfte und gewaschene Kräuter (etwa Kerbel, Estragon, Dill, Petersilie)

1. Die Salatgurken schälen und längs halbieren. Aus einer der Hälften kleine Kugeln ausstechen und beiseite legen. Von den übrigen drei Gurkenhälften mit einem Löffel die Samen entfernen und das Fruchtfleisch in Scheiben schneiden. In eine Schüssel füllen, leicht salzen und die Gurkenstücke 1 Stunde ziehen lassen.

2. Die Gurken mit dem entstandenen Saft pürieren und die Masse durch ein nicht zu feines Sieb passieren. Den Joghurt einrühren und die Suppe bis zur Verwendung kalt stellen.

3. Vor dem Servieren die fein geschnittenen Kräuter in die gekühlte Suppe rühren. Diese mit den Gurkenkugeln anrichten und sofort servieren.

Gazpacho

800 g Tomaten, 350 g Salatgurke

250 g rote, 100 g grüne und 200 g gelbe Paprikaschoten

Salz, 2 Gemüsezwiebeln

4 Scheiben Weißbrot ohne Rinde

1 Knoblauchzehe, 100 ml Olivenöl

frisch gemahlener weißer Pfeffer

1 Spritzer Tabasco, 1 EL Aceto balsamico

1. Tomaten waschen, Stielansätze entfernen und das Fruchtfleisch würfeln. Gurke schälen, längs halbieren, mit einem Löffel die Samen entfernen und die Gurke klein schneiden. Das Fruchtfleisch der Paprikaschoten in Stücke schneiden.

2. Das zerkleinerte Gemüse in eine Schüssel füllen – eine kleine Menge an Gemüsewürfeln für die Einlage beiseite stellen –, leicht salzen und mehrere Stunden Saft ziehen lassen.

3. Inzwischen Zwiebeln schälen und würfeln. Weißbrot ebenfalls in Würfel schneiden. Das Gemüse mit den Zwiebeln, dem geschälten Knoblauch und dem Brot pürieren *[siehe a]* und durch ein feines Sieb streichen *[siehe b]*. Das kalte Gemüsepüree aufschlagen, dabei das Öl in dünnem Strahl zugießen *[siehe c]*. Die Suppe würzen, mit den beiseite gestellten Gemüsewürfeln garnieren und nach Belieben mit Croûtons servieren.

Exquisit | Das Tomatengelee ist mit seiner Einlage aus Fisch, Meeresfrüchten und Gemüse Augen- und Gaumenschmaus zugleich.

Tomatengelee

VORBEREITUNG: Tomatenpüree am Tag vorher herstellen und über Nacht abtropfen lassen.

1,5 kg Fleischtomaten, 1 Prise Salz

2 Wachteleier, 60 g Möhre, 80 g Zucchini

4 rohe Langostinoschwänze oder Garnelen

2 Rotbarbenfilets von je 80 g

frisch gemahlener Pfeffer, 2 Kirschtomaten

1 Sternanis, 8 Blatt weiße Gelatine

1. Tomaten waschen und die Stielansätze entfernen. Das Fruchtfleisch vierteln, salzen und im Mixer fein pürieren.

2. Das pürierte Tomatenfruchtfleisch in ein Tuch füllen und dieses mit Küchengarn verschnüren. Den Beutel aufhängen und den Saft mehrere Stunden – am besten jedoch über Nacht – abtropfen lassen. Falls dabei weniger als 1 Liter Tomatensaft aufgefangen werden kann, muss die Gelatinemenge entsprechend reduziert werden: Pro 1/8 l Flüssigkeit rechnet man 1 Blatt Gelatine.

3. Für die verschiedenen Einlagen die Wachteleier hart kochen, abschrecken, abkühlen lassen und schälen. Die Möhre schälen und – wie die Zucchini – in feine Streifen schneiden. Die Langostinoschwänze oder die Garnelen kurz in leicht gesalzenem Wasser kochen und schälen. Fischfilets salzen, pfeffern und kurz von beiden Seiten braten. Die Möhren- und Zucchinistreifen in Salzwasser blanchieren. Die Kirschtomaten waschen, von den Stielansätzen befreien und halbieren.

4. Von dem aufgefangenen Tomatensaft 1/8 l abmessen, mit dem Sternanis erhitzen und 5 bis 10 Minuten ziehen lassen. In der Zwischenzeit die Gelatine in kaltem Wasser einweichen, gut ausdrücken und in dem heißen Saft auflösen. Nach und nach den restlichen kalten Tomatensaft einrühren und die Mischung in den Kühlschrank stellen, bis sie zu gelieren beginnt. Auf jedem Teller Möhren- und Zucchinistreifen, eine halbe Kirschtomate, ein halbes Wachtelei, ein Stück lauwarmes Fischfilet sowie einen gekochten Langostinoschwanz oder eine Garnele anrichten. Mit dem halbflüssigen Tomatengelee übergießen, erstarren lassen und servieren.

a | **Das Gemüse** mit den Zwiebelwürfeln und dem Knoblauch im Mixer pürieren. Das Weißbrot mitpürieren.

b | **Die Mischung** in ein feinmaschiges Sieb schütten und mit Hilfe eines Spachtels in eine Schüssel streichen.

c | **Das Gemüsepüree** mit dem Pürierstab aufschlagen, dabei das Olivenöl langsam einlaufen lassen.

Mit Knoblauch
Antipasti-Vielfalt

Marinierter Paprika

VORBEREITUNG: Vor dem Servieren muss der marinierte Paprika noch 30 Minuten ziehen.

je 300 g rote, grüne und gelbe Paprikaschoten

2 Knoblauchzehen, 1 EL Thymianblättchen

20 ml Aceto Balsamico bianco, 80 ml Olivenöl

Salz, frisch gemahlener Pfeffer

1. Die Paprikaschoten vorbereiten, wie in der Bildfolge unten rechts gezeigt. Zunächst backen *[siehe a]*, dann die Schoten unter einem feuchten Tuch oder in einer Plastiktüte schwitzen lassen. Weiterverfahren wie in den letzten beiden Steps der Bildfolge unten beschrieben *[siehe b und c]*. Das Fruchtfleisch in große Stücke schneiden und in eine flache Schale legen.

2. Den Knoblauch schälen, in Scheiben schneiden und mit den Thymianblättchen, Essig und Öl verrühren. Mit Salz und Pfeffer kräftig würzen. Die Mischung über die Paprikaschoten gießen und mindestens 30 Minuten durchziehen lassen.

Eingelegte Artischocken

VORBEREITUNG: Vor dem Servieren die Artischocken noch 30 Minuten durchziehen lassen.

6 junge Artischocken mit Stiel (je 180 g)

Saft von 1 1/2 Zitronen, 60 g Schalotten

60 ml Olivenöl, 1/8 l Weißwein

2 Thymianzweige, 1 Rosmarinzweig

1 Lorbeerblatt, 2 kleine Knoblauchzehen

Artischocken und Bohnen – mediterran eingelegt mit Rosmarin, Olivenöl und Knoblauch – sind ein Genuss zu frischem italienischem Weißbrot.

Salz, 5 weiße Pfefferkörner

frisch gemahlener Pfeffer

250 g Fleischtomaten, 20 ml Rotweinessig

1. Blattspitzen der Artischocken um 1/3 stutzen. Stiel auf 10 cm kürzen, die kleinen harten Blätter rund um den Stielansatz abzupfen und den Stiel schälen. In einer Schüssel Wasser und den Saft von 1 Zitrone vermischen, Artischocken einlegen, damit sie sich nicht verfärben.

2. Schalotten schälen, fein würfeln und in 1 EL Olivenöl anschwitzen; mit Wein und dem restlichen Zitronensaft ablöschen. 1 1/2 l Wasser zugießen, 1 Zweig Thymian, Rosmarin und Lorbeer, sowie eine angedrückte Knoblauchzehe, Salz und Pfefferkörner zufügen. Den Sud aufkochen und die Artischocken darin 15 Minuten garen.

3. Tomaten blanchieren, kalt abschrecken, häuten und vierteln. Stielansätze und Samen entfernen und das Fruchtfleisch klein würfeln.

4. 1 EL des Kochsuds mit 1 TL Thymianblättchen, Essig, Salz und Pfeffer mischen. Die zweite Knoblauchzehe schälen, fein würfeln und mit dem restlichen Öl unterrühren. Artischocken abtropfen lassen, längs halbieren und das Heu entfernen. Mit den Tomaten mischen, mit der Sauce übergießen und 30 Minuten ziehen lassen.

Bohnensalat mediterran

VORBEREITUNG: Vor dem Servieren muss der Bohnensalat noch 1 Stunde ziehen.

600 g gekochte weiße Bohnenkerne (Cannelini)

insgesamt 1 TL rote und grüne mittelscharfe Peperoni, ohne Samen, in Ringe geschnitten

1 TL Rosmarinnadeln, 30 ml Rotweinessig

Salz, frisch gemahlener weißer Pfeffer

1 Knoblauchzehe, 80 ml Olivenöl

1. Die gekochten Bohnen mit den Peperoniringen und den Rosmarinnadeln vermischen.

2. Den Essig mit Salz, Pfeffer und der geschälten, fein gewürfelten Knoblauchzehe vermengen. Das Öl mit dem Schneebesen einrühren und die Sauce über die Bohnen gießen. Den Bohnensalat mindestens 1 Stunde durchziehen lassen.

a **Die Paprikaschoten** bei 220 °C im Ofen backen, bis die Haut Blasen wirft.

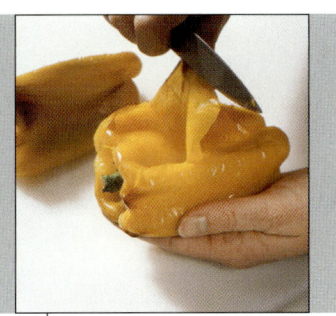

b **Die Haut** der Paprikaschoten von oben nach unten abziehen.

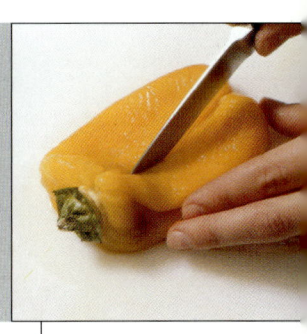

c **Schoten** halbieren, Samen und Scheidewände entfernen.

Die hohe Kunst Mousse & Terrine

Rote-Bete-Knollen immer erst nach dem Garen schälen, damit sie beim Kochen nicht ausbluten. Zudem lässt sich so die Haut leicht abziehen.

Die Gemüseterrine und die dreifarbige Paprikamousse sind beide etwas aufwändiger in der Vorbereitung und erfordern ein bisschen Geduld. Einfacher wird es, wenn man die Mousse nur einfarbig herstellt; in diesem Fall muss man allerdings die angegebenen Zutaten jeweils durch drei teilen und sich für eine Paprikafarbe – rot, grün oder gelb – entscheiden.

Gemüseterrine

VORBEREITUNG: Die Terrine muss über Nacht durchkühlen. Für die Sauce 4 Stunden einkalkulieren.

2 Zucchini für den Mantel der Terrine (je 500 g schwer und 20 cm lang)
100 g Kohlrabi, 120 g Möhren
80 g Bobby-Bohnen, 50 g Brokkoliröschen, Salz

Für die Champignoncreme:
9 Blatt weiße Gelatine
700 g weiße Champignons, 1 Schalotte
125 g Butter, 1/2 Knoblauchzehe
je 1 Thymian- und Rosmarinzweig
1/2 Lorbeerblatt, Salz, gemahlener Pfeffer
1/8 l Weißwein
700 ml Sahne, 300 ml Milch

Für die Rote-Bete-Sauce:
500 g Rote Beten, 60 ml Orangensaft
20 ml Sherry-Essig, etwas Cayennepfeffer
1 Prise Zucker, Salz, gemahlener Pfeffer
10 g Speisestärke

Außerdem:
1 Terrinenform von 1,5 l Inhalt und 30 cm Länge, Klarsichtfolie

1. Das Gemüse waschen. Zucchini von Blüten- und Stielansatz befreien und längs in 2 1/2 mm dicke Scheiben schneiden. Kohlrabi putzen und in 1/2 cm dicke Scheiben schneiden, die Möhren schälen und die Bohnen putzen. Sämtliche Gemüsesorten jeweils separat in kochendem Salzwasser bissfest garen, kalt abschrecken und trockentupfen. Die Gelatine in kaltem Wasser einweichen.

2. Die Champignons für die Creme putzen und klein würfeln. Schalotte schälen und fein hacken. Die Butter in einem großen Topf zerlassen, Schalotten- und Champignonwürfel darin anschwitzen, Knoblauch, Kräuter, Salz und Pfeffer zufügen. Mit dem Wein ablöschen, auf die Hälfte reduzieren. Sahne und Milch zugießen und alles köcheln, bis die Pilze gar sind. Durch ein Sieb passieren, die Flüssigkeit auf 600 ml reduzieren und mit dem Stabmixer aufschäumen. Die eingeweichte Gelatine ausdrücken, einrühren und die Masse leicht abkühlen lassen.

3. Die Terrinenform mit Klarsichtfolie auslegen – das erleichtert das Herausheben doch sehr – und die Form quer mit den vorgegarten Zucchinischeiben auslegen – sie sollen auf beiden Seiten überhängen und sich leicht überlappen. Die gegarten Gemüsearten abwechselnd – der eigenen Fantasie sind hier keine Grenzen gesetzt – mit der Champignoncreme in die vorbereitete Form einschichten. Die Zucchinischeiben übereinander schlagen und die Terrine gut kühlen, am besten über Nacht in den Kühlschrank stellen.

4. Für die Rote-Bete-Sauce von den Knollen Wurzeln und Blätter abschneiden, ohne sie dabei zu verletzen. Waschen, in einem Topf mit Wasser bedecken und die Knollen 45 bis 60 Minuten kochen oder in einem Einsatz dämpfen. Gegen Ende prüfen, ob die Knollen auch durchgegart sind.

5. Die Roten Beten schälen und in Würfel schneiden. Noch warm mit Orangensaft und Sherry-Essig übergießen. Mit Cayennepfeffer, Zucker, Salz und Pfeffer würzen und 1 bis 2 Stunden ziehen lassen. Im Mixer pürieren, das Rote-Bete-Püree durch ein Sieb in eine Kasserolle streichen und nochmals aufkochen. Die Speisestärke mit 1 EL kaltem Wasser anrühren, die Rote-Bete-Sauce damit binden, kurz aufkochen und auf Zimmertemperatur abkühlen lassen. Die Terrine aus der Form heben, in fingerdicke Scheiben schneiden und mit der Rote-Bete-Sauce anrichten.

Paprikamousse

ZUBEREITUNG: Da die Massen nicht mehr lange stehen dürfen, wenn die Gelatine eingerührt ist, empfiehlt es sich, zunächst aus allen dreien ein Püree herzustellen und dann einzeln weiterzuarbeiten.

je 300 rote, grüne und gelbe Paprikaschoten

3 geschälte Schalotten, 6 Blatt weiße Gelatine

30 g Butter, 3 Thymianzweige

3 halbe Knoblauchzehen, Salz, weißer Pfeffer

120 ml Weißwein, 3/8 l Geflügelfond

30 g kalte Butterwürfel

3 Spritzer Zitronensaft

210 ml Sahne, geschlagen

1. Die Paprikaschoten waschen, von Samen und Stielansätzen befreien und – nach Farben getrennt – in kleine Würfel schneiden. Die Schalotten klein würfeln. Gelatine in kaltem Wasser einweichen.

2. Jeweils 10 g Butter zerlassen und die roten, gelben und grünen Paprikawürfel mit je 1 gewürfelten Schalotte darin anschwitzen. Jeweils mit den Blättchen von 1 Thymianzweig, 1/2 Knoblauchzehe, Salz und Pfeffer würzen und jeweils mit 40 ml Weißwein sowie 1/8 l Geflügelfond ablöschen. Die weichen Paprikawürfel – nach Farben getrennt – mit dem Mixstab pürieren und weiterverfahren, wie im ersten Step der Bildfolge oben rechts gezeigt *[siehe a]*.

3. Die Pürees einzeln verarbeiten: Eines davon, hier das rote, kurz erhitzen und weiterverfahren, wie in den folgenden 2 Steps gezeigt *[siehe b und c]*.

4. Das Püree etwas abkühlen lassen. 1 Spritzer Zitronensaft einrühren und die Sahne einarbeiten, wie im vierten Step gezeigt *[siehe d]*. Die Masse in eine Schüssel füllen, glatt streichen und 10 Minuten bei Zimmertemperatur fest werden lassen.

5. Inzwischen das 2. Püree erhitzen, homogenisieren und verarbeiten, wie gezeigt *[siehe b bis d]*. Auf der 1. Masse verstreichen, 10 Minuten anziehen lassen. Das 3. Püree nach derselben Methode herstellen, auf der 2. Schicht verteilen und erneut 10 Minuten fest werden lassen. Aus der fertigen Mousse Nocken abstechen *[siehe e]* und servieren.

a **Die dreierlei Paprikapürees** separat durch ein Sieb in eine Kasserolle streichen.

b **Kurz erhitzen**, homogenisieren und nach und nach die kalte Butter untermixen.

c **Noch warm** die eingeweichte Gelatine einrühren. Kurz anziehen lassen.

d **1/3 der geschlagenen Sahne** vorsichtig mit dem Schneebesen unterheben.

e **Um schöne Nocken** abzustechen, den Löffel in heißes Wasser tauchen.

Kochen & Dämpfen

Gemüse mit mehr oder weniger Flüssigkeit gegart, ist die Grundlage vieler typischer Gemüsegerichte. Das Ergebnis: köstliche Suppen, wie die Minestrone, Saucen, etwa mit Fenchel, und Eintöpfe aus aller Welt. Auch Risotti dürfen natürlich nicht fehlen.

→ Wenn nicht anders angegeben, sind alle Rezepte für 4 Portionen berechnet.

a | **Kochen in viel Wasser:** Kartoffeln mit Wasser bedecken, leicht salzen und zugedeckt zum Kochen bringen. Bei reduzierter Hitze köcheln.

b | **Nach 18 bis 30 Minuten** sind sie gar, die Kochzeit variiert je nach Größe und Sorte. Gegen Ende mit einem spitzen Messer prüfen, ob die Kartoffeln weich sind.

c | **Kochen in wenig Flüssigkeit:** Klein geschnittenes Wurzelgemüse, hier Möhren, mit möglichst wenig Wasser aufkochen. Den Deckel auflegen.

d | **Die Hitze reduzieren** und das Gemüse fertig garen. Geschmack und Nährwerte bleiben so weitgehend erhalten. Die Restflüssigkeit nach Möglichkeit weiter verwenden.

e | **Zum Blanchieren** das Gemüse, hier Zuckerschoten, 2 Minuten ins sprudelnd kochende Wasser geben und mit dem Schaumlöffel herausheben.

f | **In Eiswasser** abschrecken. So wird der Garprozess durch den Kälteschock sofort unterbrochen und die schöne, hier grüne, Farbe des Gemüses bleibt erhalten.

g | **Zum Dämpfen** den Brokkoli putzen, waschen und die Röschen von den Stielen trennen. Die Stiele nach Belieben knapp schälen.

h | **Brokkoli in den Dämpfeinsatz legen.** Etwas Wasser in den Topf füllen. Zunächst die Stiele 5 Minuten dämpfen. Röschen zufügen und 12 bis 15 Minuten dämpfen.

Wie man Gemüse »richtig« kocht, hängt von verschiedenen Faktoren ab: In erster Linie natürlich vom Produkt selbst, manche Arten vertragen längeres Kochen, andere weniger. Außerdem werden die Garzeiten auch vom eigenen Geschmack bestimmt, manche mögen Brokkoli & Co. noch bissfest, andere bevorzugen Gemüse etwas weicher und garen es entsprechend länger. Die meisten Gemüse lassen sich auf ganz verschiedene Weise zubereiten. Doch ob Kochen in viel oder wenig Wasser oder schonendes Dämpfen, das ist nicht zuletzt eine Frage des Wirkstoffgehaltes. Denn wird das Kochwasser nicht weiterverwendet, landen wasserlösliche Vitamine und Mineralstoffe im Abguss. Optimal garen bedeutet im Prinzip, jedes Gemüse so zu behandeln, dass seine besten Eigenschaften zum Vorschein kommen und die wertvollen Inhaltsstoffe weitgehend erhalten bleiben.

Kochen in viel Wasser

Garen in viel Flüssigkeit ist eine klassische Zubereitungsart für Gemüse und eignet sich gut für unzerkleinerte Knollen- oder Wurzelgemüse, etwa für Kartoffeln, Möhren oder Yam. In viel Wasser kochen empfiehlt sich aber auch für Brokkoli, vor allem, wenn man die härteren Stiele etwas länger kocht als die zarten Röschen. Will man Artischocken im Ganzen kochen, nimmt man am besten ebenfalls viel Wasser, so werden sie gut umspült und garen gleichmäßig.

Getrocknete Bohnen oder andere Hülsenfrüchte benötigen ebenfalls viel Wasser, weil sie beim Kochen nicht nur garen, sondern noch quellen. Damit alles zur selben Zeit gar wird, sollte man gleich große Knollen (Kartoffeln) wählen oder alle Stücke gleich groß schneiden. Ein perfekt schließender Deckel hilft Energie sparen. Kochen von Gemüse in der Schale verhindert, dass wertvolle Vitamine, Mineralstoffe und Spurenelemente ins Kochwasser geschwemmt werden. Zudem hält die Schale während des Kochvorgangs Aroma gebende ätherische Öle im Inneren zurück. Kartoffeln gart man häufig in der Schale *[siehe links, a und b]*. Sobald die Kartoffeln gar sind, das Wasser abgießen.

Nachteil dieser Methode ist, dass bei geschältem, zerkleinertem Gemüse wasserlösliche Vitamine, Mineralstoffe und Spurenelemente verloren gehen. Daher sollte man dafür nach Möglichkeit eine andere Garmethode wählen.

Gemüse kochen
Gartechniken

Kochen in wenig Wasser

Diese einfache und schonende Garmethode eignet sich besonders für klein geschnittenes Knollen- und Wurzelgemüse, wie Kohlrabi, Rüben oder Möhren *[siehe links, c und d]*.

Wird statt Salzwasser Würzsud, Brühe oder Fond verwendet, ergibt die Garflüssigkeit eine ausgezeichnete Basis für Saucen. Dies hat zudem den Vorteil, dass die Nährstoffe aus dem Kochwasser nicht verloren gehen. Manchmal braucht man kein extra Wasser mehr zuzugießen, es genügt die Abtropfflüssigkeit vom Waschen, so etwa bei Blattgemüse wie Spinat.

Der Nachteil des Kochens mit wenig Wasser: Bei größeren Mengen gart das Gemüse am Topfboden schneller als in der Mitte, das Kochergebnis kann ungleichmäßig werden.

Beim Kochen in Wasser, egal ob viel oder wenig, sollte man bei grünem Gemüse auf den Deckel verzichten und den Energieverlust in diesem Fall in Kauf nehmen. Nur so können die im Gemüse enthaltenen Säuren in den ersten 6 bis 8 Kochminuten mit dem Dampf entweichen. Ist der Topf geschlossen, reagieren sie mit dem Chlorophyll und das Gemüse verfärbt sich grau.

Gemüse blanchieren

Geputztes, meist zerkleinertes Gemüse wird für kurze Zeit – die Spanne liegt zwischen einigen Sekunden und 2 Minuten – in sprudelnd kochendes Salzwasser getaucht und dann in Eiswasser abgeschreckt. Zarte Spinatblätter garen in Sekundenschnelle; Möhrenstücke, Weißkohl und Wirsing sind halb gar und damit genau richtig für die Weiterverarbeitung, zum Dünsten etwa oder auch zum Tiefkühlen. Geeignet für Gemüse mit kurzer Garzeit wie Zuckerschoten *[siehe links, e und f]*.

Warum wird Gemüse blanchiert? Durch den Hitzeschock sollen die durchs Schälen und Kleinschneiden freigewordenen Enzyme inaktiviert werden. Sie können nämlich eine Menge unerwünschter Prozesse in Gang setzen: Das Gemüse verfärbt sich (enzymatische Braunfärbung), Aromastoffe, Vitamine und Festigkeit nehmen ab. Blanchieren stoppt also die Enzyme, und das schnelle Abkühlen in Eiswasser verhindert ein Nachgaren durch Eigenwärme. So bleiben auch die Farben gut erhalten. Je nach Zerkleinerungsgrad liegen die Nährstoffverluste zwischen 10 und 40 Prozent; vor allem die Vitamine B und C gehen mit dem Koch- und Abkühlwasser verloren. Ein weiterer Grund für das Blanchieren kann das Geschmeidigmachen sein: Will man die Blätter von Kohl, Sauerampfer, Spinat oder Lauch zum Füllen verwenden, empfiehlt sich Blanchieren ebenfalls.

Dämpfen mit Siebeinsatz

Für Gemüse mit geringer Garzeit (bis 10 Minuten) eignet sich das Dämpfen ohne Druck. Im Gegensatz zum Garen im Schnellkochtopf kann man den richtigen Garpunkt im Auge behalten, die Gefahr des Übergarens ist geringer. Die Gemüse behalten zudem ihren feinen Geschmack. Die Zeiten sind meist länger als beim Garen in wenig Flüssigkeit. Zwar entstehen in beiden Fällen Temperaturen um 100 °C, doch garen Gemüse im Dampf langsamer als unmittelbar von Flüssigkeit umgeben. Damit das Gemüse beim Dämpfen nicht mit Wasser in Berührung kommt, benötigt man einen verstellbaren gelochten Dämpfeinsatz mit einem gewissen Abstand zum Boden, der dem jeweiligen Topfdurchmesser angepasst werden kann oder einen speziellen Topf mit integriertem Dämpfeinsatz. Wichtig ist ein gut schließender Deckel, damit der Dampf nicht entweichen kann. Brokkoli dämpfen, wie links unten gezeigt *[siehe g und h]*.

Dämpfen unter Druck

Das Garen im Schnellkochtopf hat viele Vorteile: Gemüse ist bis zu 70 % schneller fertig und wird Vitamin- und Energie schonend gegart. Durch Druck im Topf erhöht sich der Siedepunkt des Wassers auf über 100 °C; die Garzeit verkürzt sich erheblich. Schnellkochtöpfe nur bis zur Markierung füllen, die in der Gebrauchsanweisung angegeben ist, sonst kann man sich beim Öffnen leicht verbrennen. Quellende Zutaten wie Hülsenfrüchte dürfen höchstens bis zur Hälfte der Topfhöhe eingefüllt werden. Topf befüllen, schließen und bis zur in der Gebrauchsanweisung angegebenen Markierung erhitzen. Die Markierung hebt sich, wenn sich der Druck im Topf (Schon- oder Schnellstufe) aufgebaut hat; der Kochvorgang beginnt. Nach der angegebenen Zeit den Topf vom Herd nehmen und kurz warten, bis sich die Markierung wieder gesenkt hat. Achtung: Gemüse gart noch nach.

a **Blumenkohl im Schnellkochtopf dämpfen:** 2 Tassen Wasser in den Topf gießen.

b **Geputztes Gemüse** in den Siebeinsatz legen und diesen in den Topf stellen.

c **Deckel aufsetzen,** Topf bis zur angegebenen Markierung erhitzen. Beobachten.

d **Vor dem Öffnen** des Deckels den Dampf vollständig entweichen lassen.

e **Der fertige Blumenkohl** ist, auf diese Weise gedämpft, unversehrt und zart.

Gekochtes Gemüse
Als Beilage oder solo

Gekochte Artischocke mit Gemüsevinaigrette

4 Artischocken je 250 bis 300 g

Saft von 1/2 Zitrone, 4 Scheiben Zitrone

Für den Würzsud:

50 g Schalotten, 2 EL Sonnenblumenöl

Salz, Saft von 1 Zitrone, 2 Thymianzweige

1 Rosmarinzweig, 1 Lorbeerblatt

Für die Vinaigrette:

1 Knoblauchzehe

je 30 g geputzte Möhre, Stangensellerie, Schalotte, Frühlingszwiebel und Lauch

100 g Tomaten, 6 EL Sonnenblumenöl

Salz, frisch gemahlener Pfeffer

2 EL Champagneressig, 4 EL Weißwein

1 Spritzer Zitronensaft, 50 ml Gemüsefond

1 EL gehackte Petersilie

1. Die Stiele der Artischocken direkt unter dem Blütenansatz abschneiden und den Boden sofort mit etwas Zitronensaft bestreichen. Die kleinen harten Blätter rund um den Stielansatz abzupfen. Von den äußeren Blättern mit einer Küchenschere die stacheligen Spitzen entfernen. Die Spitze der Artischocken mit einem scharfen Messer gerade abschneiden. Je 1 Zitronenscheibe auf den Stielan-

Gekochtes Gemüse ist die klassische Beilage schlechthin. Kein Wunder, dass dazu im Laufe der Zeit auch eine ganze Reihe Saucen entwickelt wurden. Wer jedoch auf die – ohne Frage leckere – Hollandaise & Co. verzichten möchte, der bringt den erwünschten Eigengeschmack von Gemüse mit einem Stich Butter – oder mediterran – mit etwas Olivenöl – mindestens ebensogut zur Geltung.

Glasierte Kohlrabistifte: Kräuterbeigaben sind nicht nur appetitanregend – sie bereichern auch die Optik.

satz legen und mit Küchengarn über Kreuz festbinden. Die Artischocken bis zum Kochen in mit Zitronensaft versetztes Wasser legen, damit sie sich nicht verfärben.

2. Für den Sud Schalotten schälen und in Ringe schneiden. Öl in einem großen Topf erhitzen, die Schalotten darin anschwitzen und mit reichlich Wasser aufgießen. Alles mit Salz, Zitronensaft und Kräutern aufkochen. Artischocken einlegen und mit einem Deckel beschweren. Dieser muss im Durchmesser kleiner sein als der Topf; so hält er die Artischocken unter Wasser, wodurch sie gleichmäßig garen. Artischocken 15 bis 20 Minuten köcheln, herausheben und kopfüber auf einem Küchentuch abtropfen lassen. Zitronen entfernen.

3. Inzwischen für die Vinaigrette den Knoblauch schälen und fein würfeln. Möhre, Stangensellerie und Schalotte in feine Würfel schneiden. Frühlingszwiebel und Lauch in dünne Ringe schneiden. Die Tomaten blanchieren, abschrecken, häuten und das Fruchtfleisch 1/2 cm groß würfeln. In einer Pfanne 1 EL Öl erhitzen. Knoblauch und das vorbereitete Gemüse – mit Ausnahme der Tomaten – 3 bis 4 Minuten darin farblos anschwitzen und abkühlen lassen. Mit dem Salz, Pfeffer, Champagneressig, Weißwein, Zitronensaft, Gemüsefond, den restlichen 5 EL Öl, den Tomatenwürfeln und der Petersilie verrühren. Abschmecken und die Vinaigrette zu den Artischocken reichen.

Glasierte Kohlrabistifte

450 g Kohlrabi, Salz, 10 g Butter

2 EL Gemüse- oder Kohlrabifond

1 TL geschnittene glatte Petersilie

1. Die Kohlrabiknollen schälen und in gleichmäßig dicke Stifte schneiden. In kochendem Salzwasser bissfest garen.

2. Die Butter zerlassen und Kohlrabistifte darin anschwitzen, salzen. Den Gemüse- oder Kohlrabifond zugießen. Die Flüssigkeit reduzieren, bis die Gemüsestifte mit einer glänzenden Schicht überzogen sind. Die Petersilie einrühren und die Kohlrabistifte sofort servieren.

Baby-Mais mit Tomaten: 300 g junge Maiskolben in Salzwasser garen, abschrecken. 20 g Butter zerlassen und den Mais darin anschwitzen. Mit Salz, Zucker und weißem Pfeffer würzen. 4 EL Gemüsefond zugießen und den Mais glasieren. 80 g Tomatenwürfel einrühren.

Rosenkohl mit Speck: 400 g Rosenkohl putzen, am Strunk kreuzweise einschneiden und in Salzwasser garen. Je 1 EL Speck- und Schalottenwürfel in 10 g zerlassener Butter anschwitzen. Abgetropften Rosenkohl darin schwenken. Mit Salz, Pfeffer, Muskat würzen.

Blumenkohl polnisch: etwa 1 kg geputzten Blumenkohl in Salzwasser garen. 30 g Butter schmelzen. Darin 20 g frisch geriebenes Weißbrot rösten. 1 hartgekochtes Ei fein hacken, untermischen. Mit 1 TL gehackter Petersilie und Salz würzen. Über dem Blumenkohl verteilen.

Blattspinat mit Knoblauch: 800 g geputzten Spinat blanchieren, abschrecken. 1 fein gewürfelte Schalotte in 30 g Butter oder 2 EL Olivenöl leicht bräunen. Ausgedrückte Spinatblätter darin schwenken und mit etwas Knoblauch, Salz, Pfeffer und Muskat würzen.

Spargel mit Butter: Grüne und weiße Spargelstangen von den Enden befreien. Den weißen Spargel ganz, den grünen falls nötig schälen. Beide in leicht gesalzenem Wasser garen. Gut abgetropft auf vorgewärmten Tellern anrichten und mit zerlassener Butter beträufeln.

Mangoldbündel: 250 g geputzte Mangoldstiele in Stifte schneiden, blanchieren. 1 Mangoldblatt in dünne Streifen schneiden, blanchieren. Stifte damit zu Bündeln schnüren, in 20 g Butter anschwitzen, salzen. 4 EL Gemüsefond zugießen, reduzieren, bis die Stiele glänzen.

Cremig oder luftig-zart
Pürees & Zucchiniflan

a **Kartoffelpüree herstellen:** Die gekochten Kartoffeln mit dem Stampfer zerdrücken.

b **Die Milchmischung** vorsichtig mit einem Schneebesen unter die Kartoffelmasse ziehen.

c **Püree kräftig durchschlagen,** aber auch nicht zu kräftig, da es sonst zäh werden kann.

d **Kartoffelpüree** ist dann richtig, wenn es cremig, aber nicht zu fein in der Konsistenz ist.

Mit den richtigen Zutaten lassen sich Pürees und Flans leicht selbst herstellen. Für ein Kartoffelpüree sollte man mehlig kochende Kartoffeln wählen, da diese weniger Wasser, dafür aber mehr Stärke enthalten. Für einen Flan auf Gemüsebasis benötigt man ein recht trockenes Gemüsepüree, damit die Masse im Wasserbad stocken kann. Hier werden die Zucchinischeiben dafür erst weich gedünstet und dann in einem Sieb ausgepresst.

Feines Kartoffelpüree

700 g mehlig kochende Kartoffeln

Salz, je 100 ml Milch und Sahne

40 g Butter, gemahlener Pfeffer

frisch geriebene Muskatnuss

1. Kartoffeln waschen, schälen und halbieren. In sprudelndem Salzwasser in etwa 20 Minuten weich kochen. Abgießen und ausdampfen lassen. Weiterverfahren, wie im ersten Step oben links gezeigt *[siehe a]*.

2. Die Milch mit der Sahne leicht erhitzen und die Butter darin schmelzen. Mit Salz, Pfeffer und Muskatnuss würzen. Das Kartoffelpüree fertig stellen, wie in den letzten 3 Steps oben links beschrieben *[siehe b bis d]*. Das Püree sollte von lockerer, cremiger Konsistenz sein. Es passt als Beilage gut zu Fleisch oder Innereien.

Zucchiniflan mit Thymian

600 g Zucchini, 40 g Schalotten

1 Thymianzweig

200 ml Gemüsefond, Salz, Pfeffer

4 Eier, 200 ml Sahne

Außerdem:

6 ovale, feuerfeste Förmchen von je 1/8 l Inhalt

zerlassene Butter zum Auspinseln

1. Zucchini von Blüten- und Stielansatz befreien, waschen, trocknen und in nicht zu dicke Scheiben schneiden.

a **Zucchiniflan herstellen:** Zucchini, Schalotten sowie Thymian in einen Topf füllen.

b **Die gegarten Zucchini** in ein Sieb schütten und über einem Topf abtropfen lassen.

c **Die Gemüsemischung** mit Hilfe einer Schöpfkelle kräftig durch das Sieb pressen.

d **Die Eier einzeln** mit dem Schneebesen unter das Zucchinipüree rühren.

a | **Kürbispüree herstellen:** Die Kürbisspalte mit Port, Zimt und Nelken in Alufolie wickeln.

b | **Gegartes Fruchtfleisch** mit einem scharfkantigen Löffel aus der Schale lösen.

c | **Mit einem Schaber** das Fruchtfleisch durch ein feinmaschiges Sieb streichen.

d | **Parmesan, Amaretti,** Salz, Pfeffer und Butter untermengen, das Püree cremig rühren.

Die Schalotten schälen und grob hacken. Die Zucchinischeiben und gehackten Schalotten zum Kochen bringen, wie im ersten Step der Bildfolge unten gezeigt *[siehe a]*. Hitze reduzieren, Gemüsefond zugießen, mit Salz und Pfeffer würzen und das Gemüse zugedeckt 10 bis 12 Minuten dünsten.

2. Den Thymianzweig entfernen und weiterverfahren, wie im 2. und 3. Step der Bildfolge unten gezeigt *[siehe b und c]*. Das Zucchinipüree im Mixer fein pürieren und die Masse in eine Schüssel umfüllen. Nach und nach die Eier einarbeiten und die Sahne unterrühren *[siehe d und e]*. Mit Salz und Pfeffer abschmecken.

3. Die Förmchen mit Butter auspinseln und die Zucchinimasse einfüllen *[siehe f]*. Die Förmchen in ein 80 °C warmes Wasserbad setzen – das Wasser sollte etwa bis zur halben Höhe der Förmchen reichen – und die Zucchinimasse bei 160 °C im vorgeheizten Ofen in etwa 45 Minuten stocken lassen. Das Wasser darf nur sieden, nicht kochen, damit die Masse nicht zu sehr aufgeht und dabei löchrig wird. Vor dem Herausnehmen mit einem Holzspieß die Garprobe machen: wenn beim Herausziehen des Stäbchens nichts am Holz kleben bleibt, ist der Flan gar.

4. Die Förmchen aus dem Wasserbad nehmen, Unterseite abtrocknen und etwas abkühlen lassen. Zum Anrichten den Flan direkt auf Teller stürzen *[siehe g bis h]*. Der milde Zucchiniflan schmeckt ganz ausgezeichnet zu gedünstetem Fisch oder zartem Fleisch.

Kürbispüree

1 Kürbisspalte (etwa 700 g)

je etwas unbehandelte Orangen- und Zitronenschale

5 cm Zimtstange, 2 Gewürznelken

2 cl weißer Portwein

80 g frisch geriebener Parmesan

50 g zerbröselte Amaretti

Salz, Pfeffer, 40 g Butter, zerlassen

1. Kürbisspalte von Fasern und Kernen befreien. Mit Gewürzen und Port in Alufolie verschließen, wie oben gezeigt *[siehe a]*. Kürbis bei 200 °C im vorgeheizten 50 Minuten garen.

2. Kürbis abkühlen lassen und das Püree fertig stellen wie in den Steps oben beschrieben *[siehe b bis d]*.

e | **Die Sahne nach und nach** einarbeiten und mit dem Schneebesen glatt rühren.

f | **Die Masse** bis knapp unter den oberen Rand der Förmchen eingießen.

g | **Zucchiniflan** aus den leicht abgekühlten Förmchen jeweils auf Teller stürzen.

h | **Der Flan** kann nun zerteilt werden. Er sollte schnittfest, aber nicht zu kompakt sein.

Klassische Suppen
fantasievoll ergänzt

Algerische Tomatensuppe

700 g reife Tomaten

80 g Zwiebeln, 1 Knoblauchzehe

1 rote Chilischote, ohne Stielansatz und Samen

je 50 g Möhre und Stangensellerie

2 EL Olivenöl, 1 EL Tomatenmark

1 TL fein geschnittene Minze

3/4 l Gemüsefond

Salz, frisch gemahlener Pfeffer

Außerdem:

250 g parierte Lammlende

Salz, frisch gemahlener Pfeffer

1 bis 2 EL Olivenöl, 200 g gelbe Tomaten

80 g Nudeln in Reisform

einige Minzeblättchen zum Garnieren

1. Tomaten waschen, vom Stielansatz befreien und in grobe Stücke schneiden. Zwiebeln und Knoblauch schälen und sehr fein hacken. Die Chilischote fein hacken. Möhre und Sellerie putzen und in kleine Würfel schneiden.

2. Zwiebel- und Knoblauchwürfel in heißem Öl anschwitzen. Möhre, Sellerie und Chili 3 bis 4 Minuten unter Rühren mitschwitzen. Tomatenmark einrühren, kurz mitbraten. Die Minze einstreuen und den Gemüsefond angießen. Mit Salz und Pfeffer würzen und die Gemüsemischung etwa 30 Minuten köcheln lassen. Durch ein Spitzsieb passieren und erneut kurz erhitzen.

3. Das Lammfleisch in etwa 1 1/2 cm große Würfel schneiden. Salzen und pfeffern und im erhitzten Öl unter Rühren 6 bis 8 Minuten braten.

4. Die gelben Tomaten blanchieren, kalt abschrecken und häuten. Gehäutete Tomaten viertln, die Samen entfernen und das Fruchtfleisch in kleine Würfel schneiden. Die Nudeln in sprudelndem Salzwasser al dente kochen, auf ein feinmaschiges Sieb schütten und gut abtropfen lassen.

5. Das gebratene Lammfleisch, Tomatenwürfel und Nudeln in die Suppe rühren. Nochmals erwärmen und abschmecken. In vorgewärmte Teller schöpfen und die Suppe mit Minze garnieren.

Frische Erbsensuppe mit Garnelen

1,2 kg Erbsenschoten (ausgepalt 500 g), Salz

80 g Zuckerschoten, 80 g Lauch

100 g Zwiebeln, 1 Knoblauchzehe

40 g Butter, 1 l Gemüsefond

frisch gemahlener Pfeffer

Zur leichten Süße frischer Erbsen passen Garnelen ausgezeichnet. Frische Minze vervollständigt den Genuss.

Madras-Currypulver verfeinert die Möhrensuppe nicht nur geschmacklich – es verleiht der ohnehin farbenfrohen Suppe noch ein sonniges Gelb.

1 Prise frisch geriebene Muskatnuss

1/8 l Sahne, halbsteif geschlagen

Außerdem:

12 rohe, geschälte Garnelenschwänze mittlerer Größe

Salz, frisch gemahlener weißer Pfeffer

20 g Butter, 1 EL Sonnenblumenöl

Außerdem:

Minzeblätter zum Garnieren

1. Erbsen auspalen, 100 g in leicht kochendem Salzwasser 5 Minuten garen, auf ein Sieb schütten, kalt abschrecken und beiseite stellen. Zuckerschoten putzen und klein schneiden. Lauch putzen, waschen und in dünne Ringe schneiden. Zwiebeln und Knoblauch schälen und fein hacken.

2. Butter zerlassen, Zwiebeln, Knoblauch und Lauch darin anschwitzen. Die übrigen 400 g Erbsen und die Zuckerschoten 5 Minuten mitschwitzen. Den Fond zugießen. Mit Salz, Pfeffer und Muskat würzen. Alles bei reduzierter Hitze 10 bis 12 Minuten köcheln. Mit dem Mixstab pürieren, die Suppe durch ein feines Sieb wieder in den Topf passieren. Die Sahne unterziehen und die beiseite gestellten Erbsen untermischen, abschmecken.

3. Garnelenschwänze salzen und pfeffern. Butter und Öl in einer Pfanne erhitzen und die Garnelen darin von jeder Seite kurz braten. Die Suppe in vorgewärmte Teller schöpfen, mit Garnelen und Minzeblättchen anrichten und sofort servieren.

Möhrensuppe mit Curry und Kokosmilch

600 g Möhren, Salz, 50 g Frühlingszwiebeln

1 EL Öl, 1 EL mildes Madras-Currypulver

800 ml Geflügelfond

300 ml ungesüßte Kokosmilch, Pfeffer

etwas Cayennepfeffer und Limettensaft

Außerdem:

80 ml Sahne, halbsteif geschlagen

glatte Petersilienblättchen

grob gemahlener schwarzer Pfeffer

1. Die Möhren schälen. Eine große Möhre längs in dünne Scheiben schneiden, mit einem Ausstecher (Ø etwa 2 cm) Blumen ausstechen. In Salzwasser 6 bis 8 Minuten garen, beiseite stellen. Frühlingszwiebeln putzen, waschen und grob hacken. Restliche Möhren klein würfeln.

2. Das Öl erhitzen, die Frühlingszwiebeln darin anschwitzen. Möhrenwürfel und -abschnitte 3 bis 4 Minuten mitschwitzen. Currypulver einrühren, Fond angießen, aufkochen und zugedeckt 25 Minuten garen. Fein pürieren, Kokosmilch einrühren und die Suppe mit Salz, Pfeffer, Cayennepfeffer und Limettensaft würzen. Erneut 2 Minuten köcheln, Möhrenblumen einlegen und die Suppe in vorgewärmte Teller schöpfen. Mit Sahnelinien, Pfeffer und Petersilie garnieren. Sofort servieren.

KOCHEN

Raffiniert und cremig
Gebundene Suppen

Farbenfroh und köstlich sind die beiden ausgefallenen, mit Sahne verfeinerten Suppen, die Gaumen und Auge gleichermaßen erfreuen. Ein karibischer Traum – die scharfe Kürbissuppe mit Madras-Curry und Chilischoten. Der besondere Clou: frittierte Kürbischips als Garnitur. Europäisch elegant überzeugt die leuchtend grüne Rucolacremesuppe mit in Crêpe gerolltem Spinat. Auch hier spielt das Frittieren für die Garnitur eine Rolle: Neben den Rouladen-Scheiben wird die Suppe mit frittierten Rucolablättchen verziert – aber Achtung, vorher gut abtropfen lassen! Eine angenehm leichte, luftige Konsistenz erreicht man durch das Aufschlagen der Suppen mit dem Pürierstab kurz vor dem Servieren. Bon Appétit!

Karibische Kürbissuppe

700 g Hokkaidokürbis, 80 g weiße Zwiebeln

2 Knoblauchzehen, 100 g Möhren

1 rote Chilischote, 10 g frische Ingwerwurzel

2 EL Erdnussöl, 1 l Gemüsefond

1 TL mildes Madras-Currypulver

Salz, frisch gemahlener Pfeffer

120 g rote Paprikaschote

Außerdem:

100 g Kürbisfruchtfleisch, Öl zum Frittieren

Salz, 100 ml Sahne, 1 EL Koriandergrün

1. Den Kürbis halbieren, mit einem scharfkantigen Esslöffel die Kerne und das faserige Innere herausschaben. Den Kürbis schälen und das Fruchtfleisch würfeln. Zwiebeln und Knoblauch schälen und beides fein würfeln. Möhren schälen und klein schneiden. Die Chilischote in Ringe schneiden, dabei die Samen entfernen. Ingwer schälen und klein schneiden.

2. Das Öl in einem großen Topf erhitzen. Zwiebeln, Knoblauch, Chili und Ingwer darin anschwitzen. Kürbis und Möhren mitschwitzen. Den Gemüsefond zugießen. Mit Currypulver, Salz und Pfeffer würzen und alles einmal aufkochen. Die Hitze reduzieren und die Suppe 10 bis 15 Minuten köcheln lassen, bis das Kürbisfleisch weich ist. Mit dem Mixstab pürieren und die Suppe durch ein feines Sieb in einen Topf passieren. Das Fruchtfleisch

der Paprikaschote in Rauten von 1 1/2 cm Kantenlänge schneiden und diese 10 Minuten in der pürierten Suppe mitköcheln.

3. Das Kürbisfleisch für die Garnitur in hauchdünne Streifen schneiden. Das Öl in der Fritteuse oder in einem Topf auf 180 °C erhitzen und die Kürbisstreifen darin knusprig ausbacken. Auf Küchenpapier abtropfen lassen, leicht salzen.

4. Die Kürbissuppe mit Salz und Pfeffer würzen und in vorgewärmte tiefe Teller schöpfen. Die Sahne dekorativ einfließen lassen. Die Suppe mit fein geschnittenem Koriandergrün bestreuen, mit Kürbischips garnieren und sofort servieren.

Rucolasuppe mit Spinatroulade

Für den Crêpe-Teig:

50 g Mehl, 1/8 l Milch, 1 Prise Salz

2 Eigelbe, 25 g zerlassene Butter

10 g Butterschmalz zum Ausbacken

Für die Füllung:

200 g Blattspinat, Salz, 1 Eigelb

1/2 TL Mehl, frisch gemahlener Pfeffer

frisch geriebene Muskatnuss

1 Scheibe Weißbrot ohne Rinde

Für die Suppe:

400 g Rucola, 60 g Schalotten, 45 g Butter

1 Prise Salz, frisch gemahlener Pfeffer

100 ml Weißwein

800 ml Geflügelfond

400 ml Sahne, 30 g kalte Butterwürfel

Außerdem:

einige frittierte Blättchen Rucola

1. Das gesiebte Mehl mit der Milch, 60 ml Wasser und Salz verrühren. Eigelbe zufügen, die zerlassene Butter langsam einrühren und den Teig durch ein Sieb streichen. 30 Minuten quellen lassen.

2. In einer Pfanne das Butterschmalz erhitzen und 4 dünne Crêpes ausbacken. Zu Quadraten schneiden und je einen Crêpe auf ein Stück Klarsichtfolie legen. Abkühlen lassen.

3. Den Spinat waschen und putzen. In Salzwasser blanchieren, gut ausdrücken und mit Eigelb, Mehl, 1 Prise Salz, Pfeffer, Muskat und Weißbrot im Mixer fein pürieren. Weiterverfahren, wie in den ersten beiden Steps rechts gezeigt *[siehe a und b]*.

4. Die Crêpe-Rollen gut mit Garn verschließen und in 80 °C heißem, aber nicht kochendem Wasser etwa 15 Minuten garen. Crêpe-Rouladen herausnehmen, kalt abschrecken und in Scheiben schneiden, wie im 3. Bild rechts gezeigt *[siehe c]*.

5. Rucola für die Suppe waschen, die Blätter von den Stielen trennen und beiseite legen. Die Schalotten schälen und fein würfeln. In einem Topf 40 g Butter zerlassen und 40 g gewürfelte Schalotten mit den Rucolastielen darin hell anschwitzen. Salzen, pfeffern und mit dem Wein ablöschen. Auf die Hälfte reduzieren, Geflügelfond zugießen und erneut auf die Hälfte reduzieren. Sahne zugießen und 5 Minuten köcheln lassen. Vom Herd nehmen und die Suppe durch ein Sieb passieren.

6. Rucolablätter blanchieren, kalt abschrecken und gut ausdrücken. In einem Pfännchen die restliche Butter zerlassen und die übrigen 20 g Schalotten sowie die Rucolablätter darin anschwitzen. Vom Herd nehmen, mit den gekühlten Butterwürfeln pürieren und kalt stellen.

7. Suppe erneut aufkochen und die kalte Rucolamasse mit dem Pürierstab einarbeiten. Die Suppe mit Salz, Pfeffer und Muskatnuss abschmecken und in vorgewärmte Teller schöpfen. Mit den in Scheiben geschnittenen Spinatrouladen sowie dem frittierten Rucola garnieren und servieren.

a **Die Spinatmischung** mit einer Palette gleichmäßig auf dem Crêpe verstreichen.

b **Crêpe und Füllung** mit Hilfe der Folie aufrollen und von außen fest mit der Folie umwickeln.

c **Die Rouladen** auswickeln und mit einem scharfen Messer in Scheiben schneiden.

Klare Gemüsesuppen
Mit Zwiebeln, Ravioli & Fisch

Gemüsesuppe mit Ricotta-Ravioli

60 g Möhre, 50 g Petersilienwurzel

50 g Lauch, 50 g Zuckerschoten

200 g Tomaten, 800 ml Gemüsefond

Für den Ravioliteig:

120 g Weizenmehl, 1 Messerspitze Salz

1 Ei, 1 TL Sonnenblumenöl

Für die Ravioliffüllung:

1/2 geschälte Knoblauchzehe, 125 g Ricotta

25 g frisch geriebener Parmesan

1 EL fein geschnittene Kräuter (Basilikum, Petersilie, Schnittlauch)

1 Eigelb, Salz, frisch gemahlener Pfeffer

Außerdem:

1 Eiweiß zum Bestreichen

1. Möhre und Petersilienwurzel schälen, Lauch putzen und alles in feine Streifen schneiden. Die Zuckerschoten putzen, in Rauten von 1 cm Kantenlänge schneiden. Tomaten blanchieren, kalt abschrecken, häuten und halbieren. Die Samen entfernen und das Fruchtfleisch klein würfeln.

2. Das Mehl für den Ravioliteig auf eine Arbeitsfläche sieben und mit Salz, Ei und Öl zu einem gut knetbaren Nudelteig verarbeiten. In Folie wickeln und den Teig 30 Minuten ruhen lassen.

3. Den Knoblauch für die Füllung fein hacken und mit der Ricotta, Parmesan, Kräutern und Eigelb verrühren. Den Teig auf einer bemehlten Arbeitsfläche möglichst dünn ausrollen. Mit einem gezackten Ausstecher (5 cm Ø) Kreise ausstechen. Jeweils etwas Füllung darauf setzen, die Ränder mit Eiweiß bestreichen, zusammenklappen und die Ränder gut andrücken. Ravioli in gesalzenem Wasser 5 bis 8 Minuten garen, abtropfen lassen.

4. Inzwischen Gemüsefond mit 200 ml Wasser erhitzen. Salzen, pfeffern und das vorbereitete Gemüse – außer den Tomaten – 8 bis 10 Minuten darin köcheln. In den letzten 2 Minuten Tomaten mitköcheln. Die gegarten Ravioli in die Suppe einlegen, abschmecken und sofort servieren.

Klare Zwiebelsuppe

400 g Zwiebeln, 3 EL Olivenöl

100 ml Weißwein, 800 ml Gemüsefond

Salz, gemahlener Pfeffer, 1 Knoblauchzehe

Basis der herzhaften Zwiebelsuppe sind Gemüsefond und ein trockener Weißwein. Abgerundet wird sie mit geröstetem, mit Käse überbackenem Brot.

8 runde Scheiben Weißbrot (8 cm Ø)

50 g frisch geriebener Hartkäse

1 EL fein geschnittener Schnittlauch

1. Die Zwiebeln schälen, halbieren und in feine Scheiben schneiden. 2 EL Öl erhitzen und die Zwiebeln darin farblos anschwitzen. Wein und Fond zugießen, aufkochen, salzen und pfeffern. Die Hitze reduzieren und die Mischung 30 Minuten köcheln lassen.

2. Knoblauch schälen, durch die Presse drücken und mit dem restlichen EL Olivenöl verrühren. Die Brotscheiben damit bestreichen, im Ofen rösten. Herausnehmen, mit dem Käse bestreuen und kurz unter dem vorgeheizten Grill gratinieren. Die Suppe in vorgewärmte Teller schöpfen, Brotscheiben auflegen und mit Schnittlauch garnieren.

Dashi

ERGIBT 800 ml Brühe

20 g Kombu (Seetang)

1 l Wasser, 80 ml Wasser zum Abkühlen

30 g Bonitoflocken (Tunfischflocken)

1. Den Seetang mit einem feuchten Tuch vom weißen Puder befreien. Mit 1 l Wasser in einen Topf füllen und langsam erhitzen [siehe a]. Wenn Blasen aufsteigen, prüfen, ob der Tang weich ist. Wenn nicht, noch 1 bis 2 Minuten ziehen lassen. Tang entfernen und weiterverfahren, wie gezeigt [siehe b und c].

2. Kocht die Brühe, Topf vom Herd nehmen und warten, bis die Fischflocken abgesunken sind und die Brühe durchseihen [siehe d und e].

Klare Suppe mit fernöstlichem Gemüse

80 g Lotoswurzel, 100 g Yamswurzel

50 g Moschuskürbis, 200 g Frühlingszwiebeln

20 g Nira (chinesischer Schnittlauch)

1 TL Weizenpuder, 200 ml Sonnenblumenöl

300 g Glattbuttfilet, 800 ml Dashi

10 g getrocknetes Zitronengras

1 kleine Chilischote gewürfelt, ohne Samen

2 Japan-Ingwerblüten (je etwa 20 g), halbiert

4 g frische Ingwerwurzel

10 g Chrysanthemenblätter

1 Prise Salz, 1 Limette

1. Lotos- und Yamswurzel schälen und in Scheiben, Kürbisfruchtfleisch in Stifte schneiden. Die Frühlingszwiebeln putzen und schräg in Stücke schneiden. Nira fein schneiden. Kürbisstifte mit Weizenpuder bestauben und im heißen Öl frittieren. Den Glattbutt in mundgerechte Stücke teilen.

2. Dashi mit dem getrockneten Zitronengras aufkochen und bei geringer Hitze kurz ziehen lassen. Die Brühe durch ein feinmaschiges Sieb passieren und mit der gewürfelten Chili, den Lotosscheiben, den halbierten Ingwerblüten sowie der geschälten und in Streifen geschnittenen Ingwerwurzel etwa 10 Minuten köcheln lassen.

3. Die Yamswurzel- und Frühlingszwiebelstücke zufügen, nach weiteren 5 Minuten die frittierten Kürbisstifte und Chrysanthemenblätter in der Suppe erwärmen. Vom Herd nehmen und salzen. Den Fisch erst unmittelbar vor dem Servieren in der heißen Suppe gar ziehen lassen. Mit Nira bestreuen und mit einer 1/4 Limette servieren.

Exotisches Gemüse und Fisch verfeinern die mit Zitronengras und Chili aromatisierte Dashi-Brühe. Der Glattbutt darf jedoch nur kurz darin ziehen.

a | **Kombu und Wasser** bei geringer Hitze in 10 bis 15 Minuten zum Kochen bringen.

b | **Die Flüssigkeit** mit den restlichen, bereitgestellten 80 ml Wasser abkühlen.

c | **Die Bonitoflocken** auf einmal zuschütten und den Topfinhalt erneut erhitzen.

d | **Die Brühe** durch ein mit einem Passiertuch ausgelegtes Sieb gießen.

e | **Aromatisierte Dashi-Brühe** dient als Grundlage für viele Suppen und Saucen.

Dampfend deftig
Suppen & Eintöpfe

Wohl eine der berühmtesten Suppen der Welt ist die italienische Minestrone, die man in regional unterschiedlichen Varianten kennt. Viel Gemüse und Bohnenkerne – Cannellini oder, häufiger noch, Borlotti – gehören mit in den Topf, zudem noch Pasta oder Reis. In Genua verfeinert man die köstliche Gemüsesuppe mit einem Löffel Pesto oder mit einem Soffritto aus Öl, Knoblauch, Petersilie und Tomaten. Achten sollte man darauf, dass weder Gemüse noch Einlagen zu weich geraten – bissfest schmeckt beides einfach besser. Frische Bohnenkerne brauchen nicht separat vorgegart zu werden. Man rechnet in diesem Fall aber etwas mehr, 200 bis 220 g. Diese Mengenangabe gilt übrigens auch für gekochte Bohnenkerne.

Minestrone

VORBEREITUNG: Getrocknete Bohnenkerne über Nacht in kaltem Wasser einweichen.

120 g weiße Bohnenkerne, Salz

1 mittelgroße Zwiebel, gespickt mit 1 Lorbeerblatt und 1 Gewürznelke

200 g Stangensellerie, 200 g Möhren

200 g Lauch, 100 g Zucchini

300 g fest kochende Kartoffeln

200 g Erbsen in der Schote

300 g Tomaten, 150 g Blumenkohlröschen

100 g Zwiebeln, 2 Knoblauchzehen

100 g durchwachsener, roh geräucherter Speck

1 EL Olivenöl, 20 g Butter

frisch gemahlener Pfeffer

2 l Geflügelfond

80 g Suppennudeln (etwa Ditali oder Ditalini)

1 EL gehackte Petersilie

80 g frisch gehobelter Parmesan

1. Die Bohnen abgießen. In einem Topf mit frischem Wasser bedecken, salzen und mit der gespickten Zwiebel zum Kochen bringen. Die Bohnen in 60 bis 80 Minuten weich garen, abgießen.

2. Gemüse waschen und schälen oder putzen. Sellerie, Möhren, Lauch, Zucchini und Kartoffeln in Scheiben schneiden, Erbsenschoten auspalen. Die Tomaten häuten, vierteln, Samen und Stielansätze entfernen. Das Fruchtfleisch in Streifen schneiden. Zwiebeln, Knoblauch und Speck klein würfeln.

3. Öl und Butter in einem großen Topf erhitzen. Zwiebeln und Speck darin glasig anschwitzen. Den Knoblauch kurz mitschwitzen. Sellerie, Möhren, Kartoffeln sowie Blumenkohl zufügen, salzen und pfeffern. Den Geflügelfond zugießen und alles kurz aufkochen lassen.

4. Nach 5 Minuten Garzeit Zucchini und Lauch zufügen. Nach weiteren 5 Minuten Erbsen und Nudeln einrühren und die Suppe weitere 5 Minuten köcheln lassen.

5. Tomatenstreifen und die gekochten Bohnenkerne in der Suppe erwärmen. Die Minestrone in vorgewärmte tiefe Teller schöpfen, mit Petersilie und Parmesan bestreuen und sofort servieren.

Provenzalischer Bohneneintopf

| 1 kg Bobbybohnen, 200 g Möhren |
| 150 g Stangensellerie |
| 800 g fest kochende Kartoffeln |
| 500 g roh geräucherter, durchwachsener Speck |
| 80 g Zwiebeln, 1 Knoblauchzehe |
| 4 EL Olivenöl |
| 2 l Tomatenpüree (hergestellt aus 2,5 kg roh passierten aromatischen Tomaten) |
| 1/2 l Gemüsefond |
| je 1 Zweig Thymian, Rosmarin, Basilikum, Lorbeer, Bohnenkraut und Lavendel |
| 1 Prise Salz, frisch gemahlener Pfeffer |
| 1 EL gehackte Petersilie |

1. Die grünen Bohnen putzen und in Stücke schneiden. Möhren, Sellerie sowie Kartoffeln schälen und alles in dünne Scheiben schneiden.

2. Den Speck 1 1/2 cm groß würfeln. Zwiebeln und Knoblauch schälen und fein würfeln. Das Olivenöl leicht erhitzen und den Speck darin anbraten. Zwiebel- und Knoblauchwürfel mitschwitzen. Das vorbereitete Gemüse zufügen und kurz mitbraten. Tomatenpüree einrühren, Gemüsefond zugießen und die zum Bund verschnürten Kräuter mit in den Topf legen.

3. Den Eintopf 15 bis 20 Minuten köcheln lassen, salzen und pfeffern. Kräuter entfernen, Bohnentopf mit Petersilie bestreuen und servieren.

Vegetarischer Gemüseeintopf

| 300 g Erbsenschoten |
| je 100 g grüne Bohnen, Zucchini, junge weiße Rüben (Navetten) und Stangensellerie |
| 200 g Frühlingszwiebeln |
| 200 g Brokkoli, 200 g Möhren |
| je 60 g rote und gelbe Paprikaschote |
| 300 g kleine fest kochende Kartoffeln |
| 150 g Petersilienwurzel, 40 g Butter, Salz |
| gemahlener weißer Pfeffer, 2,4 l Gemüsefond |

1. Gemüse waschen und putzen oder schälen. Erbsen auspalen, Bohnen vierteln, Zucchini längs halbieren und in Scheiben schneiden. Frühlingszwiebeln halbieren, Brokkoli in Röschen teilen. Restliches Gemüse klein schneiden. Das Gemüse anschwitzen, wie rechts gezeigt *[siehe a]*.

2. Leicht mit Salz und Pfeffer würzen und den Gemüsefond zugießen *[siehe b]*.

3. Vom Herd nehmen, den Gemüsetopf in vorgewärmte tiefe Teller schöpfen und sofort servieren.

Nach würzigen Kräutern und Knoblauch duftend, passt der provenzalische Bohnentopf ausgesprochen gut zu Lammfleisch.

a | **Die Butter** in einem großen Topf zerlassen und das Gemüse darin kurz anschwitzen.

b | **Den Gemüsefond** zugießen und den Eintopf weitere 10 bis 15 Minuten köcheln lassen.

Seeteufel mit Zucchinisauce

4 Scheiben Seeteufel (je etwa 150 g)

Salz, Pfeffer, 2 EL Olivenöl

1 EL Butter, 1 Knoblauchzehe

frischer Thymian und Rosmarin

Für die Zucchinisauce:

300 g Zucchini, 1 rote Chilischote

80 g weiße Zwiebeln, fein gewürfelt

60 g Stangensellerie, fein gewürfelt

1 EL Olivenöl, 100 ml Gemüsefond

1 EL Weißweinessig

15 g Butter, 1 TL Mehl

1/2 TL edelsüßes Paprikapulver

Salz, Pfeffer, 150 ml Milch

Außerdem:

80 g feine Zucchiniwürfel

1. Zucchini für die Sauce putzen und fein würfeln. Das Fruchtfleisch der Chilischote in feine Ringe schneiden. Zwiebel- und Selleriewürfel in Öl anschwitzen. Die Zucchiniwürfel und etwa 2/3 der Chiliringe 5 Minuten mitschwitzen. Fond und Essig angießen, 5 Minuten köcheln, pürieren, passieren.

2. Butter und Mehl vermischen, unter die Sauce rühren. Mit Paprika, Salz und Pfeffer würzen. Milch in die Sauce einrühren, die restlichen Chiliringe und die 80 g Zucchiniwürfel untermengen. Bei mittlerer Hitze unter Rühren 8 Minuten köcheln, abschmecken.

3. Seeteufel würzen, in Öl und Butter von jeder Seite 4 Minuten braten, zerdrückte Knoblauchzehe und Kräuter mitbraten und mit der Sauce servieren.

Garnelen mit Paprikasauce

200 g Tomatenfruchtfleisch

24 mittelgroße rohe, geschälte Garnelen

Salz, Pfeffer, 3 EL Olivenöl

2 Knoblauchzehen, fein geschnitten

1 EL Petersilie, fein geschnitten

40 g schwarze Oliven

Für die Paprikasauce:

450 g gelbe Paprikaschoten

30 g Schalotten, fein gewürfelt

1/2 Knoblauchzehe, fein gewürfelt

20 g Butter, 1 Zweig Thymian

1 Lorbeerblatt, 1 Prise Salz

frisch gemahlener Pfeffer

4 cl Sauternes (süßer weißer Bordeaux)

50 ml Weißwein

150 ml Gemüsefond, 50 ml Sahne

1. Paprikafruchtfleisch für die Sauce fein würfeln. Schalotten und Knoblauch in der Butter glasig schwitzen. Paprikawürfel, Kräuter und Gewürze kurz mitschwitzen. Mit dem Sauternes, Weißwein und Fond ablöschen, bei geringer Hitze garen. Ist der Fond auf die Hälfte reduziert, Sahne zugießen und Paprika darin gar köcheln.

2. Das Tomatenfruchtfleisch würfeln. Die Garnelen salzen, pfeffern und in heißem Öl von jeder Seite 1 bis 2 Minuten braten. Knoblauch- und Tomatenwürfel 1 Minute mitschwitzen. Petersilie und Oliven zugeben und die Garnelen mit der Sauce servieren.

Tafelspitz mit Meerrettichsauce

4 bis 8 Scheiben gekochter Tafelspitz mit etwas Gargemüse

frisch gehobelter Meerrettich

Für die Meerrettichsauce:

150 g Meerrettich

50 g entrindetes Weißbrot

300 ml Gemüsefond, 150 ml Milch

150 ml Sahne, 1 Prise Salz

frisch gemahlener Pfeffer

1 Spritzer Zitronensaft

1 EL geschlagene Sahne

1. Meerrettich für die Sauce schälen und auf einer Reibe fein raspeln. Das Weißbrot in kleine Würfel schneiden.

2. Den Gemüsefond mit Milch und Sahne zum Kochen bringen und etwa 5 Minuten leicht köcheln. Weißbrotwürfel darin kurz aufkochen.

3. Topf vom Herd nehmen, den Meerrettich zufügen und kurz ziehen lassen. Die Sauce durch ein feines Sieb passieren, in die Kasserolle zurückgießen. Mit Salz, Pfeffer und Zitronensaft würzen.

4. Die Sauce nochmals erhitzen, aber nicht mehr kochen, da der Meerrettich sonst an Aroma verliert und bitter wird. Geschlagene Sahne unterziehen.

5. Den Tafelspitz auf vorgewärmten Tellern mit etwas Gargemüse belegen, mit dem gehobelten Meerrettich bestreuen und mit der Meerrettichsauce umgießen. Sofort servieren.

Artischocken mit Kürbissauce

8 junge Artischocken, geputzt

Salz, Pfeffer, 4 EL Olivenöl

1 Knoblauchzehe, 3 Thymianzweige

Für die Kürbissauce:

600 g Kürbis (etwa Moschuskürbis)

40 g Schalotten, 20 g Butter

1 TL mildes Currypulver

1 Prise Salz, gemahlener Pfeffer

100 ml Weißwein

2 cl weißer Portwein

300 ml Gemüsefond, 100 ml Sahne

1 EL geschlagene Sahne

Thymianblättchen zum Garnieren

1. Kürbis für die Sauce schälen, von Kernen und Fasern befreien und klein schneiden. Die Schalotten schälen, würfeln und in zerlassener Butter glasig schwitzen. Kürbis kurz mitschwitzen. Mit Curry, Salz und Pfeffer würzen; jedoch nicht zu stark erhitzen, das Currypulver verbrennt sonst.

2. Kürbis mit Wein und Port ablöschen, Fond zugießen. Die Flüssigkeit auf die Hälfte reduzieren, Sahne zugießen. Den Kürbis fertig garen, pürieren und durch ein Sieb passieren. Die Sauce abschmecken und mit geschlagener Sahne verfeinern.

3. Artischocken vierteln, Heu entfernen, würzen und in Öl bei geringer Hitze 10 bis 12 Minuten braten. Zerdrückten Knoblauch und Thymianblättchen kurz mitbraten. Artischocken mit der Sauce umgießen, mit Thymian garnieren und servieren.

Orecchiette mit Tomatensauce

800 g Blumenkohlröschen, Salz

8 gesalzene Sardellenfilets

2 EL Sonnenblumenöl, 30 g Butter

2 EL Petersilie, fein geschnitten

150 g Paprikawürfel

Salz, Pfeffer, 400 g Orecchiette

Für die Tomatensauce:

100 g Stangensellerie, 120 g Möhren

1 kg reife Tomaten, 40 g Schalotten

1 Knoblauchzehe, 2 EL Olivenöl

je 1 Zweig Rosmarin, Basilikum und Thymian

1 Lorbeerblatt, 1 Nelke

3 Pimentkörner

10 weiße Pfefferkörner

1 Prise Salz, 50 ml Weißwein

1 TL Aceto balsamico

1. Sellerie und Möhren für die Sauce schälen, putzen, klein schneiden. Das Tomatenfruchtfleisch würfeln. Schalotten und Knoblauch schälen, fein würfeln, in Olivenöl glasig schwitzen. Möhren und Sellerie mitschwitzen. Kräuter, Gewürze und Tomaten zufügen, mit Weißwein und Essig löschen. Im offenen Topf 15 bis 20 Minuten köcheln, passieren, abschmecken.

2. Blumenkohl 5 Minuten in Salzwasser kochen, abgießen. Sardellen in Öl und Butter anbraten. Die Petersilie, Paprika und Blumenkohl zufügen, würzen. Orecchiette al dente kochen und zu den anderen Zutaten in die Pfanne geben, mit der Sauce servieren.

Gemüsenudeln mit Fenchelsauce

450 g Möhren, 450 g Zucchini

3 EL Sonnenblumenöl, Salz

Pfeffer, einige Blättchen Petersilie

Für die Fenchelsauce:

400 g Fenchel, 40 g Schalotten

20 g Butter, 1 Prise Salz

frisch gemahlener weißer Pfeffer

1/2 TL Pastis, 50 ml Weißwein

1/2 l Gemüsefond, 1/4 l Sahne

1 EL geschlagene Sahne

1 EL fein geschnittenes Fenchelgrün

1. Den Fenchel für die Sauce putzen und das Wurzelende entfernen. Fenchel in dünne Scheiben schneiden. Die geschälten, fein geschnittenen Schalotten in der Butter glasig dünsten. Fenchel kurz mitschwitzen, mit Salz und Pfeffer würzen und mit Pastis und Weißwein ablöschen.

2. Gemüsefond angießen, bei schwacher Hitze auf die Hälfte reduzieren. Die Sahne zugießen. Den Fenchel weich garen, pürieren und die Sauce durch ein feines Sieb passieren. Die geschlagene Sahne unterziehen. Fenchelgrün zufügen und abschmecken.

3. Die Möhren für die Gemüsenudeln schälen, Zucchini waschen und putzen. Beides in 1 mm dicke und 5 mm breite Streifen schneiden (am besten mit der Aufschnittmaschine). Möhren im heißen Öl 1 Minute braten, Zucchini 1 Minute mitbraten. Würzen, mit Petersilie garnieren und die Gemüsenudeln mit der Sauce anrichten.

Cremig & samtig
Delikate Risotti

Risotto mit Radicchio

FÜR 2 PORTIONEN

30 g Schalotte, 1/4 Knoblauchzehe
200 g Radicchio di Treviso, 30 g Butter
200 g Risottoreis, etwa Carnaroli
150 ml Weißwein
etwa 700 ml erhitzter Geflügelfond
20 g frisch geriebener Parmesan, Salz
40 g Butter, in 4 Scheiben geschnitten
20 g frisch gehobelter Parmesan zum Bestreuen

1. Die Schalotte und den Knoblauch schälen, beides fein würfeln. Radicchio putzen, waschen, abtropfen lassen und quer in Streifen schneiden.

2. Die Butter zerlassen, Schalotten- und Knoblauchwürfel darin glasig schwitzen und weiterverfahren, wie in der Bildfolge rechts gezeigt *[siehe a bis c]*. Den Risotto etwa 15 Minuten im offenen Topf unter Rühren köcheln lassen, Radicchio sowie geriebenen Parmesan zufügen *[siehe d]*. Mit Salz und nach Belieben auch mit grob gemahlenem Pfeffer würzen. Den Risotto auf vorgewärmten Tellern anrichten, mit je 1 Scheibe Butter belegen und mit gehobeltem Parmesan bestreuen.

Risotto mit Mangold

5 g getrocknete Steinpilze
250 g junger Mangold
70 g Butter, 50 g gehackte weiße Zwiebel
300 g Risottoreis (Vialone nano)
150 ml Weißwein
etwa 700 ml erhitzter Kalbsfond
Salz, frisch gemahlener Pfeffer
1 EL gehackte Petersilie
80 g frisch geriebener Parmesan

Radicchio-Risotto schmeckt köstlich und ist ganz einfach in der Zubereitung. Nach diesem Grundrezept lassen sich auch die anderen Risotti rühren.

1. Pilze 15 Minuten in warmem Wasser einweichen, ausdrücken, klein schneiden. Mangold putzen, waschen und abtropfen lassen. Blätter von den Stielen trennen. Stiele und Blätter längs halbieren und in schmale Streifen schneiden.

2. In einem Topf 40 g Butter zerlassen. Zwiebel, Mangoldstiele und Pilze darin farblos anschwitzen. Den Reis zuschütten und unter Rühren glasig schwitzen. Mit Wein ablöschen und nach und nach den Fond angießen, wie im Grundrezept gezeigt. Risotto 10 Minuten unter Rühren köcheln lassen. Mangoldblätter zufügen, salzen und pfeffern. Petersilie, restliche Butter und 40 g Parmesan einrühren. Nach Belieben mit Parmesan bestreuen.

Frühlings-Risotto

150 g Tomaten, 50 g geputzte Zuckerschoten
150 g geschälter weißer Spargel, Salz
je 50 g Zwiebel-, Möhren-, Stangensellerie- und Zucchiniwürfel
60 g Butter, 300 g Risottoreis, etwa Originario
etwa 700 ml erhitzter Gemüsefond
30 g frisch geriebener Parmesan
Pfeffer, einige Blättchen rotes Basilikum

Mit Paprika | Gleich doppelt bringt roter Paprika hier Aroma und Geschmack ins Spiel: einmal gewürfelt und einmal als Püree. Wer will, bestreut den Risotto vor dem Servieren noch mit Parmesan.

1. Tomatenfruchtfleisch in 1/2 cm große Würfel, Zuckerschoten in Rauten, Spargel schräg in 2 cm lange Stücke schneiden. Spargel und Zuckerschoten in Salzwasser bissfest garen, abschrecken.

2. Die Zwiebel-, Möhren- und Selleriewürfel in 30 g zerlassener Butter anschwitzen. Den Reis auf einmal dazuschütten und glasig schwitzen. Mit etwas Fond ablöschen, dann nach und nach den heißen Fond zugießen, wie im Grundrezept beschrieben. Den Risotto 15 bis 20 Minuten unter Rühren köcheln. In den letzten 5 Minuten Tomaten, Zucchini, Zuckerschoten und Spargel untermischen. Parmesan und restliche Butter einrühren, salzen und pfeffern. Mit Basilikum garnieren.

Paprika-Risotto

Für das Paprikapüree:
350 g rote Paprikaschoten, 150 g Tomaten
50 g Zwiebel und 1 Knoblauchzehe, gewürfelt
2 EL Olivenöl, 100 ml Gemüsefond
Salz, frisch gemahlener Pfeffer
Für den Risotto:
50 g gewürfelte Zwiebel, 80 g Butter
300 g Risottoreis (Aborio), 150 ml Weißwein
600 bis 700 ml erhitzter Gemüsefond
Salz, Pfeffer, 30 g frisch geriebener Parmesan
1 EL gehackte Petersilie
120 g rote Paprikawürfel

1. Für das Püree Paprika- und Tomatenfruchtfleisch klein schneiden. Zwiebel und Knoblauch im heißen Öl glasig schwitzen, Paprika und Tomaten kurz mitschwitzen. Mit dem Fond ablöschen. Zugedeckt 10 bis 15 Minuten köcheln lassen. Pürieren, durch ein Sieb passieren und würzen.

2. Zwiebel in 40 g Butter glasig schwitzen. Reis zuschütten, anschwitzen, mit Wein ablöschen und den Fond zugießen, wie im Grundrezept beschrieben. Etwa 15 Minuten köcheln, Püree einrühren, eventuell noch etwas Fond zugießen, würzen. Den Parmesan, restliche Butter, die Petersilie und die Paprikawürfel unterrühren, kurz ziehen lassen.

a | **Den Reis** auf einmal dazuschütten und unter Rühren glasig anschwitzen.

b | **Mit dem Weißwein** ablöschen und die Flüssigkeit auf die Hälfte reduzieren.

c | **Erhitzten Fond** nach und nach zugießen, jeweils nur so viel, dass der Reis eben bedeckt ist.

d | **Radicchio zufügen** und erhitzen, bis er zusammenfällt. Parmesan einrühren.

Gemüse aus dem Meer
Leckeres mit Algen

Algensalat mit Glasnudeln

200 g frischer Laitue de mer (auch bekannt als Ulve oder Meeressalat)

50 g breite Glasnudeln

80 g Zucchini, 80 g Möhre

1 kleine rote Chilischote

1 Knoblauchzehe

5 g frische Ingwerwurzel

3 EL Sesamöl

2 EL heller Reisessig

2 EL helle Sojasauce

1 Spritzer Limettensaft, Salz

1 TL geschnittenes Koriandergrün

1 TL geröstetes Sesamöl

1 EL gerösteter, geschälter Sesam

1. Algen 10 bis 15 Minuten wässern. Blanchieren, auf ein Sieb schütten, kalt abschrecken und abtropfen lassen. Harte Wurzelteile entfernen und die Blätter in feine Streifen schneiden.

2. Glasnudeln mit kochendem Wasser übergießen, in 2 bis 3 Minuten gar ziehen und gut abtropfen lassen.

3. Die Zucchini putzen, die Möhre schälen und beides zu Julienne schneiden, Chilifruchtfleisch fein würfeln. Den Knoblauch und Ingwer schälen, beides fein hacken.

4. Chili, Knoblauch und Ingwer in heißem Öl anschwitzen. Gemüsejulienne 2 bis 3 Minuten mitschwitzen. Algen zufügen und weitere 2 Minuten mitschwitzen. Mit Reisessig ablöschen und alles in eine Schüssel umfüllen. Glasnudeln untermischen und den Salat mit Sojasauce, Limettensaft, Salz, Koriandergrün und geröstetem Sesamöl würzen. Salat mit geröstetem Sesam und etwas Koriandergrün garnieren.

Rotbarbenfilets auf Algengemüse

125 g frische Wakame (Braunalge)

125 g frische Dulse (Rotalge)

40 g Schalotten, 1 Knoblauchzehe

80 g gelbe Paprikaschote

3 EL Olivenöl, 80 ml Weißwein

Saft und Zesten von 1/2 unbehandelten Zitrone

Salz, Pfeffer, 1 TL Blütenhonig

Für die Tomatenpaste:

50 g getrocknete Tomaten in Öl

20 g Pinienkerne

Salz, frisch gemahlener Pfeffer

1 Knoblauchzehe

6 Basilikumblätter

20 g frisch geriebener Parmesan

Olivenöl

Erfrischend und mild präsentiert sich der Algensalat. Die Grünalge »Laitue de mer« erinnert geschmacklich an herkömmliche Salatsorten.

Harmonisch: Fisch und Algen vertragen sich naturgemäß bestens – das Algenpilaw erhält seine leuchtende Farbe durch die Zugabe von Safranfäden.

Außerdem:

8 Rotbarbenfilets mit Haut, je etwa 60 g

Salz, frisch gemahlener Pfeffer

etwas Mehl zum Bestauben

1 EL Olivenöl, 20 g Butter

1. Beide Algensorten in reichlich kaltem Wasser etwa 15 Minuten wässern. In kochendem Wasser jeweils 1/2 Minute blanchieren und in Eiswasser abschrecken. Von den Wakameblättern die harte Mittelrippe entfernen und die Algen in breite Streifen schneiden. Die Rotalgen ebenso in Streifen schneiden. Schalotten sowie Knoblauch schälen und beides fein würfeln. Die Paprikaschote von Stielansatz und Samen befreien und das Fruchtfleisch 1/2 cm groß würfeln.

2. Inzwischen die getrockneten Tomaten für die Paste abtropfen lassen, dabei das Öl auffangen. Tomaten im Mörser zerreiben, Pinienkerne, Salz, Pfeffer, den geschälten und gehackten Knoblauch sowie die gewaschenen, getrockneten Basilikumblätter zufügen und verreiben. Parmesan untermischen und das aufgefangene Öl zugießen. So viel Olivenöl einrühren, bis die Paste von cremiger Konsistenz ist.

3. Das Olivenöl erhitzen, Schalotten- und Knoblauchwürfel darin anschwitzen. Paprikawürfel 3 bis 4 Minuten mitschwitzen. Die Algen weitere 1 bis 2 Minuten mitdünsten. Mit dem Weißwein ablöschen. Das Algen-Paprika-Gemüse vom Herd nehmen und mit Zitronensaft und -zesten, Salz, Pfeffer und Honig würzen.

4. Die Fischfilets mit Salz und Pfeffer würzen und leicht mit Mehl bestauben. Öl und Butter erhitzen, die Filets erst von der Hautseite darin kross braten, wenden und fertig braten. Rotbarbenfilets auf dem Gemüse anrichten und die Tomatenpaste dazureichen.

Algen-Pilaw

150 g frische Haricots verts de mer oder Meeresspaghetti

150 g Moschuskürbisfruchtfleisch

200 g Fenchel mit Grün

50 g Butter, 50 g Schalotten

1/8 l Weißwein

700 ml Gemüsefond

300 g Langkornreis, Salz

1 Messerspitze Safranfäden

20 g gebräunte Butter, Pfeffer

1. Algen 20 Minuten wässern; so gegeneinander reiben, dass sich die äußere, braune Schicht ablöst. Die Algen in 5 cm lange Stücke schneiden. Waschen, 2 bis 3 Minuten blanchieren und kalt abschrecken. Das Kürbisfruchtfleisch 1 cm groß würfeln. Den Fenchel putzen, längs vierteln und quer in Streifen schneiden. Etwas Grün zum Garnieren beiseite stellen.

2. 10 g Butter zerlassen und die geschälten, gewürfelten Schalotten darin anschwitzen. Wein und Fond zugießen, aufkochen und die Kürbiswürfel darin 10 Minuten köcheln. Fenchel 5 bis 8 Minuten mitgaren. Das Gemüse aus dem Sud heben, beiseite stellen. Den Sud durch ein feines Sieb gießen.

3. Die restliche Butter zerlassen und den Reis darin anschwitzen. 600 ml des Gemüsesuds zugießen, salzen. Safran einstreuen, aufkochen und den Reis bei reduzierter Hitze 20 Minuten garen. Hitzequelle ausschalten, die gebräunte Butter einrühren, pfeffern und Gemüse sowie Algen unterheben. 2 Lagen Küchenpapier zwischen Topf und Deckel klemmen und den Reis 5 bis 10 Minuten ausdampfen lassen. Abschmecken, mit Fenchelgrün garnieren und den Reispilaw servieren.

→ **Pilaw:** Kann nach zwei 2 Methoden zubereitet werden. Einmal brät man den Reis in Fett unter Rühren glasig an, bevor die Flüssigkeit hinzukommt. Bei der anderen Methode wird der gewaschene Reis in kochende Flüssigkeit geschüttet und ohne Rühren gegart. Doch so oder so, am Ende stellt man den Reis vom Herd, lässt ihn 5 bis 10 Minuten stehen und klemmt 2 Lagen Küchenpapier zwischen Topf und Deckel, so wird er schön körnig.

Dünsten & Schmoren

Beides ist für Gemüse geradezu ideal: Soll der typische Eigengeschmack besonders hervorgehoben werden, empfiehlt sich Dünsten. Dunkler und kräftiger im Aroma wird Kohl & Co. durchs Anbraten und anschließende Garen in Flüssigkeit.

→ Wenn nicht anders angegeben, sind alle Rezepte für 4 Portionen berechnet.

Aus aller Welt
Gemüsespezialitäten

Bohnen mediterran
2 EL Olivenöl erhitzen, 70 g Zwiebelringe, 1 Knoblauchzehe in Scheiben glasig schwitzen. 1 EL Tomatenmark einrühren, 750 g Bobby-Bohnen und 3 geviertelte Zitronenscheiben mitschwitzen. Mit Salz, Pfeffer und Thymian würzen. 150 ml Gemüsefond angießen, 15 Minuten dünsten. 200 g Tomatenwürfel und 50 g schwarze Oliven 5 Minuten mitköcheln. Kreta-Majoran, 100 g Feta-Würfel und 1 EL Petersilie einrühren, servieren.

Marokkanisches Kürbisgemüse
2 EL Öl erhitzen, 700 g Kürbiswürfel darin bei geringer Hitze 5 Minuten anschwitzen. 70 g Frühlingszwiebelstücke mitschwitzen. Mit Salz, Pfeffer, 1 TL Zucker und 1 gestrichenen TL Zimt würzen. 30 g Rosinen untermengen. 150 ml Gemüsefond angießen und alles 10 Minuten schmoren. 1 Spritzer Limettensaft einrühren, abschmecken. Mit 20 g gerösteten Pinienkernen bestreuen.

Gedünsteter Rettich mit Majoran
700 g Rettich schälen, in 5 cm lange und 1 cm breite Stifte schneiden. 20 g Butter zerlassen, Rettich darin 5 Minuten anschwitzen. 1 TL Kleehonig einrühren, mit 1/2 TL Kümmel, Salz, Pfeffer und 1 bis 2 TL Zitronensaft und Zesten von 1/2 unbehandelten Zitrone würzen. 150 ml Gemüsefond angießen. 10 Minuten unter Wenden dünsten. 1 TL geschnittenen Majoran einrühren. Abschmecken.

Würzige Kartoffeln
80 g Zwiebel-, 10 g Knoblauchwürfel, 1 grüne Chili, 50 g Kokosraspel, 2 g Ingwer, je 1/2 TL gemahlener Koriander, Kreuzkümmel und 1/4 TL Kurkuma zu einer Paste verarbeiten. 600 g Kartoffeln, 1,5 cm groß gewürfelt, 1/4 TL Kukurma und Salz mit Wasser bedeckt zu 3/4 durchgaren. 2 EL Öl erhitzen, 1/4 TL gelbe Senfkörner braten, Würzpaste einrühren, 1/8 l Gemüsefond zugießen, 8 Minuten dünsten. Kartoffeln zufügen und fertig garen.

Französisch: Erbsen mit Kopfsalat

20 g Butter zerlassen, 40 g Schalotten- und 100 g Speckwürfel anschwitzen. 300 g Erbsen mitschwitzen. Mit Mehl bestauben, je 100 ml Weißwein und Gemüsefond angießen. Mit Salz, Pfeffer und Muskat würzen, 10 Minuten köcheln lassen. 1 mittelgroßen Kopfsalat (Herz geviertelt, Rest in Streifen) kurz darin erhitzen. Mit 1 EL Petersilie bestreut servieren.

Letscho aus Ungarn

30 ml Öl erhitzen, 100 g Speckwürfel und 220 g Zwiebelringe anbraten. 1/2 EL Tomatenmark einrühren, 200 g Kartoffelwürfel sowie je 150 g rote, grüne und gelbe Paprikastücke (2 cm) mitbraten. Mit 10 g edelsüßem Paprikapulver bestreuen, salzen, pfeffern und 1/4 l Fleischbrühe zugießen. Nach 12 Minuten 200 g gewürfeltes Tomatenfruchtfleisch 3 Minuten mitschmoren. Mit Thymian und Rosmarin würzen.

Blumenkohlcurry

3 EL Öl erhitzen, je 1/2 TL schwarze Senf-, Kreuzkümmel- und Bockshornkleesamen, 1 schwarze Kardamomkapsel und 8 Pfefferkörner rösten, bis die Gewürze duften. 100 g Zwiebel- und 8 g Ingwerwürfel sowie 1 TL Kurkuma 3 bis 4 Min. mitbraten. 800 g Blumenkohlröschen und 5 g Chiliringe weitere 4 Min. braten. 150 ml Gemüsefond angießen. Nach 15 Min. 120 g Tomatenwürfel und 100 g Erbsen untermischen und den Blumenkohl bissfest garen.

Chinesisches Gemüse

In 2 EL Öl 3 g Galgant-, 5 g Knoblauchwürfel, 5 g Chili- und 20 g Frühlingszwiebelringe anbraten. 120 g Möhren- und 50 g Stangensellerriescheiben 3 Minuten mitbraten. 100 g Wasserkastanien 3 Min., 50 g Bambussprossen- und 120 g Chinakohlstreifen 2 Min. mitbraten. 3 EL Soja-, 1 EL veg. Austernsauce, Salz, Pfeffer, 1/8 l Gemüsefond und 1/2 TL Stärke verrühren, zugießen, kurz aufkochen.

Zuckerschoten mit Schwarzem Trüffel

60 g Butter in einer Kasserolle zerlassen. Darin 60 g fein gewürfelte Schalotten und 1 fein gehackte Knoblauchzehe anschwitzen. 600 g geputzte und blanchierte Zuckerschoten mitschwitzen. 100 ml Gemüsefond angießen und alles 4 bis 5 Minuten dünsten. 1 EL gehackte Petersilie einrühren, salzen und pfeffern. Mit Trüffelscheiben anrichten.

Glasiertes & Confit
Zartes Gemüse in Butter

Für eine Glasur, wie in den nebenstehenden Rezepten beschrieben, braucht man Butter, Zucker und Fond. Man gart das Gemüse in Flüssigkeit und reduziert diese gleichzeitig, so dass ein glänzender Überzug entsteht. Auch Maronen, Wasserkastanien und gekochte junge Kartoffeln lassen sich gut glasieren.

Junge glasierte Möhren

500 g junge Möhren

20 g Butter, 10 g Zucker

1 Prise Salz, 1/8 l Gemüse- oder Geflügelfond

einige Blättchen glatte Petersilie

1. Die Möhren so schälen, dass ein Stück des Grüns erhalten bleibt.

2. Butter zerlassen, Zucker und Salz zufügen. Möhren unter Wenden darin anschwitzen. Fond

Braun glasierte Zwiebeln sind eine köstliche Beilage, zum Beispiel zu Lammkeule, Ente oder auch zu einem Gänsebraten.

Das Schalotten-Confit schmeckt hervorragend zu gebratenem Fleisch, Gänseleber oder kräftigem Fisch.

zugießen und im offenen Topf köcheln lassen, bis die Flüssigkeit verdampft ist und die Oberfläche des Gemüses glänzt. Mit Petersilie bestreuen.

Braun glasierte Zwiebeln

30 g Butter, 1 1/2 EL Zucker

400 g kleine Zwiebeln, geschält

100 ml Kalbsfond, 1 Prise Salz

1 TL Rosmarinnadeln oder Thymianblättchen

1. Die Butter zerlassen, den Zucker einstreuen und leicht bräunen. Zwiebeln darin unter ständigem Wenden leicht Farbe nehmen lassen.

2. Den Kalbsfond zugießen. Die Zwiebeln bei geringer Hitze im offenen Topf etwa 15 Minuten garen, bis sie von einer Glasur überzogen sind. Mit Salz und Kräutern würzen und servieren.

Schalotten-Confit

350 g Schalotten, 15 g Butter

1 Zweig Thymian

1/2 l kräftiger Rotwein

1/8 l roter Portwein (etwa Ruby)

1/4 l kräftiger Kalbsfond

1 Prise Salz

frisch gemahlener Pfeffer

1. Die Schalotten schälen und in Scheiben schneiden. Weiter vorgehen, wie in den Steps der Bildfolge unten beschrieben *[siehe a bis c]*.

2. Prüfen, ob die Schalotten gar sind. Das Confit mit Salz und Pfeffer würzen. In einem geschlossenen Gefäß lässt es sich im Kühlschrank gut einige Tage lang aufbewahren.

a | **Butter** in der Kasserolle zerlassen und die Schalottenringe darin glasig anschwitzen.

b | **Thymian, Rotwein und Portwein** zugießen und bis auf einen kleinen Rest reduzieren.

c | **Den Kalbsfond** zugießen und auf die Hälfte einkochen lassen.

Köstliche Beilagen
Zu Fisch oder Fleisch

Eigentlich sind sie ja »nur« als Beilage viel zu schade, die Gemüsegerichte auf dieser Seite; sie können selbstverständlich auch solo bleiben. Als Begleitung jedoch passt Cima di rapa, zu Deutsch Stängelkohl, mit seiner leicht bitteren Note ausgezeichnet zu gebratenem oder gegrilltem Fleisch. Sehr gut schmeckt er auch mit gewürfeltem, in Butter kross gebratenem luftgetrocknetem Schinken, etwa Parma oder Culatello. Das Okragemüse harmoniert gut mit Fleisch und ist besonders als Beilage zu Lamm zu empfehlen. Gut zu gedämpftem oder gebratenem Fisch schmeckt das scharf gewürzte Gurkengemüse – doch sind dies alles nur Anregungen – erlaubt ist, was gefällt.

Cima di rapa

700 g Cima di rapa, 40 g Schalotten

3 kleine Knoblauchzehen, 30 ml Olivenöl

Salz, gemahlener Pfeffer, 50 ml Kalbsfond

Außerdem:

80 g Weißbrot vom Vortag ohne Rinde

20 g Butter, 40 g frisch gehobelter Parmesan

1. Vom Cima di rapa grobe Blätter entfernen, nur die inneren Blätter und Röschen verwenden. Vom Strunk lösen, Blätter und Röschen in einem Sieb waschen und gut abtropfen lassen.

2. Schalotten und Knoblauch schälen. Die Schalotten in feine Ringe, den Knoblauch in Scheibchen schneiden. Das Olivenöl in einer Pfanne erhitzen und beides darin farblos anschwitzen.

3. Den gut abgetropften Cima di rapa – Blätter und Röschen – zufügen und mit Salz und Pfeffer würzen. Kalbsfond angießen, die Hitze reduzieren und alles etwa 10 Minuten dünsten.

4. In der Zwischenzeit das Weißbrot in 1/2 cm große Würfel schneiden. In einer separaten Pfanne die Butter zerlassen und die Brotwürfel darin goldgelb rösten. Den Cima di rapa als Beilage oder solo auf vorgewärmten Tellern anrichten, die Croûtons darüber verteilen, mit gehobeltem Parmesan bestreuen und sofort servieren.

Okra mit Tomaten

500 g Okraschoten, Saft von 1 Zitrone

250 g Kirschtomaten, 40 g Schalotten

20 g Butter, Salz, gemahlener weißer Pfeffer

80 ml Gemüsefond

Außerdem:

1 TL Kreta-Majoran-Blättchen

1. Okraschoten am Stielansatz spitz zuschneiden – wie einen Bleistift –, ohne dabei die Schote zu verletzen. Schneidet man den Stielansatz einfach glatt ab, tritt beim Kochen ein milchiger Schleim aus, der nicht jedermanns Sache ist. Okras bis zur Weiterverarbeitung in eine mit Zitronensaft und kaltem Wasser gefüllte Schüssel legen, damit die Schoten während des Kochens nicht aufspringen.

2. Kirschtomaten blanchieren, häuten und halbieren. Die Schalotten schälen und klein würfeln. In einem Topf die Butter zerlassen und die Schalottenwürfel darin hell anschwitzen.

3. Okraschoten mitschwitzen, salzen, pfeffern und den Fond angießen. 6 bis 8 Minuten dünsten. 2 Minuten vor Ende Kirschtomaten zufügen. Das Gemüse mit Kreta-Majoran bestreut servieren.

Gurkengemüse scharf

500 g Salatgurke, 40 g Frühlingszwiebeln

1 kleine rote Chilischote

2 EL Erdnussöl

1/2 TL mildes Madras-Currypulver

80 ml Weißwein, Salz, 1/2 TL Zwiebelsamen

1 EL Chinese chive, in Röllchen geschnitten

1. Die Gurke schälen, längs halbieren und die Samen entfernen. Beide Hälften in 1 1/2 cm breite Stücke schneiden. Geputzte Frühlingszwiebeln in dünne Ringe schneiden. Chilischote ebenfalls in feine Ringe schneiden, dabei die Samen entfernen.

2. Das Öl in einem Topf erhitzen, Frühlingszwiebeln darin anschwitzen, Gurke und Chiliringe zufügen. Wenn die Gurkenstücke Saft gezogen haben, mit Currypulver bestreuen, unterrühren. Den Wein zugießen und alles kurz aufkochen lassen.

3. Das Gurkengemüse im offenen Topf bei geringer Hitze 10 Minuten dünsten, bis die Flüssigkeit fast verdampft ist. Salzen, mit den Zwiebelsamen und dem Chinese chive (Schnittknoblauch) bestreuen, abschmecken und das Gurkengemüse auf vorgewärmten Tellern servieren.

Weder Okras noch Tomaten sollten zu lange garen, sondern noch Biss haben.

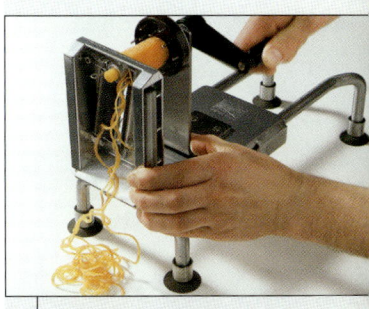

a | **Zum Schneiden** der Gemüsespaghetti wurde eine spezielle Maschine entwickelt.

b | **Die Gemüsespaghetti** mit Wein und Fond ablöschen und 2 bis 3 Minuten dünsten.

Gemüsenudeln

je 120 g Möhren und Zucchini und je 100 g Kohlrabi und Rettich

30 g Butter, Salz, gemahlener weißer Pfeffer

30 ml Weißwein, 40 ml Geflügelfond

1. Das Gemüse waschen und bis auf die Zucchini putzen oder schälen. Mit Hilfe der Maschine zu langen Nudeln schneiden *[siehe a]*.

2. Gemüsenudeln in zerlassener Butter anschwitzen, salzen und pfeffern. Weiterverfahren, wie gezeigt *[siehe b]*. Abschmecken und servieren.

Gurken einmal anders: Nicht mit Dill, sondern chilischarf gewürzt. Durch Schnittknoblauch und Zwiebelsamen erhalten sie zudem eine interessante Note.

DÜNSTEN & SCHMOREN

a Chayotehälften in Fächer schneiden, die an der Spitze zusammenhängen.

b Schalotten in zerlassener Butter glasig schwitzen und mit Zucker bestreuen.

c Den Geflügelfond angießen und die Form fest mit Alufolie verschließen.

Dreierlei Gemüse im Ofen geschmort

Alle drei eignen sie sich hervorragend zum Schmoren: leicht süßliche Chayoten, die man in Fächer schneidet, damit sie gleichmäßig garen, Chicoréestauden und der an Anis erinnernde Fenchel.

In Wein geschmorte Chayotefächer

2 Chayoten (je etwa 300 g), 1 Schalotte
40 g Butter, 1 EL Zucker
Salz, frisch gemahlener weißer Pfeffer
Saft von 1/2 Zitrone, 100 ml Weißwein
400 ml Geflügel- oder Gemüsefond
20 g kalte Butterwürfel
10 g Nira (chinesischer Schnittlauch)

1. Die Chayoten waschen, mit dem Sparschäler schälen, am besten unter fließendem Wasser, da der austretende Milchsaft klebrig ist. Schalenreste in den Vertiefungen mit einem spitzen, scharfen Messer herausschneiden. Die Früchte längs halbieren, den großen Samen entfernen und die Hälften in Fächer schneiden, wie links gezeigt *[siehe a]*.

2. Schalotte schälen und in dünne Ringe schneiden. Butter in einer flachen Form zerlassen und weiterverfahren, wie gezeigt *[siehe b]*. Chayotefächer einlegen, kräftig salzen und pfeffern, mit Zitronensaft und Wein übergießen, aufkochen lassen, damit der Alkohol verdampft. Weiterverfahren, wie im 3. Step *[siehe c]* gezeigt. Die Chayoten zugedeckt bei 180 °C im vorgeheizten Ofen 30 bis 35 Minuten schmoren.

3. Den Schmorfond passieren, auf 80 ml reduzieren und die Butterwürfel einrühren, abschmecken. Chayotenfächer auf Tellern anrichten, mit der Sauce umgießen und mit Nirastreifen garnieren.

Chicorée mit Tomatenwürfeln

30 g Butter, 1 geschälte, gewürfelte Schalotte
1 EL Zucker, 4 Chicorée (je etwa 80 g)
Salz, frisch gemahlener weißer Pfeffer

Chicorée schmeckt am besten, wenn seine Blätter von zartgelber Farbe sind. Der angenehm zartbittere Geschmack kommt durch das Schmoren in Wein besonders gut zur Geltung.

Geschmorter Fenchel schmeckt in Begleitung von Weißwein zu Reis, Fisch und hellem Fleisch.

Saft von 1 Zitrone, 80 ml Weißwein

1/4 l Geflügelfond, 10 g Butterwürfel

1 Tomate, 20 g kalte Butterwürfel

50 g glatte geschnittene Petersilie

1. Die Butter in einer flachen Form zerlassen, die Schalottenwürfel darin glasig schwitzen und mit Zucker bestreuen. Chicorée waschen, halbieren, vom Strunk befreien und mit der Schnittfläche nach unten in die Form legen. Salzen, pfeffern, Zitronensaft sowie Wein zugießen und die Flüssigkeit leicht einkochen lassen. Den Geflügelfond zugießen, Chicorée mit Butterstückchen belegen und die Form mit Alufolie verschließen. Im vorgeheizten Ofen bei 180 °C 20 Minuten schmoren.

2. In der Zwischenzeit die Tomate blanchieren, abschrecken, häuten und das Fruchtfleisch würfeln. Den Chicorée-Schmorfond durch ein Sieb passieren, die kalten Butterwürfel einrühren. Tomatenwürfel und Petersilie unter die Sauce mischen und den Chicorée damit umgießen.

Fenchelgemüse mit schwarzen Oliven

2 Gemüsefenchel je etwa 180 g

1 Schalotte, 1/4 Knoblauchzehe

10 schwarze Oliven, 1 EL Olivenöl

je 1 Zweig Thymian und Rosmarin

1 Lorbeerblatt, Salz, gemahlener Pfeffer

50 ml trockener Weißwein

1/2 l Tomatenpüree

10 g frisch geriebener Parmesan

1. Fenchelknollen waschen, trocknen, den Wurzelansatz und die grünen Stängel abschneiden, etwas Fenchelgrün beiseite stellen. Die Knollen längs vierteln. Schalotte und Knoblauch schälen, beides fein würfeln. Die Oliven entsteinen und in Scheiben schneiden.

2. Das Öl in einer Auflaufform erhitzen und weiterarbeiten, wie unten *[siehe a bis c]* gezeigt. Die Form mit Alufolie verschließen und alles im vorgeheizten Ofen bei 180 °C etwa 35 Minuten garen.

3. Den Schmorfond durch ein Sieb passieren, leicht reduzieren, abschmecken. Gemüse mit der Sauce überziehen und mit Parmesan bestreuen.

a **Schalotten- und Knoblauchwürfel** im heißen Öl anschwitzen. Fenchel und Kräuter einlegen.

b **Die geviertelten Fenchelknollen** mit Salz und Pfeffer würzen und mit dem Weißwein begießen.

c **Oliven und Tomatenpüree** gleichmäßig über dem Fenchel verteilen.

Borlotti-Bohnen mit Tagliatelle

VORBEREITUNG: Die Bohnen über Nacht in kaltem Wasser einweichen

250 g getrocknete Borlotti-Bohnen

1 Bouquet garni (aus 50 g Lauch, 80 g Möhre, 50 g Zwiebel, 1 Lorbeerblatt und 3 Petersilienstängeln)

1 Knoblauchzehe, 80 g Zwiebeln

50 g Stangensellerie

80 g luftgetrockneter Speck

2 EL Olivenöl

250 ml passierte Tomaten

Salz, frisch gemahlener Pfeffer

je 100 g rote und gelbe Tomatenwürfel

350 g Tagliatelle

100 ml Gemüsefond, etwas Rucola

1. Bohnen abgießen, mit kaltem Wasser bedecken, Bouquet garni einlegen und die Bohnen in etwa 45 Minuten weich köcheln. Abgießen.

2. Knoblauch und Zwiebeln schälen, Stangensellerie putzen, alles fein würfeln. Speck ebenfalls klein würfeln.

3. Das Olivenöl erhitzen und Zwiebeln, Knoblauch, Sellerie- und Speckwürfel darin kurz anschwitzen. Passierte Tomaten zufügen, salzen und pfeffern. Tomatenwürfel und Bohnen 5 Minuten mitköcheln. Abschmecken.

4. Tagliatelle al dente garen und abtropfen lassen. Sollte die Sauce etwas zu dick sein, Gemüsefond einrühren. Die Nudeln mit der Sauce vermengen, in vorgewärmten Tellern anrichten und mit Rucola garniert servieren.

Berglinsen mit Möhren

VORBEREITUNG: Die Linsen über Nacht in kaltem Wasser einweichen

200 g Berglinsen

80 g weiße Zwiebeln

150 g Möhren, 2 Knoblauchzehen

3 EL Olivenöl

1/2 TL Koriandersamen

Salz, frisch gemahlener Pfeffer

1 Prise Zucker

1 EL Tomatenmark

250 bis 300 ml Gemüsefond

2 EL fein geschnittene Kräuter (etwa Petersilie, Dill, Minze)

1. Die eingeweichten Linsen abgießen. In einem Topf mit kaltem Wasser bedecken. Zum Kochen bringen und die Linsen 15 Minuten köcheln. Abgießen und gut abtropfen lassen.

2. Zwiebeln, Möhren und Knoblauch schälen, die Zwiebeln in feine Ringe und die Möhren in dünne Scheiben schneiden. Knoblauch fein hacken.

3. Das Olivenöl in einem Topf erhitzen und die Zwiebeln, den Knoblauch sowie die Koriandersamen darin kurz anschwitzen. Die Möhren 2 bis 3 Minuten mitschwitzen und die Mischung salzen und pfeffern. Den Zucker einstreuen, das Tomatenmark einrühren, den Fond angießen und alles zum Kochen bringen. Die Linsen im geschlossenen Topf 25 bis 30 Minuten bei geringer Hitze köcheln lassen. Die gehackten Kräuter einstreuen. Abschmecken, die Linsen in vorgewärmte Teller schöpfen und servieren.

Kichererbsen mit Knoblauch

VORBEREITUNG: Die Kichererbsen über Nacht in kaltem Wasser einweichen

250 g Kichererbsen

100 g Zwiebeln, 3 Knoblauchzehen

50 g Stangensellerie, 3 EL Olivenöl

je 1 TL Kreuzkümmel, Bockshornkleesamen und brauner Zucker

1/2 TL gemahlene Kurkuma

Saft von 1/2 Zitrone

250 bis 300 ml Gemüsefond

300 g Tomaten, 1 rote Chilischote

100 g Blattspinat

2 EL gehackte glatte Petersilie

1. Eingeweichte Kichererbsen abgießen. In einem Topf mit Wasser bedecken und etwa 40 Minuten köcheln. Abgießen und gut abtropfen lassen.

2. Zwiebeln und Knoblauch schälen. Die Zwiebeln in feine Ringe schneiden, den Knoblauch fein würfeln. Sellerie putzen und in dünne Scheiben schneiden. Öl erhitzen und das Gemüse mit Kreuzkümmel und Bockshornklee darin anschwitzen. Zucker, Kurkuma und Zitronensaft einrühren. Die Kichererbsen zufügen, Fond angießen, aufkochen und die Hitze reduzieren.

3. Tomaten blanchieren, häuten, von Stielansätzen und Samen befreien und klein würfeln. Chilischote in Streifen schneiden, dabei die Samen entfernen. Mit den Tomatenwürfeln etwa 20 Minuten mitköcheln. Spinat waschen, putzen und in den letzten 5 Minuten mitgaren. Die gehackte Petersilie einstreuen, abschmecken und servieren.

Linsen-Bohnen-Bällchen mit Dip

VORBEREITUNG: Bohnen und Linsen getrennt über Nacht einweichen

je 125 g große grüne Linsen und große weiße Bohnen

etwa 100 ml Gemüsefond

80 g weiße Zwiebeln

2 Knoblauchzehen

1/2 TL gemahlener Kreuzkümmel

je 1/4 TL gemahlene Bockshornklee- und Koriandersamen

1 Messerspitze Chilipulver

Salz, gemahlener Pfeffer, 1 Eiweiß

2 EL gehackte glatte Petersilie

Außerdem:

Pflanzenöl zum Frittieren

1. Eingeweichte Linsen und Bohnen abgießen und jeweils getrennt in etwa 40 Minuten weich garen. Abgießen und sehr gut abtropfen lassen.

2. Beides im Mixer fein pürieren; sollte die Masse zu fest werden, noch etwas Gemüsefond einrühren.

3. Zwiebeln und Knoblauch schälen, beides klein würfeln. In einer Schüssel mit dem Bohnen-Linsen-Püree, den Gewürzen, dem Eiweiß und der Petersilie vermengen. Aus der Masse etwa 20 Bällchen zu je etwa 25 g formen.

4. Das Öl in der Fritteuse auf 140 °C erhitzen und die Bällchen darin nacheinander portionsweise goldbraun frittieren. Herausheben, abtropfen lassen und auf Küchenpapier entfetten. Nach Belieben mit einem erfrischenden Dip – etwa mit Tzatziki – servieren.

Deftige weiße Bohnen

VORBEREITUNG: Die Bohnen über Nacht in kaltem Wasser einweichen

300 g kleine weiße Bohnen

200 g magerer Schweinebauch ohne Schwarte

80 g Frühlingszwiebeln

1 Knoblauchzehe, 2 EL Olivenöl

1 EL Tomatenmark

etwa 1/2 l Gemüsefond

1 Bouquet garni (aus 50 g Lauch, 1 Lorbeerblatt, 1 Stange Sellerie, 5 Petersilienstängel)

Salz, frisch gemahlener Pfeffer

je 100 g Fenchel und Zucchini

70 g rote Paprikawürfel

1 EL fein geschnittene Kräuter (Thymian, Rosmarin, Petersilie)

1. Die eingeweichten Bohnen abgießen und gut abtropfen lassen. Den Schweinebauch etwa 1 cm groß würfeln. Frühlingszwiebeln putzen und in dünne Ringe schneiden. Den Knoblauch schälen und fein würfeln.

2. Schweinebauch im heißen Öl unter Rühren kräftig anbraten, Zwiebeln und Knoblauch kurz mitbraten. Tomatenmark einrühren, den Fond zugießen. Bohnen und Bouquet garni zufügen, aufkochen, würzen und alles etwa 45 Minuten köcheln lassen. Fenchel und Zucchini waschen, Fenchel in Streifen und Zucchini in dünne Scheiben schneiden, mit den Paprikawürfeln in den letzten 10 Minuten mitgaren. Kräuter einstreuen, das Bouquet garni entfernen und abschmecken.

Orientalische Linsen mit Lamm

VORBEREITUNG: Die grünen Linsen über Nacht in kaltem Wasser einweichen

je 100 g kleine grüne, geschälte gelbe und rote Linsen

300 g Lammkeule (1,5 cm-Würfel)

2 EL Erdnussöl

80 g fein gewürfelte weiße Zwiebel

1 fein gehackte Knoblauchzehe

3 g geschälter, gehackter Ingwer

1 TL gehackte rote Chilischote

je 1/4 TL Kardamom und schwarze Pfefferkörner, beides zerstoßen

5 cm Zimtrinde, 1/2 TL Kurkuma

1/2 TL gemahlene Kurkumawurzel und je 1/4 TL gemahlener Koriander und Kreuzkümmel

Salz, etwa 400 ml Lammfond

200 g Tomatenwürfel

150 g Aubergine, 1 cm groß gewürfelt und separat in 1 EL Öl angebraten

100 grüne Paprikawürfel (1 cm)

1 EL Koriandergrün, gehackt

1. Lamm in Öl anbraten. Zwiebel, Knoblauch, Ingwer und Chili zufügen. Die Gewürze kurz mitbraten. Mit Fond ablöschen, 10 Minuten köcheln.

2. Grüne Linsen 15 Minuten mitköcheln. Gelbe Linsen, rote Linsen und Tomaten 10 Minuten mitgaren. Nach 10 Minuten Auberginen- und Paprikawürfel zufügen, 10 Minuten köcheln. Das Koriandergrün einstreuen und die Linsen abschmecken. Sofort servieren.

Durch das Schmoren werden die von Natur aus groben Blätter von Kohl und Wirsing weich und damit gut verdaulich. Auch die Gewürze können ihre Wirkung so aufs Beste entfalten.

Deftiger Kohl
Für kalte Wintertage

Bayrisch Kraut

1 kg Weißkohl, 120 g Zwiebeln

80 g durchwachsener Speck

50 g Schweineschmalz, 1 Prise Salz

frisch gemahlener Pfeffer

1 TL Kümmelsamen, 200 ml Weißwein

200 ml Fleischbrühe

1. Die Außenblätter entfernen und den Weißkohl vierteln. Den Strunk herausschneiden und die Viertel in Streifen schneiden. Zwiebeln schälen und fein hacken. Den Speck fein würfeln. Das Schweineschmalz in einer entsprechend großen Kasserolle erhitzen und die Zwiebel- sowie die Speckwürfel darin glasig schwitzen.

2. Den geschnittenen Kohl mitschwitzen. Mit Salz, Pfeffer und Kümmel würzen. Weißwein und Fleischbrühe angießen und das Kraut mindestens 30 Minuten im geschlossenen Topf schmoren, bis es weich ist. Nach Belieben als Beilage servieren.

Wirsinggemüse

800 g Wirsing, Salz

120 g Zwiebeln

80 g roh geräucherter, durchwachsener Speck

30 g Butter

frisch gemahlener Pfeffer

1 Prise frisch geriebene Muskatnuss

300 ml Sahne

1. Den Wirsingkopf halbieren und den Strunk herausschneiden. Die Blätter in Salzwasser blanchieren, herausheben, abtropfen lassen und die harten Mittelrippen herausschneiden. Die Blätter in Rauten von 3 cm Kantenlänge schneiden.

2. Die Zwiebeln schälen und fein würfeln. Den Speck ebenfalls klein würfeln. Die Butter in einem großen Topf schmelzen und den Speck darin auslassen. Zwiebeln zufügen und glasig schwitzen. Den Wirsing 2 bis 3 Minuten unter Rühren mitschwitzen. Mit Salz, Pfeffer und Muskat würzen. Sahne zugießen und den Wirsing im offenen Topf bei geringer Hitze etwa 10 Minuten köcheln lassen und abschmecken. Wer den Wirsing weicher liebt, gart ihn noch weitere 5 bis 10 Minuten.

Rotkohl mit Apfel

1,2 kg Rotkohl, 1 Apfel (etwa Boskoop)

2 EL Rotweinessig, Salz, 1 Prise Zucker

Saft und abgeriebene Schale von 1 unbehandelten Orange

200 g Zwiebeln, 100 g Gänseschmalz

350 ml Rotwein, 60 g rohe Kartoffel

Für das Gewürzsäckchen:

1 Gewürznelke, 2 Pimentkörner

6 bis 8 weiße Pfefferkörner

4 Wacholderbeeren, 1 Lorbeerblatt

1/4 Zimtstange

1. Rotkohl vierteln und den Strunk entfernen. Den Kohl in feine Streifen schneiden oder hobeln und in eine große Schüssel füllen. Apfel schälen, vierteln und das Kerngehäuse entfernen. Das Fruchtfleisch in dünne Spalten schneiden und untermischen. Essig, Salz, Zucker, Orangensaft und -schale zufügen. Alle Zutaten für das Gewürzsäckchen in einen kleinen Mullbeutel binden und das Säckchen in die Schüssel legen. Den Kohl leicht stampfen *[siehe a]* und etwa 1 Stunde durchziehen lassen.

2. In der Zwischenzeit die Zwiebeln schälen und in feine Ringe schneiden. In einem Topf das Schmalz erhitzen und die Zwiebeln darin hell anschwitzen. Das Gewürzsäckchen aus dem Kraut nehmen, beiseite legen. Den Rotkohl zu den Zwiebeln geben *[siehe b]*. Das Gewürzsäckchen mit einem Faden am Griff des Topfes befestigen, so lässt es sich später leichter entfernen und den Kohl ablöschen *[siehe c]*. Weitere 15 Minuten schmoren. Die Kartoffel schälen und weiterverfahren, wie beschrieben *[siehe d]*. Den Rotkohl weitere 15 Minuten schmoren und nach Belieben als Beilage zu Wild, Ente oder Wachtel reichen *[siehe e]*.

a | **Den Rotkohl** mit der Faust leicht stampfen: Das macht die Zellstruktur mürber.

b | **Kohlstreifen** zu den Zwiebeln geben und etwa 5 Minuten unter Rühren mitschwitzen.

c | **Mit Rotwein** ablöschen, erneut aufkochen und bei geringer Hitze garen.

d | **Die Kartoffel** in den Kohl reiben. Durch die Kartoffelstärke erfolgt eine Bindung.

e | **Rotkohl** passt als Beilage, hier mit Maronen verfeinert, gut zu gebratener Wachtel.

Gefülltes Gemüse

Bauchige, hohle oder ausgehöhlte Gemüse wie Paprika oder Auberginen sind ideal als Behältnis für leckere Füllungen, so etwa bei den mediterran gefüllten Artischocken. Doch auch Gemüseblätter können als Hülle für Fleisch oder Fisch dienen.

→ Wenn nicht anders angegeben, sind alle Rezepte für 4 Portionen berechnet.

Apartes Behältnis
Artischocken köstlich gefüllt

Gefüllte Artischocken

4 Artischocken mit Stiel (je etwa 180 g)

Saft von 1 Zitrone, Salz

Für die Füllung:

je 80 g Möhren und Lauch

80 g Petersilienwurzel

2 EL Olivenöl

100 g Speckwürfel

100 g gewürfelte weiße Zwiebeln

2 fein gehackte Knoblauchzehen

2 EL fein gehackte Petersilie

Salz, frisch gemahlener Pfeffer

Außerdem:

2 bis 3 EL Olivenöl

100 ml Weißwein

1. Den Stiel der Artischocken direkt unter dem Blütenansatz abschneiden und den Boden sofort mit Zitronensaft bestreichen. Die kleinen, harten Hüllblätter um den Stielansatz abzupfen. Die stacheligen Blattspitzen mit der Küchenschere, die Spitze jeder Artischocke mit dem Messer gerade abschneiden und das Heu entfernen. Um eine Verfärbung zu vermeiden, die Artischocken sofort in mit dem Saft von 1/2 Zitrone versetztes Wasser legen. Salzwasser mit dem restlichen Zitronensaft zum Kochen bringen und die Artischocken darin etwa 10 Minuten garen. Herausnehmen und kopfüber abtropfen lassen.

2. Gemüse putzen oder schälen und fein würfeln. Öl in einer Pfanne erhitzen und den Speck darin auslassen. Zwiebeln und Knoblauch 5 Minuten mitschwitzen, Petersilie einrühren und mit Salz und Pfeffer würzen. Die Mischung in die Artischocken füllen. Diese in einen feuerfesten Topf setzen, mit Öl beträufeln, den Wein angießen und den Deckel aufsetzen. Die Artischocken im vorgeheizten Ofen bei 180 °C 15 bis 20 Minuten garen.

Artischocken mit Ricottafüllung

4 Artischocken mit Stiel, je 250 g

Saft von 1 Zitrone, Salz

1/2 unbehandelte Zitrone, in dünne Scheiben geschnitten

Für die Füllung:

1 EL Kräuter (Oregano, Thymian)

50 g luftgetrockneter italienischer Schinken, 4 mm groß gewürfelt

1 Eigelb, Salz, gemahlener Pfeffer

100 g Ricotta

20 g frisch geriebener Parmesan

Artischocken zählen zu den feinsten Gemüsearten. Besonders, wenn sie wie hier, köstlich mit Gemüse gefüllt und in Wein geschmort werden.

Attraktiv serviert im Nest aus frittiertem Lauch, kommen die Artischocken mit Ricottafüllung gut zur Geltung.

Mediterrane Köstlichkeit: Zarte Artischocken mit einer Füllung aus Miesmuscheln und Tomaten und gewürzt mit einer interessanten Vinaigrette.

---

1 EL Olivenöl

20 g Butterflöckchen

Für das Lauchstroh:

150 g Lauch

Öl zum Frittieren, Salz

1. Artischocken wie im Rezept links vorbereiten. Die Stiele – vom Blütenansatz her gerechnet – auf eine Länge von 15 cm kürzen (es sollten etwa 100 g sein), schälen. Salzwasser mit Zitronenscheiben zum Kochen bringen und Artischockenknospen und -stiele darin 10 bis 15 Minuten kochen. Herausnehmen, kopfüber auf einem Küchentuch abtropfen und gut auskühlen lassen.

2. Die Stiele etwa 4 mm groß würfeln. Kräuter hacken. Schinken, Artischockenwürfel, Eigelb, Salz, Pfeffer und Kräuter mit der Ricotta und dem Parmesan gut vermengen. Eine feuerfeste Form mit Olivenöl ausstreichen, die Artischocken mit der Öffnung nach oben hineinstellen und die mit Ricottamasse füllen. Mit Butterflöckchen belegen und bei 200 °C im vorgeheizten Ofen 10 bis 12 Minuten backen.

3. Inzwischen den Lauch in sehr feine, 6 bis 7 cm lange Streifen schneiden. Öl im Topf oder in der Fritteuse auf 180 °C erhitzen und die Lauchstreifen darin in 2 bis 3 Portionen kurz frittieren. Herausheben, gut abtropfen lassen.

Leicht salzen. Gefüllte Artischocken auf dem Lauchstroh anrichten und sofort servieren.

Artischocken mit Muschelfüllung

4 Artischocken mit Stiel, je 150 g

Saft von 1/2 Zitrone

100 ml Weißweinessig, Salz

Für die Muschelfüllung:

1 EL Olivenöl, 30 g Zwiebelwürfel

1/2 fein gehackte Knoblauchzehe

40 g gewürfelte Möhre

20 g gewürfelte Petersilienwurzel

30 g gewürfelter Stangensellerie

etwas unbehandelte Zitronenschale

1 kg gewaschene Miesmuscheln

100 ml trockener Weißwein

1 EL Zitronensaft

Für die Vinaigrette:

je 1 EL Himbeeressig und Aceto balsamico

Salz, Pfeffer, 4 EL Olivenöl

je 4 EL Madeira und Noilly Prat, auf die Hälfte reduziert

150 g Tomatenwürfel

20 g gewürfelte Schalotten

1 EL gehackte Petersilie

Außerdem:

Basilikumblättchen zum Garnieren

1. Für die Füllung das Olivenöl in einem großen Topf erhitzen, Zwiebel und Knoblauch darin anschwitzen. Das gewürfelte Gemüse unter Rühren 4 bis 5 Minuten mitschwitzen. Zitronenschale, Muscheln, Wein und Zitronensaft zufügen, aufkochen und die Muscheln bei reduzierter Hitze 6 bis 8 Minuten garen, zwischendurch am Topf rütteln. Geschlossene Muscheln wegwerfen, die anderen auslösen.

2. Artischocken wie im ersten Rezept links vorbereiten. Die Stiele auf 10 cm kürzen und schälen. Die Knospen in mit Zitronensaft und Essig versetztem Salzwasser 10 bis 15 Minuten garen.

3. Für die Vinaigrette erst beide Essigsorten, Salz und Pfeffer verrühren. Öl und die Madeira-Noilly-Prat-Reduktion einrühren. Tomaten, Schalotten, Muschelfleisch sowie die Petersilie unter die Vinaigrette mischen. Die Artischocken halbieren und jeweils zwei Hälften auf einem Teller anrichten. Den Muschelsalat einfüllen, die gefüllten Artischocken mit Basilikumblättchen garnieren und servieren.

Mit viel Aroma
Gefüllt & umhüllt

Paprikaschoten mit Gemüsecouscous

200 g Couscousgrieß, 1 Sternanis

4 gelbe Paprikaschoten (je 200 g)

200 g Zucchini, 180 g Aubergine

80 g Zwiebeln, 1 Knoblauchzehe

20 ml Olivenöl

250 g klein gewürfeltes Tomatenfruchtfleisch

je 50 ml Weißwein und Geflügelfond

Salz, frisch gemahlener Pfeffer

1 EL gehackte Petersilie

Für die Sauce:

500 g Tomaten, 60 g weiße Zwiebel

30 ml Olivenöl, 1 Thymianzweig

1 Lorbeerblatt

1. Couscous in 1/4 l Wasser 15 Minuten quellen lassen. Abgießen und im Sieb auflockern. Couscous in einen Dämpfeinsatz füllen, Sternanis zufügen und 20 Minuten dämpfen. 100 ml Wasser darüber träufeln und den Couscous weitere 10 Minuten dämpfen.

2. In der Zwischenzeit von den Paprikaschoten jeweils einen Deckel abschneiden und die Samen entfernen. Das Fruchtfleisch von Zucchini und Aubergine 1 cm groß würfeln. Die Zwiebeln und den Knoblauch schälen, beides fein würfeln.

3. Das Öl erhitzen, Zwiebeln, Knoblauch, Zucchini und Aubergine darin kurz anschwitzen. Tomaten zufügen, Wein und Fond angießen, salzen und pfeffern und alles knapp gar kochen. Das Gemüse mit Couscous und Petersilie vermengen. Die Paprikaschoten damit füllen und den Deckel aufsetzen.

4. Tomaten für die Sauce waschen, von Stielansätzen und Samen befreien und das Fruchtfleisch klein schneiden. Die Zwiebel schälen und fein hacken.

5. Öl in einer feuerfesten Form erhitzen, Zwiebel darin anschwitzen und die gefüllten Paprikaschoten hineinsetzen. Tomaten, Thymian und Lorbeer zufügen. Alles bei 180 °C im vorgeheizten Ofen 20 bis 25 Minuten garen. Herausnehmen, den Schmorfond durch ein Sieb passieren, abschmecken und die Sauce mit den Paprikaschoten auf Tellern anrichten.

Gefüllte Weinblätter

100 g geschälte weiße Zwiebeln

80 g rotes Paprikafruchtfleisch, 1/2 cm groß gewürfelt

4 EL Olivenöl, 250 g Lammhack

200 g gekochter Langkornreis

2 EL gehackte Petersilie

1 EL gehackter Dill

Lecker gerollt: Pfefferminze und Zitrone sorgen für einen angenehm frischen Geschmack – Kurkuma für die Farbe.

Im Salzbett garen lassen sich gefüllte Zwiebeln besonders gut, da die austretende Flüssigkeit vom Salz absorbiert wird. Hier eine feine Variante mit Trüffel und kross gebratenem Parmaschinken.

1 TL Pfefferminze, gehackt
Salz, frisch gemahlener Pfeffer
1/2 TL gemahlene Kurkuma
Saft von 1/2 Zitrone
20 große, eingelegte Weinblätter
Für die Ei-Zitronen-Sauce:
6 Eigelbe, 40 ml Zitronensaft
200 ml Gemüsefond
Zesten von einer halben unbehandelten Zitrone
Salz, frisch gemahlener Pfeffer
Außerdem:
5 EL Gemüsefond und Olivenöl zum Beträufeln

1. Die Zwiebeln fein hacken. Mit den Paprikawürfeln im erhitzten Öl anschwitzen. Lammhack zufügen und unter ständigem Rühren krümelig braten. Gekochten Reis und Kräuter 3 bis 4 Minuten mitbraten. Mit Salz, Pfeffer, Kurkuma und Zitronensaft würzen, alles gut vermengen.

2. Weinblätter kurz in kaltes Wasser legen, gut abtropfen lassen. Eine feuerfeste Form mit 4 Weinblättern auslegen. Restliche Blätter mit der Oberseite nach unten auf der Arbeitsfläche ausbreiten. Je 1 EL Füllung in die Mitte setzen, die Blätter von beiden Seiten über die Füllung schlagen und aufrollen. Mit der Naht nach unten in die Form setzen, Fond und Öl darüber träufeln. Form mit Alufolie abdecken. Die gefüllten Weinblätter bei 180 °C im vorgeheizten Ofen 30 Minuten garen.

3. Eigelbe und Zitronensaft verquirlen. Fond erhitzen und 1/3 unter die Eigelbmischung rühren. Den restlichen Fond unter Rühren zugießen, die Zesten zufügen und alles langsam sämig erhitzen, aber nicht kochen. Abschmecken und die Sauce dazureichen.

Gefüllte Zwiebeln

4 Gemüsezwiebeln (je etwa 250 g)
Für die Füllung:
150 g Parmaschinken, in feine Streifen geschnitten
10 g Butter, 180 g Zucchiniwürfel
2 cl weißer Portwein, 1 EL Salbei
10 g Trüffelstreifen, 100 ml Sahne
Salz, frisch gemahlener Pfeffer
Außerdem:
40 g Parmaschinken, 1 EL Olivenöl
4 Trüffelscheiben, 4 Salbeiblätter
1 feuerfeste Form, Meersalz

1. Wurzelansätze der Zwiebeln abschneiden. Den Boden der Form dick mit Meersalz bedecken, ungeschälte Zwiebeln darauf setzen und bei 180 °C im vorgeheizten Ofen 55 bis 60 Minuten backen. Herausnehmen und von den Zwiebeln jeweils einen Deckel abschneiden. Die Zwiebeln so aushöhlen, dass ein 1/2 cm breiter Rand stehen bleibt. Den Deckel ebenfalls aushöhlen. Das Innere der Zwiebeln fein würfeln.

2. Schinken in Streifen schneiden, kurz in zerlassener Butter schwenken, gebackene Zwiebel- und Zucchiniwürfel mitschwitzen, mit Portwein ablöschen. Den Salbei fein hacken und mit den Trüffelstreifen zufügen. Die Sahne angießen, cremig einkochen lassen, salzen und pfeffern. Die Masse in die Zwiebeln füllen. Warm halten. Die 40 g Parmaschinken in 2 cm breite Streifen schneiden. Öl erhitzen und die Parmastreifen darin kross braten. Trüffel und Salbei zufügen. Die gefüllten Zwiebeln damit garnieren und sofort servieren.

Zum Füllen ideal
Zucchini & Auberginen

Gefüllte Zucchiniblüten

FÜR 2 PORTIONEN

Für die Zucchiniblüten:

4 Zucchiniblüten

300 g Zucchini

60 g Schalotten, 25 g Butter

Salz, gemahlener weißer Pfeffer

frisch geriebene Muskatnuss

130 ml trockener Weißwein

130 ml Gemüsefond

2 Eigelbe

3 Scheiben Weißbrot ohne Rinde

Für die Paprikasauce:

30 g Schalotte

1/2 Knoblauchzehe, 20 g Butter

450 g rote Paprikaschoten

1 Zweig Thymian, 1 Lorbeerblatt

1 Prise Salz

frisch gemahlener weißer Pfeffer

4 cl Sauternes (ein gehaltvoller süßer Weißwein)

150 ml Kalbsfond

50 ml Sahne

1. Den Kelch der Zucchiniblüten vorsichtig öffnen und vorbereiten, wie im ersten Step unten gezeigt *[siehe a]*.

2. Zucchini 5 mm dick schälen und die Abschnitte fein würfeln. Schalotten schälen und fein würfeln. In einem Topf 5 g Butter zerlassen und weiterverfahren, wie im 2. Step gezeigt *[siehe b]*. Den Wein etwas einkochen lassen, 50 ml Fond angießen und die Zucchini gar dünsten. Die Füllung fertig stellen, wie gezeigt *[siehe c]*. Auskühlen lassen und die Masse in einen Spritzbeutel geben. Blüten füllen und verschließen, wie beschrieben *[siehe d und e]*.

3. Die restliche Butter in einer feuerfesten Form zerlassen und die restlichen Schalotten darin anschwitzen. Weiterarbeiten, wie im letzten Step gezeigt *[siehe f]*. Die Zucchinifächer flach drücken, restlichen Fond angießen und die Form mit Alufolie verschließen. Die Zucchiniblüten bei 180 °C im vorgeheizten Ofen 10 Minuten auf der unteren Schiene garen.

4. Schalotte und Knoblauch für die Sauce schälen, fein würfeln und in der zerlassenen Butter glasig schwitzen. Paprikafruchtfleisch würfeln, Kräuter und Gewürze zufügen. Mit Sauternes und Kalbsfond ablöschen. Bei geringer Hitze garen, bis der Fond auf die Hälfte reduziert ist. Sahne zugießen, weiterköcheln lassen bis die Paprikaschoten weich sind. Die Sauce im Topf pürieren, durch ein feines Sieb passieren und abschmecken. Die gefüllten Zucchiniblüten nach Belieben mit der Paprikasauce servieren.

Gefüllte Zucchini

2 mittelgroße Zucchini (von je etwa 250 g)

je 120 g Champignons und Möhren

80 g Knollensellerie, 120 g Lauch

160 g gekochter Schinken

30 g Butter

Salz, frisch gemahlener Pfeffer

2 EL fein geschnittene Petersilie

3 EL Olivenöl

80 g frisch geriebener Gouda

1. Zucchini waschen, längs halbieren und mit dem Kugelausstecher aushöhlen, dabei einen etwa 1/2 cm dicken Rand stehen lassen.

2. Pilze putzen und sehr fein würfeln. Möhren und Sellerie waschen, schälen und ebenfalls sehr fein würfeln. Den Lauch halbieren, waschen und klein schneiden. Gekochten Schinken in feine Würfel schneiden.

Mit den Blüten kommen junge Zucchini auf den Markt. Und zusammen lassen sie sich auch servieren, die Blüten gefüllt, die Zucchini in Fächer geschnitten.

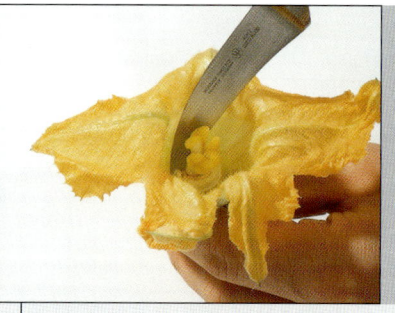

a | **Den Stempel** im Inneren mit einem kleinen Messer vorsichtig entfernen, so dass die Blüte unverletzt bleibt.

b | **Zucchini und 30 g Schalotten** in der Butter anschwitzen. Mit Salz, Pfeffer, Muskat würzen. Mit etwas Wein ablöschen.

3. Butter zerlassen, das Gemüse darin anschwitzen, den Schinken kurz mitschwitzen. Salzen, pfeffern und das Gemüse knapp gar dünsten. Petersilie einstreuen. Zucchinihälften mit der Masse füllen, mit Öl beträufeln und in eine geölte feuerfeste Form setzen. Mit Käse bestreuen und bei 180 °C im vorgeheizten Ofen 10 Minuten backen.

Imam bayildi

| 2 mittlere Auberginen (etwa 350 g) |
| Für die Füllung: |
| 200 g Zwiebeln, 500 g Tomaten |
| 2 Knoblauchzehen |
| 5 EL Olivenöl |
| 1 Lorbeerblatt |
| 1 EL glatte, gehackte Petersilie |
| 1 TL Salz, 1 Messerspitze Zucker |
| 1 Stück Zimtstange |
| 50 g gehackte Mandeln |

1. Auberginen im vorgeheizten Ofen bei 200 °C etwa 15 Minuten rösten. Dabei öfters wenden. Herausnehmen, den Stielansatz abschneiden und die Haut der Auberginen abziehen.

2. Die Früchte längs halbieren und mit einem Teelöffel so aushöhlen, dass ein 1 cm dicker Rand stehen bleibt.

3. Das ausgelöste Fruchtfleisch der Auberginen klein würfeln. Die Zwiebeln schälen, in feine Ringe schneiden. Die Tomaten blanchieren, kalt abschrecken, häuten und vierteln. Von Stielansätzen und Samen befreien und das Fruchtfleisch klein würfeln. Knoblauch schälen und fein hacken.

4. Zwiebeln und Knoblauch in 2 EL heißem Öl anschwitzen. Tomatenwürfel zufügen und alles zugedeckt 5 Minuten dünsten. Lorbeerblatt, Petersilie, Salz, Zucker sowie Zimt zufügen und die Mandeln und Auberginenwürfel 5 bis 8 Minuten mitdünsten. Lorbeer und Zimtstange entfernen.

5. Auberginenhälften in eine geölte feuerfeste Form legen. Die Masse in die Auberginenhälften füllen, mit dem restlichen Öl beträufeln. Die Auberginen bei 180 °C im vorgeheizten Ofen 15 bis 20 Minuten backen.

Das gedünstete Gemüse noch warm in den Mixer füllen. Mit 2 Eigelben und dem Weißbrot fein pürieren.

d **Die Zucchiniblüten** in der Hand halten und stützen. Die Masse mit dem Spritzbeutel vorsichtig einfüllen.

e **Die Blüte** mit einer leichten Drehbewegung schließen. Anhängende Früchte jeweils in feine Fächer schneiden.

f **Gefüllte Blüten** einlegen und kurz mitschwitzen. Mit dem restlichen Wein ablöschen und diesen leicht reduzieren.

GEFÜLLTE GEMÜSE

Im Mantel aus Kohl
Appetitlich verpackt

Fleisch und Fisch garen von Kohlblättern umhüllt und geschützt besonders saftig – hier feiner Fasan und Steinbutt. Auch andere Blattgemüse wie Mangold, Chinakohl, Pak-Choi oder große Senfblätter eignen sich als Mantel für Fleisch und Fisch. Zu der Fasanenbrust im Weißkrautmantel sind Maisplätzchen die ideale Beilage. Aber auch Kartoffelpüree schmeckt dazu sehr gut. Für Steinbutt im Wirsingblatt sollte man unbedingt eine einfache Beilage wählen: Salzkartoffeln, Reis oder Bandnudeln passen am besten.

Fasanenbrust im Weißkrautmantel

FÜR 2 PORTIONEN

1 küchenfertiger Fasan (etwa 800 g)

Salz, frisch gemahlener Pfeffer

15 g Trüffel, in feine Scheiben geschnitten

2 große blanchierte Weißkohlblätter

1 Schweinenetz, 30 ml Sonnenblumenöl

Für die Farce:

60 g Kalbfleisch, Salz, gemahlener Pfeffer

40 ml kalte Sahne, 1 EL geschlagene Sahne

1 cl Cognac, 30 g Möhrenwürfel

20 g Stangenselleriewürfel, 15 g Zwiebelwürfel

20 g gewürfelte Frühlingszwiebel

1 TL gehackte Petersilie

Für die Sauce:

40 g Zwiebel, 40 g Möhre, 40 g Lauch

40 g Petersilienwurzel, 40 g Knollensellerie

2 EL Sonnenblumenöl, 1 EL Tomatenmark

1 Stück Speckschwarte, 3 Wacholderbeeren

5 Pfefferkörner, 2 Pimentkörner, 2 Nelken

1 Lorbeerblatt, 1/8 l kräftiger Rotwein

200 ml Wildfond, 2 cl Cognac, Salz, Pfeffer

etwas Speisestärke, 100 g Cranberries

Für die Maisplätzchen:

1 Maiskolben (etwa 250 g), Salz, 60 ml Milch

1 Eigelb, 50 g gesiebtes Mehl, Pfeffer

1 Eiweiß, 2 EL Maiskeimöl

1. Brüste und Keulen des Fasans auslösen, Haut entfernen und die Karkasse beiseite legen. Oberschenkelfleisch von Knochen und Sehnen befreien.

2. Für die Farce das Oberschenkelfleisch vom Fasan mit dem Kalbfleisch fein würfeln, leicht anfrieren lassen, salzen, pfeffern und fein pürieren. Die kalte Sahne einarbeiten und die Masse durch ein Sieb streichen. Geschlagene Sahne unterheben und den Cognac einrühren. Die Möhren-, Sellerie-, Zwiebel- und Frühlingszwiebelwürfel sowie die Petersilie untermischen, abschmecken.

3. Karkassen vom Fasan für die Sauce klein hacken. Gemüse schälen, putzen, klein schneiden. Öl in einem Topf erhitzen, die Knochen darin kräftig anbraten, Gemüse zufügen und mitbraten. Tomatenmark einrühren, kurz mitrösten. Speckschwarte und Gewürze zufügen, mit Rotwein ablöschen, etwas einkochen lassen. Den Wildfond und 200 ml Wasser angießen, bei geringer Hitze auf die Hälfte reduzieren, durch ein feines Sieb passieren, aufkochen lassen und nochmals etwas reduzieren. Mit Cognac verfeinern, salzen, pfeffern und leicht mit der in etwas Wasser angerührten Stärke binden. Cranberries zufügen, mitköcheln, warm halten.

4. Für die Plätzchen Maiskolben von Hüllblättern und Fäden befreien und in Salzwasser 20 bis 25 Minuten kochen. Abkühlen lassen und die Körner mit einem scharfen Messer abschneiden. Ein Drittel der Maiskörner mit der Milch pürieren, mit Eigelb und Mehl verrühren, salzen und pfeffern. Restliche Maiskörner untermischen. Eiweiß mit etwas Salz steif schlagen, unterheben. Die Maismasse portionsweise ins heiße Öl legen, flach drücken, beidseitig goldgelb braten, warm halten.

5. Fasanenbrüste salzen und pfeffern. Ein Brustfilet mit der Hälfte der Trüffelscheiben belegen. Die Farce gleichmäßig darauf verstreichen, mit den restlichen Trüffelscheiben belegen und das zweite Brustfilet auflegen. Gefüllte Fasanenbrust in die ausgebreiteten Kohlblätter einschlagen und in das Schweinenetz wickeln. Das Päckchen von beiden Seiten in Öl anbraten. Im vorgeheizten Ofen bei 190 °C 20 Minuten garen, eventuell abdecken. Die eingepackte, gefüllte Fasanenbrust herausnehmen, 2 Minuten ruhen lassen. In Scheiben schneiden und die Fasanenbrust mit Maisplätzchen und der Sauce anrichten.

Steinbutt in Wirsingblatt

500 g Steinbuttfilet, Salz, weißer Pfeffer

150 ml kalte Sahne, 80 g Möhren, 1 Wirsing

Für die Kerbelsauce:

1 kleiner Bund Kerbel, 1 Schalotte, 20 g Butter

je 1/8 l Weißwein und Fischfond, 200 ml Sahne

20 g kalte Butter, Salz, gemahlener Pfeffer

1. Steinbutt in 4 Scheiben von je 100 g schneiden, den Rest würfeln, leicht anfrieren lassen, salzen, pfeffern und pürieren, dabei die gekühlte Sahne nach und nach zugießen. Durch ein Sieb passieren und die Farce kalt stellen. Die Möhren schälen, fein würfeln und blanchieren. Die äußeren 8 bis 10 Blätter des Wirsings abtrennen, blanchieren und die dicken Blattrippen flach schneiden. Vom restlichen Kohl den Strunk enfernen, die Blätter fein schneiden und blanchieren. Die Farce mit Möhrenwürfel und dem gut ausgedrückten Wirsing vermischen. Weiterarbeiten, wie rechts gezeigt [siehe a bis c]. Die Päckchen kalt stellen.

2. Kerbelblättchen für die Sauce von den Stielen streifen. Stiele klein schneiden und mit der gewürfelten Schalotte in Butter anschwitzen. Wein und Fond angießen, alles auf 1/4 reduzieren. Sahne zugießen, cremig einkochen lassen und passieren. Die Päckchen 8 bis 10 Minuten dämpfen. Die kalte Butter in die Sauce montieren und den Kerbel einrühren, würzen. Steinbutt mit der Sauce anrichten.

a | **Je 2 Wirsingblätter** flach klopfen und mit der Farce bestreichen.

b | **Eine Steinbuttscheibe** auflegen und vorsichtig in das Blatt einrollen.

c | **Zu Päckchen** formen und die Ränder mit etwas Farce verkleben.

Braten & Frittieren

Gebratene oder frittierte Gemüse sind ein kulinarisches Erlebnis: Selleriescheiben und Zucchinipuffer kommen in die Pfanne, Senfkohl mit Garnelen in den Wok. Und in Teig getauchtes Gemüse wird durch Frittieren herrlich knusprig.

→ Wenn nicht anders angegeben, sind alle Rezepte für 4 Portionen berechnet.

Mit goldbrauner Kruste
Puffer und Scheiben

Zucchini-Kartoffel-Puffer

400 g Zucchini, 500 g Kartoffeln

Salz, frisch gemahlener weißer Pfeffer

1 Prise Muskatnuss, 60 g Butterschmalz

1. Die Zucchini waschen, putzen und raspeln. Kartoffeln schälen, raspeln und mit den Händen die Flüssigkeit ausdrücken. Den Kartoffelsaft ruhen lassen, bis sich die Stärke gesetzt hat.

2. Abgießen, die Stärke zu den Kartoffeln geben, Zucchiniraspel untermischen und mit Salz, Pfeffer und Muskatnuss würzen. Aus dem Teig 12 Puffer formen und in Butterschmalz hellbraun braten.

Gebratene Auberginen

800 g Auberginen, Salz

500 g Fleischtomaten

frisch gemahlener weißer Pfeffer

Unter krosser Panade schmeckt jede Wurzelknolle ganz ausgezeichnet. Vor dem Panieren und Braten muss der Sellerie hier allerdings gekocht werden.

1 EL Mehl, 60 ml Olivenöl

1 Zweig Rosmarin, 1/2 Knoblauchzehe

2 geschälte Schalotten, in Scheiben geschnitten

1. Auberginen quer in 1 cm dicke Scheiben schneiden, auf der Oberfläche mit dem Messer ein Gittermuster einritzen. Salzen, kurz stehen lassen und die Auberginen mit Küchenpapier abtupfen.

2. Tomaten blanchieren, häuten, von Stielansatz und Samen befreien und in Stücke schneiden.

3. Auberginenscheiben leicht salzen und pfeffern. Mit Mehl bestauben und portionsweise in etwa 50 ml Olivenöl braten, wenden und Rosmarin zufügen. Das restliche Öl erhitzen und den zerdrückten Knoblauch sowie die Schalotten darin glasig schwitzen. Tomaten kurz mitschwitzen, salzen, pfeffern und mit den Auberginen anrichten.

Selleriescheiben mit Zitronen-Sabayon

Für die Sellerieschreiben:

2 kleine Sellerieknollen zu je etwa 500 g

2 EL Zitronensaft, Salz

gemahlener weißer Pfeffer, 1 EL Pflanzenöl

1 Bund Zitronenthymian, 1 EL Mehl, 1 Ei

200 g frisch geriebenes Weißbrot

40 g Butterschmalz, 10 g Butter

Für das Zitronen-Sabayon:

etwa 1 TL Thymianblättchen, 1 Schalotte

50 ml Geflügelfond, 1/4 l Weißwein

Schale von 1 unbehandelten Zitrone

4 bis 5 weiße Pfefferkörner

3 Eigelbe, 1 Prise Salz

1 TL Zitronensaft

Außerdem:

4 Kapuzinerkresse-Blüten zum Garnieren

1. Die Sellerieknollen schälen, in 8 gleichmäßige Scheiben schneiden. In mit etwas Zitronensaft versetztem Salzwasser kurz garen, Sellerie abschrecken, trockentupfen, salzen, pfeffern und mit dem Öl beträufeln. Die Selleriescheiben aufeinander legen und dabei einige Zitronenthymianblättchen zwischen die Scheiben stecken. Mit Folie bedecken und 20 bis 30 Minuten durchziehen lassen.

2. Für das Sabayon die Blättchen vom Thymian zupfen. Stiele mit gewürfelter Schalotte, Fond, Weißwein, Zitronenschale und Pfefferkörnern aufkochen, auf die Hälfte reduzieren und durch ein Sieb gießen. Leicht abkühlen lassen und mit den Eigelben im heißen Wasserbad aufschlagen. Salz, Zitrone und Thymianblättchen zugeben.

3. Selleriescheiben in Mehl, dann in verquirltem Ei und zuletzt in Bröseln wenden. Panade festdrücken und die Selleriescheiben in Butterschmalz goldbraun braten. Butter zugeben, aufschäumen lassen. Mit Sabayon und Kresseblüten anrichten.

Junger Knoblauch: 1/4 l Milch und 1/4 l Wasser aufkochen. 200 g junge Knoblauchzehen 6 Minuten kochen.

Knoblauch abgießen, abspülen und abtropfen lassen. Mit Mehl bestaubt in heißem Butterschmalz anbraten.

Aus dem Wok
Schnell & knackig

Stir-frying nennt man das schnelle Braten bei hoher Temperatur im Wok auch. Dabei muss das Gargut ständig in Bewegung bleiben, damit nichts anbrennt.

Süß-saures Gemüse im Crêpe

VORBEREITUNG: etwas mehr Zeit für das exakte Schneiden der Gemüsesorten und das Backen der Crêpes einplanen

Für den Crêpeteig:

60 g Mehl, 1/8 l Milch, 1 Prise Salz

2 Eigelbe, 25 g Butter

Für das süßsaure Gemüse:

5 g getrocknete Mu-err-Pilze

100 g Brokkoliröschen

je 60 g weißer Rettich, Stangensellerie und Kürbisfruchtfleisch

50 g Zuckerschoten

120 g rote und gelbe Paprikaschote

100 g Frühlingszwiebeln

1 Knoblauchzehe, 2 EL Erdnussöl

1 Messerspitze geschälte und gehackte frische Ingwerwurzel

1 TL Palmzucker

20 Cashewkerne, 1 Prise Salz

frisch gemahlener Pfeffer

1 Prise Cayennepfeffer

2 EL Sojasauce

1 Spritzer roter Reisessig

2 cl Reiswein, 80 ml Gemüsefond

1/2 TL Weizenstärke

Außerdem:

4 mittelgroße Wirsingblätter

Öl zum Ausbacken der Crêpes

1. Für den Crêpeteig das Mehl in eine Schüssel sieben. Milch und 50 ml Wasser einrühren, salzen und die Eigelbe zufügen. Die Butter in einer Kasserolle zerlassen und langsam unterziehen. Den Teig durch ein Sieb passieren, um eventuell vorhandene Klümpchen zu entfernen, 30 Minuten quellen lassen.

2. Getrocknete Pilze 20 Minuten in lauwarmem Wasser einweichen, ausdrücken und klein schneiden. Alle Gemüse waschen. Rettich schälen, Stangensellerie putzen, beides in Scheiben schneiden. Das Kürbisfruchtfleisch etwa 1 cm groß würfeln. Die Zuckerschoten putzen und quer in Stücke schneiden. Paprikaschoten von Stielansatz und Samen befreien und in Streifen schneiden. Frühlingszwiebeln putzen und schräg in größere Stücke schneiden. Knoblauch schälen und in dünne Scheiben schneiden.

3. Das Öl im Wok erhitzen, Ingwer, Knoblauch sowie Palmzucker darin kurz braten. Die Gemüsestücke sowie die Cashewkerne zufügen, alles unter Rühren anbraten, salzen, pfeffern und mit der Sojasauce ablöschen.

4. Reisessig, Reiswein und Gemüsefond zugießen. Das Gemüse bei geringer Hitze bissfest garen. Die in wenig Wasser angerührte Stärke zugießen und die noch vorhandene Flüssigkeit damit binden. Abschmecken.

5. Wirsingblätter in Salzwasser blanchieren. Herausheben, trockentupfen und die Mittelrippe flach schneiden.

Senfkohl mit Garnelen, ein feines Gericht der chinesischen Küche, das nicht viel Zeit in Anspruch nimmt.

Fertig ist das würzige Gericht, wenn der Rettich weich und die Flüssigkeit fast vollständig verdampft ist. Mit Koriandergrün garniert servieren.

6. Öl in einer Pfanne (20 cm Ø) erhitzen. Etwas Teig hineingießen, jeweils 1 blanchiertes Wirsingblatt in die weiche Teigoberfläche drücken, den Crêpe wenden und auf der anderen Seite fertig backen. Die Crêpes erst auf die Hälfte, dann nochmals mittig zu Viertelkreisen zusammenklappen. Die so entstandenen Taschen mit dem Gemüse füllen und nach Belieben mit einem Löffel Chilisauce servieren.

Senfkohl mit Garnelen

300 g rohe Garnelen

600 g Senfkohl

5 g frische Ingwerwurzel

1 geschälte Knoblauchzehe

3 EL Erdnussöl

1 EL helle Sojasauce, 1 EL Sake

1 Prise Fünf-Gewürze-Pulver

1 Prise Salz, 1 TL Maisstärke

1. Garnelen schälen, den Darm entfernen. Senfkohl putzen, waschen, halbieren, den Strunk entfernen und die Kohlhälften quer in schmale Streifen schneiden. Die Ingwerwurzel schälen und wie den Knoblauch fein würfeln.

2. Das Öl im Wok stark erhitzen und erst Ingwer und Knoblauch, dann die Senfkohlstreifen unter Rühren bei starker Hitze 2 Minuten braten.

3. Sojasauce mit Sake und 4 EL Wasser, Fünf-Gewürze-Pulver und Salz verrühren, den Kohl damit ablöschen und weitergaren, bis er beinahe gar ist. Hitze reduzieren und die Garnelen 1 Minute mitköcheln. Zugedeckt noch 5 Minuten garen. Mit der in etwas Wasser angerührten Stärke binden.

Gebratener Rettich

600 g chinesischer weißer Rettich

1 Frühlingszwiebel, 2 EL Öl

5 g frische Ingwerwurzel

100 g Schweinehack

1 EL Sake, 1/4 l Fleischbrühe

1 EL Zucker, 3 EL Sojasauce

1 EL abgezupftes Koriandergrün

1. Den chinesischen Rettich schälen und in gleich große Stücke schneiden *[siehe a bis c]*. Die Frühlingszwiebel putzen und fein schneiden.

2. Das Öl – am besten Erdnussöl – im Wok erhitzen, Frühlingszwiebel und Ingwer unter Rühren darin anbraten. Das Hackfleisch zufügen und unter ständigem Rühren bräunen.

3. Die Rettichstücke 2 Minuten mitbraten. Sake, Brühe, Zucker und Sojasauce zufügen. Alles köcheln lassen, bis der Rettich weich ist. Mit Koriandergrün bestreuen und sofort servieren.

a **Den Rettich** mit einem Sparschäler möglichst dünn abschälen.

b **Vom Grün** befreien und den Rettich der Länge nach in Spalten teilen.

c **Die Rettichspalten** quer in gleich große Stücke schneiden.

Kartoffelspezialitäten
Das Beste aus der Knolle

Pommes allumettes lassen sich auf einem Gemüsehobel, der »Mandoline«, mit passendem Einsatz hobeln.

Pommes frites hobelt man schnell und gleichmäßig mit diesem Gemüsehobel in dickere Stifte.

Pommes gaufrettes: Ein Waffel- oder Zackenmuster entsteht, wenn man den gezackten Messereinsatz wählt.

Kartoffelplätzchen

500 g mehlig kochende Kartoffeln, gegart

2 Eigelbe, 10 g Butter, 2 EL Crème fraîche

Salz, geriebene Muskatnuss, 1 verquirltes Ei

frisch geriebenes Weißbrot, Butterschmalz

1. Kartoffeln durchpressen und noch warm mit den Eigelben, der Butter, der Crème fraîche, Salz und Muskatnuss sorgfältig vermengen.

2. Aus der abgekühlten Masse erst Kugeln, dann Plätzchen formen. In verquirltem Ei und Weißbrotbröseln wenden, mit dem Messer ein Gittermuster eindrücken und die Kartoffelplätzchen im heißen Butterschmalz goldbraun braten.

Rösti

800 g fest kochende Kartoffeln

Salz, frisch gemahlener Pfeffer

80 g Butterschmalz, 20 g Butter

1. Kartoffeln schälen und grob raspeln oder in Stifte hobeln. Trockentupfen, salzen und pfeffern.

2. In einer gusseisernen Pfanne jeweils 20 g Butterschmalz erhitzen. Je 1/4 der Kartoffelmasse einfüllen, leicht festdrücken und von beiden Seiten goldbraun braten. Zum Schluss zu jedem Rösti 5 g Butter geben, aufschäumen lassen und servieren.

Berner Rösti

800 g fest kochende Kartoffeln

100 g durchwachsener Speck

80 g Butterschmalz, Salz

frisch gemahlener weißer Pfeffer, 2 EL Sahne

1. Kartoffeln in der Schale kochen, abgießen und im zugedeckten Topf auskühlen lassen. Die Kartoffeln pellen, raspeln, in 4 Portionen teilen.

2. Den Speck fein würfeln. Jeweils 25 g Speck mit je 20 g Butterschmalz in einer Pfanne auslassen. Jeweils 1/4 der geraspelten Kartoffeln zufügen, mit Salz und Pfeffer würzen und jedes Rösti braten, bis es Farbe angenommen hat. Mit je 1/2 EL Sahne begießen, wenden und das Rösti fertig braten.

Gebratene Kartoffeln

1 kg neue, kleine Kartoffeln

40 ml Sonnenblumenöl

20 g Butter, Salz

1. Die Kartoffeln sorgfältig waschen, abtrocknen. Kartoffeln in der Schale kochen und noch warm pellen. Das Öl erhitzen und die Kartoffeln darin von allen Seiten goldbraun braten.

2. Hitze reduzieren, die Butter zugeben und aufschäumen lassen. Die Kartoffeln leicht salzen.

Kartoffelwürfel – Pommes carrées

1 kg fest kochende Kartoffeln

3 EL Sonnenblumenöl, Salz

etwas frischer Thymian und Rosmarin

1. Die Kartoffeln schälen und in 5 bis 8 mm große Würfel schneiden. 10 Minuten wässern, um etwas Stärke auszuschwemmen.

2. Die Kartoffelwürfel gut abtrocknen. In einer Pfanne das Öl erhitzen und die Kartoffeln darin goldbraun braten, mit Salz würzen. Durch Thymian und Rosmarin bekommen die Kartoffeln einen mediterranen Geschmack. Dazu die Blättchen von den Zweigen streifen und kurz mitbraten.

Kartoffelnocken – Gnocchi

500 g mehlig kochende Kartoffeln

2 Eigelbe, 10 g Butter

30 g Weizendunst (griffiges Mehl)

80 g Mehl, Salz, frisch geriebene Muskatnuss

Butter zum Braten, Salbeiblätter

1. Die Kartoffeln kochen, pellen und noch warm durchdrücken. Die Eigelbe, Butter, Weizendunst, Mehl, Salz und geriebene Muskatnuss untermischen. Die lauwarme Masse zu Rollen formen, in kleine Stücke zerteilen und die Stücke zu Kugeln rollen. Mit den Zinken einer Gabel Rillen eindrücken und die Gnocchi auf ein mit Weizendunst bestreutes Pergamentpapier legen.

2. Gnocchi in reichlich Salzwasser bei geringer Hitze gar ziehen lassen, bis sie an die Oberfläche steigen. Mit einem Schaumlöffel herausheben und die Gnocchi gut abtropfen lassen.

3. Die Gnocchi können nun mit Butter oder einer anderen Sauce übergossen serviert oder in einer Pfanne mit zerlassener Butter goldgelb gebraten werden. Eine beliebte Variante ist auch das Mitbraten einiger frischer Salbeiblätter.

Pommes frites: Mehlig kochende Kartoffeln schälen, in Stifte schneiden. Bei 160 °C vorfrittieren, bis sie weich sind, herausnehmen und kurz abkühlen lassen. Erst dann bei 180 °C goldbraun frittieren, gut abtropfen lassen und salzen.

Pommes allumettes: Mehlig kochende Kartoffeln auf der »Mandoline« (siehe Bildfolge links) streichholzdick schneiden. Bei 160 °C vorfrittieren – sie werden dann besonders knusprig und saugen wenig Fett auf. Bei 180 °C im heißen Öl frittieren und salzen.

Pommes pailles: Die Strohkartoffeln in höchstens 2 mm dicke und 5 bis 6 cm lange Streifen schneiden. Bei etwa 180 °C in heißem Fett goldbraun frittieren. Die Kartoffelstreifen müssen nicht vorfrittiert werden, da sie gleichzeitig braun und gar werden. Nach Belieben salzen.

Pommes gaufrettes: Die Kartoffeln mit der Mandoline (siehe Bildfolge links) zu hauchdünnen Scheiben hobeln. Das durchbrochene Waffelmuster entsteht, wenn man die Kartoffel nach jedem Schnitt um 90° dreht. Bei 190 °C im heißen Fett goldbraun frittieren.

Kroketten: 1 kg mehlig kochende Kartoffeln garen, pellen und durch die Presse drücken. Mit 4 Eigelben, 20 g Butter, Salz und Muskat vermengen. Lauwarm zur fingerdicken Rolle formen. In 4 cm lange Stücke schneiden. In Mehl, Ei und Bröseln panieren und bei 180 °C frittieren.

Dauphin-Kartoffeln: Aus 1/8 l Wasser, 50 g Butter, 125 g Mehl und 2 bis 3 Eiern einen Brandteig herstellen. Mit 500 g Krokettenteig vermengen (siehe oben). Von der Masse kleine Nocken abstechen, auf geöltes Pergamentpapier setzen. Bei 180 °C goldgelb frittieren.

a | **Je 1 bis 2 Esslöffel** der Gemüsemischung auf den Teigblättern verteilen.

b | **Das Teigblatt** eine Umdrehung weit aufrollen, an den Seiten mit dem angerührten Mehl bestreichen.

c | **Die Seitenstreifen** nach innen schlagen, das Teigende ebenfalls mit der Mehlmischung bestreichen.

d | **Mit dem Tuch** so weit anheben, dass sich das gefüllte Teigblatt von selbst zu einer Rolle formt. Fest drücken.

Knusprig & saftig
Gemüse im Backteig

Gemüse sind auf Grund ihres hohen Wassergehalts zum Frittieren eigentlich ungeeignet. Taucht oder wickelt man sie jedoch in Teig, so lassen auch sie sich zu knusprig umhüllten Köstlichkeiten ausbacken. Bei der Füllung der Frühlingsrollen kann man der Fantasie freien Lauf lassen: auch Mischungen mit Fleisch oder Geflügel sind ausgesprochen lecker.

Frühlingsrollen mit würziger Chilisauce

Für die Frühlingsrollen:
100 g Zuckerschoten, 120 g Möhren
100 g Frühlingszwiebeln
je 80 g Stangensellerie und Chinakohl
80 g frische Shiitake-Pilze, geputzt
100 g Sojasprossen
1 Knoblauchzehe, 4 EL Erdnussöl
Salz, frisch gemahlener Pfeffer
4 EL helle Sojasauce, 1/2 TL Maisstärke
1 EL Koriandergrün, fein geschnitten
8 Teigblätter für Frühlingsrollen von 25 x 25 cm Größe
1 EL Mehl, Öl zum Frittieren
Für die Chilisauce:
1 Knoblauchzehe
1 rote Chilischote
2 EL vegetarische Austernsauce
6 EL helle Sojasauce
1 EL Kaffir-Limettensaft
1 EL Palmzucker
1/2 EL Koriandergrün, fein geschnitten

1. Für die Sauce Knoblauch schälen und sehr fein hacken. Die Chilischote von Stielansatz und Samen befreien und das Fruchtfleisch in dünne Ringe schneiden. Mit den restlichen Zutaten in einer Schüssel sorgfältig verrühren.

2. Das Gemüse waschen, putzen und mit den Pilzen in feine Streifen schneiden. Die Knoblauchzehe schälen und sehr fein hacken. Das Öl in einem Wok erhitzen und den Knoblauch darin anschwitzen. Gemüse nacheinander zufügen und 2 bis 3 Minuten pfannenrühren. Mit Salz, Pfeffer und Sojasauce würzen. Die Maisstärke mit etwas kaltem Wasser anrühren und das Gemüse unter Rühren damit binden. Koriandergrün zufügen, nochmals gut durchmischen und beiseite stellen.

3. Zum Verkleben der Teigrollen das Mehl zunächst mit 1 Esslöffel kaltem Wasser anrühren, dann nach und nach 2 bis 3 Esslöffel heißes Wasser unterrühren. Die Teigblätter auf ein feuchtes Tuch legen und füllen, wie in den Steps der Bildfolge links [siehe a bis d] gezeigt. Die Ränder nochmals prüfen und fest zusammendrücken. Darauf achten, dass die Rollen gut verschlossen sind.

4. Das Öl in einem Topf oder in der Fritteuse erhitzen und die Frühlingsrollen darin portionsweise bei 180 °C goldbraun ausbacken. Auf Küchenpapier gut abtropfen lassen, anrichten und die Chilisauce separat dazureichen.

Asiatisch | Koriandergrün und Sojasauce dürfen in Frühlingsrollen nicht fehlen – auch in der Sauce sind sie vertreten.

Gebackene Kürbisbällchen

Für die Tomatensauce:

60 g weiße Zwiebel, geschält

1 Knoblauchzehe, geschält

400 g gelbe Tomaten, gehäutet

100 g rote Tomaten, gehäutet

3 EL Olivenöl

1 kleine Peperoncini, ohne Samen

je 1/2 TL Salz und Zucker

Für die Bällchen:

1 kg Kürbis, Salz, Pfeffer

1/2 l Milch, 120 g Semmelbrösel

50 g Mehl, 2 Eier

Öl zum Frittieren

1. Zwiebel und Knoblauch sehr fein hacken. Tomaten von Stielansatz und Samen befreien, die gelben Tomaten klein würfeln. Zwiebel- und Knoblauchwürfel im erhitzten Öl anschwitzen, Tomatenwürfel zufügen. Die Peperoncini in dünne Ringe schneiden. Zusammen mit Salz und Zucker unter die Tomaten mischen, das Ganze 10 bis 15 Minuten köcheln lassen. Die roten Tomaten würfeln und in den letzten 2 Minuten unter die Sauce mischen.

2. Aus dem Kürbis mit einem Kugelausstecher (Ø 2 cm) etwa 400 g Kugeln ausstechen. In gesalzener und gepfefferter Milch etwa 5 Minuten köcheln.

3. Semmelbrösel und Mehl getrennt auf je einen Teller schütten. Eier in einem tiefen Teller verquirlen. Die Kugeln erst in Mehl, dann in Ei und schließlich in den Bröseln wenden. Bei 160 °C 4 bis 5 Minuten ausbacken.

Knackiges Gemüse im Bierteig

je 200 g Blumenkohl- und Brokkoliröschen

je 100 g Kohlrabi, Möhren, Champignons und Zuckerschoten

80 g Frühlingszwiebeln

je 100 g weißer und grüner Spargel

Für die Marinade:

Saft von 1 Zitrone

2 EL gemischte, gehackte Kräuter

60 ml Olivenöl, Salz, Pfeffer

Für den Bierteig:

4 Eigelbe, 250 g gesiebtes Mehl

Salz, 1/4 l Weißbier, 4 Eiweiße

Außerdem:

Öl zum Frittieren

1. Gemüse putzen, waschen und in mundgerechte Stücke zerteilen. Alle Gemüse bis auf Pilze, Zuckerschoten und Frühlingszwiebeln blanchieren, abschrecken und trockentupfen. Alle Zutaten für die Marinade vermischen und sämtliche Gemüse und Pilze darin 30 Minuten ziehen lassen.

2. Eigelbe mit Mehl, Salz und Bier verrühren. Den Teig durch ein Sieb streichen und 30 Minuten quellen lassen. Die Eiweiße steif schlagen und vorsichtig unterheben.

3. Gemüsestücke einzeln auf eine Gabel spießen, in den Teig tauchen und abtropfen lassen. In 180 °C heißem Öl ausbacken und auf Küchenpapier entfetten. Dazu passt ein frischer Kräuter-Joghurt-Dip hervorragend.

Frittierte Zucchini & Auberginen

je 250 g Zucchini und Auberginen, beides geputzt

Salz, frisch gemahlener Pfeffer

Für den Ausbackteig:

175 g Mehl, 25 g Kartoffelmehl

1 TL Backpulver, 1 Ei, 1/8 l Wasser

1/4 TL Salz, 5 EL Sonnenblumenöl

Für den Baumtomaten-Dip:

120 g Baumtomaten, 30 g Zucker

Saft von 1 Limette

175 g Mayonnaise, Salz, Pfeffer

je 1/4 TL Cayennepfeffer und Ingwer, gemahlen

1 TL Minze, gehackt

Außerdem:

Öl zum Ausbacken

1. Zutaten für den Teig verrühren und etwa 30 Minuten quellen lassen.

2. Die Baumtomaten schälen, zerkleinern und in mit Zucker und Limettensaft versetztem Wasser 10 Minuten köcheln. Durch ein feines Sieb passieren. Püree mit der Mayonnaise verrühren und mit den Gewürzen abschmecken.

3. Zucchini und Auberginen in mittelgroße Scheiben oder Stifte schneiden, mit Salz und Pfeffer würzen.

4. Das Öl auf 180 °C erhitzen. Gemüsestücke in den Teig tauchen, abtropfen lassen und portionsweise im heißen Fett in 3 bis 4 Minuten goldbraun ausbacken. Herausheben, auf Küchenpapier entfetten und servieren. Baumtomaten-Dip separat dazureichen.

Backen & Gratinieren

Ob Pizza, Lasagne oder Strudel – der Duft eines Auflaufs mit goldbrauner Kruste und von Gemüse im Teigmantel gehört zu den großen Verlockungen der Küche. Im Ofen gegart werden auch lockere Soufflés, köstliche Terrinen und Gratins.

→ Wenn nicht anders angegeben, sind alle Rezepte für 4 Portionen berechnet.

Herzhaftes Gebäck
Zwiebelkuchen & Quiche

Einfache, pikante Kuchen wie diese sind als Vorspeise oder auch als Begleitung zu einem Glas Bier oder Wein gleichermaßen beliebt. Gerade Lauch und Zwiebeln eignen sich als Belag besonders gut. Ob in Kombination mit Speck oder auch mal mit Käse – der eigenen Fantasie sind hier keine Grenzen gesetzt. So kann derselbe Belag auf salzigem Mürbeteig oder aber auch auf Hefeteig gebacken werden. Kein Wunder, dass aus diesen Zutaten eine ganze Reihe regional berühmter Spezialitäten entstanden ist, mal mehr oder weniger gewürzt mit Paprika, Pfeffer oder Kümmel.

Zwiebelkuchen

Für den geriebenen Mürbeteig:
300 g Mehl, 150 g kalte Butterwürfel
1/2 TL Salz, 1 Ei
Für die Füllung:
650 g Zwiebeln, 200 g durchwachsener Speck
20 g Butter, 5 Eier
200 ml Milch, 100 ml Crème fraîche
Salz, frisch gemahlener weißer Pfeffer
1 Prise frisch geriebene Muskatnuss
Außerdem:
1 Form von 26 cm Ø, Pergamentpapier

1. Mürbeteig herstellen, wie rechts gezeigt *[siehe a bis c]*. Alles rasch mit den Händen zu einem glatten Teig verkneten, zur Kugel formen, in Folie wickeln und den Teig 1 Stunde kühl ruhen lassen.

2. Den Teig auf einer bemehlten Arbeitsfläche gleichmäßig etwa 5 mm dick ausrollen. Weiterverfahren, wie beschrieben *[siehe d bis e]*. Die mit dem Teig ausgelegte Form kühl stellen.

3. In der Zwischenzeit Zwiebeln schälen und in dünne Ringe schneiden. Speck in schmale Streifen schneiden. Speckstreifen in einem Topf auslassen, Zwiebelringe darin anschwitzen und die Butter zufügen. Zwiebelmischung etwas auskühlen lassen. Eier mit der Milch und Crème fraîche verquirlen, Zwiebelmischung zufügen und damit vermischen. Mit Salz, Pfeffer und Muskat würzen.

4. Die Zwiebelfüllung in die mit Teig ausgelegte Form füllen und glatt streichen. Den Kuchen im vorgeheizten Ofen bei 180 bis 200 °C etwa 45 Minuten backen. Sobald die Oberfläche zu dunkel zu werden beginnt, diese für die restliche Backzeit mit Pergamentpapier abdecken.

Quiche mit Kartoffeln

Für den Mürbeteig:
200 g Weizenmehl Type 405

100 g kalte Butterwürfel

1 Eigelb, 1/2 TL Salz

Für die Kartoffelfüllung:
600 g fest kochende Kartoffeln, Salz

1/4 TL Kümmel, 100 g gekochter Schinken

50 g weiße Zwiebel, 80 g Lauch, 1 EL Öl

1 EL gehackte Petersilie, schwarzer Pfeffer

Für den Sahneguss:
3 Eier, 100 ml Sahne, 100 g Crème fraîche

1 Knoblauchzehe, Salz, Pfeffer

Außerdem:
1 Quicheform von 26 cm Ø oder 4 Tortelettförmchen von 10 cm Ø, Backpapier und Hülsenfrüchte zum Blindbacken

1. Für den Teig das Mehl auf eine Arbeitsfläche sieben, in die Mitte eine Mulde drücken und Butterwürfel, Eigelb, Salz sowie 2 EL Wasser hineingeben. Alles rasch zu einem Mürbeteig verkneten, in Folie wickeln und 1 Stunde kühl ruhen lassen.

2. Den Teig auf einer bemehlten Arbeitsfläche etwa 4 mm dick ausrollen und die Form damit auslegen. Den Boden mit einer Gabel mehrmals einstechen. Mit Backpapier auslegen, Hülsenfrüchte einfüllen und den Teigboden bei 200 °C im vorgeheizten Ofen etwa 15 Minuten blindbacken. Backpapier samt Hülsenfrüchte entfernen und den Boden auskühlen lassen.

3. Kartoffeln waschen, in Salzwasser mit Kümmel 15 bis 20 Minuten kochen, bis sie fast gar sind. Pellen und die Kartoffeln in 4 mm dicke Scheiben schneiden. Den Schinken 1/2 cm groß würfeln. Die Zwiebel schälen und fein hacken. Lauch putzen, waschen und in feine Ringe schneiden. Das Öl erhitzen und die Zwiebel darin farblos anschwitzen, Lauch und Schinken 2 bis 3 Minuten mitschwitzen. Petersilie einstreuen, salzen, pfeffern und die Mischung etwas auskühlen lassen. 2/3 davon auf dem Boden verteilen. Kreisförmig und leicht überlappend mit Kartoffelscheiben belegen und den Rest der Füllung darauf verteilen.

4. Für den Guss die Eier mit Sahne und Crème fraîche verquirlen. Knoblauch schälen und dazupressen, salzen und pfeffern. Den Guss über die Füllung gießen und die Quiche bei 180 °C im vorgeheizten Ofen etwa 45 Minuten backen. Die kleineren Torteletts sind in 25 bis 30 Minuten fertig.

Üppig belegt — Ob Tortelett oder Quiche, beides schmeckt entweder solo oder auch in Kombination mit einem bunten Salat.

---

a **In das gesiebte Mehl** eine Mulde drücken und die Butterwürfel hineinlegen.

b **Mehl und Butter** mit den Händen rasch zu einer bröseligen Masse zerreiben.

c **Erneut eine Mulde** eindrücken und Salz, 3 bis 4 EL Wasser und das Ei zufügen.

d **Teigplatte** mit dem Wellholz aufwickeln und vorsichtig über der Form abrollen.

e **Den Rand** mit dem Teigrest andrücken, die überstehenden Ränder abschneiden.

Bunt belegte Pizzen
frisch aus dem Ofen

a | **Aus dem Teig** zwei Rollen formen. Mit einer Palette Portionen abschneiden.

b | **Jede Portion** mit der Handfläche zu einer Kugel rollen, noch etwas gehen lassen.

c | **Teigkugeln** auf der bemehlten Arbeitsfläche zu kleinen Fladen (10 cm Ø) ausrollen.

d | **Fladen** auf ein Blech legen. Mit dem Daumen rundherum einen Rand eindrücken.

e | **Teigböden** mehrmals mit einer Gabel einstechen und nach Belieben belegen.

Beim Pizzabelegen ist Improvisieren erlaubt! Mit etwas Fantasie lassen sich interessante Varianten – wie hier die Minipizzen – backen.

Pizza mit Sardinen und Zwiebeln

Für den Teig:
330 g Weizenmehl Type 550, 20 g frische Hefe
1/2 EL Zucker, 200 ml lauwarmes Wasser
2 EL Olivenöl, 1 TL Salz
Für den Belag:
350 g Sardinen, 100 g Zwiebeln
2 Knoblauchzehen, 100 g rote Paprikaschote
grobes Meersalz, frisch gemahlener Pfeffer
1 EL gehackte Petersilie
1 EL Olivenöl
Außerdem:
Öl für das Blech

1. Mehl in eine Schüssel sieben und in die Mitte eine Mulde drücken. Die Hefe hineinbröckeln, Zucker zufügen und mit wenig Wasser auflösen, dabei etwas Mehl vom Rand untermischen. Ansatz mit Mehl bestauben und zugedeckt etwa 15 Minuten an einem warmen zugfreien Ort gehen lassen. Restliches Wasser, Öl und Salz zum Vorteig geben und alles zu einem geschmeidigen Teig verkneten. Sollte er kleben, noch etwas Mehl unterkneten. Teig zu einer Kugel formen, mit Mehl bestauben und zugedeckt erneut 30 Minuten gehen lassen, bis er das Doppelte seines Volumens erreicht hat.

2. Sardinen filetieren. Dazu alle Flossen und Köpfe entfernen. Jede Sardine mit einem kleinen, scharfen Messer vorsichtig auf der Bauchseite aufschneiden und jeweils das Rückgrat (Mittelgräte) rechts und links mit dem Daumen freilegen. Die Gräte herausziehen, ohne das Filet zu verletzen. Beide zusammenhängenden Filets unter fließendem kaltem Wasser waschen und trockentupfen. Zwiebeln schälen, halbieren und in dünne Spalten scheiden. Knoblauch schälen, fein hacken. Paprikaschote von Scheidewänden und Samen befreien und das Fruchtfleisch in Ringe schneiden.

3. Den Teig durchkneten, auf einer bemehlten Arbeitsfläche zu einem Rechteck von ungefähr 25 x 40 cm ausrollen, auf ein geöltes Blech legen

Knusprig | Ganz ohne Tomatensauce kommt diese Pizzavariation aus. Sie bleibt dennoch saftig, da die Gemüseschicht und das darüber geträufelte Olivenöl für Feuchtigkeit sorgen.

und mehrmals mit der Gabel einstechen. Mit Paprika, Sardinen, Zwiebeln und Knoblauch belegen. Salz, Pfeffer und Petersilie darüber streuen und mit Olivenöl beträufeln. Die Pizza 30 Minuten gehen lassen und bei 200 °C im vorgeheizten Ofen 20 bis 25 Minuten backen. Sofort servieren.

Grundrezept für Mini-Pizzen

Für den Teig:

300 g Mehl, 20 g frische Hefe

1/8 l lauwarmes Wasser

2 EL Olivenöl, 1/2 TL Salz

Für die Tomatensauce:

70 g Zwiebel, 1 Knoblauchzehe

300 g reife Tomaten, 2 EL Olivenöl

1 EL Tomatenmark, 1/2 TL Salz

frisch gemahlener weißer Pfeffer

2 EL gemischte Kräuter, gehackt (etwa Petersilie, Basilikum, Rosmarin und Thymian)

1. Zunächst die Tomatensauce herstellen; sie wird für alle Minipizzen mit Ausnahme der Blutwurst-Variante benötigt. Zwiebel und Knoblauch schälen, beides klein würfeln. Die Tomaten blanchieren, kalt abschrecken, häuten, vierteln und die Samen entfernen. Das Fruchtfleisch 1/2 cm groß würfeln. Das Öl erhitzen und die Zwiebel- und Knoblauchwürfel darin anschwitzen. Tomatenwürfel zufügen und 10 Minuten mitdünsten. Das Tomatenmark einrühren, mit Salz und Pfeffer würzen und alles weitere 5 Minuten dünsten. Die Kräuter einstreuen und abschmecken.

2. Den Teig herstellen, wie im Rezept links beschrieben. Weiterarbeiten, wie in der Bildfolge links gezeigt *[siehe a bis e]*. Die belegten Minipizzen *[siehe Ideen für Belag, rechts]* im vorgeheizten Ofen bei 180 bis 200 °C 12 bis 15 Minuten nach Sicht backen. Frisch aus dem Ofen servieren.

Mit Sardellen: Tomatensauce auf den Minipizzen verteilen. Mit 80 g Auberginenscheiben, 120 g Zucchinischeiben, 60 g roten Paprikastreifen, 30 g weißen Zwiebelringen, 80 g fein geriebenem Gouda und 12 Sardellenfilets belegen.

Mit Garnelen: Tomatensauce auf den Minipizzen verteilen. Mit 24 geschälten Garnelenschwänzen mittlerer Größe, 1 TL fein gehacktem Knoblauch, 80 g geriebenem Fontina, 36 schwarzen Nizza-Oliven und 1 TL gehackten Thymianblättchen belegen.

Mit Mozzarella: Tomatensauce auf den Minipizzen verteilen. Mit 80 g Salamischeiben, je 50 g grünen und gelben Paprikawürfeln, 36 schwarzen Nizza-Oliven, 150 g Mozzarellascheiben sowie mit Basilikumblättchen belegen.

Mit Artischocken: Tomatensauce auf den Minipizzen verteilen. Mit 6 gekochten, geviertelten Artischockenherzen, 36 Nizza-Oliven, 100 g fein gewürfeltem Gorgonzola, 50 g fein geriebenem Gouda und 1 TL gehacktem Thymian belegen.

Mit Blutwurst: Je 1 EL Crème fraîche (insgesamt 120 g) auf den Pizzen verstreichen, 50 g feine Frühlingszwiebelringe darauf verteilen, je 2 Blutwurstscheiben (insgesamt 120 g) auflegen und alles mit 1 EL gehackter Petersilie bestreuen.

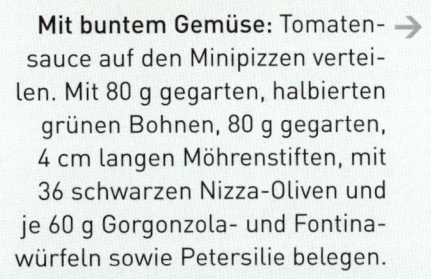

Mit buntem Gemüse: Tomatensauce auf den Minipizzen verteilen. Mit 80 g gegarten, halbierten grünen Bohnen, 80 g gegarten, 4 cm langen Möhrenstiften, mit 36 schwarzen Nizza-Oliven und je 60 g Gorgonzola- und Fontinawürfeln sowie Petersilie belegen.

Versteckter Genuss
Strudel & Lasagne

a | **Erbsenpüree** 5 cm breit aufstreichen und mit dem blanchierten Gemüse belegen.

b | **Das Tuch** an einer Seite so weit anheben, dass sich Teig und Füllung zu einer Rolle formen.

c | **Den Strudel** vollständig aufrollen, auf ein gefettetes Blech setzen, mit der restlichen Butter bestreichen.

1. Das Mehl für den Teig auf eine Arbeitsplatte sieben. Eine Vertiefung in die Mitte drücken, Salz und 2 EL Öl hinfüllen, mit der Hand leicht verrühren und nach und nach 80 ml Wasser angießen. Zu einem geschmeidigen glatten Teig verkneten und daraus eine Kugel formen. Oberfläche des Strudelteigs mit 1/2 EL Öl bepinseln und den Teig in Frischhaltefolie wickeln. Den Teig bei Zimmertemperatur 30 Minuten ruhen lassen.

2. Möhren, Kohlrabi und Sellerie für die Füllung schälen und in 1/2 cm dicke Stifte schneiden. Zuckerschoten und Bohnen putzen und unzerkleinert zusammen mit den Gemüsestiften in Salzwasser blanchieren, abschrecken.

3. Erbsen in Salzwasser weich kochen. Abtropfen lassen, pürieren und passieren. Eier, Mehl und Semmelbrösel untermischen. Das Erbsenpüree mit Salz, Pfeffer und Muskat würzen.

4. Ein großes Tuch ausbreiten und mit Mehl bestauben. Den Teig darauf so weit wie möglich ausrollen und über Handrücken hauchdünn ausziehen.

Vom leckeren Zusammenspiel von Teig und Gemüse leben diese beiden – Gemüsestrudel und Lasagne. In der vegetarischen Lasagne machen sich die grünen Nudelblätter besonders gut, sind aber nicht notwendig. Welche Sorte Mangold man verwendet – bleibt Geschmack und Angebot überlassen. Der rotstielige Schnittmangold ist ein Vorschlag. Genauso eignet sich weißstieliger Mangold oder auch Spinat.

Gemüsestrudel

Für den Strudelteig:

150 g Mehl, 1 Prise Salz

2 1/2 EL Maiskeimöl

Für die Füllung:

150 g Möhren, 200 g Kohlrabi

100 g Sellerieknolle

100 g Zuckerschoten

150 g grüne Bohnen

Salz, 750 g ausgepalte Erbsen

5 Eier

3 EL Mehl

50 g Semmelbrösel

frisch gemahlener Pfeffer

1 Prise frisch geriebener Muskat

60 g flüssige Butter

Außerdem:

Mehl zum Bestauben

Gemüsestrudel ist mit fünf verschiedenen Gemüsesorten gefüllt. Die Verbindung dazwischen schafft ein mit Muskat gewürztes Erbsenpüree. Sehr gut schmeckt dazu eine Paprika-, Fenchel- oder Tomatensauce.

5. Den Teig gleichmäßig mit der Hälfte der zerlassenen Butter bestreichen und füllen, wie in der Bildfolge *[siehe a bis c]* beschrieben. Strudel 35 bis 45 Minuten im vorgeheizten Ofen bei 190 °C nach Sicht hellbraun backen.

Lasagne mit Kohlrabi und Mangold

4 Kohlrabi (je etwa 250 g)
80 g Butter, Salz, gemahlener weißer Pfeffer
1 Prise frisch geriebene Muskatnuss
1 EL Mehl, 1/2 l Milch, 1/4 l Sahne
300 g Tomaten
500 g rotstieliger Schnittmangold
50 g Schalotten, 12 grüne Lasagneblätter
1 TL Sonnenblumenöl
200 g frisch geriebener Emmentaler
4 EL Crème fraîche, 1 Eigelb
Außerdem:
1 feuerfeste Form von 18 x 28 cm

1. Die Kohlrabi schälen und das holzige Ende abschneiden. Die Knollen in 2 mm dünne Scheiben schneiden. Die zarten grünen Blätter in feine Streifen schneiden. Kohlrabi und Blätter mit 30 g Butter anschwitzen, mit Salz, Pfeffer und Muskat würzen. Mit Mehl bestauben, Milch und Sahne zugießen und 10 Minuten köcheln. Kohlrabi in eine Schüssel umfüllen und abkühlen lassen.

2. Tomaten blanchieren, abschrecken und die Haut abziehen. Stielansätze und Samen entfernen und das Fruchtfleisch in Streifen schneiden.

3. Mangoldblätter von den Stielen trennen und die Mittelrippe herausschneiden. Die roten Stiele abschneiden, abziehen und in 2 cm breite Stücke schneiden. Die Schalotten schälen und fein schneiden. Schalotten in einer Pfanne mit 20 g Butter anschwitzen, Mangoldstiele mitschwitzen. Von der Herdplatte nehmen und zur Seite stellen.

4. Die Mangoldblätter in breite Streifen schneiden und blanchieren. Mangoldstiele und -blätter unter die Kohlrabi mischen.

5. Die Lasagneblätter in Salzwasser und Öl 5 Minuten kochen und abschrecken. Eine Lasagneform mit der restlichen Butter ausstreichen und mit einer Schicht Lasagneblätter auslegen.

6. Ein Drittel der abgekühlten Gemüsemischung darauf verteilen. Einige Tomatenstreifen und ein Drittel des Käses darauf verteilen. Das restliche Gemüse, Lasagneblätter und den Käse in dieser Reihenfolge abwechselnd einschichten.

7. Crème fraîche mit Eigelb verrühren und die obere Nudelschicht damit bestreichen. Die Form in den vorgeheizten Ofen schieben und 40 bis 45 Minuten bei 180 °C backen. Zum Servieren in rechteckige Stücke schneiden.

Locker & schnittfest
Terrine und Soufflé

Blumenkohl-Terrine

600 g Blumenkohl

je 350 ml Milch und Sahne

Salz, frisch gemahlener weißer Pfeffer

1 Messerspitze frisch geriebene Muskatnuss

4 Eier, 1 Eigelb

150 g Brokkoliröschen, 400 g Möhren

Außerdem:

Kastenform (1 l Inhalt), Butter für die Form

1. Blumenkohl putzen, waschen und in Röschen teilen, die Stiele anderweitig verwenden. Blumenkohlröschen in Milch und Sahne 8 Minuten köcheln. Zwei Drittel der Röschen herausnehmen.

2. Das restliche Drittel weich garen, samt der Flüssigkeit pürieren und mit Salz, Pfeffer und Muskat würzen. Die Masse passieren und die Eier sowie das Eigelb einrühren; sie sorgen dafür, dass die Masse schnittfest wird.

3. Brokkoli waschen, Möhren schälen und längs in 2 mm dicke Scheiben schneiden. Brokkoli und Möhren getrennt in Salzwasser blanchieren, kalt abschrecken und gut abtropfen lassen.

4. Die Form so mit Alufolie auslegen, dass diese 5 cm über den Rand hinausreicht und mit Butter ausstreichen. Die Form mit Möhrenstreifen auslegen, sie sollen sich etwas überlappen. Blumenkohl- und Brokkoliröschen einlegen, mit der Blumenkohl-Masse bedecken. Die Möhrenstreifen darüber klappen und die Alufolie darüber schlagen.

5. Die Form in ein Wasserbad setzen und die Terrine im vorgeheizten Ofen bei 180 °C 40 bis 45 Minuten garen. Mit einem Stäbchen prüfen, ob die Masse fest ist. Die Terrine aus Form und Folie lösen, in Scheiben schneiden und servieren. Dazu passt gut eine gelbe Paprikasauce.

Käsesoufflé-Roulade

30 g Butter, 30 g Mehl, 1/4 l Milch, 5 Eier

Salz, weißer Pfeffer, 60 g geriebener Parmesan

Für die Zucchinifüllung:

700 g Zucchini, 100 g frische Champignons

80 g Zwiebeln, 1 Knoblauchzehe

30 g Butter, Salz, frisch gemahlener Pfeffer

1 EL Kräuter (Thymian, Petersilie), 1 Ei

Für die scharfe Tomatensauce:

400 g Tomaten, gehäutet, 40 g weiße Zwiebel

1 kleine grüne Chilischote, ohne Samen

1 EL Weißweinessig, 5 EL Olivenöl

Salz, 1 EL Basilikum, in Streifen

Außerdem:

Butter für die Form, 30 g zerlassene Butter

30 g frisch geriebener Parmesan zum Bestreuen

1. Die Butter zerlassen und das Mehl darin unter Rühren farblos anschwitzen. Die Milch unter ständigem Rühren zugießen, 15 Minuten köcheln lassen. In eine Schüssel umfüllen und die Sauce etwas abkühlen lassen. Die Eier trennen und die Eigelbe nacheinander unter die Sauce rühren. Salzen, pfeffern und den Parmesan einrühren. Die Eiweiße mit etwas Salz zu steifem Schnee schlagen und locker unter die Masse heben. Ein Backblech von 40 x 30 cm Größe mit Dauerbackfolie belegen und die Soufflémasse darauf verstreichen. Bei 180 °C im vorgeheizten Ofen 15 Minuten backen, herausnehmen. Die Souffléplatte auf Pergamentpapier stürzen und die Backfolie vorsichtig abziehen.

2. Für die Füllung die Zucchini 1/2 cm groß würfeln. Champignons putzen und fein hacken. Zwiebeln und Knoblauch schälen, fein würfeln und beides in Butter hell anschwitzen. Zucchini und Champignons mitschwitzen, würzen und die gehackten Kräuter einrühren. Alles 10 Minuten dünsten, bis die Flüssigkeit fast verdampft ist. Abkühlen lassen und das Ei unterrühren.

3. Eine feuerfeste Form mit Butter ausfetten. Die Füllung auf der gebackenen Souffléplatte verteilen, dabei an den langen Seiten jeweils einen 2 cm breiten Streifen frei lassen und von der langen Seite aus aufrollen und gleichzeitig das Pergamentpapier vorsichtig abziehen. Die Soufflé-Roulade in die Auflaufform legen, mit zerlassener Butter beträufeln und mit Parmesan bestreuen.

4. Die Roulade bei 180 °C im vorgeheizten Ofen 15 Minuten backen. Inzwischen Tomaten für die Sauce von Stielansatz und Samen befreien, das Fruchtfleisch fein würfeln. Zwiebel schälen und fein hacken. Chilischote in feine Ringe schneiden. Alles mit Essig, Öl, Salz und Basilikum vermischen. Die fertig gebackene Roulade in Scheiben schneiden und mit der Sauce anrichten.

Mangold-Soufflé

Für die Soufflémasse:

80 g Butter, 30 g Mehl, 1/4 l Milch

40 ml Sahne, Salz, gemahlener weißer Pfeffer

frisch geriebene Muskatnuss

400 g Mangoldblätter, 40 g Schalotten

1/2 Knoblauchzehe, 5 Eigelbe

2 EL Basilikumblätter, in Streifen geschnitten

50 g frisch geriebener Bergkäse, 5 Eiweiße

Außerdem:

2 Souffléformen von je 1/2 l Inhalt

zerlassene Butter und Mehl für die Formen

1. 60 g Butter zerlassen, Mehl darin 2 Minuten farblos anschwitzen und nach und nach die Milch mit dem Schneebesen einrühren. 15 Minuten köcheln und weiterarbeiten, wie rechts gezeigt [siehe a]. Die Sauce etwas abkühlen lassen.

2. Inzwischen den Mangold waschen, in kochendem Salzwasser 3 Minuten blanchieren und in Eiswasser abschrecken. Blätter gut ausdrücken und fein pürieren. Schalotten und Knoblauch schälen, fein hacken und in der restlichen Butter anschwitzen. Mangold kurz mitschwitzen. Etwas abkühlen lassen und weiterverfahren, wie beschrieben [siehe b und c]. Geriebenen Käse unterrühren.

3. Die Formen mit der zerlassenen, fast kalten Butter fetten, mit Mehl ausstauben und weiter vorgehen, wie beschrieben [siehe d]. Die Masse bis 1 cm unter den Rand in die Formen einfüllen und die Soufflés bei 190 °C im vorgeheizten Ofen etwa 40 Minuten backen [siehe e]. Sofort servieren.

a Die Sahne unterrühren, die Sauce aufkochen. Mit Salz, Pfeffer und Muskat würzen.

b Die Eigelbe nacheinander in die inzwischen abgekühlte Sauce einarbeiten.

c Basilikum und den leicht abgekühlten Mangold in die Sauce einrühren.

d Die Eiweiße zu Schnee schlagen und unter die Soufflémasse heben.

e Das Mangoldsoufflé ist fertig, wenn es goldgelb und aufgegangen ist.

Gemüse überbacken
Leckere Gratins

Eine köstliche, leicht gebräunte Oberfläche haben sie alle – und doch ist Gratin nicht gleich Gratin. Das Gemüse im 1. Rezept wird nämlich, wie auch der Spargel, separat gegart, mit einer Sauce übergossen und dann nur noch kurz unter dem heißen Grill »geflämmt«. Anders dagegen beim Kartoffel-Gratin: Hier schichtet man die Scheiben roh in die Form ein und gart das Gratin dann, zusammen mit Milch, Sahne und Käse, etwa 1 knappe Stunde im Ofen.

Gemüse-Gratin

| 200 g kleine neue Kartoffeln |
| 1 Prise Kümmel, Salz |
| 100 g Frühlingszwiebeln |
| je 200 g junge Möhren mit Kraut, grüner Spargel und Brokkoli |
| 300 g Blumenkohl, 250 g Kohlrabi |
| 20 g Butter, etwas Zucker |
| 1/8 l Gemüsefond |
| 1/4 l Sauce Hollandaise |

1. Kartoffeln waschen und mit Kümmel in Salzwasser gar kochen. Inzwischen alle anderen Gemüse waschen und putzen oder schälen. Frühlingszwiebeln und Spargel einmal quer halbieren, Brokkoli und Blumenkohl in Röschen teilen. Die Kohlrabi in mundgerechte Stücke schneiden.

2. Die Kartoffeln schälen und warm halten. Die Butter in einem Topf zerlassen, mit Salz und Zucker würzen und die blanchierten, gut abgetropften Gemüsestücke darin anschwitzen. Den Fond angießen und die Gemüse glasieren.

3. Kartoffeln mit dem Gemüse dekorativ in tiefen Tellern anrichten, mit Sauce Hollandaise überziehen und unter dem vorgeheizten Grill oder bei starker Oberhitze leicht bräunen. Herausnehmen und das Gemüse-Gratin sofort servieren.

Kartoffel-Gratin

| 1 kg vorwiegend fest kochende Kartoffeln |
| 1/2 Knoblauchzehe, 20 g Butter, Salz |
| frisch gemahlener weißer Pfeffer |
| 1 Prise frisch geriebene Muskatnuss |
| 100 g frisch geriebener Emmentaler |
| 1/2 l Milch, 1/4 l Sahne |

→ **Für Kartoffelgratin** gibt es die unterschiedlichsten Rezepte. Als köstliches Gericht der Alltagsküche wurde das Grundrezept immer weiter – je nach Saison und Vorräten – verändert. So überzeugt etwa der »gratin dauphinois« auch ohne Käse und nur mit Milch übergossen; dafür kommen dann Butterflöckchen und ordentlich Knoblauch mit in die Form. Oder auch Kräuter wie Thymian oder Rosmarin, sie passen gut zu Kartoffeln. Wer will, kann auch ein paar Speckwürfel dazwischen streuen oder ein paar getrocknete Pilze untermischen.

1. Kartoffeln schälen und in dünne Scheiben hobeln. Eine Form mit Knoblauch und 10 g Butter ausreiben. Die Kartoffeln einschichten *[siehe a]*.

2. Kartoffelscheiben mit Milch und Sahne übergießen, sie sollen knapp bedeckt und der Abstand zum Rand ausreichend groß sein, das Gemisch kocht leicht über. Restliche Butter in Flöckchen darauf verteilen und das Gratin backen *[siehe b]*.

a | **Die Kartoffelscheiben** dachziegelartig überlappend in die vorbereitete Form schichten. Jede Lage sparsam salzen und pfeffern. Zuletzt alles mit Muskat würzen und den Käse darüber streuen.

b | **Das Kartoffelgratin** bei 180 °C im vorgeheizten Ofen 50 bis 60 Minuten backen. Herausnehmen und servieren. Es kann eine Beilage sein, schmeckt aber auch »nur« mit einem Salat ausgezeichnet.

Fenchel-Gratin

4 Fenchelknollen (je 300 g), Salz

10 g Mehl, 40 g Butter, 1/4 l Milch, 1/4 l Sahne

200 g Tomatenfruchtfleisch, in Streifen

frisch gemahlener weißer Pfeffer

1. Fenchel putzen, Grün beiseite legen. Knollen halbieren, vom Strunk befreien, in Salzwasser 3 bis 4 Minuten blanchieren, abschrecken und abtropfen lassen. Mehl in 20 g Butter 2 Minuten anschwitzen; Milch, Sahne zugießen. 10 Minuten unter Rühren köcheln. Weiterarbeiten, wie beschrieben *[siehe c]*.

2. Das Gemüse salzen, pfeffern und weiterverfahren, wie im 2. Step rechts gezeigt *[siehe d]*.

c | **Eine feuerfeste Form** mit der restlichen Butter ausstreichen. Den in Scheiben geschnittenen Fenchel abwechselnd mit den Tomatenstreifen einschichten und mit Fenchelgrün bestreuen.

d | **Das Fenchel-Gratin** mit der passierten und mit Salz sowie Pfeffer gewürzten Sauce übergießen und bei 180 °C im vorgeheizten Ofen in 35 bis 40 Minuten hell überbacken. Gut zu Kartoffeln oder Reis.

Gratinierter Spargel

1 kg weißer Spargel, 1 Schalotte, 35 g Butter

50 ml Weißwein, 1/4 l Milch, 100 ml Sahne

Salz, Zucker, 1/4 unbehandelte Zitrone

200 g küchenfertige Garnelen, 2 Eigelbe

2 EL geschlagene Sahne, Kerbelblättchen

1. Spargel schälen, Enden großzügig abschneiden. Gewürfelte Schalotte in 15 g Butter anschwitzen, die Spargelenden mitgaren, mit Wein ablöschen. Milch und Sahne zugießen, Spargelenden weich garen und durch ein Sieb passieren. Die Spargelstangen garen *[siehe e]*.

2. Eigelbe und Sahne vermischen, unter die Sauce rühren und legieren, wie beschrieben *[siehe f]*.

e | **Spargelstangen in Salzwasser** mit 1 Prise Zucker, der restlichen Butter sowie dem Zitronenviertel knapp garen. Herausheben, gut abtropfen lassen und den Spargel mit den Garnelen anrichten.

f | **Sauce unter ständigem Schlagen** mit dem Schneebesen erhitzen, bis sie von cremiger Konsistenz ist. Spargel und Garnelen mit der Sauce nappieren, unter dem Grill bräunen und mit Kerbel garnieren.

Gemüse-Kartoffel

FÜR 6 PORTIONEN

7 mehlig kochende Kartoffeln (je 180 g)

je 1 rote, grüne und gelbe Parikaschote

200 g Tomaten, 1 Ei

1 Prise geriebene Muskatnuss

Salz, frisch gemahlener Pfeffer

50 g frisch geriebener Emmentaler

Außerdem:

Alufolie für die Kartoffeln

Thymianblättchen zum Garnieren

1. Die Kartoffeln waschen, in Alufolie wickeln und im vorgeheizten Ofen bei 180 °C etwa 40 Minuten backen.

2. Inzwischen die Paprikaschoten mit dem Kartoffelschäler abschälen, von Samen und Scheidewänden befreien und das Fruchtfleisch fein würfeln.

3. Die Tomaten einschneiden, überbrühen und die Haut abziehen. Stielansatz und Samen entfernen und das Fruchtfleisch würfeln.

4. Kartoffen aus der Folie wickeln. 6 davon so aushöhlen, dass nur ein schmaler Rand stehen bleibt. Das ausgelöste Innere zerdrücken und passieren. Die 7. Kartoffel würfeln. Das Ei trennen und die Kartoffel- und Gemüsewürfel mit der passierten Kartoffel, Eigelb und Gewürzen vermischen.

5. Eiweiß zu Schnee schlagen, unter die Masse heben und diese in die ausgehöhlten Kartoffeln füllen. Kartoffeln mit dem Käse und Thymianblättchen bestreuen. Im vorgeheizten Ofen bei 200 °C etwa 10 Minuten hell überbacken und servieren.

Kaviar-Kartoffel

FÜR 6 PORTIONEN

6 mehlig kochende Kartoffeln (je 200 g)

6 EL Crème fraîche

150 g Osietra-Kaviar

Außerdem:

Alufolie für die Kartoffeln

1. Kartoffeln waschen und in Alufolie wickeln. Im vorgeheizten Ofen bei 180 °C etwa 40 Minuten backen. Mit dem Messer hineinstechen, um zu prüfen, ob die Kartoffeln weich sind.

2. Die fertigen Kartoffeln aus der Folie wickeln und die Haut an der Oberseite kreuzweise einschneiden. Die Kartoffeln an den Seiten leicht zusammendrücken, so dass sie sich öffnen.

3. Jede Folien-Kartoffel mit einem EL Crème fraîche und 25 g Osietra-Kaviar anrichten.

4. Natürlich kann man statt Osietra-Kaviar auch andere Kaviarsorten verwenden – etwa den orangefarbenen Keta-Kaviar. Dann empfiehlt es sich, fein geschnittenen Schnittlauch, Salz und Pfeffer in die Crème fraîche mit einzurühren.

Trüffel-Kartoffel

FÜR 6 PORTIONEN

8 mehlig kochende Kartoffeln (je 200 g)

grobes Salz

2 EL Sahne, 2 Eigelbe

30 g Butter

50 g frisch geriebener Parmesan

25 g fein gewürfelte Trüffel

Salz, frisch gemahlener Pfeffer

Außerdem:

Butterflöckchen zum Belegen

1. Die Kartoffeln sorgfältig waschen, trocknen und auf ein Blech setzen, das mit einer 1/2 bis 1 cm dicken Salzschicht bedeckt ist. Die vorbereiteten Kartoffeln im vorgeheizten Ofen bei 180 °C 40 Minuten backen.

2. Von 6 Kartoffeln einen Deckel abschneiden und die Kartoffeln so aushöhlen, dass jeweils ein 3 mm dicker Rand stehen bleibt.

3. Das ausgelöste Innere der Kartoffeln zusammen mit den beiden anderen geschälten Kartoffeln durch ein Sieb streichen und die Kartoffelmasse mit Sahne, Eigelben, Butter, Parmesan und Trüffelwürfeln vermengen.

4. Mit Salz und Pfeffer würzen. Die Kartoffelmasse in einen Spritzbeutel mit Sterntülle füllen und in die ausgehöhlten Kartoffeln spritzen. Mit Butterflöckchen belegen. Bei 180 °C im vorgeheizten Ofen 10 Minuten backen.

Im Ofen gebacken
Kartoffeln & Knoblauch

Rotwein-Knoblauch

FÜR 6 PORTIONEN

6 junge Knoblauchknollen (je 60 g)

1/2 l kräftiger Rotwein

2 Zweige Rosmarin

2 Zweige Thymian, Salz

1. Die Knoblauchknollen in eine feuerfeste Form setzen – sie muss nicht nur die Ofenhitze, sondern auch die Hitze der Herdplatte aushalten. Den Rotwein zugießen, die frischen Kräuter einlegen. Die Form auf den Herd stellen und den Rotwein kurz aufkochen lassen.

2. Die Form mit dem Knoblauch in den vorgeheizten Ofen schieben und bei 180 °C etwa 30 Minuten backen. Die Knollen auseinander brechen und einzelne Zehen ablösen. Das weiche Fruchtfleisch herausdrücken und mit etwas Salz entweder direkt aus der Schale essen oder zu Kurzgebratenem, gegrilltem Fleisch oder Fisch oder auch einfach zu frischem Weißbrot servieren.

Gebackene Zwiebeln

FÜR 6 PORTIONEN

6 mittelgroße makellose Zwiebeln

Salz, frisch gemahlener Pfeffer

1 Stück Butter

1. Die Zwiebeln mit der Schale in eine Form setzen. So viel Wasser zugießen, dass sie zur Hälfte bedeckt sind. Weiter vorgehen, wie in den beiden Steps unten gezeigt *[siehe a und b]*.

2. Die gebackenen Zwiebeln schmecken direkt aus dem Ofen hervorragend zu frisch getoastetem Mischbrot, als Vorspeise oder auch als Beilage zu rustikalen Grillgerichten.

Der Knoblauch in Rotwein entwickelt – wie auch andere Knollen in der Schale – im Ofen gegart einen besonderen Geschmack. Denn von der eigenen Schale geschützt kann weder Aroma noch Feuchtigkeit entweichen. Das Ergebnis: wunderbarer Eigengeschmack, der perfekt mit den Kräutern und dem Rotwein harmoniert.

a | **Die Zwiebeln** mit Schale im vorgeheizten Ofen 1 bis 1 1/2 Stunden bei 180 °C backen, bis sie weich sind.

b | **Die Schale** ablösen und das weiche Fruchtfleisch mit Salz, Pfeffer und einem Stück Butter servieren.

Glossar

ABSCHRECKEN: Speisen mit kaltem Wasser übergießen oder darin eintauchen, um ein Kleben zu verhindern (Reis, Nudeln), damit sich Eier besser schälen lassen oder der Garprozess gestoppt wird (etwa bei Gemüse).

ABZIEHEN: Binden von Saucen und Suppen.

ANSCHWITZEN: Kochgut (gehackte Zwiebeln, kleingeschnittenes Gemüse oder Ähnliches) in Fett bei geringer Hitze garen, meist ohne es dabei zu bräunen.

ASPIK: Bezeichnung für ein Gericht aus Gelee (Grundlage ist Gelatine) mit Gemüse, Fisch oder Fleisch.

(AUF)MONTIEREN: mit kalter Butter mixen, um eine Bindung bei Suppen und Saucen herzustellen.

AUFMIXEN: feines Pürieren, wodurch eine Emulsion und lockere Konsistenz entsteht.

AUFSCHÄUMEN: kurzes Aufmixen zur Schaum- und Volumenbildung; auch zutreffend für Butter im Sinne von Erhitzen, ohne dass die Butter allzu stark Farbe nimmt.

AUSBACKEN: in reichlich heißem Fett goldgelb ausbacken.

AUSLASSEN: Speck anbraten, bis das Fett ausgetreten und der Speck goldbraun ist.

BÉCHAMELSAUCE: weiße Grundrahmsauce, im Grunde eine weiße Mehlschwitze, die mit Milch und Sahne abgelöscht wird.

BLANCHIEREN: rohes Kochgut kurz mit kochendem Wasser übergießen oder in dieses hineintauchen – entweder um die Farbe zu erhalten (Gemüse), um Verunreinigungen zu entfernen (Fleisch, Innereien), um leichter schälen zu können (Tomaten, Mandeln), um vorzugaren (Pommes frites) oder auch zur Vorbereitung für das Tiefkühlen (Gemüse).

BOUQUET GARNI: Würz- oder Kräutersträußchen aus verschiedenen Kräutern, Gemüsen und Gewürzen zur Verfeinerung von Brühen, Fonds und Saucen.

BRAISIEREN: siehe Schmoren.

BRATEN: Garmethode, bei der Gemüse, Eier, Fleisch oder Fisch unter Zugabe von Fett in einer Pfanne, im Backofen oder auf dem Grill gegart werden und dabei meist etwas bräunen.

BRUNOISE: fein gewürfeltes (Wurzel-)Gemüse (Möhren, Lauch, Sellerie, Zwiebeln), kurz angeschwitzt als Garnitur oder auch als Basis von Saucen und Schmorgerichten.

COURT-BOUILLON: Sud aus aromatischen Gemüsen und Kräutern, häufig mit Essig oder Wein versetzt, zum Ansetzen von weißem Fleisch, aber auch Meeresfrüchten oder Fisch.

BUNTMESSER: mit Riefen versehenes Garniermesser.

CHIFFONADE: feine Streifen von Salatblättern oder auch von Kräutern, beispielsweise von Sauerampferblättern.

CONFIT: Eingemachtes, etwa Gemüse, aber auch Fleisch oder Geflügel (etwa Gänse-Confit).

DÄMPFEN: auf einem Dämpfeinsatz (Sieb oder Gitter) im zugedeckten Kochgeschirr garen, ohne dass die Speisen direkt mit der Flüssigkeit in Berührung kommen; sehr schonende Garmethode, Nährstoffe und Vitamine bleiben weitgehend erhalten.

DÜNSTEN: Garen in geschlossenem Topf mit wenig Flüssigkeit bei etwa 100 °C, meist unter Zugabe von etwas Fett. Die Flüssigkeit kann zugesetzt sein oder aus dem Gargut kommen.

ENTFETTEN: gegarte Speisen von überschüssigem Fett befreien. Erstarrtes Fett von der Oberfläche erkalteter Brühen abheben, flüssiges Fett, etwa von heißen Suppen, mit einer flachen Kelle abschöpfen.

ESSENZ: stark eingekochte Brühe oder Fond aus Gemüse, Fleisch, Fisch, Wild oder Geflügel.

ETAMINE: Leintuch zum Passieren von Saucen und Suppen.

FARCE: fein gehackte Masse. Sie kann aus Fleisch, Fisch, Gemüsen, Brotwürfeln, Eiern, Gewürzen, Kräutern, Milch und Zwiebeln bestehen; dient oft als Füllung für Fleisch oder Teigwaren, für Pasteten, Terrinen oder Klößchen.

FOND: entfettete Grundbrühe aus lange gekochten Fleischabschnitten, Knochen, Gemüsen, Kräutern. Fonds bilden eine gute Grundlage für Suppen und Saucen.

So dünn | schneiden lassen sich Zwiebeln oder anderes Gemüse nur mit wirklich scharfen Messern. Sie sind daher für die Gemüseküche ein Muss.

FRITTIEREN: Fleisch-, Fisch-, Geflügel- oder Gemüsestücke in heißem Fett (140 bis 190 °C; häufig bei 180 °C) im Einsatz eines Frittiergeschirrs goldbraun ausbacken.

GLACE: sirupartig reduzierte Brühe von Kalb, Geflügel, Wild oder Fisch, zum Verfeinern von Suppen und Saucen.

GLACIEREN: Überglänzen von Speisen mit Guss, Fond, Butter, Gelee, Zucker oder einer Glace.

GRATINIEREN: ein Gericht bei starker Oberhitze überbacken, bis eine goldbraune Kruste entstanden ist.

HOLLANDAISE: aufgeschlagene Buttersauce, die die Basis für zahlreiche weitere Varianten ist.

JULIENNE: in feinste Streifen geschnittenes Gemüse, Schinken, Geflügel etc. als Einlage für Suppen und Saucen oder als Beilage zu Fleisch- und Fischgerichten.

JUS: geschmacksintensives Konzentrat, das beim Reduzieren von Fonds entsteht. Geliert beim Erkalten.

KLÄREN: aus Suppen, Säften, Gelees usw. alle Trübstoffe entfernen. Mit Hilfe von Hühnereiweiß, feingehacktem Fleisch oder Fisch werden die Trübstoffe gebunden und entfernt.

LEGIEREN: eine sämige Konsistenz von Suppen, Saucen oder Cremes erzielen durch das Einrühren von Bindemitteln wie angerührter Speisestärke, Mehlbutter, Sahne, Crème fraîche, Butter oder Eigelb.

LIASON: Binden von Suppen und Saucen, indem mit Sahne verquirltes Eigelb untergerührt wird.

MANDOLINE: Profi-Küchenhobel aus Edelstahl; zum Schneiden von Gemüse in Scheiben, Julienne und Waffelkartoffeln.

MARINADE: mit Kräutern und Gewürzen versehene Flüssigkeit zum Würzen, Haltbarmachen und Mürbewerden von Fleisch und Fisch. Auch Salatsaucen werden als Marinaden bezeichnet.

MARINIEREN: in (meist saure) Marinade einlegen.

MEHLBUTTER: Mehl und Butter (zu gleichen Teilen) gemischt, zum Binden von Suppen und Saucen. Lässt sich gut einfrieren und portionsweise entnehmen.

MIREPOIX: Röstgemüse zum Würzen von Suppen und Saucen. Klein geschnittenes Wurzelgemüse (zum Beispiel Möhren, Sellerie und Petersilienwurzel) sowie Lauch und Zwiebeln, eventuell magerer durchwachsener Speck, mit Kräutern und Lorbeer leicht angeröstet.

MOUSSE: feine Schaumspeise aus farciertem Fisch, Fleisch, Geflügel, Gemüse oder aus Früchten, Schokolade und Sahne.

NAPPIEREN: ein Gericht mit Sauce überziehen.

PASSIEREN: Flüssigkeit mit Zutaten durch ein Sieb seihen, so dass nur die Flüssigkeit übrig bleibt. Um noch feinere Ergebnisse zu erzielen, kann man das Sieb mit einem Tuch auslegen. Passieren kann aber auch heißen, eine Masse durch ein Tuch oder ein Sieb zu streichen.

PLATTIEREN: eine Scheibe Fleisch mit dem Plattiereisen (am besten zwischen Folie) oder dem Beil flachklopfen.

POCHIEREN: schonende Garmethode in viel Flüssigkeit knapp unterhalb des Siedepunktes. Bevorzugt angewendet bei Fisch, Klößen und Eiern.

POELIEREN: eine Garmethode, besonders für zarte Fleischstücke geeignet, bei der das Fleisch auf einem Gemüsebett im geschlossenen Kochgeschirr im Ofen schonend gedünstet wird.

QUICHE: mit Royal gebackener Kuchen, wie etwa der Lothringer Speckkuchen.

REDUZIEREN: Bratensaft, Brühe, Fond einkochen lassen, um ein im Geschmack intensives Konzentrat zu erhalten.

RISOTTO: in Butter oder Olivenöl angeschwitzter Rundkornreis, mit Brühe oder Weißwein abgelöscht und gegart. Mit Butter und geriebenem Parmesan vermischt und serviert.

ROUX: Mehlschwitze, Einbrenne. Grundlage für gebundene Suppen oder Saucen.

ROYAL: Eiermilch, etwa zum Gratinieren von Gemüse.

SAUTIEREN: klein geschnittenes Fleisch, Geflügel oder Gemüse kurz bei starker Hitze in der offenen Pfanne garen.

SCHMOREN: Fleisch, Geflügel, Wild im geschlossenen Geschirr bei gleichmäßiger Hitze, oft unter Zugabe von Mirepoix, bräunen, dann im Ofen im Schmorfond fertig garen.

SIMMERN: kurz unter dem Siedepunkt halten.

STIR-FRYING: Gartechnik der asiatischen Küche. Kleine Stücke von Fleisch, Fisch, Gemüse unter ständigem Rühren rasch in sehr heißem Fett braten.

TRANCHIEREN: zum Anrichten in Scheiben schneiden.

TOURNIEREN: Gemüse, etwa Kartoffeln, Zucchini oder Möhren, durch Zuschneiden in eine einheitliche Größe und dekorative Form bringen, ermöglicht zudem präzise Garzeiten.

VELOUTÉ: weiße Grundsauce.

ZISELIEREN: Gemüse oder Zitrusfrüchte mit dem Ziseliermesser oder einem kleinen Messer einkerben.

A

Abelmoschus esculentus 102
Acacia pennata var. *insuavis* 89
Ackersalat 131
Adlerfarn 109
Adretta 120
Adzukibohnen 87
Adzukibohnen keimen 142
Afrikanische Horngurke 62
Ägyptische Zwiebel 95
Aizoaceae 20
Alfalfasamen keimen 142
Algen 132, 133
Algengemüse,
  Rotbarbenfilets auf 184
Algen-Pilaw 185
Algensalat mit Glasnudeln 184
Algerische Tomatensuppe 173
Allium cepa 94, 96
Allium fistulosum 90
Allium porrum var. *porrum* 90
Allium porrum var. *sectivum* 96
Allium sativum var. *sativum* 93
Allium schoenoprasum 92
Allium tuberosum 92
Allium ursinum 93
Allium x *proliferum* 95
Alpinia galanga 131
Amarant 20
Amaranthaceae 20
Amaranthus dubius 20
Amerikanische Kermesbeere 107
Anacardiaceae 22
Apfel, Rotkohl mit 199
Apfel, Rotkohlsalat mit 156
Apiaceae 126
Apium graveolens 128
Appaloosa-Bohnen 87
Araceae 20
Arame 133
Arctium lappa var. *edule* 41
Artischockenböden auslösen 40
Armoracia rusticana 56
Aronstabgewächse 20
Arracacha 126, 127
Arracacia xanthorrhiza 127
Artischocke 38
Artischocke mit Kürbissauce 181
Artischocken im Ganzen kochen 40
Artischocken mit
  Muschelfüllung 203
Artischocken mit
  Ricottafüllung 202
Artischocken, eingelegt 160
Artischocken, Pizza mit 225
Artischocken-Bohnen-Salat 157
Artocarpus communis 103
Artocarpus heterophyllus 103
Asiatischer Yam 73
Asparagus officinalis 98
Aster tripolium 26
Atriplex hortensis 23
Aubergine 114 - 116
Auberginen, frittiert 219
Auberginen, gebratene 212
Augenbohne 85, 86
Aula 119
Avocado 78
Avocado-Dip 152
Avocadosalat mit Joghurt-Sauce 157

B

Babaco 22
Baby-Mais mit Tomaten 169
Bacon 79
Bagna caôda 147
Balsambirne 61
Bamberger Hörnle 117
Bambus 76, 77
Bambusa arundinadea 77
Bambusa vulgaris 77
Bananengewächse 105
Barba di frate 107
Barbarakraut 56
Barbarea vulgaris 56
Bärlauch 93
Bärlauch-Pesto 147
Baronesse 120
Basella alba 22
Basellaceae 22
Bataten 45
Batavia-Salat 28, 29
Baummelone 22
Baumtomaten-Dip 219
Bayrisch Kraut 199
Bengalpfeffer 109
Beninkasa hispida 62
Berglinsen 142
Berglinsen mit Möhren 196
Bergspinat 24
Berner Rösti 216
Beta vulgaris 23, 24
Bierteig, knackiges Gemüse in 219
Big Max 68
Bintje 118
Bird green 113
Bischofsmütze 69
Bittergurke 61
Blattmangold 24
Blattpetersilie 127
Blattsalat 30
Blattsenf 46
Blattspinat mit Knoblauch 169
Blattzichorie 33, 35
Blaue Bohne 84
Blauer Mais 74
Blaukraut 55
Bleichsellerie 128
Bleichspargel 98
Bleichzichorie 35, 36
Blumenkohl 50
Blumenkohl polnisch 169
Blumenkohlcurry 189
Blumenkohl-Terrine 228
Blumenkresse 126
Blutwurst, Pizza mit 225
Bobby-Bohnen 85
Bohnen kochen 84
Bohnen mediterran 188
Bohnen mit Pinzimonio 157
Bohnen-Artischocken-Salat 157
Bohneneintopf, provenzalisch 179
Bohnen-Linsen-Bällchen
  mit Dip 197
Bohnensalat mediterran 161
Borlotti-Bohnen
  mit Tagliatelle 196
Borlotto-Bohnen 85, 86
Boussingaultia cordifolia 22
Brassica oleracea 47, 49, 50, 52-55
Brassica alboglabra 49
Brassica chinensis 48, 49
Brassica juncea und *rapa* 46
Brassica napus 47
Brassica pekinensis 48
Brassica perviridis 49
Brassicaceae 45
Braune Berglinsen 87
Braune Bohne 86
Braunkohl 49
Bremer Scherkohl 47
Brennessel 130
Brokkoli 52, 53

Brotfrucht 102, 103
Brunnenkresse 56, 57
Brunnenkresse mit Himbeeren 154
Brüsseler Kohl 50, 52
Brüsseler Salat 36
Bundmöhren 129
Buntes Gemüse, Pizza mit 225
Buschbohne 84
Butterball 69
Butterblume 37
Butternusskürbis 69

C

Camus de Bretagne 38
Cannellini-Bohnen 86
Capiro 119
Capsicum annuum var. *annuum* 111
Cardy 42
Caricaceae 22
Carotinoide 14
Catalonga 34, 35
Catanese 39
Cavaillon 118
Cavolo nero 49
Ceylon-Spinat 22
Chaerophyllum bulbosum 127
Channa Dal 88
Cha-om 89
Cha-Plu 109
Charleston 113
Chayote 62, 63
Chayotefächer, in
  Wein geschmort 194
Chenopodiaceae 23
Chenopodium bonus-henricus 24
Chenopodium quinoa 24
Chicorée 36
Chicorée mit Tomatenwürfeln 194
Chicoréesalat und Kürbis-
  Vinaigrette 155
Chiffonade 139
Chile serrano 113
Chilisauce mit Frühlingsrollen 218
Chinakohl 48
China-Lauch 92
Chinesische Wasserkastanie 73
Chinesischer Yam 73
Chinesischer Brokkoli 49
Chinesischer Rettich 59, 60
Chinesischer Salat 30, 31
Chinesischer Squash 62
Chinesisches Gemüse 189
Chioggia 23
Choisum 49
Christa 118
Chrysanthemum coronarium 26
Chufa 72
Chugauas 119
Cicer arietinum 88
Cichorium endivia 31, 32
Cichorium intybus 32, 33, 35, 36
Cicorino 34
Cima di rapa 45, 46
Cima di rapa 192
Cipollini 97
Coccinia grandis 62
Cochlearia officinalis 56
Cocktailtomate 124
Colocasia esculenta 20
Compositae 26
Conchita 124
Convolvulaceae 45
Cornichons 64, 65
Crambe maritima 56
Crêpe, süßsaures Gemüse mit 214
Crêpe-Teig 175
Criolla 120
Crispsalat 29

Cruciferae 45
Cucumis metuliferus 62
Cucumis sativus 64
Cucurbita ficifolia 66
Cucurbita maxima 66, 67
Cucurbita mixta 66
Cucurbita moschata 66, 68
Cucurbita pepo 66, 68-71
Cucurbitaceae 60
Curry, Möhrensuppe mit 173
Cyamopsis tetragonoloba 89
Cyclanthera pedata 63
Cynara cardunculus 42
Cynara scolymus 38
Cyperaceae 72
Cyperus esculentus 72

D

Daikon-Kresse 59, 60
Daikon-Rettich 60
Dänische Spargelkartoffel 120
Dashi 177
Daucus carota ssp. *sativus* 128
Dauphin-Kartoffeln 217
Deftige weiße Bohnen 197
Delikatessgurken 65
Désireé 118
Di Soncino 35
Diamant 120
Dicke Bohnen 84, 85, 87
Dioscoreaceae 73
Doldenblütler 126
Dolma 111
Drumsticks 102
Dudhi 60
Dulse 132, 133

E

Echte Perlzwiebel 96
Edranol 79
Eichblattsalat 30
Eichelkürbis 69
Eichlaubsalat 30
Eierfrucht 115
Eiertomate 125
Eingelegte Artischocken 160
Einlegegurken 64, 65
Eisbergsalat 28
Eisenia bicyclis 133
Eiskrautsalat mit
  Roquefort-Dressing 154
Eiskraut 20
Eissalat 28, 29
Eiszapfen 58
Ei-Zitronen-Sauce 205
Eleocharis dulcis 73
Endivie 30, 31, 36
Erbse 83
Erbsen mit Kopfsalat 189
Erbsensuppe mit Garnelen 173
Erdapfel 43, 117
Erdartischocke 43
Erdmandel 72
Eruca vesicaria ssp. *sativa* 56
Erve 85
Eryngium foetidum 126
Essbarer Eibisch 102
Etagenzwiebel 95
Ettinger 79
Euphorbiaceae 73
Euterpe edulis und *oleracea* 108
Eutrema wasabi 59

F

Fabaceae 80
Farnsprosse 109
Fasanenbrust im
  Weißkrautmantel 208

Faselbohne 89
Favorita 125
Feldsalat 131
Feldsalat mit
 Kartoffel-Dressing 154
Fenchel 14, 130
Fenchel, geschmort 195
Fenchelgemüse mit
 schwarzen Oliven 195
Fenchel-Gratin 231
Fenchelsauce & Gemüsenudeln 181
Fernöstlichem Gemüse,
 klare Suppe mit 177
Feuerbohne 84, 87
Fisole 84
Flageolet 86
Flaschenkürbis 60, 61
Flaschentomate 125
Fleischtomate 122
Flügelbohne und -erbse 83
Foeniculum vulgare 130
Formanova 23
Friséesalat 31, 32
Friséesalat mit
 Speck & Knoblauch 155
Frittierte Zucchini
 und Auberginen 219
Frühlings-Risotto 183
Frühlingsrollen mit Chilisauce 218
Frühlingsspinat 25
Fuchsschwanzgewächse 20
Fuerte 79
Fuzzy Melon 63

G
Galgant 131
Gamba 63
Ganges-Amarant 20
Gänsefußgewächse 23
Garnelen mit Paprikasauce 180
Garnelen, Erbsensuppe mit 173
Garnelen, Pizza mit 225
Garnelen, Senfkohl mit 215
Garnieren 140
Gartenbohne 84
Gartenerbse 83
Gartenkresse 56, 57
Gartenkürbis 68
Gartenmelde 23
Garten-Sauerampfer 108
Gazpacho 159
Gebackene Kürbisbällchen 219
Gebackene Zwiebeln 233
Gebleichter Löwenzahn 37
Gebratene Auberginen 212
Gebratene Kartoffeln 216
Gebratener Rettich 215
Gedünsteter Rettich
 mit Majoran 188
Geflügelfond 144
Gefüllte Artischocken 202
Gefüllte Weinblätter 204
Gefüllte Zucchini und -blüten 206
Gefüllte Zwiebeln 205
Gehörnte der Anden 125
Gekochte Artischocke
 mit Gemüsevinaigrette 168
Gekrauster Frühwirsing 53
Gelbe Sojabohnen keimen 142
Gelber Zentner 68
Gemüseamarant 20
Gemüsebanane 104, 105
Gemüsecouscous,
 Paprikaschoten mit 204
Gemüseeintopf, vegetarisch 179
Gemüsefenchel 130
Gemüsefond 144
Gemüse-Gratin 230

Gemüsekürbis 68, 70
Gemüsemais 74
Gemüsenudeln 193
Gemüsenudeln
 mit Fenchelsauce 181
Gemüsepapaya 22
Gemüsepaprika 111, 112
Gemüsespargel 98
Gemüsestrudel 226
Gemüsesuppe,
 mit Ricotta-Ravioli 176
Gemüseterrine 162
Gemüsevinaigrette,
 Artischocke mit 168
Gemüsevinaigrette,
 Linsensalat mit 156
Gemüsezwiebel 94, 97
Gerstensamen keimen 143
Geschälte gelbe Linsen 87
Geschmorter Fenchel 195
Getrockneter Tofu 81
Ghost Rider 66
Glasierte Kohlrabistifte 169
Glasierte Möhren 190
Glasierte Zwiebeln 191
Glasnudeln, Algensalat mit 184
Glasschmalz 26
Glatte Endivie 31
Glatte Petersilie 127
Glucosinolate 14, 15
Glücksklee 108, 109
Gnocchi 217
Goabohne 82, 83
Goldrush 70
Gramineae 74
Granola 118
Gräser 74
Grata 119
Gratin aus Fenchel 231
Gratin aus Gemüse 231
Gratin aus Kartoffeln 231
Gratinierter Spargel 231
Graue Erbsen 83
Grenailles 118
Große Brennessel 130
Großer Gänsefuß 24
Grundrezept für Mini-Pizzen 225
Grüne Bohne 84
Grüne Linsen 87
Grüne Mango 22
Grüne Tapenade 147
Grüne Tomate 125
Grüner Salat 26
Grüner Spargel 98, 101
Grünkohl 49
Guar(bohne) 89
Gurke 64
Gurkengemüse, scharf 193
Gurkenkürbis 70
Gurken-Rosette 141
Gurkensuppe 158
Gurken-Vulkan 141
Gute Gelbe 43
Guter Heinrich 24

H
Haferwurzel 42
Haricot vert de mer 132, 133
Harlekin 31
Hass 79
Helianthus tuberosus 43
Helmbohne 89
Herbstrübe 46
Herbstzichorie 35
Hijiki 133
Himanthalia elongata 133
Himbeeren und Sprossen,
 Brunnenkresse mit 154

Hiszikia fusiformis 133
Hybridrettich, japanischer 58
Hopfenspargel 98
Horenso 24, 25
Hornmelone 62
Hot chili 113
Hülsenfrüchtler 80
Humulus lupulus 98

I
Ica huila 120
Imam bayildi 207
Indische Dattel 89
Indischer Lotus 105
Indischer Spinat 22
Industriegurken 65
Ingwer 131
Ipomoea aquatica 45
Ipomoea batatas 45

J
Jackfrucht 103
Japan-Ingwer 131
Japanische Rübe 47
Japanischer Meerrettich 59
Japanischer Rettich 60
Japanischer Yam 73
Japankohl 48
Jerusalemartischocke 43
Joghurt-Minze-Sauce,
 Avocadosalat mit 157
Junger Spinat 25
Junger Spinat mit
 Sesam-Vinaigrette 155

K
Kabu 47
Kalebasse 61
Kalium 13
Kapuzinerbart 107
Kapuzinererbsen 83
Kapuzinerkresse 126
Karde 42
Karfiol 50
Karibische Kürbissuppe 174
Karotte 128
Karotene 14, 128
Kartoffel 9, 117-121, 137
Kartoffel mit Gemüsefüllung 232
Kartoffel mit
 getrüffeltem Püree 232
Kartoffel mit Kaviar 232
Kartoffel-Dressing & Feldsalat 154
Kartoffel-Gratin 230
Kartoffeln, gebratene 216
Kartoffeln, Quiche mit 223
Kartoffeln, würzige 188
Kartoffelnocken 217
Kartoffelplätzchen 216
Kartoffelpüree 170
Kartoffelsalat 157
Kartoffelwürfel 217
Kartoffel-Zucchini-Puffer 212
Käsesauce 149
Käsesoufflé-Roulade 228
Kassave 73
Kaviar-Kartoffel 232
Kefe 83
Keime 142, 143
Keniabohnen 84
Kerbelrübe 126, 127
Kerbelsauce 209
Kermesbeere 109
Kichererbsen 88, 142
Kichererbsen mit Knoblauch 196
Kidneybohne 87
Kirschtomate 124
Kiwano 62

Klare Suppe mit
 fernöstlichem Gemüse 177
Klare Zwiebelsuppe 176
Kleine Brennessel 130, 131
Klettenwurzel 41
Kletterbohne 84
Knackiges Gemüse in Bierteig 219
Knoblauch 93
Knoblauch in Rotwein 233
Knoblauch, gebratener junger 213
Knoblauch, Kichererbsen mit 196
Knollenbohne 88
Knollenfenchel 130
Knollengemüse vorbereiten 136
Knollenkerbel 127
Knollen-Sauerklee 108
Knollensellerie 128, 136
Knollenziest 74
Knöterichgewächse 107
Kochbanane 105
Kohlrabi 47, 136
Kohlrabi, Lasagne mit 227
Kohlrabistifte, glasierte 169
Kohlrübe 47
Kombu 133
Kopfsalat 26, 136, 137
Kopfsalat, Erbsen mit 189
Kopou-Bohne 88
Korbblütler 26
Korila 93
Krachsalat 28
Krausblättrige Blattpetersilie 127
Krause Endivie 31, 32
Krauskohl 49
Kraussalat 28, 29
Kräutersauce 152
Kren 56
Kresse 56, 57
Kressesamen 142
Kreuzblütler 45
Kristallkraut 20
Kroketten 217
Krumbeere 117
Kuba-Spinat 109
Küchenzwiebel 94
Kudzu-Bohne 88
Kuherbse 85
Kürbis 66-69
Kürbisbällchen, gebackene 219
Kürbisgemüse, marokkanisch 188
Kürbiskerne keimen 142
Kürbispüree 171
Kürbissauce, Artischocke mit 181
Kürbissuppe, karibische 174
Kürbis-Vinaigrette,
 Chicoréesalat mit 155
Kurigurke, japanische 64

L
La Ratte 119
Labiatae 74, 106
Lablab purpureus ssp. *purpureus* 89
Lactuca indica 31
Lactuca sativa 26, 30, 31
Lactuca serriola 26, 31
Lagenaria siceraria 61
Laitue de mer 133
Laminaria japonica 133
Lamm, orientalische
 Linsen mit 197
Lampionchili 113
Langer Pfeffer 109
Lasagne mit Kohlrabi
 und Mangold 227
Lattich 26
Lauch 90, 91
Lauraceae 78
Leguminosae 80

Leinsamen keimen 142
Lens culinaris 85
Lepidium sativum ssp. *sativum* 56
Letscho aus Ungarn 189
Leucaena leucocephala 89
Liebesapfel 122
Likaria 120
Liliaceae 90
Liliengewächse 90
Lilienwurzeln und -zwiebeln 96
Limabohne 84, 86
Linda 118
Linsen 85
Linsen, kleine braune keimen 142
Linsen-Bohnen-Bällchen
  mit Dip 197
Linsensalat mit
  Gemüse-Vinaigrette 156
Linsensamen keimen 142
Lippenblütler 74, 106
Little Gem 28
Locarno 124
Löffelkraut und -kresse 56, 57
Lollo Bionda 29, 30
Lollo Rossa 29, 30
Lorbeergewächse 78
Lotoswurzel 105
Löwenzahn 37
Luffa 63
Luftzwiebel 95
Luzernesamen keimen 142
Lycopersicon esculentum 122, 124

M
Mairüben 46, 47
Maisplätzchen 209
Maja 118
Malabar-Spinat 22
Malvaceae 102
Malvengewächse 102
Mangifera indica 22
Mango 22
Mangold 25
Mangold, Lasagne mit 227
Mangold, Risotto mit 182
Mangoldbündel 169
Mangold-Soufflé 229
Manihot esculenta 73
Maniok 72, 73
Marinierter Paprika 160
Markerbsen 82, 83
Marokkanisches Kürbisgemüse 188
Matok-Bananen 104
Mauizwiebel 97
Maulbeergewächse 103
Mayonnaise 152
Meeressalat und -spaghetti 133
Meerkohl 56, 57
Meerrettich 56
Meerrettichbaum 103
Meerrettichsauce,
  Tafelspitz mit 180
Melde 23
Melonenbaumgewächse 22
Mesembryanthemum cristallinum 20
Mexikanische Blasenkirsche 124
Minestrone 178
Mini-Avocados 79
Mini-Grünspargel 100
Minigurke 64
Minimais 74, 75
Mini-Paprika 113
Mini-Pizzen, Grundrezept für 225
Mirepoix 139
Möhren, Berglinsen mit 196
Möhren, junge glasierte 190
Möhrensalat mit
  Orangen-Dressing 157

Möhrensuppe mit Kokosmilch 173
Mohrrübe 128
Momordica charantia 61
Mondbohne 84, 86
Monita perfoliata 109
Moraceae 98, 103
Moringa oleifera 103
Moringaceae 103
Moringagewächse 103
Moschuskürbis 66-68
Mosterdspinat 49
Mottenbohne 85, 86
Mozzarella, Pizza mit 225
Mückenbohne 85, 86
Münchner weißer Treib und Setz 59
Mungbohne 85
Mungbohnensamen keimen 142
Mürbeteig 222
Musa x paradisiaca 105
Musaceae 105
Muscari comosum 96
Muschelfüllung,
  Artischocken mit 203
Myoga 131

N
Nabal 79
Nachtschattengewächse 111
Nangka 103
Nasturtium officinale 56
Nelumbo nucifera 105
Neptunia olercea 89
Neuseelandspinat 20
Nicola 119
Nori 132
Noriblätter 133
Nymphaeaceae 105

O
Okra mit Tomaten 193
Okraschoten 102
Ölbaumgewächse 106
Oleaceae 106
Oliven 106
Olivensauce, schwarze 147
Ölrauke 56, 57
Orangen-Dressing,
  Möhrensalat mit 157
Orecchiette mit Tomatensauce 181
Orientalische Linsen
  mit Lamm 197
Oxalidaceae 108
Oxalis tetraphylla 108
Oxalis tuberosa 108

P
Pachyrhizus erosus 88
Pak-Choi 48
Palerbsen 83
Palmae 108
Palmaria palmata 133
Palmengewächse 108
Palmenherzen und -kohl 108
Palmitos 108
Papaya 22
Paprika 111
Paprika, marinierter 160
Paprikamousse 163
Paprika-Risotto 183
Paprikasauce, Garnelen mit 180
Paprikaschoten häuten 112, 161
Paprikaschoten mit
  Gemüsecouscous 204
Paramuna 119
Pariser Karotten 129
Parkia speciosa 82
Pasterna 127
Pastinaca sativa ssp. *sativa* 127

Pastinake 126, 127
Pastusa 119
Patisson 67, 69
Pepperoni 113
Perilla frutescens 106
Perlbohne 86
Perlknoblauch 93
Persea americana 78
Peruanische Möhre 127
Pesto 146
Pesto aus Bärlauch 147
Pesto rosso 147
Petersilie 127
Petroselinum crispum 127
Pferderettichbaum 103
Pflücksalat 30
Phaseolus coccineus 84
Phaseolus lunatus var. *lunatus* 84
Phaseolus vulgaris 84
Phyllostachys pubescens 77
Phytolacca americana 107
Phytolaccaceae 107
Pignoli-Vinaigrette,
  Romanasalat mit 154
Pink fir apple 120
Pinzimonio, Bohnen mit 157
Piper longum 109
Piperaceae 109
Pisum sativum 83
Pizza mit Artischocken 225
Pizza mit Blutwurst 225
Pizza mit buntem Gemüse 225
Pizza mit Garnelen 225
Pizza mit Mozzarella 225
Pizza mit Sardellen 225
Pizza mit Sardinen
  und Zwiebeln 224
Plantaginaceae 107
Plantago coronopus 107
Polygonaceae 107
Polyphenole 15
Polypodiaceae 109
Pommes allumettes 216, 217
Pommes carrées 217
Pommes frites 216, 217
Pommes gaufrettes 216, 217
Pommes pailles 217
Porree 90, 91
Porphyra yezoensis 132
Portulaca oleracea ssp. *sativa* 109
Portulacaceae 109
Portulak 109
Praecitrullus fistulosus 62
Primura 118
Provenzalischer
  Bohneneintopf 179
Prunkbohne 84, 87
Psophocarpus tetragonolobus 83
Pteridium aquilinum 109
Pueraria lobata 88
Puffbohne 84
Puracea 120

Q
Quarta 119
Queller 119
Quiche mit Kartoffeln 223
Quinoa 24, 25

R
Radi 59
Radicchio di Chioggia 32
Radicchio di Treviso 33
Radicchio Lucia 33
Radicchio, Risotto mit 182
Radice amare 35
Radieschen 58, 60

Radieschenmäuse 141
Rakkyo 92
Raphanus sativus 59, 60
Rapunzel 131
Rauke 56
Ravioliteig 176
Red Duke of York 120
Reed 79
Reisbohne 84, 85
Reismelde 24, 25
Rettich 58-60, 136
Rettich, gebratener 215
Rettichsprossen 142
Rhabarber 107
Rheum rhabarbarum 107
Rheum rhaponticum 107
Ricottafüllung,
  Artischocken mit 202
Ricotta-Ravioli,
  Gemüsesuppe mit 176
Riedgrasgewächse 72
Riesenkürbis 67
Rippenmangold 24
Risotto mit Frühlingsgemüse 183
Risotto mit Mangold 182
Risotto mit Paprika 183
Risotto mit Radicchio 182
Rocambole 91
Roggensamen keimen 143
Roma 125
Romana-Salat 30
Romanasalat mit Pignoli 154
Romanesco 39, 51
Römer Salat 29, 30
Rondini 71
Roquefort-Dressing,
  Eiskrautsalat mit 154
Rosenkohl 52
Rosenkohl mit Speck 169
Roseval 119
Rossa di Verona 33
Rösti 216
Rotbarbenfilets
  auf Algengemüse 184
Rote Bete 23, 162
Rote Endivie 33
Rote Rübe 23
Rote Semianzwiebel 97
Rote Zwiebel 95, 97
Roter Rettich 58, 59
Rotkohl 55
Rotkohl mit Apfel 199
Rotkohlsalat mit Apfel 156
Rotkraut 55
Rotstieliger Schnittmangold 24
Rotwein-Butter 149
Rotwein-Knoblauch 233
Rübstiel 46
Rucola 56, 57
Rucolasalat mit
  Trüffel-Vinaigrette 155
Rucolasuppe mit Spinatroulade 175
Rumex rugosus 108
Ryan 79

S
Sabanera 120
Sabayon 149
Salat vorbereiten 27, 28
Salat-Chrysantheme 26
Salatgurke 64
Salatzichorie 34, 36
Salicornia europaea 26
Salsa verde 146
Salzaster, -kraut 26
Sardellen, Pizza mit 225
Sardinen und Zwiebeln,
  Pizza mit 224

Saubohnen 87
Sauce Hollandaise 149
Sauerampfer 107, 108
Sauerkleegewächse 108
Savoyer Kohl 53
Schalerbsen 83
Schalotte 96, 97
Scharfe Tomatensauce 228
Scharlotten-Confit 191
Schlangengurke 62, 64
Schlitzwegerich 107
Schmorgurke 64
Schnabelsalat 31
Schnellkochtopf, Dämpfen im 167
Schnittknoblauch 92
Schnittkohl 45, 47
Schnittlauch 92
Schnittmangold 24, 25
Schnittsalate 30
Schnittsellerie 128
Schopf-Taubenhyazinthe 96
Schötzenmiere 41
Schwammgurke 63
Schwarze Bohne 86
Schwarze Oliven
    Fenchelgemüse mit 195
Schwarze Olivensauce 147
Schwarze Sojabohnen 80
Schwarze
    Sojabohnenkerne keimen 142
Schwarzer Mais 74
Schwarzer Rettich 59
Schwarzer Trüffel
    Zuckerschoten mit 189
Schwarzkohl 49
Schwarznessel 106
Schwarzwurzel 41, 137
Scorzonera hispanica 41
Sechium edule 62
Seerosengewächse 105
Seeteufel mit Zucchinisauce 180
Sellerie 128
Selleriesalat "Waldorf" 156
Selleriescheiben mit
    Zitronen-Sabayon 213
Senfkohl 46, 47
Senfkohl mit Garnelen 215
Senfsamen keimen 142
Senfspinat 49
Sesamsamen keimen 142
Sesam-Vinaigrette,
    Junger Spinat mit 155
Sesbanis grandiflora 89
Shiso 106, 107
Sieglinde 117
Silberzwiebel 96, 97
Skorbutkraut 56
Skorzoner Wurzel 41
Sojabohne 80, 81
Sojabohnenkerne,
    schwarze keimen 142
Sojabohnensprossen, gelbe keimen 142
Sojaquark 80
Sojasauce 81
Solanaceae 111
Solanum melongena 115
Solanum tuberosum 117
Sommerportulak 109
Sommerspinat 20, 25
Sommer-Wirsing 52
Sonnenblumenkerne keimen 142
Spaghetti-Kürbis 69
Spargel 98
Spargel dämpfen 100
Spargel garen 101
Spargel gartiniert 231
Spargel mit Butter 169
Spargelbohne 85

Spargelerbse 82, 83
Spargelkohl 52
Spargelsalat 30, 31
Speck und Knoblauch
    Friséesalat mit 155
Speck, Rosenkohl mit 169
Speisekürbis 67
Speiserübe 63
Speisezwiebel 94, 95, 97
Spinacia oleracea 24
Spinat 24
Spinatroulade,
    Rucolasuppe mit 175
Spitzkohl 51
Sprossen keimen 143
Sprossenkohl 52
Spunta 118
Squash 69
Stachys affinis 74
Stängelkohl 45, 46
Stangenbohne 84, 85
Stangensellerie 128
Steckrübe 47
Steinbutt im Wirsingblatt 209
Stielmangold 24, 25
Stielmangold vorbereiten 137
Stielmus 45, 46
Stielsellerie 128
Stinkbohne 82
Stinkdistel 126
Strandaster 26
Strandkohl 56
Strudelteig 226
Strumpfbandbohne 85
Sulfide 15
Sumachgewächse 22
Susabi-Nori 132
Süßkartoffel 45
Süßmais 74
Süßpaprika 111
Süßsaures Gemüse mit Crêpe 214

T
Tafelspitz mit Meerrettichsauce 180
Tagiatelle, Borlotti-Bohnen mit 196
Tamarinde 89
Tamarindenwasser 89
Tamarindus indica 89
Tan(n)ia 20, 21
Taraxacum officinale 36
Targopogon porrifolium 42
Taro 20, 21
Teltower Rübchen 46
Tempeh 81
Terpene 15
Tetragonia tetragonioides 20
Tetragonolobus purpureus 83
Texaskübis 68
Thai-Ingwer 131
Thailändische Zwiebel 97
Thymian, Zucchiniflan mit 170
Timate 120
Tinda 62
Tindola, Tindori 62
Tocarena 119
Tofu 80
Tomate 11, 122
Tomaten, Baby-Mais mit 169
Tomatenessenz 144
Tomatengelee 159
Tomaten-Knospe 141
Tomatenpaprika 112, 113
Tomatensauce 219
Tomatensauce, Orecchiette mit 181
Tomatensauce, scharf 228
Tomaten-Seerose 141
Tomatensuppe, algerisch 173
Tomaten-Vinaigrette 152

Tomaten-Vinaigrette,
    Winterportulak mit 155
Tomatenwürfel, Chicorée mit 194
Tomatillo 124, 125
Topinambur 43
Topinambur-
    Zuckerschoten-Salat 156
Traubenblätter 131
Trichosanthes cucumerina 62
Trockenerbsen 82, 83
Tropaeolaceae 126
Tropaeolum majus 126
Trüffel-Kartoffel 232
Trüffel-Vinaigrette,
    Rucolasalat mit 155
Tudela 38
Tunfischsauce 152
Tüpfelfarngewächse 109
Tuquerra 119
Türkenturban 66

U
Ukama 118
Ulva lactuca 133
Ulve 133
Umbelliferae 126
Undaria ponnatifida 133
Urbohne 85, 87
Urid Dal 87
Urtica 130
Urtica dioica 130
Urtica urens 130
Urticaceae 130

V
Valeriana locusta 131
Valerianaceae 131
Vegetarischer Gemüseeintopf 179
Velouté 149
Vicia faba ssp. faba var. faba 84
Vigna aconitifolius 85
Vigna angularis 85
Vigna mungo 85
Vigna radiata 85
Vigna umbellata 85
Vigna unguiculata 85
Violette Noir 118
Violetter Spargel 100
Violetto di Toscana 39
Vitaceae 131
Vitis vinifera 131

W
Wachsbohnen 84
Wachskürbis 62
Wachtelbohne 86
Wakame 132, 133
Warabi 109
Wasabi 57, 59
Wasserbrotwurzel 20
Wasserkastanien 72
Wasserkresse 56
Wassermimose 89
Wasserspinat 45
Wasser-Yam 73
Wegerichgewächse 107
Weinblätter 131
Weinblätter, gefüllte 204
Weiße Bohnen, deftig 197
Weiße Schwarzwurzel 42
Weiße Sojabohnen 80
Weiße Zwiebel 95, 97
Weißer Spargel 98
Weißkrautmantel,
    Fasanenbrust im 208
Weißpunktradieschen 58
Weißwurzel 42

Weizensamen keimen 143
Wilde Gurke 63
Wilde Rauke 57
Wilde Tamarinde 89
Wilde Wegwarte 32
Wilder Fenchel 130
Wilder Lattich 26, 31
Wildspargel 100
Wildzwiebeln 96
Windengewächse 45
Winter-Bambusschößlinge 77
Winterendivie 31
Winterheckzwiebel 90
Winterkresse 56, 57
Winterkürbisse 66
Winterportulak 109
Winterportulak mit
    Tomaten-Vinaigrette 155
Winterradicchio 33
Winterspargel 41
Winterspinat 25
Wirsing(kraut) 53
Wirsingblatt, Steinbutt im 209
Wirsinggemüse 199
Wolfsmilchgewächse 73
Wurtz 79
Wurzelpetersilie 127
Wurzelsellerie 128
Wurzelzichorie 32
Würzige Kartoffeln 188

X/Y
Xanthosoma sagittifolium 20
Yam, Yamswurzel 73
Yamsbohne 88
Yellow pear 125
Yellow-Eye-Beans 86

Z
Zea mays convar. saccharata 74
Zichorien 32
Ziestknollen 74, 75
Zingiber mioga 131
Zingiber officinale 131
Zingiberaceae 131
Zitronen-Ei-Sauce 205
Zitronen-Sabayon,
    Selleriescheiben mit 213
Zucchini 70
Zucchini, gefüllte 206
Zucchiniblüten 70, 71
Zucchiniblüten, gefüllte 206
Zucchiniflan mit Thymian 170
Zucchini-Kartoffel-Puffer 212
Zucchinisauce, Seeteufel mit 180
Zuckererbse 82, 83
Zuckerhut 34, 35
Zuckerkartoffel 43
Zuckermais 74, 75
Zuckerriementang 133
Zuckerschoten mit
    Schwarzem Trüffel 189
Zuckerschoten-
    Topinambur-Salat 156
Zwiebel 95
Zwiebelfenchel 130
Zwiebelkuchen 222
Zwiebeln, braun glasiert 191
Zwiebeln, gebackene 233
Zwiebeln, gefüllte 205
Zwiebelsuppe, klare 176

Impressum

VERLAG	© 2002 Teubner Edition,
	Grillparzerstr. 12, D-81675 München
	Teubner Edition ist ein Unternehmen des Verlagshauses
	Gräfe und Unzer, Ganske Verlagsgruppe
TEUBNER TEAM MÜNCHEN	Verlagsleitung: Dorothee Seeliger
	Stellvertr. Verlagsleitung und Redaktionsleitung:
	Dr. Stephanie von Werz-Kovacs
TITELBILD	Prof. Elke Seeger / Styling: Stephan Krauth
BASISLAYOUT	Independent Medien Design, München
IDEE, KONZEPT	Cookbook Packaging by Teubner Foodfoto GmbH & Co. KG
PRODUKTION	Frauenbergstr. 40, D-87645 Schwangau
ADMINISTRATION	Claudia Hill, Angelika Mayr, Andrea Mohr
KÜCHE	Barbara Mayr, Andreas Miessmer, Eftichia Simopoulou
FOTOGRAFIE	Andreas Nimptsch, Odette Teubner
FOODSTYLING	Odette Teubner
TEXT	Heidrun Boikat, Simone Hoffmann, Anja Schäfer, Katrin Wittmann
REDAKTION	Heidrun Boikat, Mischa Gallé,
	Simone Hoffmann, Katrin Wittmann
LAYOUT/DTP	Annegret Rösler, Gabriele Wahl
HERSTELLUNG	Susanne Mühldorfer, Annegret Rösler
REPRODUKTION	Repromayer GmbH & Co. KG, 72770 Reutlingen-Betzingen
DRUCK	Dr. Cantz'sche Druckerei GmbH & Co. KG, 73760 Ostfildern

Der Firma Rösle danken wir für die Bereitstellung verschiedenster Küchengeräte, insbesonders Matthias Mezger-Boehringer (CEO), Peter Müller (Geschäftsleitung) und Antje Sommerkamp (Marketing).

WIR DANKEN

allen, die durch ihre Beratung, Hilfe und tatkräftige Unterstützung zum Gelingen dieses Buches beigetragen haben, insbesondere: Centro Bambù Italia, Herr Eberts, Herr Reis, Carasco; CBT, Zentralbüro für Obst- und Gemüseversteigerungen in den Niederlanden, Frau Boekestein, Zoetermeer; Centre Français du Commerce Exterieur, Herr Neff, Frankfurt/M.; I.C.E., Istituto nazionale per il commercio estero, Herr Paparella, Florenz; I.C.E, Dr. Russo, Verona; I.C.E.; Dr. Laganella, Frankfurt/M.; Institut für Obst- und Weinbau der Universität Hohenheim, Herr Lippert; International Fruits Bangkok Co. Ltd., Herr Lerdpongdee; Internationale Frucht-Import-Gesellschaft Weichert & Co., Herr Heuer, Hamburg; Japan-Import, Fujita Iacs Deutschland GmbH, Frau Fujita, Düsseldorf; Prof. Kosiyachinda, Bangok; Fa. R. Laczek, Herr Henke, Großmarkthalle Frankfurt/M.; Lehrstuhl für Gemüseanbau der TU Weihenstephan, Herr Zhang, Herr Krischke; Proexpo Hamburg, Herr Riaño; Prof. Rehm, Institut für Pflanzenbau und Tierhygiene in den Tropen und Subtropen der Universität Göttingen; Schweizer Zentralstelle für Gemüsebau, Herr Lüthi, Oeschberg; Sopexa, Förderungsgemeinschaft für französische Landwirtschaftserzeugnisse, Düsseldorf; Topinambur-Saatzucht, Herr Marquardt, Münden-Örtze; Prof. Dr. Wonneberger, FH Osnabrück, Fachbereich Gartenbau.

BILDNACHWEIS

Seite 20/2 Fotos: Hans-Georg Levin; Seite 22/1 Foto: Hans-Georg Levin; Seite 29/1 Foto: Pampus Associates/Utrecht; Seite 36/1 Foto: Pampus Associates/Utrecht; Seite 66/1 Foto: Ulla Mayer-Raichle; Seite 68/1 Foto: Ulla Mayer-Raichle; Seite 88/1 Foto: Hans-Georg Levin.

Das Werk einschließlich aller seiner Teile ist urheberrechtlich geschützt. Jede Verwertung außerhalb der engen Grenzen des Urheberrechtsgesetzes ist ohne Zustimmung des Verlages Gräfe und Unzer GmbH unzulässig und strafbar. Das gilt insbesondere für Vervielfältigungen, Übersetzungen, Mikroverfilmungen und die Einspeicherung und Verarbeitung in elektronischen Systemen.

ISBN 3-7742-0770-4